# 家庭教育促进法、未成年人保护法、预防未成年人犯罪法

# 一 本 通

法规应用研究中心　编

YIBENTONG

中国法治出版社

CHINA LEGAL PUBLISHING HOUSE

# 编辑说明

"法律一本通"系列丛书自2005年出版以来，以其科学的体系、实用的内容，深受广大读者的喜爱。2007年、2011年、2014年、2016年、2018年、2019年、2021年、2023年我们对其进行了改版，丰富了其内容，增强了其实用性，博得了广大读者的赞誉。

我们秉承"以法释法"的宗旨，在保持原有的体例之上，今年再次对"法律一本通"系列丛书进行改版，以达到"应办案所需，适学习所用"的目标。新版丛书具有以下特点：

1. 丛书以主体法的条文为序，逐条穿插关联的现行有效的法律、行政法规、部门规章、司法解释、请示答复和部分地方规范性文件，以方便读者理解和适用。

2. 丛书紧扣实践和学习两个主题，在目录上标注了重点法条，并在某些重点法条的相关规定之前，对收录的相关文件进行分类，再按分类归纳核心要点，以便读者最便捷地查找使用。

3. 丛书紧扣法律条文，在主法条的相关规定之后附上案例指引，收录最高人民法院、最高人民检察院指导性案例、公报案例以及相关机构公布的典型案例的裁判摘要、案例要旨或案情摘要等。通过相关案例，可以进一步领会和把握法律条文的适用，从而作为解决实际问题的参考。并对案例指引制作索引目录，方便读者查找。

4. 丛书以脚注的形式，对各类法律文件之间或者同一法律文件不同条文之间的适用关系、重点法条疑难之处进行说明，以便读者系统地理解我国现行各个法律部门的规则体系，从而更好地为教学科研和司法实践服务。

5. 丛书结合二维码技术的应用为广大读者提供增值服务，扫描前勒口二维码，即可在图书出版之日起一年内免费部分使用中国法治出版社推出的【法融】数据库。【法融】数据库中"国家法律法规"栏目便于读者查阅法律文件准确全文及效力，"最高法指导案例"和"最高检指导案例"两个栏目提供最高人民法院和最高人民检察院指导性案例的全文，为读者提供更多增值服务。

# 目　录

## 中华人民共和国家庭教育促进法

1

# 中华人民共和国未成年人保护法

4

6

## 第五章　网络保护

## 第六章 政府保护

## 第七章 司法保护

## 第八章　法律责任

### 第九章　附　　则

# 中华人民共和国预防未成年人犯罪法

### 第一章　总　　则

## 第二章 预防犯罪的教育

13

第五章 对重新犯罪的预防

## 第六章　法律责任

## 第七章　附　　则

## 附　录　一

## 附　录　二

附 录 三

# 案例索引目录

3

# 中华人民共和国家庭教育促进法

（2021 年 10 月 23 日第十三届全国人民代表大会常务委员会第三十一次会议通过　2021 年 10 月 23 日中华人民共和国主席令第 98 号公布　自 2022 年 1 月 1 日起施行）

## 目　　录

## 第一章　总　　则

**第一条**　**立法目的**①

为了发扬中华民族重视家庭教育的优良传统，引导全社会注重家庭、家教、家风，增进家庭幸福与社会和谐，培养德智体美劳全面发展的社会主义建设者和接班人，制定本法。

---

①　条文主旨为编者所加，下同。

《未成年人保护法》（2024 年 4 月 26 日）①

第 1 条　为了保护未成年人身心健康，保障未成年人合法权益，促进未成年人德智体美劳全面发展，培养有理想、有道德、有文化、有纪律的社会主义建设者和接班人，培养担当民族复兴大任的时代新人，根据宪法，制定本法。

### 第二条　家庭教育的定义

本法所称家庭教育，是指父母或者其他监护人为促进未成年人全面健康成长，对其实施的道德品质、身体素质、生活技能、文化修养、行为习惯等方面的培育、引导和影响。

● 法　律

1. 《民法典》（2020 年 5 月 28 日）

第 26 条　父母对未成年子女负有抚养、教育和保护的义务。

成年子女对父母负有赡养、扶助和保护的义务。

第 27 条　父母是未成年子女的监护人。

未成年人的父母已经死亡或者没有监护能力的，由下列有监护能力的人按顺序担任监护人：

（一）祖父母、外祖父母；

（二）兄、姐；

（三）其他愿意担任监护人的个人或者组织，但是须经未成年人住所地的居民委员会、村民委员会或者民政部门同意。

第 1043 条　家庭应当树立优良家风，弘扬家庭美德，重视家庭文明建设。

---

①　本书法律文件使用简称，以下不再标注。本书所标法律文件的日期为该文件的通过、发布、修改后公布日期之一，以下不再标注。

夫妻应当互相忠实，互相尊重，互相关爱；家庭成员应当敬老爱幼，互相帮助，维护平等、和睦、文明的婚姻家庭关系。

第1068条　父母有教育、保护未成年子女的权利和义务。未成年子女造成他人损害的，父母应当依法承担民事责任。

2.《未成年人保护法》（2024年4月26日）

第15条　未成年人的父母或者其他监护人应当学习家庭教育知识，接受家庭教育指导，创造良好、和睦、文明的家庭环境。

共同生活的其他成年家庭成员应当协助未成年人的父母或者其他监护人抚养、教育和保护未成年人。

第16条　未成年人的父母或者其他监护人应当履行下列监护职责：

（一）为未成年人提供生活、健康、安全等方面的保障；

（二）关注未成年人的生理、心理状况和情感需求；

（三）教育和引导未成年人遵纪守法、勤俭节约，养成良好的思想品德和行为习惯；

（四）对未成年人进行安全教育，提高未成年人的自我保护意识和能力；

（五）尊重未成年人受教育的权利，保障适龄未成年人依法接受并完成义务教育；

（六）保障未成年人休息、娱乐和体育锻炼的时间，引导未成年人进行有益身心健康的活动；

（七）妥善管理和保护未成年人的财产；

（八）依法代理未成年人实施民事法律行为；

（九）预防和制止未成年人的不良行为和违法犯罪行为，并进行合理管教；

（十）其他应当履行的监护职责。

**3.《义务教育法》**（2018 年 12 月 29 日）

第 36 条　学校应当把德育放在首位，寓德育于教育教学之中，开展与学生年龄相适应的社会实践活动，形成学校、家庭、社会相互配合的思想道德教育体系，促进学生养成良好的思想品德和行为习惯。

**第三条　根本任务**

家庭教育以立德树人为根本任务，培育和践行社会主义核心价值观，弘扬中华民族优秀传统文化、革命文化、社会主义先进文化，促进未成年人健康成长。

● 法　律

**1.《未成年人保护法》**（2024 年 4 月 26 日）

第 1 条　为了保护未成年人身心健康，保障未成年人合法权益，促进未成年人德智体美劳全面发展，培养有理想、有道德、有文化、有纪律的社会主义建设者和接班人，培养担当民族复兴大任的时代新人，根据宪法，制定本法。

第 5 条　国家、社会、学校和家庭应当对未成年人进行理想教育、道德教育、科学教育、文化教育、法治教育、国家安全教育、健康教育、劳动教育，加强爱国主义、集体主义和中国特色社会主义的教育，培养爱祖国、爱人民、爱劳动、爱科学、爱社会主义的公德，抵制资本主义、封建主义和其他腐朽思想的侵蚀，引导未成年人树立和践行社会主义核心价值观。

**2.《预防未成年人犯罪法》**（2020 年 12 月 26 日）

第 15 条　国家、社会、学校和家庭应当对未成年人加强社会主义核心价值观教育，开展预防犯罪教育，增强未成年人的法治观念，使未成年人树立遵纪守法和防范违法犯罪的意识，提高自我管控能力。

## 第四条　相关主体职责

未成年人的父母或者其他监护人负责实施家庭教育。

国家和社会为家庭教育提供指导、支持和服务。

国家工作人员应当带头树立良好家风，履行家庭教育责任。

◉ 宪　法

1.《宪法》（2018 年 3 月 11 日）

第 49 条　婚姻、家庭、母亲和儿童受国家的保护。

夫妻双方有实行计划生育的义务。

父母有抚养教育未成年子女的义务，成年子女有赡养扶助父母的义务。

禁止破坏婚姻自由，禁止虐待老人、妇女和儿童。

◉ 法　律

2.《民法典》（2020 年 5 月 28 日）

第 26 条　父母对未成年子女负有抚养、教育和保护的义务。

成年子女对父母负有赡养、扶助和保护的义务。

3.《未成年人保护法》（2024 年 4 月 26 日）

第 15 条　未成年人的父母或者其他监护人应当学习家庭教育知识，接受家庭教育指导，创造良好、和睦、文明的家庭环境。

共同生活的其他成年家庭成员应当协助未成年人的父母或者其他监护人抚养、教育和保护未成年人。

第 16 条　未成年人的父母或者其他监护人应当履行下列监护职责：

（一）为未成年人提供生活、健康、安全等方面的保障；

（二）关注未成年人的生理、心理状况和情感需求；

（三）教育和引导未成年人遵纪守法、勤俭节约，养成良好的思想品德和行为习惯；

（四）对未成年人进行安全教育，提高未成年人的自我保护意识和能力；

（五）尊重未成年人受教育的权利，保障适龄未成年人依法接受并完成义务教育；

（六）保障未成年人休息、娱乐和体育锻炼的时间，引导未成年人进行有益身心健康的活动；

（七）妥善管理和保护未成年人的财产；

（八）依法代理未成年人实施民事法律行为；

（九）预防和制止未成年人的不良行为和违法犯罪行为，并进行合理管教；

（十）其他应当履行的监护职责。

第 82 条　各级人民政府应当将家庭教育指导服务纳入城乡公共服务体系，开展家庭教育知识宣传，鼓励和支持有关人民团体、企业事业单位、社会组织开展家庭教育指导服务。

第 99 条　地方人民政府应当培育、引导和规范有关社会组织、社会工作者参与未成年人保护工作，开展家庭教育指导服务，为未成年人的心理辅导、康复救助、监护及收养评估等提供专业服务。

◉ 部门规章及文件

4.《教育部关于加强家庭教育工作的指导意见》（2015 年 10 月 11 日　教基一〔2015〕10 号）

二、进一步明确家长在家庭教育中的主体责任

1. 依法履行家庭教育职责。教育孩子是父母或者其他监护人的法定职责。广大家长要及时了解掌握孩子不同年龄段的表现和成长特点，真正做到因材施教，不断提高家庭教育的针对性；要始

终坚持儿童为本，尊重孩子的合理需要和个性，创设适合孩子成长的必要条件和生活情境，努力把握家庭教育的规律性；要提升自身素质和能力，积极发挥榜样作用，与学校、社会共同形成教育合力，避免缺教少护、教而不当，切实增强家庭教育的有效性。

### 第五条　家庭教育的要求

家庭教育应当符合以下要求：

（一）尊重未成年人身心发展规律和个体差异；

（二）尊重未成年人人格尊严，保护未成年人隐私权和个人信息，保障未成年人合法权益；

（三）遵循家庭教育特点，贯彻科学的家庭教育理念和方法；

（四）家庭教育、学校教育、社会教育紧密结合、协调一致；

（五）结合实际情况采取灵活多样的措施。

#### ◉ 宪　法

1.《宪法》（2018 年 3 月 11 日）

第 38 条　中华人民共和国公民的人格尊严不受侵犯。禁止用任何方法对公民进行侮辱、诽谤和诬告陷害。

#### ◉ 法　律

2.《教育法》（2021 年 4 月 29 日）

第 46 条　国家机关、军队、企业事业组织、社会团体及其他社会组织和个人，应当依法为儿童、少年、青年学生的身心健康成长创造良好的社会环境。

第 47 条　国家鼓励企业事业组织、社会团体及其他社会组织同高等学校、中等职业学校在教学、科研、技术开发和推广等方面进行多种形式的合作。

企业事业组织、社会团体及其他社会组织和个人，可以通过适当形式，支持学校的建设，参与学校管理。

第48条　国家机关、军队、企业事业组织及其他社会组织应当为学校组织的学生实习、社会实践活动提供帮助和便利。

第49条　学校及其他教育机构在不影响正常教育教学活动的前提下，应当积极参加当地的社会公益活动。

第50条　未成年人的父母或者其他监护人应当为其未成年子女或者其他被监护人受教育提供必要条件。

未成年人的父母或者其他监护人应当配合学校及其他教育机构，对其未成年子女或者其他被监护人进行教育。

学校、教师可以对学生家长提供家庭教育指导。

第51条　图书馆、博物馆、科技馆、文化馆、美术馆、体育馆（场）等社会公共文化体育设施，以及历史文化古迹和革命纪念馆（地），应当对教师、学生实行优待，为受教育者接受教育提供便利。

广播、电视台（站）应当开设教育节目，促进受教育者思想品德、文化和科学技术素质的提高。

第52条　国家、社会建立和发展对未成年人进行校外教育的设施。

学校及其他教育机构应当同基层群众性自治组织、企业事业组织、社会团体相互配合，加强对未成年人的校外教育工作。

第53条　国家鼓励社会团体、社会文化机构及其他社会组织和个人开展有益于受教育者身心健康的社会文化教育活动。

3.《未成年人保护法》（2024年4月26日）

第4条　保护未成年人，应当坚持最有利于未成年人的原则。处理涉及未成年人事项，应当符合下列要求：

（一）给予未成年人特殊、优先保护；

（二）尊重未成年人人格尊严；

（三）保护未成年人隐私权和个人信息；

（四）适应未成年人身心健康发展的规律和特点；

（五）听取未成年人的意见；

（六）保护与教育相结合。

4.《预防未成年人犯罪法》（2020 年 12 月 26 日）

第 3 条　开展预防未成年人犯罪工作，应当尊重未成年人人格尊严，保护未成年人的名誉权、隐私权和个人信息等合法权益。

## ◉ 部门规章及文件

5.《幼儿园工作规程》（2016 年 1 月 5 日）

第 25 条　幼儿园教育应当贯彻以下原则和要求：

（一）德、智、体、美等方面的教育应当互相渗透，有机结合。

（二）遵循幼儿身心发展规律，符合幼儿年龄特点，注重个体差异，因人施教，引导幼儿个性健康发展。

（三）面向全体幼儿，热爱幼儿，坚持积极鼓励、启发引导的正面教育。

（四）综合组织健康、语言、社会、科学、艺术各领域的教育内容，渗透于幼儿一日生活的各项活动中，充分发挥各种教育手段的交互作用。

（五）以游戏为基本活动，寓教育于各项活动之中。

（六）创设与教育相适应的良好环境，为幼儿提供活动和表现能力的机会与条件。

## ◉ 司法解释及文件

6.《关于在办理涉未成年人案件中全面开展家庭教育指导工作的意见》（2021 年 5 月 31 日）

（二）基本原则

——坚持正确方向。全面贯彻党的教育方针，牢牢把握立德树人的根本任务，弘扬社会主义核心价值观和中华民族传统家庭美德，培养未成年人爱党爱国爱人民情怀，增强国家意识和社会责任感，确保家庭教育的正确方向。

——突出问题导向。注意发现总结涉未成年人案件家庭教育存在的主要问题，有针对性地引导父母或者其他监护人改善家庭教育方式。着力解决父母或者其他监护人主体意识不强、责任落实不到位，家庭教育方式不当、教育理念和方法欠缺，家庭成员法治意识淡薄等问题。

——遵循科学规律。尊重未成年人身心发展规律和家庭教育规律，着眼未成年人全面发展，引导父母或者其他监护人树立正确的人才观、教育观，运用科学的方法和正确的方式抚养教育未成年人。

——坚持标本兼治。既注重个别教育，对办案中发现明显存在问题的未成年人父母或者其他监护人进行及时、有效的家庭教育干预和指导；又着眼源头预防，探索建立常态化预防未成年人犯罪和受侵害家庭教育指导模式。

——坚持创新推动。鼓励家庭教育指导实践探索和理论创新，积极探索行之有效的工作方式方法，形成可复制的经验、模式，推动家庭教育指导和服务水平不断提高。

### 第六条　家庭教育工作协调机制

各级人民政府指导家庭教育工作，建立健全家庭学校社会协同育人机制。县级以上人民政府负责妇女儿童工作的机构，组织、协调、指导、督促有关部门做好家庭教育工作。

教育行政部门、妇女联合会统筹协调社会资源，协同推进覆盖城乡的家庭教育指导服务体系建设，并按照职责分工承担家庭教育工作的日常事务。

县级以上精神文明建设部门和县级以上人民政府公安、民政、司法行政、人力资源和社会保障、文化和旅游、卫生健康、市场监督管理、广播电视、体育、新闻出版、网信等有关部门在各自的职责范围内做好家庭教育工作。

● 法　律

1.《义务教育法》（2018 年 12 月 29 日）

　　第 6 条　国务院和县级以上地方人民政府应当合理配置教育资源，促进义务教育均衡发展，改善薄弱学校的办学条件，并采取措施，保障农村地区、民族地区实施义务教育，保障家庭经济困难的和残疾的适龄儿童、少年接受义务教育。

　　国家组织和鼓励经济发达地区支援经济欠发达地区实施义务教育。

　　第 44 条　义务教育经费投入实行国务院和地方各级人民政府根据职责共同负担，省、自治区、直辖市人民政府负责统筹落实的体制。农村义务教育所需经费，由各级人民政府根据国务院的规定分项目、按比例分担。

　　各级人民政府对家庭经济困难的适龄儿童、少年免费提供教科书并补助寄宿生生活费。

　　义务教育经费保障的具体办法由国务院规定。

● 司法解释及文件

2.《关于在办理涉未成年人案件中全面开展家庭教育指导工作的意见》（2021 年 5 月 31 日）

　　四、工作机制

　　为确保在办理涉未成年人案件中开展家庭教育指导工作的质量和效果，各地要积极推动构建相关长效工作机制。

　　（一）建立工作衔接机制。各级检察机关、妇联、关工委要加强协作配合，充分发挥各自职能作用，建立家庭教育工作联动机制，共同做好家庭教育指导工作。检察机关在办理案件过程中要主动做好未成年人社会调查和监护状况评估，准确掌握家庭教育指导需求，启动强制家庭教育指导工作，并根据办案需要和具体需求，及时将有关情况通报给本地区妇联、关工委。各级妇联、关工委等群团组织要充分发挥自身优势，动员社会力量，为检察机关在办理涉未成年人案件中开展家庭教育提供社会支持，积极承接、提供或者协助、配合做好家庭教育指导工作。妇联要依托妇女之家、儿童之家等活动场所，为家庭教育指导、服务和宣传提供平台和支持。关工委要组织动员广大老干部、老战士、老专家、老教师、老模范等离退休老同志，协助做好家庭教育指导工作。

● 案例指引

### 1. 胡某诉陈某变更抚养关系纠纷案（人民法院案例库：2023-14-2-415-002）①

**典型意义：**本案诉争的是未成年人胡小某的抚养权，胡小某作为年满 8 周岁的未成年人，不能只是单纯地将其作为需要保护的对象，必须充分考虑并尊重其提出的与其行为及自身认知能力相匹配相适应的要求与意识。胡小某对父母关系、父母抚养能力，以及对愿意随同父母哪一方生活已经具有一定的判断能力与价值衡量选择标准，因此，对于胡小某庭审中表达得更愿意和妈妈生活的主张，法院应当予以尊重。鉴于本案被告未能按照协议切实履行其抚养义务和承担监护职责，法院在宣判后，向被告发出全国第一份《家庭教育指导令》，其目的是真正实现儿童利益最大化，充分体现了人民法院对未成年人司法保护的探索创新，回应人民群众对家庭家教家风建设的新要求、新期待。发布本案例，旨在提醒广大家长，认真履行为人父母的重大责任，加强家庭家教家风建设，努力为未成年人健康成长营造良好的家庭环境。

---

① 参见人民法院案例库，https://rmfyalk.court.gov.cn/，最后访问时间：2024 年 12 月 2 日。下文同一出处案例不再特别提示。

**2. 陈某被撤销监护权案**（《最高人民法院发布依法严惩侵害未成年人权益典型案例》）①

**典型意义**：本案是司法实践中多部门联合保护未成年人合法权益的典型案例。案件受理后，法院开展庭前社会调查，聘请社会观护员对相关监护人及本案的后续安置、抚养、审核监护机构资质等情况进行审查。在审理过程中，坚持依法高效原则，申请撤销监护人资格与申请确认监护人两案同时立案、同步审理、同日判决。在没有其他近亲属适合担任监护人的情况下，按照最有利于被监护人成长的原则，指定当地居委会担任小吕的监护人，避免被监护人出现监护真空的困境。宣判后，办案法院和法官持续对当事人进行跟踪回访，关爱观护其健康成长。

**3. 李某诈骗、传授犯罪方法牛某等人诈骗案**（最高人民检察院《第二十七批指导性案例》，检例第 105 号）②

**典型意义**：检察机关开展家庭教育指导，因人施策精准帮教。针对家庭责任缺位导致五人对法律缺乏认知与敬畏的共性问题，检察官会同司法社工开展了家庭教育指导，要求五人及其法定代理人在监督考察期间定期与心理咨询师沟通、与检察官和司法社工面谈，并分享法律故事、参加预防违法犯罪宣讲活动。同时，针对五人各自特点分别设置了个性化附带条件：鉴于李某父母疏于管教，亲子关系紧张，特别安排追寻家族故事、追忆成长历程以增强家庭认同感和责任感，修复家庭关系；鉴于包某性格内向无主见、极易被误

---

① 收录的案例为《最高人民法院发布依法严惩侵害未成年人权益典型案例》，详见最高人民法院网站，https：//www.court.gov.cn/zixun/xiangqing/229981.html，最后访问时间：2024 年 11 月 3 日，下文同一出处案例不再特别提示。

② 收录的案例为最高人民检察院发布的《第二十七批指导性案例》，详见最高人民检察院网站，https，//www.spp.gov.cn/spp/jczdal/202103/t20210303_510511.shtml，最后访问时间：2024 年 11 月 3 日，下文同一出处案例不再特别提示。

导，安排其参加"您好陌生人"志愿服务队，以走上街头送爱心的方式锻炼与陌生人的沟通能力，同时对其进行"朋辈群体干扰场景模拟"小组训练，通过场景模拟，帮助其向不合理要求勇敢说"不"；鉴于黄某因达不到父母所盼而缺乏自信，鼓励其发挥特长，担任禁毒教育、网络安全等普法活动主持人，使其在学习法律知识的同时，增强个人荣誉感和家庭认同感；鉴于牛某因单亲家庭而自卑，带领其参加照料空巢老人、探访留守儿童等志愿活动，通过培养同理心增强自我认同，实现"爱人以自爱"；鉴于关某沉迷网络游戏挥霍消费，督促其担任家庭记账员，激发其责任意识克制网瘾，养成良好习惯。

联合各类帮教资源，构建社会支持体系。案件办理过程中，引入司法社工全流程参与精准帮教。检察机关充分发挥"3+1"（检察院、未管所、社会组织和涉罪未成年人）帮教工作平台优势，并结合法治进校园"百千万工程"，联合团委、妇联、教育局共同组建"手拉手法治宣讲团"，要求五人及法定代理人定期参加法治教育讲座。检察机关还与辖区内广播电台、敬老院、图书馆、爱心企业签订观护帮教协议，组织五人及法定代理人接受和参与优秀传统文化教育或实践。2020 年 6 月 22 日，检察机关根据五人在附条件不起诉考察期间的表现，均作出不起诉决定。五人在随后的高考中全部考上大学。

**4. 未成年被告人邹某寻衅滋事及家庭教育令案**（最高人民法院发布《未成年人权益司法保护典型案例》）①

**典型意义：**家庭教育缺失是未成年人犯罪的重要原因之一。随着家庭教育促进法的正式实施，人民法院在办理未成年人犯罪案件时，发现监护人怠于履行家庭教育职责，或不正确实施家庭教育侵害未成年人合法权益的情形，通过发出家庭教育令，引导其正确履

---

① 收录的案例为最高人民法院发布的《未成年人权益司法保护典型案例》，详见最高人民法院网站，https：//www.court.gov.cn/zixun/xiangqing/347931.html，最后访问时间：2024 年 11 月 3 日，下文同一出处案例不再特别提示。

行家庭教育职责，能够为未成年人健康成长营造良好的家庭环境，从源头上预防和消除未成年人再次违法犯罪。本案审理中，法院联合检察、公安、司法、教育等部门，成立了"家庭教育爱心指导站"，借助两地力量，凝聚工作合力，为家庭教育失范的邹某父母进行指导，帮助他们树立家庭教育主体责任意识，积极履行家庭教育职责。跨域家庭教育指导，是落实家庭教育促进法的有益探索，展现了人民法院的责任担当。

**5. 黄某掩饰、隐瞒犯罪所得案**（《天津法院发布保护未成年人合法权益典型案例》）①

**典型意义**：本案是人民法院责令未充分履行监护职责的未成年人的监护人接受家庭教育指导的典型案例。家庭教育缺失，是隐藏在未成年人犯罪背后的深层原因。预防和减少未成年人犯罪，帮教挽救迷途未成年人回归正轨，不仅需要刑罚手段干预，更需要广大家长落实家庭教育责任，营造良好家庭环境。本案中，人民法院对案件审理中发现的家庭教育缺失问题，依法责令监护人接受家庭教育指导，并及时邀请区妇联工作人员及心理咨询师、家庭教育指导师，对涉案未成年人的家长进行有针对性的指导，引导家长关注未成年人身心健康状况，帮助家长学会掌握孩子的思想动态，取得了良好的法律效果与社会效果，为家庭教育指导常态化机制的建立提供了有益经验。

**6. 任某与王某离婚纠纷案**（山西省高级人民法院发布《10 起典型案例！司法保护未成年人健康成长》）②

**典型意义**：家庭是社会的细胞，也是孩子健康成长的土壤。本

---

① 收录的案例为《天津法院发布保护未成年人合法权益典型案例》，详见天津法院网，https://tjfy.tjcourt.gov.cn/article/detail/2022/06/id/6729531. shtml，最后访问时间：2024 年 11 月 3 日，下文同一出处案例不再特别提示。

② 收录的案例为山西省高级人民法院发布的《10 起典型案例！司法保护未成年人健康成长》，详见山西省高级人民法院网站，http://sxgy.shanxify.gov.cn/article/detail/2022/06/id/6718790. shtml，最后访问时间：2024 年 11 月 3 日，下文同一出处案例不再特别提示。

案的意义在于：一是找准了着眼点，法院抓住原、被告双方均在意孩子、争取孩子抚养权的关键，找到了让双方重归于好的机会，挽救了一个家庭，也为孩子的健康成长创造了条件；二是采取了好方法，以下达《责令接受家庭教育指导令》的方式明之以法、晓之以理、动之以情，教育、劝诫年轻的父母认识到家庭对孩子的重要性；三是对涉及未成年人的家事案件，法院不是简单一判了之，而是坚持最有利于未成年人原则，从最大限度保护未成年人利益出发，取得了最佳的法律效果和社会效果。

**第七条** **支持保障措施**

> 县级以上人民政府应当制定家庭教育工作专项规划，将家庭教育指导服务纳入城乡公共服务体系和政府购买服务目录，将相关经费列入财政预算，鼓励和支持以政府购买服务的方式提供家庭教育指导。

● **法　律**

**《未成年人保护法》**（2024 年 4 月 26 日）

第 82 条　各级人民政府应当将家庭教育指导服务纳入城乡公共服务体系，开展家庭教育知识宣传，鼓励和支持有关人民团体、企业事业单位、社会组织开展家庭教育指导服务。

**第八条** **司法联动机制**

> 人民法院、人民检察院发挥职能作用，配合同级人民政府及其有关部门建立家庭教育工作联动机制，共同做好家庭教育工作。

● **法　律**

1. **《预防未成年人犯罪法》**（2020 年 12 月 26 日）

第 24 条　各级人民政府及其有关部门、人民检察院、人民法院、共产主义青年团、少年先锋队、妇女联合会、残疾人联合会、关心下一代工作委员会等应当结合实际，组织、举办多种形式的预防未成年人犯罪宣传教育活动。有条件的地方可以建立青少年法治教育基地，对未成年人开展法治教育。

第 61 条　公安机关、人民检察院、人民法院在办理案件过程中发现实施严重不良行为的未成年人的父母或者其他监护人不依法履行监护职责的，应当予以训诫，并可以责令其接受家庭教育指导。

2.《家庭教育促进法》（2021 年 10 月 23 日）

第 34 条　人民法院在审理离婚案件时，应当对有未成年子女的夫妻双方提供家庭教育指导。

第 49 条　公安机关、人民检察院、人民法院在办理案件过程中，发现未成年人存在严重不良行为或者实施犯罪行为，或者未成年人的父母或者其他监护人不正确实施家庭教育侵害未成年人合法权益的，根据情况对父母或者其他监护人予以训诫，并可以责令其接受家庭教育指导。

3.《未成年人保护法》（2024 年 4 月 26 日）

第 100 条　公安机关、人民检察院、人民法院和司法行政部门应当依法履行职责，保障未成年人合法权益。

第 118 条　未成年人的父母或者其他监护人不依法履行监护职责或者侵犯未成年人合法权益的，由其居住地的居民委员会、村民委员会予以劝诫、制止；情节严重的，居民委员会、村民委员会应当及时向公安机关报告。

公安机关接到报告或者公安机关、人民检察院、人民法院在办理案件过程中发现未成年人的父母或者其他监护人存在上述情形的，应当予以训诫，并可以责令其接受家庭教育指导。

4.《刑事诉讼法》（2018 年 10 月 26 日）

第 277 条　对犯罪的未成年人实行教育、感化、挽救的方针，坚持教育为主、惩罚为辅的原则。

人民法院、人民检察院和公安机关办理未成年人刑事案件，应当保障未成年人行使其诉讼权利，保障未成年人得到法律帮助，并由熟悉未成年人身心特点的审判人员、检察人员、侦查人员承办。

● 案例指引

**胡某诉张某变更抚养关系案**（最高人民法院发布《保护未成年人权益十大优秀案例》）①

**典型意义：**本案中，湖南某法院发出了全国第一道针对未成年人的"人身安全保护令"，为加强对未成年人的保护做了有益探索，为推动"人身安全保护令"写入其后的《反家庭暴力法》积累了实践素材，为少年司法事业做出了巨大贡献。数十家媒体和电视台对该案进行了宣传报道，产生了良好的社会效果。该案还引起联合国官员及全国妇联相关领导的关注，他们对这份"人身安全保护令"做出了高度评价。本案调解过程中，人民法院还邀请当地妇联干部、公安民警、村委会干部、村调解员共同参与对被告的批评教育，促使被告真诚悔悟并当庭保证不再实施家暴行为。本案是多元化解纠纷机制、社会联动机制在未成年人司法中的恰当运用，同时也为充分发扬"枫桥经验"处理未成年人保护案件做出了良好示范。

> **第九条** 群团组织的职责
>
> 工会、共产主义青年团、残疾人联合会、科学技术协会、关心下一代工作委员会以及居民委员会、村民委员会等应当结合自身工作，积极开展家庭教育工作，为家庭教育提供社会支持。

---

① 收录的案例为最高人民法院发布的《保护未成年人权益十大优秀案例》，详见最高人民法院网站，https：//www. court. gov. cn/zixun/xiangqing/161502. html，最后访问时间：2024 年 11 月 3 日，下文同一出处案例不再特别提示。

● 法　律

1.《未成年人保护法》（2024 年 4 月 26 日）

第 10 条　共产主义青年团、妇女联合会、工会、残疾人联合会、关心下一代工作委员会、青年联合会、学生联合会、少年先锋队以及其他人民团体、有关社会组织，应当协助各级人民政府及其有关部门、人民检察院、人民法院做好未成年人保护工作，维护未成年人合法权益。

第 82 条　各级人民政府应当将家庭教育指导服务纳入城乡公共服务体系，开展家庭教育知识宣传，鼓励和支持有关人民团体、企业事业单位、社会组织开展家庭教育指导服务。

第 85 条　各级人民政府应当发展职业教育，保障未成年人接受职业教育或者职业技能培训，鼓励和支持人民团体、企业事业单位、社会组织为未成年人提供职业技能培训服务。

第 97 条　县级以上人民政府应当开通全国统一的未成年人保护热线，及时受理、转介侵犯未成年人合法权益的投诉、举报；鼓励和支持人民团体、企业事业单位、社会组织参与建设未成年人保护服务平台、服务热线、服务站点，提供未成年人保护方面的咨询、帮助。

第 99 条　地方人民政府应当培育、引导和规范有关社会组织、社会工作者参与未成年人保护工作，开展家庭教育指导服务，为未成年人的心理辅导、康复救助、监护及收养评估等提供专业服务。

2.《预防未成年人犯罪法》（2020 年 12 月 26 日）

第 8 条　共产主义青年团、妇女联合会、工会、残疾人联合会、关心下一代工作委员会、青年联合会、学生联合会、少年先锋队以及有关社会组织，应当协助各级人民政府及其有关部门、人民检察院和人民法院做好预防未成年人犯罪工作，为预防未成年人犯罪培育社会力量，提供支持服务。

第 24 条　各级人民政府及其有关部门、人民检察院、人民法院、共产主义青年团、少年先锋队、妇女联合会、残疾人联合会、关心下一代工作委员会等应当结合实际，组织、举办多种形式的预防未成年人犯罪宣传教育活动。有条件的地方可以建立青少年法治教育基地，对未成年人开展法治教育。

3.《反家庭暴力法》（2015 年 12 月 27 日）

第 22 条　工会、共产主义青年团、妇女联合会、残疾人联合会、居民委员会、村民委员会等应当对实施家庭暴力的加害人进行法治教育，必要时可以对加害人、受害人进行心理辅导。

### 第十条　鼓励社会各方面开展活动

国家鼓励和支持企业事业单位、社会组织及个人依法开展公益性家庭教育服务活动。

● 法　律

1.《家庭教育促进法》（2021 年 10 月 23 日）

第 36 条　自然人、法人和非法人组织可以依法设立非营利性家庭教育服务机构。

县级以上地方人民政府及有关部门可以采取政府补贴、奖励激励、购买服务等扶持措施，培育家庭教育服务机构。

教育、民政、卫生健康、市场监督管理等有关部门应当在各自职责范围内，依法对家庭教育服务机构及从业人员进行指导和监督。

第 46 条　图书馆、博物馆、文化馆、纪念馆、美术馆、科技馆、体育场馆、青少年宫、儿童活动中心等公共文化服务机构和爱国主义教育基地每年应当定期开展公益性家庭教育宣传、家庭教育指导服务和实践活动，开发家庭教育类公共文化服务产品。

广播、电视、报刊、互联网等新闻媒体应当宣传正确的家庭教育知识，传播科学的家庭教育理念和方法，营造重视家庭教育的良好社会氛围。

2.《未成年人保护法》（2024 年 4 月 26 日）

第42条　全社会应当树立关心、爱护未成年人的良好风尚。

国家鼓励、支持和引导人民团体、企业事业单位、社会组织以及其他组织和个人，开展有利于未成年人健康成长的社会活动和服务。

第44条　爱国主义教育基地、图书馆、青少年宫、儿童活动中心、儿童之家应当对未成年人免费开放；博物馆、纪念馆、科技馆、展览馆、美术馆、文化馆、社区公益性互联网上网服务场所以及影剧院、体育场馆、动物园、植物园、公园等场所，应当按照有关规定对未成年人免费或者优惠开放。

国家鼓励爱国主义教育基地、博物馆、科技馆、美术馆等公共场馆开设未成年人专场，为未成年人提供有针对性的服务。

国家鼓励国家机关、企业事业单位、部队等开发自身教育资源，设立未成年人开放日，为未成年人主题教育、社会实践、职业体验等提供支持。

国家鼓励科研机构和科技类社会组织对未成年人开展科学普及活动。

第82条　各级人民政府应当将家庭教育指导服务纳入城乡公共服务体系，开展家庭教育知识宣传，鼓励和支持有关人民团体、企业事业单位、社会组织开展家庭教育指导服务。

**第十一条**　**鼓励开展家庭教育研究和加强人才培养**

国家鼓励开展家庭教育研究，鼓励高等学校开设家庭教育专业课程，支持师范院校和有条件的高等学校加强家庭教育学科建设，培养家庭教育服务专业人才，开展家庭教育服务人员培训。

● 法　律

1.《未成年人保护法》（2024 年 4 月 26 日）

　　第 12 条　国家鼓励和支持未成年人保护方面的科学研究，建设相关学科、设置相关专业，加强人才培养。

2.《预防未成年人犯罪法》（2020 年 12 月 26 日）

　　第 13 条　国家鼓励和支持预防未成年人犯罪相关学科建设、专业设置、人才培养及科学研究，开展国际交流与合作。

### 第十二条　国家表彰奖励

　　国家鼓励和支持自然人、法人和非法人组织为家庭教育事业进行捐赠或者提供志愿服务，对符合条件的，依法给予税收优惠。

　　国家对在家庭教育工作中做出突出贡献的组织和个人，按照有关规定给予表彰、奖励。

● 法　律

1.《未成年人保护法》（2024 年 4 月 26 日）

　　第 14 条　国家对保护未成年人有显著成绩的组织和个人给予表彰和奖励。

2.《义务教育法》（2018 年 12 月 29 日）

　　第 10 条　对在义务教育实施工作中做出突出贡献的社会组织和个人，各级人民政府及其有关部门按照有关规定给予表彰、奖励。

3.《民办教育促进法》（2018 年 12 月 29 日）

　　第 6 条　国家鼓励捐资办学。

　　国家对为发展民办教育事业做出突出贡献的组织和个人，给予奖励和表彰。

　　第 45 条　县级以上各级人民政府可以设立专项资金，用于资助民办学校的发展，奖励和表彰有突出贡献的集体和个人。

● 部门规章及文件

4.《儿童福利机构管理办法》（2018 年 10 月 30 日）

第 8 条　对在儿童福利机构服务和管理工作中做出突出成绩的单位和个人，依照国家有关规定给予表彰和奖励。

### 第十三条　全国家庭教育宣传周

每年 5 月 15 日国际家庭日所在周为全国家庭教育宣传周。

# 第二章　家庭责任

### 第十四条　家庭成员责任

父母或者其他监护人应当树立家庭是第一个课堂、家长是第一任老师的责任意识，承担对未成年人实施家庭教育的主体责任，用正确思想、方法和行为教育未成年人养成良好思想、品行和习惯。

共同生活的具有完全民事行为能力的其他家庭成员应当协助和配合未成年人的父母或者其他监护人实施家庭教育。

● 法　律

1.《民法典》（2020 年 5 月 28 日）

第 27 条　父母是未成年子女的监护人。

未成年人的父母已经死亡或者没有监护能力的，由下列有监护能力的人按顺序担任监护人：

（一）祖父母、外祖父母；

（二）兄、姐；

（三）其他愿意担任监护人的个人或者组织，但是须经未成年人住所地的居民委员会、村民委员会或者民政部门同意。

第1043条　家庭应当树立优良家风，弘扬家庭美德，重视家庭文明建设。

夫妻应当互相忠实，互相尊重，互相关爱；家庭成员应当敬老爱幼，互相帮助，维护平等、和睦、文明的婚姻家庭关系。

2.《未成年人保护法》（2024年4月26日）

第15条　未成年人的父母或者其他监护人应当学习家庭教育知识，接受家庭教育指导，创造良好、和睦、文明的家庭环境。

共同生活的其他成年家庭成员应当协助未成年人的父母或者其他监护人抚养、教育和保护未成年人。

第16条　未成年人的父母或者其他监护人应当履行下列监护职责：

（一）为未成年人提供生活、健康、安全等方面的保障；

（二）关注未成年人的生理、心理状况和情感需求；

（三）教育和引导未成年人遵纪守法、勤俭节约，养成良好的思想品德和行为习惯；

（四）对未成年人进行安全教育，提高未成年人的自我保护意识和能力；

（五）尊重未成年人受教育的权利，保障适龄未成年人依法接受并完成义务教育；

（六）保障未成年人休息、娱乐和体育锻炼的时间，引导未成年人进行有益身心健康的活动；

（七）妥善管理和保护未成年人的财产；

（八）依法代理未成年人实施民事法律行为；

（九）预防和制止未成年人的不良行为和违法犯罪行为，并进行合理管教；

（十）其他应当履行的监护职责。

第22条　未成年人的父母或者其他监护人因外出务工等原

因在一定期限内不能完全履行监护职责的，应当委托具有照护能力的完全民事行为能力人代为照护；无正当理由的，不得委托他人代为照护。

未成年人的父母或者其他监护人在确定被委托人时，应当综合考虑其道德品质、家庭状况、身心健康状况、与未成年人生活情感上的联系等情况，并听取有表达意愿能力未成年人的意见。

具有下列情形之一的，不得作为被委托人：

（一）曾实施性侵害、虐待、遗弃、拐卖、暴力伤害等违法犯罪行为；

（二）有吸毒、酗酒、赌博等恶习；

（三）曾拒不履行或者长期怠于履行监护、照护职责；

（四）其他不适宜担任被委托人的情形。

3. 《教育法》（2021 年 4 月 29 日）

第 50 条 未成年人的父母或者其他监护人应当为其未成年子女或者其他被监护人受教育提供必要条件。

未成年人的父母或者其他监护人应当配合学校及其他教育机构，对其未成年子女或者其他被监护人进行教育。

学校、教师可以对学生家长提供家庭教育指导。

● 案例指引

**1. 陈某某、刘某某故意伤害、虐待案**（最高人民法院指导性案例 226 号）

**典型意义**：1. 与父（母）的未婚同居者处于较为稳定的共同生活状态的未成年人，应当认定为刑法第二百六十条规定的"家庭成员"。

2. 在经常性的虐待过程中，行为人对被害人实施严重暴力，主观上希望或者放任、客观上造成被害人轻伤以上后果的，应当认定为故意伤害罪；如果将该伤害行为独立评价后，其他虐待行为仍符合虐待罪构成要件的，应当以故意伤害罪与虐待罪数罪并罚。

3. 对于故意伤害未成年人案件，认定是否符合刑法第二百三十四条第二款规定的以特别残忍手段致人重伤造成"严重残疾"，应当综合考量残疾等级、数量、所涉部位等情节，以及伤害后果对未成年人正在发育的身心所造成的严重影响等因素，依法准确作出判断。

## 2. 胡某诉陈某变更抚养权纠纷案（最高人民法院发布《未成年人权益司法保护典型案例》）

**典型意义**：家庭教育促进法作为我国家庭教育领域的第一部专门立法，将家庭教育由传统的"家事"，上升为新时代的"国事"，开启了父母"依法带娃"的时代，对于全面保护未成年人健康成长具有重大而深远的意义。家庭教育促进法规定，父母应当加强亲子陪伴，即使未成年人的父母分居或者离异，也应当相互配合履行家庭教育责任，任何一方不得拒绝或者怠于履行。鉴于本案被告未能按照协议切实履行抚养义务、承担监护职责，人民法院在综合考虑胡小某本人意愿的基础上依法作出判决，并依照家庭教育促进法，向被告发出了全国第一份家庭教育令，责令家长切实履行监护职责。家庭教育令发出后，取得了良好的社会反响。发布本案例，旨在提醒广大家长，家庭教育促进法明确规定，"父母或者其他监护人应当树立家庭是第一个课堂、家长是第一任老师的责任意识，承担对未成年人实施家庭教育的主体责任，用正确思想、方法和行为教育未成年人养成良好思想、品行和习惯"。希望广大家长认真学习这部重要法律，认真履行为人父母的重大责任，加强家庭家教家风建设，努力为未成年人健康成长营造良好的家庭环境。

## 3. 李某某诉某电子商务有限公司网络服务合同纠纷案（最高人民法院发布《未成年人权益司法保护典型案例》）

**典型意义**：本案主要涉及未成年人实施与其年龄、智力不相适应的支付行为的效力问题。根据民法典的规定，8 周岁以上未成年人实施与其年龄、智力不相适应的购买支付行为，在未得到其家长或者其他法定代理人追认的情况下，其购买支付行为无效，经营者应当依法返还价款。本案提醒广大家长，作为未成年人的监护人，应

26

当加强对孩子的引导、监督，并应保管好自己的手机、银行卡密码，防止孩子用来绑定进行大额支付。网络公司应当进一步强化法律意识和社会责任，依法处理因未成年人实施与其年龄、智力不相符的支付行为所引发的纠纷。

**4. 刘某故意伤害案**（《最高法院公布八起侵害未成年人合法权益典型案例》）①

**典型意义**：本案是一起父母教育未成年人子女过程中，因教育方式不当而心生气愤，并实施无节制的殴打未成年子女，致子女死亡的案件，属于典型的涉及家庭暴力刑事案件。根据当前刑事政策，对于因恋爱、婚姻、家庭纠纷等民间矛盾激化引发的犯罪，一般酌情从宽处罚，涉及家庭暴力刑事案件也属于"因恋爱、婚姻、家庭纠纷"引发的犯罪。未成年人比起成年人来说，缺乏自我保护能力，极易成为家庭暴力的对象，遭受家庭暴力的伤害后果更加严重；司法对于针对未成年人成员实施暴力的被告人，根据案件的具体情况，可以依法从严惩处。

---

**第十五条** **注重家庭建设**

> 未成年人的父母或者其他监护人及其他家庭成员应当注重家庭建设，培育积极健康的家庭文化，树立和传承优良家风，弘扬中华民族家庭美德，共同构建文明、和睦的家庭关系，为未成年人健康成长营造良好的家庭环境。

**法　律**

1. 《民法典》（2020 年 5 月 28 日）

第 1043 条　家庭应当树立优良家风，弘扬家庭美德，重视

---

① 收录的案例为《最高法院公布八起侵害未成年人合法权益典型案例》，详见最高人民法院网站，https://www.court.gov.cn/zixun/xiangqing/15294.html，最后访问时间：2024 年 11 月 3 日，下文同一出处案例不再特别提示。

家庭文明建设。

夫妻应当互相忠实，互相尊重，互相关爱；家庭成员应当敬老爱幼，互相帮助，维护平等、和睦、文明的婚姻家庭关系。

第 1132 条　继承人应当本着互谅互让、和睦团结的精神，协商处理继承问题。遗产分割的时间、办法和份额，由继承人协商确定；协商不成的，可以由人民调解委员会调解或者向人民法院提起诉讼。

2.《未成年人保护法》（2024 年 4 月 26 日）

第 15 条　未成年人的父母或者其他监护人应当学习家庭教育知识，接受家庭教育指导，创造良好、和睦、文明的家庭环境。

共同生活的其他成年家庭成员应当协助未成年人的父母或者其他监护人抚养、教育和保护未成年人。

3.《预防未成年人犯罪法》（2020 年 12 月 26 日）

第 16 条　未成年人的父母或者其他监护人对未成年人的预防犯罪教育负有直接责任，应当依法履行监护职责，树立优良家风，培养未成年人良好品行；发现未成年人心理或者行为异常的，应当及时了解情况并进行教育、引导和劝诫，不得拒绝或者怠于履行监护职责。

4.《反家庭暴力法》（2015 年 12 月 27 日）

第 1 条　为了预防和制止家庭暴力，保护家庭成员的合法权益，维护平等、和睦、文明的家庭关系，促进家庭和谐、社会稳定，制定本法。

**第十六条　家庭教育的内容**

未成年人的父母或者其他监护人应当针对不同年龄段未成年人的身心发展特点，以下列内容为指引，开展家庭教育：

（一）教育未成年人爱党、爱国、爱人民、爱集体、爱社会主义，树立维护国家统一的观念，铸牢中华民族共同体意识，培养家国情怀；

（二）教育未成年人崇德向善、尊老爱幼、热爱家庭、勤俭节约、团结互助、诚信友爱、遵纪守法，培养其良好社会公德、家庭美德、个人品德意识和法治意识；

（三）帮助未成年人树立正确的成才观，引导其培养广泛兴趣爱好、健康审美追求和良好学习习惯，增强科学探索精神、创新意识和能力；

（四）保证未成年人营养均衡、科学运动、睡眠充足、身心愉悦，引导其养成良好生活习惯和行为习惯，促进其身心健康发展；

（五）关注未成年人心理健康，教导其珍爱生命，对其进行交通出行、健康上网和防欺凌、防溺水、防诈骗、防拐卖、防性侵等方面的安全知识教育，帮助其掌握安全知识和技能，增强其自我保护的意识和能力；

（六）帮助未成年人树立正确的劳动观念，参加力所能及的劳动，提高生活自理能力和独立生活能力，养成吃苦耐劳的优秀品格和热爱劳动的良好习惯。

## ❀ 宪　法

1.《宪法》（2018 年 3 月 11 日）

第 24 条　国家通过普及理想教育、道德教育、文化教育、纪律和法制教育，通过在城乡不同范围的群众中制定和执行各种守则、公约，加强社会主义精神文明的建设。

国家倡导社会主义核心价值观，提倡爱祖国、爱人民、爱劳动、爱科学、爱社会主义的公德，在人民中进行爱国主义、集体主义和国际主义、共产主义的教育，进行辩证唯物主义和历史唯物主义的教育，反对资本主义的、封建主义的和其他的腐朽思想。

● 法　律

2.《教育法》（2021 年 4 月 29 日）

第 6 条　教育应当坚持立德树人，对受教育者加强社会主义核心价值观教育，增强受教育者的社会责任感、创新精神和实践能力。

国家在受教育者中进行爱国主义、集体主义、中国特色社会主义的教育，进行理想、道德、纪律、法治、国防和民族团结的教育。

3.《未成年人保护法》（2024 年 4 月 26 日）

第 16 条　未成年人的父母或者其他监护人应当履行下列监护职责：

（一）为未成年人提供生活、健康、安全等方面的保障；

（二）关注未成年人的生理、心理状况和情感需求；

（三）教育和引导未成年人遵纪守法、勤俭节约，养成良好的思想品德和行为习惯；

（四）对未成年人进行安全教育，提高未成年人的自我保护意识和能力；

（五）尊重未成年人受教育的权利，保障适龄未成年人依法接受并完成义务教育；

（六）保障未成年人休息、娱乐和体育锻炼的时间，引导未成年人进行有益身心健康的活动；

（七）妥善管理和保护未成年人的财产；

（八）依法代理未成年人实施民事法律行为；

（九）预防和制止未成年人的不良行为和违法犯罪行为，并进行合理管教；

（十）其他应当履行的监护职责。

## ● 部门规章及文件

**4.《普通高等学校学生管理规定》**（2017 年 2 月 4 日）

第 4 条　学生应当拥护中国共产党领导，努力学习马克思列宁主义、毛泽东思想、中国特色社会主义理论体系，深入学习习近平总书记系列重要讲话精神和治国理政新理念新思想新战略，坚定中国特色社会主义道路自信、理论自信、制度自信、文化自信，树立中国特色社会主义共同理想；应当树立爱国主义思想，具有团结统一、爱好和平、勤劳勇敢、自强不息的精神；应当增强法治观念，遵守宪法、法律、法规，遵守公民道德规范，遵守学校管理制度，具有良好的道德品质和行为习惯；应当刻苦学习，勇于探索，积极实践，努力掌握现代科学文化知识和专业技能；应当积极锻炼身体，增进身心健康，提高个人修养，培养审美情趣。

## ● 司法解释及文件

**5.《关于在办理涉未成年人案件中全面开展家庭教育指导工作的意见》**（2021 年 5 月 31 日）

三、工作内容

家庭教育指导内容包括但不限于以下方面：

1. 教育未成年人的父母或者其他监护人培养未成年人法律素养，提高守法意识和自我保护能力；

2. 帮助未成年人的父母或者其他监护人强化监护意识，履行家庭教育主体责任；

3. 帮助未成年人的父母或者其他监护人培养未成年人良好道德行为习惯，树立正确价值观；

4. 教导未成年人的父母或者其他监护人对未成年人采取有效的沟通方式；

5. 引导未成年人的父母或者其他监护人改变不当教育方式；

6. 指导未成年人的父母或者其他监护人重塑良好家庭关系，营造和谐家庭氛围；

7. 协助未成年人的父母或者其他监护人加强对未成年人的心理辅导，促进未成年人健全人格的养成。

● 案例指引

**1. 蒋某猥亵儿童案**（最高人民法院发布《保护未成年人权益十大优秀案例》）

**典型意义：**本案是一起典型的利用互联网猥亵未成年人的案件。在互联网时代，不法分子运用网络技术实施犯罪的手段更为隐蔽，危害范围更为广泛。被告人以选拔童星、网友聊天、冒充老师等方式诱骗或强迫被害人进行视频裸聊或拍摄裸照，虽然没有与被害人进行身体接触，跟传统意义上的猥亵行为有所不同，但其目的是满足自身性欲，客观上侵犯了被害人的人身权利，同样构成猥亵儿童罪。类似的网络犯罪行为严重损害了未成年人身心健康，社会危害性极大。本案对被告人蒋某依法从重判刑，彰显了人民法院本着"儿童利益最大化"的原则，依法严厉惩治侵害未成年人犯罪行为的坚定决心。同时也警示家庭和学校要加强对未成年人的教育，引导未成年人正确使用网络，培养、提高识别风险、自我保护的意识和能力；提醒广大青少年增强自我保护意识，最大限度避免网络违法犯罪的侵害，如果正在面临或者已经遭受不法侵害，要及时告知家长、老师或者报警，第一时间寻求法律的保护。

**2. 林某某通过网约车猥亵儿童案**（最高人民法院发布《利用互联网侵害未成年人权益的典型案例》）①

**典型意义：**近年来，网约车因便捷实用，使用人数较多，发展

---

① 收录的案例为最高人民法院发布的《利用互联网侵害未成年人权益的典型案例》，详见最高人民法院网站，https：//www.court.gov.cn/zixun/xiangqing/99432.html，最后访问时间：2024年11月3日，下文同一出处案例不再特别提示。

势头迅猛，但网约车监管漏洞引发的社会问题也逐渐暴露，网约车司机殴打、杀害乘客等新闻时常见诸报端。本案被害人母亲因临时有事，通过手机平台预约打车后，被害人在独自乘坐网约车过程中遭到司机猥亵。本案警示：家长要充分认识到未成年人自我防范和自我保护意识较弱这一特点，在无法亲自陪伴时，应尽量为未成年人选择公交车等规范交通工具以保证安全。网约车平台及管理部门要加强监管，提高车内安全监控技术水平，提高驾驶员入行门槛，加大身份识别力度，保障乘车安全。

**3. 杨某某假借迷信强奸案**（最高人民法院发布《利用互联网侵害未成年人权益的典型案例》）

　　**典型意义**：本案是一起通过互联网交友诱骗、威胁少女实施性侵害的严重犯罪案件。三名被害人均是未成年人，其中一名为幼女。被告人通过一人分饰不同角色，利用未成年人年少、幼稚、胆小的弱势，采用迷信、威胁等手段发生性关系，严重损害未成年人身心健康。本案警示：互联网具有虚拟性，使用者可以不具有真实身份，用不同姓名、性别、年龄、职业与人交往，具有较强欺骗性，未成年人不宜使用互联网社交平台与陌生人交友，以免上当受骗。家长和学校要对未成年人加强性知识、性侵害防卫教育，及时了解子女网上交友情况。

**4. 刘某某提供虚假网络技术诈骗案**（最高人民法院发布《利用互联网侵害未成年人权益的典型案例》）

　　**典型意义**：随着我国互联网的迅猛发展，网民规模越来越大，网络用户呈低龄化的特点。青少年由于缺乏独立经济能力，又有一定消费需求，加上身心发展尚未成熟，对虚拟网络交易风险缺乏防范意识，很容易成为网络诈骗分子的"囊中之物"。本案被告人利用被害人未成年、社会经验不足，加之被害人家长对孩子日常生活交易常识缺乏教育、引导和监督，轻易利用互联网骗取张某某13万余元。本案警示：家长要依法履行监护责任，对未成年人使用电子产品和互联网的时间和内容等要进行引导、监督；要配合电子产品有关功能，及时了解子女用网安全；对孩子可能接触到的大额财物要严加管理，避免陷入网络诈骗。

### 第十七条　家庭教育的方式方法

　　未成年人的父母或者其他监护人实施家庭教育，应当关注未成年人的生理、心理、智力发展状况，尊重其参与相关家庭事务和发表意见的权利，合理运用以下方式方法：

　　（一）亲自养育，加强亲子陪伴；

　　（二）共同参与，发挥父母双方的作用；

　　（三）相机而教，寓教于日常生活之中；

　　（四）潜移默化，言传与身教相结合；

　　（五）严慈相济，关心爱护与严格要求并重；

　　（六）尊重差异，根据年龄和个性特点进行科学引导；

　　（七）平等交流，予以尊重、理解和鼓励；

　　（八）相互促进，父母与子女共同成长；

　　（九）其他有益于未成年人全面发展、健康成长的方式方法。

● 法　律

1.《民法典》（2020 年 5 月 28 日）

　　第 35 条　监护人应当按照最有利于被监护人的原则履行监护职责。监护人除为维护被监护人利益外，不得处分被监护人的财产。

　　未成年人的监护人履行监护职责，在作出与被监护人利益有关的决定时，应当根据被监护人的年龄和智力状况，尊重被监护人的真实意愿。

　　成年人的监护人履行监护职责，应当最大程度地尊重被监护人的真实意愿，保障并协助被监护人实施与其智力、精神健康状况相适应的民事法律行为。对被监护人有能力独立处理的事务，监护人不得干涉。

2. 《未成年人保护法》（2024年4月26日）

第4条　保护未成年人，应当坚持最有利于未成年人的原则。处理涉及未成年人事项，应当符合下列要求：

（一）给予未成年人特殊、优先保护；

（二）尊重未成年人人格尊严；

（三）保护未成年人隐私权和个人信息；

（四）适应未成年人身心健康发展的规律和特点；

（五）听取未成年人的意见；

（六）保护与教育相结合。

第19条　未成年人的父母或者其他监护人应当根据未成年人的年龄和智力发展状况，在作出与未成年人权益有关的决定前，听取未成年人的意见，充分考虑其真实意愿。

第23条　未成年人的父母或者其他监护人应当及时将委托照护情况书面告知未成年人所在学校、幼儿园和实际居住地的居民委员会、村民委员会，加强和未成年人所在学校、幼儿园的沟通；与未成年人、被委托人至少每周联系和交流一次，了解未成年人的生活、学习、心理等情况，并给予未成年人亲情关爱。

未成年人的父母或者其他监护人接到被委托人、居民委员会、村民委员会、学校、幼儿园等关于未成年人心理、行为异常的通知后，应当及时采取干预措施。

第24条　未成年人的父母离婚时，应当妥善处理未成年子女的抚养、教育、探望、财产等事宜，听取有表达意愿能力未成年人的意见。不得以抢夺、藏匿未成年子女等方式争夺抚养权。

未成年人的父母离婚后，不直接抚养未成年子女的一方应当依照协议、人民法院判决或者调解确定的时间和方式，在不影响未成年人学习、生活的情况下探望未成年子女，直接抚养的一方应当配合，但被人民法院依法中止探望权的除外。

● 案例指引

**1. 周某某故意伤害案**（山西省高级人民法院发布《10起典型案例！司法保护未成年人健康成长》）

**典型意义**：本案属于一起严重侵害未成年人生命健康权的故意伤害刑事案件。周某某虽出于教育子女的目的，但未从有利于子女健康成长的角度出发采用正确的教育方式方法，而是奉行"棍棒之下出孝子"的错误理念，简单粗暴，动辄对未成年子女施以暴力，为法律所禁止。其教育的结果不但使其痛失爱子，更使自己因其犯罪行为身陷囹圄，其子可怜、其人可悲。本案的重要启示在于：一是要在法律允许范围内开展家庭教育，一切从有利于未成年人健康成长角度出发，以正确的方式方法教育和保护未成年人，须知管教子女要得体，棍棒教育悔莫及；二是全社会都要积极参与未成年人保护工作，任何组织或者个人发现不利于未成年人身心健康或者侵犯未成年合法权益的情形，都有权劝阻、制止或者向公安、民政、教育等有关部门提出检举、控告，携手撑起保护未成年人的一片蓝天。

**2. 李某某故意杀人案**（山西省高级人民法院发布《10起典型案例！司法保护未成年人健康成长》）

**典型意义**：本案属于典型的未成年人暴力犯罪。当前，未成年人暴力犯罪主要集中于故意杀人、故意伤害、强奸、抢劫等典型暴力犯罪中。未成年人在成长过程中，其心智、心理发育受到家庭、校园及社会环境的影响，家庭环境尤其重要，是未成年人成长及完成社会化过程的主要场所，父母是孩子的第一任老师，更要给子女上好人生第一课。在司法实践中，溺爱型、放任型的家庭教育最容易让未成年人走上暴力犯罪的道路。本案中，李某某的父母在其成长道路上，过于溺爱，放任其自由成长，在其辍学后，没有采取有效措施和方式让李某某接受正常教育，而是任由其在社会上游荡，沾染了诸多社会恶习，且在李某某多次盗窃家庭财物、殴打父母后，仍未严加管教，父母只想通过努力挣钱，用给予物质的方式溺爱孩子，殊不知这样的方式，最终纵容李某某走上了杀父伤母的犯罪之路。案件审判过程中，审理法官通过心理咨询师对李某某进行了心理疏导，亦对其母亲做了心理辅导。李某某在悔过书中写道"已经反省到了自己的错误，家人的过分宠爱让我认为父母的关心是理所当然，感谢法律给予重生的机会，爸爸不在了，出去后一定要给妈妈一个家"。

### 第十八条　监护人学习家庭教育知识

未成年人的父母或者其他监护人应当树立正确的家庭教育理念，自觉学习家庭教育知识，在孕期和未成年人进入婴幼儿照护服务机构、幼儿园、中小学校等重要时段进行有针对性的学习，掌握科学的家庭教育方法，提高家庭教育的能力。

### 法　律

1.《未成年人保护法》（2024 年 4 月 26 日）

第 15 条　未成年人的父母或者其他监护人应当学习家庭教育知识，接受家庭教育指导，创造良好、和睦、文明的家庭环境。

共同生活的其他成年家庭成员应当协助未成年人的父母或者其他监护人抚养、教育和保护未成年人。

2.《教育法》（2021 年 4 月 29 日）

第 50 条　未成年人的父母或者其他监护人应当为其未成年子女或者其他被监护人受教育提供必要条件。

未成年人的父母或者其他监护人应当配合学校及其他教育机构，对其未成年子女或者其他被监护人进行教育。

学校、教师可以对学生家长提供家庭教育指导。

**家校社区合作机制**

> 未成年人的父母或者其他监护人应当与中小学校、幼儿园、婴幼儿照护服务机构、社区密切配合，积极参加其提供的公益性家庭教育指导和实践活动，共同促进未成年人健康成长。

● **法 律**

1.《义务教育法》（2018 年 12 月 29 日）

第 3 条 义务教育必须贯彻国家的教育方针，实施素质教育，提高教育质量，使适龄儿童、少年在品德、智力、体质等方面全面发展，为培养有理想、有道德、有文化、有纪律的社会主义建设者和接班人奠定基础。

2.《未成年人保护法》（2024 年 4 月 26 日）

第 1 条 为了保护未成年人身心健康，保障未成年人合法权益，促进未成年人德智体美劳全面发展，培养有理想、有道德、有文化、有纪律的社会主义建设者和接班人，培养担当民族复兴大任的时代新人，根据宪法，制定本法。

第 5 条 国家、社会、学校和家庭应当对未成年人进行理想教育、道德教育、科学教育、文化教育、法治教育、国家安全教育、健康教育、劳动教育，加强爱国主义、集体主义和中国特色社会主义的教育，培养爱祖国、爱人民、爱劳动、爱科学、爱社会主义的公德，抵制资本主义、封建主义和其他腐朽思想的侵蚀，引导未成年人树立和践行社会主义核心价值观。

第 23 条 未成年人的父母或者其他监护人应当及时将委托照护情况书面告知未成年人所在学校、幼儿园和实际居住地的居民委员会、村民委员会，加强和未成年人所在学校、幼儿园的沟通；与未成年人、被委托人至少每周联系和交流一次，了解未成年人的生活、学习、心理等情况，并给予未成年人亲情关爱。

未成年人的父母或者其他监护人接到被委托人、居民委员会、村民委员会、学校、幼儿园等关于未成年人心理、行为异常的通知后，应当及时采取干预措施。

第33条　学校应当与未成年学生的父母或者其他监护人互相配合，合理安排未成年学生的学习时间，保障其休息、娱乐和体育锻炼的时间。

学校不得占用国家法定节假日、休息日及寒暑假期，组织义务教育阶段的未成年学生集体补课，加重其学习负担。

幼儿园、校外培训机构不得对学龄前未成年人进行小学课程教育。

第43条　居民委员会、村民委员会应当设置专人专岗负责未成年人保护工作，协助政府有关部门宣传未成年人保护方面的法律法规，指导、帮助和监督未成年人的父母或者其他监护人依法履行监护职责，建立留守未成年人、困境未成年人的信息档案并给予关爱帮扶。

居民委员会、村民委员会应当协助政府有关部门监督未成年人委托照护情况，发现被委托人缺乏照护能力、怠于履行照护职责等情况，应当及时向政府有关部门报告，并告知未成年人的父母或者其他监护人，帮助、督促被委托人履行照护职责。

3. 《教育法》（2021年4月29日）

第50条　未成年人的父母或者其他监护人应当为其未成年子女或者其他被监护人受教育提供必要条件。

未成年人的父母或者其他监护人应当配合学校及其他教育机构，对其未成年子女或者其他被监护人进行教育。

学校、教师可以对学生家长提供家庭教育指导。

**父母分居或离异时的家庭教育**

> 未成年人的父母分居或者离异的,应当相互配合履行家庭教育责任,任何一方不得拒绝或者怠于履行;除法律另有规定外,不得阻碍另一方实施家庭教育。

◉ **法 律**

1. 《民法典》(2020 年 5 月 28 日)

第 1084 条 父母与子女间的关系,不因父母离婚而消除。离婚后,子女无论由父或者母直接抚养,仍是父母双方的子女。

离婚后,父母对于子女仍有抚养、教育、保护的权利和义务。

离婚后,不满两周岁的子女,以由母亲直接抚养为原则。已满两周岁的子女,父母双方对抚养问题协议不成的,由人民法院根据双方的具体情况,按照最有利于未成年子女的原则判决。子女已满八周岁的,应当尊重其真实意愿。

第 1085 条 离婚后,子女由一方直接抚养的,另一方应当负担部分或者全部抚养费。负担费用的多少和期限的长短,由双方协议;协议不成的,由人民法院判决。

前款规定的协议或者判决,不妨碍子女在必要时向父母任何一方提出超过协议或者判决原定数额的合理要求。

第 1086 条 离婚后,不直接抚养子女的父或者母,有探望子女的权利,另一方有协助的义务。

行使探望权利的方式、时间由当事人协议;协议不成的,由人民法院判决。

父或者母探望子女,不利于子女身心健康的,由人民法院依法中止探望;中止的事由消失后,应当恢复探望。

2. 《未成年人保护法》(2024 年 4 月 26 日)

第 24 条 未成年人的父母离婚时,应当妥善处理未成年子女的抚养、教育、探望、财产等事宜,听取有表达意愿能力未成年人的意见。不得以抢夺、藏匿未成年子女等方式争夺抚养权。

　　未成年人的父母离婚后，不直接抚养未成年子女的一方应当依照协议、人民法院判决或者调解确定的时间和方式，在不影响未成年人学习、生活的情况下探望未成年子女，直接抚养的一方应当配合，但被人民法院依法中止探望权的除外。

● 司法解释及文件

**3.《最高人民法院关于适用〈中华人民共和国民法典〉婚姻家庭编的解释（一）》**（2020 年 12 月 29 日　法释〔2020〕22 号）

　　**第48条**　在有利于保护子女利益的前提下，父母双方协议轮流直接抚养子女的，人民法院应予支持。

● 案例指引

**王某强奸案**（《最高法院公布八起侵害未成年人合法权益典型案例》）

　　**典型意义**：本案是一起性侵未成年继子女的案件。随着社会的发展，再婚家庭中性侵未成年继子女的案件日益成为性侵案件中突出的一类。特别是在偏远、落后的西部山区，生活习惯加之经济条件比较恶劣，再婚后的家长无暇顾及未成年人成长中应当具有的人身防范意识和常识，最终导致再婚的配偶得以甚至长期伤害未成年人，给未成年人造成一生难以愈合的伤痕。此案警示公众：应当加强对妇女儿童普及自我保护的防范意识和常识，共同防治此类恶性案件的发生。

---

**第二十一条**　　**委托照护下的家庭教育**

　　未成年人的父母或者其他监护人依法委托他人代为照护未成年人的，应当与被委托人、未成年人保持联系，定期了解未成年人学习、生活情况和心理状况，与被委托人共同履行家庭教育责任。

## ● 法　律

### 1.《民法典》（2020 年 5 月 28 日）

第 36 条　监护人有下列情形之一的，人民法院根据有关个人或者组织的申请，撤销其监护人资格，安排必要的临时监护措施，并按照最有利于被监护人的原则依法指定监护人：

（一）实施严重损害被监护人身心健康的行为；

（二）怠于履行监护职责，或者无法履行监护职责且拒绝将监护职责部分或者全部委托给他人，导致被监护人处于危困状态；

（三）实施严重侵害被监护人合法权益的其他行为。

本条规定的有关个人、组织包括：其他依法具有监护资格的人，居民委员会、村民委员会、学校、医疗机构、妇女联合会、残疾人联合会、未成年人保护组织、依法设立的老年人组织、民政部门等。

前款规定的个人和民政部门以外的组织未及时向人民法院申请撤销监护人资格的，民政部门应当向人民法院申请。

### 2.《未成年人保护法》（2024 年 4 月 26 日）

第 22 条　未成年人的父母或者其他监护人因外出务工等原因在一定期限内不能完全履行监护职责的，应当委托具有照护能力的完全民事行为能力人代为照护；无正当理由的，不得委托他人代为照护。

未成年人的父母或者其他监护人在确定被委托人时，应当综合考虑其道德品质、家庭状况、身心健康状况、与未成年人生活情感上的联系等情况，并听取有表达意愿能力未成年人的意见。

具有下列情形之一的，不得作为被委托人：

（一）曾实施性侵害、虐待、遗弃、拐卖、暴力伤害等违法犯罪行为；

（二）有吸毒、酗酒、赌博等恶习；

（三）曾拒不履行或者长期怠于履行监护、照护职责；

（四）其他不适宜担任被委托人的情形。

第23条　未成年人的父母或者其他监护人应当及时将委托照护情况书面告知未成年人所在学校、幼儿园和实际居住地的居民委员会、村民委员会，加强和未成年人所在学校、幼儿园的沟通；与未成年人、被委托人至少每周联系和交流一次，了解未成年人的生活、学习、心理等情况，并给予未成年人亲情关爱。

未成年人的父母或者其他监护人接到被委托人、居民委员会、村民委员会、学校、幼儿园等关于未成年人心理、行为异常的通知后，应当及时采取干预措施。

第43条　居民委员会、村民委员会应当设置专人专岗负责未成年人保护工作，协助政府有关部门宣传未成年人保护方面的法律法规，指导、帮助和监督未成年人的父母或者其他监护人依法履行监护职责，建立留守未成年人、困境未成年人的信息档案并给予关爱帮扶。

居民委员会、村民委员会应当协助政府有关部门监督未成年人委托照护情况，发现被委托人缺乏照护能力、怠于履行照护职责等情况，应当及时向政府有关部门报告，并告知未成年人的父母或者其他监护人，帮助、督促被委托人履行照护职责。

**第二十二条**　合理安排未成年人活动时间

未成年人的父母或者其他监护人应当合理安排未成年人学习、休息、娱乐和体育锻炼的时间，避免加重未成年人学习负担，预防未成年人沉迷网络。

### 法　律

1.《未成年人保护法》（2024年4月26日）

第16条　未成年人的父母或者其他监护人应当履行下列监护职责：

（一）为未成年人提供生活、健康、安全等方面的保障；

（二）关注未成年人的生理、心理状况和情感需求；

（三）教育和引导未成年人遵纪守法、勤俭节约，养成良好的思想品德和行为习惯；

（四）对未成年人进行安全教育，提高未成年人的自我保护意识和能力；

（五）尊重未成年人受教育的权利，保障适龄未成年人依法接受并完成义务教育；

（六）保障未成年人休息、娱乐和体育锻炼的时间，引导未成年人进行有益身心健康的活动；

（七）妥善管理和保护未成年人的财产；

（八）依法代理未成年人实施民事法律行为；

（九）预防和制止未成年人的不良行为和违法犯罪行为，并进行合理管教；

（十）其他应当履行的监护职责。

第33条　学校应当与未成年学生的父母或者其他监护人互相配合，合理安排未成年学生的学习时间，保障其休息、娱乐和体育锻炼的时间。

学校不得占用国家法定节假日、休息日及寒暑假期，组织义务教育阶段的未成年学生集体补课，加重其学习负担。

幼儿园、校外培训机构不得对学龄前未成年人进行小学课程教育。

第68条　新闻出版、教育、卫生健康、文化和旅游、网信等部门应当定期开展预防未成年人沉迷网络的宣传教育，监督网络产品和服务提供者履行预防未成年人沉迷网络的义务，指导家庭、学校、社会组织互相配合，采取科学、合理的方式对未成年人沉迷网络进行预防和干预。

任何组织或者个人不得以侵害未成年人身心健康的方式对未

成年人沉迷网络进行干预。

第70条　学校应当合理使用网络开展教学活动。未经学校允许，未成年学生不得将手机等智能终端产品带入课堂，带入学校的应当统一管理。

学校发现未成年学生沉迷网络的，应当及时告知其父母或者其他监护人，共同对未成年学生进行教育和引导，帮助其恢复正常的学习生活。

第71条　未成年人的父母或者其他监护人应当提高网络素养，规范自身使用网络的行为，加强对未成年人使用网络行为的引导和监督。

未成年人的父母或者其他监护人应当通过在智能终端产品上安装未成年人网络保护软件、选择适合未成年人的服务模式和管理功能等方式，避免未成年人接触危害或者可能影响其身心健康的网络信息，合理安排未成年人使用网络的时间，有效预防未成年人沉迷网络。

◎ 部门规章及文件

2.《未成年人学校保护规定》（2021年6月1日）

第34条　学校应当将科学、文明、安全、合理使用网络纳入课程内容，对学生进行网络安全、网络文明和防止沉迷网络的教育，预防和干预学生过度使用网络。

学校为学生提供的上网设施，应当安装未成年人上网保护软件或者采取其他安全保护技术措施，避免学生接触不适宜未成年人接触的信息；发现网络产品、服务、信息有危害学生身心健康内容的，或者学生利用网络实施违法活动的，应当立即采取措施并向有关主管部门报告。

3.《未成年人节目管理规定》（2021年10月8日）

第12条　邀请未成年人参与节目制作，应当事先经其法定监护人同意。不得以恐吓、诱骗或者收买等方式迫使、引诱未成年人参与节目制作。

制作未成年人节目应当保障参与制作的未成年人人身和财产安全，以及充足的学习和休息时间。

● 案例指引

**靳某故意杀人案**（《最高法院公布八起侵害未成年人合法权益典型案例》）

**典型意义**：本案是一起通过网络聊天诱骗未成年少女并将其杀害的案件。被害人吴某某一家从宁夏南部山区移民到宁夏银川市，因为父母忙于生计，又没有文化，平时与吴某某沟通较少。吴某某因年纪小，自控能力差，迷恋上了QQ聊天，并通过QQ聊天认识了自称是"王钢"叔叔的被告人靳某，在QQ聊天中倾诉自己不想上学，想找工作，被靳某诱骗到大武口区找工作，最终被被告人残忍杀害。被告人犯罪性质恶劣，手段残忍，情节、后果严重。判处被告人靳某死刑，剥夺政治权利终身，量刑适当。当今QQ聊天已成为大部分年轻人生活的一部分，它拉近了人与人之间的时空距离，丰富了人们的业余文化生活。但是，在给人们生产生活带来便利的同时，也给不法之徒实施犯罪带来了可乘之机。一些人专门在网上利用QQ寻找侵害对象实施不法行为，其中，既有利用网络进行诈骗犯罪的，也有利用网络进行暴力犯罪的。涉世未深的未成年人，尤其容易被犯罪分子通过QQ等通讯方式编造的谎言所欺骗、蒙蔽。本案被告人靳某通过QQ结识年仅12岁的吴某某，取得吴某某轻信后，即与吴某某相约见面，最后以给吴某某找工作为由，将吴某某诱骗至其居住的小区并将吴某某杀害。该案的发生提醒广大的青少年，不能轻信通过网络结识陌生人，不能在网络上透漏个人信息，更不能孤身和网友见面，以免造成人身危险。同时，也提醒未成年人的父母，要引导和教育未成年人子女正确利用网络，净化网络朋友圈，关注未成年人子女的社交圈，时刻注意防患于未然，确保未成年人的人身安全。

| 第二十三条 | 监护人禁止实施的行为 |

未成年人的父母或者其他监护人不得因性别、身体状况、智力等歧视未成年人，不得实施家庭暴力，不得胁迫、引诱、教唆、纵容、利用未成年人从事违反法律法规和社会公德的活动。

### ● 宪 法

1.《宪法》（2018 年 3 月 11 日）

第 33 条 凡具有中华人民共和国国籍的人都是中华人民共和国公民。

中华人民共和国公民在法律面前一律平等。

国家尊重和保障人权。

任何公民享有宪法和法律规定的权利，同时必须履行宪法和法律规定的义务。

### ● 法 律

2.《民法典》（2020 年 5 月 28 日）

第 26 条 父母对未成年子女负有抚养、教育和保护的义务。

成年子女对父母负有赡养、扶助和保护的义务。

第 34 条 监护人的职责是代理被监护人实施民事法律行为，保护被监护人的人身权利、财产权利以及其他合法权益等。

监护人依法履行监护职责产生的权利，受法律保护。

监护人不履行监护职责或者侵害被监护人合法权益的，应当承担法律责任。

因发生突发事件等紧急情况，监护人暂时无法履行监护职责，被监护人的生活处于无人照料状态的，被监护人住所地的居民委员会、村民委员会或者民政部门应当为被监护人安排必要的临时生活照料措施。

第 35 条　监护人应当按照最有利于被监护人的原则履行监护职责。监护人除为维护被监护人利益外，不得处分被监护人的财产。

未成年人的监护人履行监护职责，在作出与被监护人利益有关的决定时，应当根据被监护人的年龄和智力状况，尊重被监护人的真实意愿。

成年人的监护人履行监护职责，应当最大程度地尊重被监护人的真实意愿，保障并协助被监护人实施与其智力、精神健康状况相适应的民事法律行为。对被监护人有能力独立处理的事务，监护人不得干涉。

第 1042 条　禁止包办、买卖婚姻和其他干涉婚姻自由的行为。禁止借婚姻索取财物。

禁止重婚。禁止有配偶者与他人同居。

禁止家庭暴力。禁止家庭成员间的虐待和遗弃。

第 1043 条　家庭应当树立优良家风，弘扬家庭美德，重视家庭文明建设。

夫妻应当互相忠实，互相尊重，互相关爱；家庭成员应当敬老爱幼，互相帮助，维护平等、和睦、文明的婚姻家庭关系。

第 1045 条　亲属包括配偶、血亲和姻亲。

配偶、父母、子女、兄弟姐妹、祖父母、外祖父母、孙子女、外孙子女为近亲属。

配偶、父母、子女和其他共同生活的近亲属为家庭成员。

第 1071 条　非婚生子女享有与婚生子女同等的权利，任何组织或者个人不得加以危害和歧视。

不直接抚养非婚生子女的生父或者生母，应当负担未成年子女或者不能独立生活的成年子女的抚养费。

第 1072 条　继父母与继子女间，不得虐待或者歧视。

继父或者继母和受其抚养教育的继子女间的权利义务关系，

适用本法关于父母子女关系的规定。

**3.《家庭教育促进法》**（2021 年 10 月 23 日）

第 2 条　本法所称家庭教育，是指父母或者其他监护人为促进未成年人全面健康成长，对其实施的道德品质、身体素质、生活技能、文化修养、行为习惯等方面的培育、引导和影响。

第 14 条　父母或者其他监护人应当树立家庭是第一个课堂、家长是第一任老师的责任意识，承担对未成年人实施家庭教育的主体责任，用正确思想、方法和行为教育未成年人养成良好思想、品行和习惯。

共同生活的具有完全民事行为能力的其他家庭成员应当协助和配合未成年人的父母或者其他监护人实施家庭教育。

第 15 条　未成年人的父母或者其他监护人及其他家庭成员应当注重家庭建设，培育积极健康的家庭文化，树立和传承优良家风，弘扬中华民族家庭美德，共同构建文明、和睦的家庭关系，为未成年人健康成长营造良好的家庭环境。

第 53 条　未成年人的父母或者其他监护人在家庭教育过程中对未成年人实施家庭暴力的，依照《中华人民共和国未成年人保护法》、《中华人民共和国反家庭暴力法》等法律的规定追究法律责任。

**4.《未成年人保护法》**（2024 年 4 月 26 日）

第 17 条　未成年人的父母或者其他监护人不得实施下列行为：

（一）虐待、遗弃、非法送养未成年人或者对未成年人实施家庭暴力；

（二）放任、教唆或者利用未成年人实施违法犯罪行为；

（三）放任、唆使未成年人参与邪教、迷信活动或者接受恐怖主义、分裂主义、极端主义等侵害；

（四）放任、唆使未成年人吸烟（含电子烟，下同）、饮酒、赌博、流浪乞讨或者欺凌他人；

（五）放任或者迫使应当接受义务教育的未成年人失学、辍学；

（六）放任未成年人沉迷网络，接触危害或者可能影响其身心健康的图书、报刊、电影、广播电视节目、音像制品、电子出版物和网络信息等；

（七）放任未成年人进入营业性娱乐场所、酒吧、互联网上网服务营业场所等不适宜未成年人活动的场所；

（八）允许或者迫使未成年人从事国家规定以外的劳动；

（九）允许、迫使未成年人结婚或者为未成年人订立婚约；

（十）违法处分、侵吞未成年人的财产或者利用未成年人牟取不正当利益；

（十一）其他侵犯未成年人身心健康、财产权益或者不依法履行未成年人保护义务的行为。

5.《反家庭暴力法》（2015 年 12 月 27 日）

第 2 条　本法所称家庭暴力，是指家庭成员之间以殴打、捆绑、残害、限制人身自由以及经常性谩骂、恐吓等方式实施的身体、精神等侵害行为。

第 3 条　家庭成员之间应当互相帮助，互相关爱，和睦相处，履行家庭义务。

反家庭暴力是国家、社会和每个家庭的共同责任。

国家禁止任何形式的家庭暴力。

第 12 条　未成年人的监护人应当以文明的方式进行家庭教育，依法履行监护和教育职责，不得实施家庭暴力。

第 37 条　家庭成员以外共同生活的人之间实施的暴力行为，参照本法规定执行。

6.《刑法》（2023 年 12 月 29 日）

第 29 条　教唆他人犯罪的，应当按照他在共同犯罪中所起的作用处罚。教唆不满十八周岁的人犯罪的，应当从重处罚。

如果被教唆的人没有犯被教唆的罪，对于教唆犯，可以从轻或者减轻处罚。

**第 262 条之二** 组织未成年人进行盗窃、诈骗、抢夺、敲诈勒索等违反治安管理活动的，处三年以下有期徒刑或者拘役，并处罚金；情节严重的，处三年以上七年以下有期徒刑，并处罚金。

**第 301 条** 聚众进行淫乱活动的，对首要分子或者多次参加的，处五年以下有期徒刑、拘役或者管制。

引诱未成年人参加聚众淫乱活动的，依照前款的规定从重处罚。

**第 347 条** 走私、贩卖、运输、制造毒品，无论数量多少，都应当追究刑事责任，予以刑事处罚。

走私、贩卖、运输、制造毒品，有下列情形之一的，处十五年有期徒刑、无期徒刑或者死刑，并处没收财产：

（一）走私、贩卖、运输、制造鸦片一千克以上、海洛因或者甲基苯丙胺五十克以上或者其他毒品数量大的；

（二）走私、贩卖、运输、制造毒品集团的首要分子；

（三）武装掩护走私、贩卖、运输、制造毒品的；

（四）以暴力抗拒检查、拘留、逮捕，情节严重的；

（五）参与有组织的国际贩毒活动的。

走私、贩卖、运输、制造鸦片二百克以上不满一千克、海洛因或者甲基苯丙胺十克以上不满五十克或者其他毒品数量较大的，处七年以上有期徒刑，并处罚金。

走私、贩卖、运输、制造鸦片不满二百克、海洛因或者甲基苯丙胺不满十克或者其他少量毒品的，处三年以下有期徒刑、拘役或者管制，并处罚金；情节严重的，处三年以上七年以下有期徒刑，并处罚金。

单位犯第二款、第三款、第四款罪的，对单位判处罚金，并对其直接负责的主管人员和其他直接责任人员，依照各该款的规定处罚。

利用、教唆未成年人走私、贩卖、运输、制造毒品，或者向未成年人出售毒品的，从重处罚。

对多次走私、贩卖、运输、制造毒品，未经处理的，毒品数量累计计算。

第353条　引诱、教唆、欺骗他人吸食、注射毒品的，处三年以下有期徒刑、拘役或者管制，并处罚金；情节严重的，处三年以上七年以下有期徒刑，并处罚金。

强迫他人吸食、注射毒品的，处三年以上十年以下有期徒刑，并处罚金。

引诱、教唆、欺骗或者强迫未成年人吸食、注射毒品的，从重处罚。

**7.《治安管理处罚法》**（2012年10月26日）

第17条　共同违反治安管理的，根据违反治安管理行为人在违反治安管理行为中所起的作用，分别处罚。

教唆、胁迫、诱骗他人违反治安管理的，按照其教唆、胁迫、诱骗的行为处罚。

第40条　有下列行为之一的，处十日以上十五日以下拘留，并处五百元以上一千元以下罚款；情节较轻的，处五日以上十日以下拘留，并处二百元以上五百元以下罚款：

（一）组织、胁迫、诱骗不满十六周岁的人或者残疾人进行恐怖、残忍表演的；

（二）以暴力、威胁或者其他手段强迫他人劳动的；

（三）非法限制他人人身自由、非法侵入他人住宅或者非法搜查他人身体的。

第41条　胁迫、诱骗或者利用他人乞讨的，处十日以上十五日以下拘留，可以并处一千元以下罚款。

反复纠缠、强行讨要或者以其他滋扰他人的方式乞讨的，处五日以下拘留或者警告。

● 司法解释及文件

**8. 《关于依法处理监护人侵害未成年人权益行为若干问题的意见》**
（2014 年 12 月 18 日　法发〔2014〕24 号）

1. 本意见所称监护侵害行为，是指父母或者其他监护人（以下简称监护人）性侵害、出卖、遗弃、虐待、暴力伤害未成年人，教唆、利用未成年人实施违法犯罪行为，胁迫、诱骗、利用未成年人乞讨，以及不履行监护职责严重危害未成年人身心健康等行为。

● 案例指引

**1. 林某某被撤销监护人资格案**（《最高人民法院关于侵害未成年人权益被撤销监护人资格典型案例》）①

**典型意义：**撤销父母监护权是国家保护未成年人合法权益的一项重要制度。父母作为未成年子女的法定监护人，若不履行监护职责，甚至对子女实施虐待、伤害或者其他侵害行为，再让其担任监护人将严重危害子女的身心健康。结合本案情况，某县人民法院受理后，根据法律的有关规定，在没有其他近亲属和朋友可以担任监护人的情况下，按照最有利于被监护人成长的原则，指定当地村民委员会担任小龙（化名）的监护人。本案宣判后，该院还主动与市、县两级团委、妇联沟通，研究解决小龙的救助、安置等问题。考虑到由村民委员会直接履行监护职责存在一些具体困难，后在团委、民政部门及社会各方共同努力之下，最终将小龙妥善安置在 SOS 儿童村，切实维护小龙合法权益。本案为 2015 年 1 月 1 日开始施行的最高人民法院、最高人民检察院、公安部、民政部《关于依法处理监护人侵害未成

---

① 收录的案例为《最高人民法院关于侵害未成年人权益被撤销监护人资格典型案例》，详见最高人民法院网站，https：//www. court. gov. cn/zixun/xiangqing/21481. html，最后访问时间：2024 年 11 月 3 日，下文同一出处案例不再特别提示。

年人权益行为若干问题的意见》中有关有权申请撤销监护人资格的主体及撤销后的安置问题等规定的出台，提供了实践经验，并对类似情况发生时，如何具体保护未成年人权益，提供了示范样本。

**2. 刘某等故意伤害案** (《最高法院公布八起侵害未成年人合法权益典型案例》)

**典型意义**：本案是一起残害无辜儿童的故意伤害案，惨案的发生是由无辜儿童的父亲倪某甲与被告人刘某的婚外恋而引发。被告人刘某因丈夫长期在外打工，与其聚少离多，夫妻感情名存实亡，在家带小孩的刘某闲来无聊时便爱上网与人聊天，于是结识了有家室和一双儿女的倪某甲，二人很快产生婚外恋。其间，刘某因无工作和经济来源，生活十分困难，倪某甲便时常拿些钱款给刘某，二人长期保持不正常的关系。刘某在生下一对双胞胎男孩后，要求倪某甲离婚与其结婚，但遭到并不想与其生活的倪某甲拒绝，并在刘某与彭某某发生争吵时，倪某甲当妻子的面殴打刘某，刘某便产生报复之念，她要报复彭某某，报复倪某甲的儿子，让倪某甲夫妇永远难受。于是，刘某通过互联网雇到了凶手陈某某，用泼硫酸的方式烧伤时年 8 岁的倪某乙面容和身体，致其容貌被毁，右眼摘除，面目全非，疼痛难忍。此案警示公众：一旦走进婚姻的殿堂，就要树立正确的婚姻观，对家人和家庭负责，并正确处理好夫妻关系和矛盾。婚外恋可谓"毒树之果"，它的恶果不仅伤及自己，还可能伤及家人。网络世界纷繁复杂，网络可谓"双刃之剑"，既有其利的一面，也有其弊的一面，要把握好自己，正确利用网络。

# 第三章　国　家　支　持

**第二十四条**　家庭教育指导大纲、读本及相关规范

国务院应当组织有关部门制定、修订并及时颁布全国家庭教育指导大纲。

省级人民政府或者有条件的设区的市级人民政府应当组织有关部门编写或者采用适合当地实际的家庭教育指导读本，制定相应的家庭教育指导服务工作规范和评估规范。

**第二十五条　线上家庭教育指导服务**

省级以上人民政府应当组织有关部门统筹建设家庭教育信息化共享服务平台，开设公益性网上家长学校和网络课程，开通服务热线，提供线上家庭教育指导服务。

● **法　律**

《未成年人保护法》（2024 年 4 月 26 日）

第 97 条　县级以上人民政府应当开通全国统一的未成年人保护热线，及时受理、转介侵犯未成年人合法权益的投诉、举报；鼓励和支持人民团体、企业事业单位、社会组织参与建设未成年人保护服务平台、服务热线、服务站点，提供未成年人保护方面的咨询、帮助。

**第二十六条　家庭教育和学校教育融合**

县级以上地方人民政府应当加强监督管理，减轻义务教育阶段学生作业负担和校外培训负担，畅通学校家庭沟通渠道，推进学校教育和家庭教育相互配合。

● **法　律**

1.《未成年人保护法》（2024 年 4 月 26 日）

第 33 条　学校应当与未成年学生的父母或者其他监护人互相配合，合理安排未成年学生的学习时间，保障其休息、娱乐和体育锻炼的时间。

学校不得占用国家法定节假日、休息日及寒暑假期，组织义务教育阶段的未成年学生集体补课，加重其学习负担。

幼儿园、校外培训机构不得对学龄前未成年人进行小学课程教育。

2.《家庭教育促进法》（2021 年 10 月 23 日）

第 22 条　未成年人的父母或者其他监护人应当合理安排未成年人学习、休息、娱乐和体育锻炼的时间，避免加重未成年人学习负担，预防未成年人沉迷网络。

### 第二十七条　建立家庭教育指导服务专业队伍

县级以上地方人民政府及有关部门组织建立家庭教育指导服务专业队伍，加强对专业人员的培养，鼓励社会工作者、志愿者参与家庭教育指导服务工作。

### ● 法　律

1.《未成年人保护法》（2024 年 4 月 26 日）

第 82 条　各级人民政府应当将家庭教育指导服务纳入城乡公共服务体系，开展家庭教育知识宣传，鼓励和支持有关人民团体、企业事业单位、社会组织开展家庭教育指导服务。

2.《教育法》（2021 年 4 月 29 日）

第 50 条　未成年人的父母或者其他监护人应当为其未成年子女或者其他被监护人受教育提供必要条件。

未成年人的父母或者其他监护人应当配合学校及其他教育机构，对其未成年子女或者其他被监护人进行教育。

学校、教师可以对学生家长提供家庭教育指导。

### ● 部门规章及文件

3.《未成年人学校保护规定》（2021 年 6 月 1 日）

第 20 条　学校应当教育、引导学生建立平等、友善、互助的同学关系，组织教职工学习预防、处理学生欺凌的相关政策、措施和方法，对学生开展相应的专题教育，并且应当根据情况给予相关学生家长必要的家庭教育指导。

### 第二十八条　发挥家庭教育指导机构的作用

县级以上地方人民政府可以结合当地实际情况和需要，通过多种途径和方式确定家庭教育指导机构。

家庭教育指导机构对辖区内社区家长学校、学校家长学校及其他家庭教育指导服务站点进行指导，同时开展家庭教育研究、服务人员队伍建设和培训、公共服务产品研发。

● 法　律

1. 《教育法》（2021 年 4 月 29 日）

第 50 条　未成年人的父母或者其他监护人应当为其未成年子女或者其他被监护人受教育提供必要条件。

未成年人的父母或者其他监护人应当配合学校及其他教育机构，对其未成年子女或者其他被监护人进行教育。

学校、教师可以对学生家长提供家庭教育指导。

● 司法解释及文件

2. 《关于在办理涉未成年人案件中全面开展家庭教育指导工作的意见》（2021 年 5 月 31 日）

（二）基本原则

——坚持正确方向。全面贯彻党的教育方针，牢牢把握立德树人的根本任务，弘扬社会主义核心价值观和中华民族传统家庭美德，培养未成年人爱党爱国爱人民情怀，增强国家意识和社会责任感，确保家庭教育的正确方向。

——突出问题导向。注意发现总结涉未成年人案件家庭教育存在的主要问题，有针对性地引导父母或者其他监护人改善家庭教育方式。着力解决父母或者其他监护人主体意识不强、责任落实不到位，家庭教育方式不当、教育理念和方法欠缺，家庭成员法治意识淡薄等问题。

——遵循科学规律。尊重未成年人身心发展规律和家庭教育规律，着眼未成年人全面发展，引导父母或者其他监护人树立正确的人才观、教育观，运用科学的方法和正确的方式抚养教育未成年人。

——坚持标本兼治。既注重个别教育，对办案中发现明显存在问题的未成年人父母或者其他监护人进行及时、有效的家庭教育干预和指导；又着眼源头预防，探索建立常态化预防未成年人犯罪和受侵害家庭教育指导模式。

——坚持创新推动。鼓励家庭教育指导实践探索和理论创新，积极探索行之有效的工作方式方法，形成可复制的经验、模式，推动家庭教育指导和服务水平不断提高。

### 第二十九条　家庭教育指导服务

家庭教育指导机构应当及时向有需求的家庭提供服务。

对于父母或者其他监护人履行家庭教育责任存在一定困难的家庭，家庭教育指导机构应当根据具体情况，与相关部门协作配合，提供有针对性的服务。

### 第三十条　对留守、困境未成年人家庭提供支持

设区的市、县、乡级人民政府应当结合当地实际采取措施，对留守未成年人和困境未成年人家庭建档立卡，提供生活帮扶、创业就业支持等关爱服务，为留守未成年人和困境未成年人的父母或者其他监护人实施家庭教育创造条件。

教育行政部门、妇女联合会应当采取有针对性的措施，为留守未成年人和困境未成年人的父母或者其他监护人实施家庭教育提供服务，引导其积极关注未成年人身心健康状况、加强亲情关爱。

## ◎ 法 律

### 1.《未成年人保护法》（2024年4月26日）

**第7条** 未成年人的父母或者其他监护人依法对未成年人承担监护职责。

国家采取措施指导、支持、帮助和监督未成年人的父母或者其他监护人履行监护职责。

**第22条** 未成年人的父母或者其他监护人因外出务工等原因在一定期限内不能完全履行监护职责的，应当委托具有照护能力的完全民事行为能力人代为照护；无正当理由的，不得委托他人代为照护。

未成年人的父母或者其他监护人在确定被委托人时，应当综合考虑其道德品质、家庭状况、身心健康状况、与未成年人生活情感上的联系等情况，并听取有表达意愿能力未成年人的意见。

具有下列情形之一的，不得作为被委托人：

（一）曾实施性侵害、虐待、遗弃、拐卖、暴力伤害等违法犯罪行为；

（二）有吸毒、酗酒、赌博等恶习；

（三）曾拒不履行或者长期怠于履行监护、照护职责；

（四）其他不适宜担任被委托人的情形。

**第29条** 学校应当关心、爱护未成年学生，不得因家庭、身体、心理、学习能力等情况歧视学生。对家庭困难、身心有障碍的学生，应当提供关爱；对行为异常、学习有困难的学生，应当耐心帮助。

学校应当配合政府有关部门建立留守未成年学生、困境未成年学生的信息档案，开展关爱帮扶工作。

第43条　居民委员会、村民委员会应当设置专人专岗负责未成年人保护工作，协助政府有关部门宣传未成年人保护方面的法律法规，指导、帮助和监督未成年人的父母或者其他监护人依法履行监护职责，建立留守未成年人、困境未成年人的信息档案并给予关爱帮扶。

居民委员会、村民委员会应当协助政府有关部门监督未成年人委托照护情况，发现被委托人缺乏照护能力、怠于履行照护职责等情况，应当及时向政府有关部门报告，并告知未成年人的父母或者其他监护人，帮助、督促被委托人履行照护职责。

第82条　各级人民政府应当将家庭教育指导服务纳入城乡公共服务体系，开展家庭教育知识宣传，鼓励和支持有关人民团体、企业事业单位、社会组织开展家庭教育指导服务。

第83条　各级人民政府应当保障未成年人受教育的权利，并采取措施保障留守未成年人、困境未成年人、残疾未成年人接受义务教育。

对尚未完成义务教育的辍学未成年学生，教育行政部门应当责令父母或者其他监护人将其送入学校接受义务教育。

第91条　各级人民政府及其有关部门对困境未成年人实施分类保障，采取措施满足其生活、教育、安全、医疗康复、住房等方面的基本需要。

第99条　地方人民政府应当培育、引导和规范有关社会组织、社会工作者参与未成年人保护工作，开展家庭教育指导服务，为未成年人的心理辅导、康复救助、监护及收养评估等提供专业服务。

**2.《义务教育法》**（2018 年 12 月 29 日）

第 13 条　县级人民政府教育行政部门和乡镇人民政府组织和督促适龄儿童、少年入学，帮助解决适龄儿童、少年接受义务教育的困难，采取措施防止适龄儿童、少年辍学。

居民委员会和村民委员会协助政府做好工作，督促适龄儿童、少年入学。

第 58 条　适龄儿童、少年的父母或者其他法定监护人无正当理由未依照本法规定送适龄儿童、少年入学接受义务教育的，由当地乡镇人民政府或者县级人民政府教育行政部门给予批评教育，责令限期改正。

● 行政法规及文件

**3.《国务院关于加强困境儿童保障工作的意见》**（2016 年 6 月 13 日　国发〔2016〕36 号）

三、建立健全困境儿童保障工作体系

（四）鼓励支持社会力量参与。

建立政府主导与社会参与良性互动机制。加快孵化培育专业社会工作服务机构、慈善组织、志愿服务组织，引导其围绕困境儿童基本生活、教育、医疗、照料、康复等需求，捐赠资金物资、实施慈善项目、提供专业服务。落实国家有关税费优惠政策，通过政府和社会资本合作（PPP）等方式，支持社会力量举办困境儿童托养照料、康复训练等服务机构，并鼓励其参与承接政府购买服务。支持社会工作者、法律工作者等专业人员和志愿者针对困境儿童不同特点提供心理疏导、精神关爱、家庭教育指导、权益维护等服务。鼓励爱心家庭依据相关规定，为有需要的困境儿童提供家庭寄养、委托代养、爱心助养等服务，帮助困境儿童得到妥善照料和家庭亲情。积极倡导企业履行社会责任，通过一对一帮扶、慈善捐赠、实施公益项目等多种方式，为困境儿童及其家庭提供更多帮助。

**4.《国务院关于加强农村留守儿童关爱保护工作的意见》**（2016年2月4日　国发〔2016〕13号）

三、完善农村留守儿童关爱服务体系

（五）推动社会力量积极参与。加快孵化培育社会工作专业服务机构、公益慈善类社会组织、志愿服务组织，民政等部门要通过政府购买服务等方式支持其深入城乡社区、学校和家庭，开展农村留守儿童监护指导、心理疏导、行为矫治、社会融入和家庭关系调适等专业服务。充分发挥市场机制作用，支持社会组织、爱心企业依托学校、社区综合服务设施举办农村留守儿童托管服务机构，财税部门要依法落实税费减免优惠政策。

### ● 司法解释及文件

**5.《关于在办理涉未成年人案件中全面开展家庭教育指导工作的意见》**（2021年5月31日）

二、主要任务

各地要结合已有经验和本地实际，重点推动开展以下工作：

（一）涉案未成年人家庭教育指导。对于未成年人出现下列情形之一的，应当对其家庭教育情况进行评估，根据评估结果对未成年人的父母或其他监护人提出改进家庭教育意见，必要时可责令其接受家庭教育指导：1. 因犯罪情节轻微被人民检察院作出不起诉决定，或者被人民检察院依法作出附条件不起诉决定的；2. 被依法追究刑事责任或者因未达到刑事责任年龄不予刑事处罚的；3. 遭受父母或其他监护人侵害的；4. 其他应当接受家庭教育指导的。

（二）失管未成年人家庭教育指导。对办案中发现未成年人父母或者其他监护人存在监护教育不当或失管失教问题，尚未导致未成年人行为偏差或遭受侵害后果的，应当提供必要的家庭教育指导和帮助。特别是对于有特殊需求的家庭，如离异和重组家庭、父母长期分离家庭、收养家庭、农村留守未成年人家庭、强制戒毒人员家庭、服刑人员家庭、残疾人家庭、曾遭受违法犯罪侵害未成年人的家庭等，更要加强家庭教育指导帮助。未成年人父母或者其他监护人主动提出指导需求的，应予支持。人员力量不能满足需要的，可以帮助链接专业资源提供个性化家庭教育指导服务。

（三）预防性家庭教育指导。未成年人违法犯罪多发地区、城市流动人口集中、城乡接合部、农村留守儿童集中等重点地区要结合办案广泛开展预防性家庭教育指导工作。通过家庭教育知识进社区、进家庭等活动，深入开展法治宣传和家庭教育宣传，提高父母及其他监护人的监护意识、监护能力和法治观念，营造民主、和谐、温暖的家庭氛围，预防未成年人违法犯罪和遭受侵害问题发生。各地可灵活运用线上直播、新媒体短视频等多种形式，以案释法，扩大家庭教育宣传的覆盖面。

第三十一条 家庭教育指导机构非营利性要求

家庭教育指导机构开展家庭教育指导服务活动，不得组织或者变相组织营利性教育培训。

第三十二条 婚姻和收养登记机构提供家庭教育指导

婚姻登记机构和收养登记机构应当通过现场咨询辅导、播放宣传教育片等形式，向办理婚姻登记、收养登记的当事人宣传家庭教育知识，提供家庭教育指导。

● 法　律

1.《民法典》（2020 年 5 月 28 日）

第 1095 条　未成年人的父母均不具备完全民事行为能力且可能严重危害该未成年人的，该未成年人的监护人可以将其送养。

第 1105 条 收养应当向县级以上人民政府民政部门登记。收养关系自登记之日起成立。

收养查找不到生父母的未成年人的，办理登记的民政部门应当在登记前予以公告。

收养关系当事人愿意签订收养协议的，可以签订收养协议。

收养关系当事人各方或者一方要求办理收养公证的，应当办理收养公证。

县级以上人民政府民政部门应当依法进行收养评估。

第 1114 条 收养人在被收养人成年以前，不得解除收养关系，但是收养人、送养人双方协议解除的除外。养子女八周岁以上的，应当征得本人同意。

收养人不履行抚养义务，有虐待、遗弃等侵害未成年养子女合法权益行为的，送养人有权要求解除养父母与养子女间的收养关系。送养人、收养人不能达成解除收养关系协议的，可以向人民法院提起诉讼。

2. 《未成年人保护法》（2024 年 4 月 26 日）

第 15 条 未成年人的父母或者其他监护人应当学习家庭教育知识，接受家庭教育指导，创造良好、和睦、文明的家庭环境。

共同生活的其他成年家庭成员应当协助未成年人的父母或者其他监护人抚养、教育和保护未成年人。

3. 《家庭教育促进法》（2021 年 10 月 23 日）

第 15 条 未成年人的父母或者其他监护人及其他家庭成员应当注重家庭建设，培育积极健康的家庭文化，树立和传承优良家风，弘扬中华民族家庭美德，共同构建文明、和睦的家庭关系，为未成年人健康成长营造良好的家庭环境。

## 第三十三条　儿童福利机构、未成年人救助保护机构提供家庭教育指导

儿童福利机构、未成年人救助保护机构应当对本机构安排的寄养家庭、接受救助保护的未成年人的父母或者其他监护人提供家庭教育指导。

● 部门规章及文件

1.《家庭寄养管理办法》（2014 年 9 月 24 日）

第 13 条　寄养家庭应当履行下列义务：

（一）保障寄养儿童人身安全，尊重寄养儿童人格尊严；

（二）为寄养儿童提供生活照料，满足日常营养需要，帮助其提高生活自理能力；

（三）培养寄养儿童健康的心理素质，树立良好的思想道德观念；

（四）按照国家规定安排寄养儿童接受学龄前教育和义务教育。负责与学校沟通，配合学校做好寄养儿童的学校教育；

（五）对患病的寄养儿童及时安排医治。寄养儿童发生急症、重症等情况时，应当及时进行医治，并向儿童福利机构报告；

（六）配合儿童福利机构为寄养的残疾儿童提供辅助矫治、肢体功能康复训练、聋儿语言康复训练等方面的服务；

（七）配合儿童福利机构做好寄养儿童的送养工作；

（八）定期向儿童福利机构反映寄养儿童的成长状况，并接受其探访、培训、监督和指导；

（九）及时向儿童福利机构报告家庭住所变更情况；

（十）保障寄养儿童应予保障的其他权益。

第 14 条　儿童福利机构主要承担以下职责：

（一）制定家庭寄养工作计划并组织实施；

（二）负责寄养家庭的招募、调查、审核和签约；

（三）培训寄养家庭中的主要照料人，组织寄养工作经验交流活动；

（四）定期探访寄养儿童，及时处理存在的问题；

（五）监督、评估寄养家庭的养育工作；

（六）建立家庭寄养服务档案并妥善保管；

（七）根据协议规定发放寄养儿童所需款物；

（八）向主管民政部门及时反映家庭寄养工作情况并提出建议。

第 26 条　县级以上地方人民政府民政部门对家庭寄养工作负有以下监督管理职责：

（一）制定本地区家庭寄养工作政策；

（二）指导、检查本地区家庭寄养工作；

（三）负责寄养协议的备案，监督寄养协议的履行；

（四）协调解决儿童福利机构与寄养家庭之间的争议；

（五）与有关部门协商，及时处理家庭寄养工作中存在的问题。

2.《儿童福利机构管理办法》（2018 年 10 月 30 日）

第 26 条　对于符合条件、适合送养的儿童，儿童福利机构依法安排送养。送养儿童前，儿童福利机构应当将儿童的智力、精神健康、患病及残疾状况等重要事项如实告知收养申请人。

对于符合家庭寄养条件的儿童，儿童福利机构按照《家庭寄养管理办法》的规定办理。

---

### 第三十四条　人民法院提供家庭教育指导

人民法院在审理离婚案件时，应当对有未成年子女的夫妻双方提供家庭教育指导。

● 法　律

1.《民法典》（2020 年 5 月 28 日）

第 1084 条　父母与子女间的关系，不因父母离婚而消除。

离婚后，子女无论由父或者母直接抚养，仍是父母双方的子女。

离婚后，父母对于子女仍有抚养、教育、保护的权利和义务。

离婚后，不满两周岁的子女，以由母亲直接抚养为原则。已满两周岁的子女，父母双方对抚养问题协议不成的，由人民法院根据双方的具体情况，按照最有利于未成年子女的原则判决。子女已满八周岁的，应当尊重其真实意愿。

### 2.《未成年人保护法》（2024 年 4 月 26 日）

第 107 条　人民法院审理继承案件，应当依法保护未成年人的继承权和受遗赠权。

人民法院审理离婚案件，涉及未成年子女抚养问题的，应当尊重已满八周岁未成年子女的真实意愿，根据双方具体情况，按照最有利于未成年子女的原则依法处理。

### ● 司法解释及文件

### 3.《最高法等 15 部门关于建立家事审判方式和工作机制改革联席会议制度的意见》（2017 年 7 月 19 日　法〔2017〕18 号）

二、最高人民法院

指导地方各级人民法院及时受理并依法审理婚姻家庭案件。依托多元化纠纷解决机制改革，建立社会广泛参与的家事纠纷多元调解机制；依托以审判为中心的诉讼制度改革，探索家事审判程序改革；依托司法人员分类管理制度改革，探索家事审判机构和队伍专业化改革。案件审判由侧重财产分割、财产权益保护转变为全面关注当事人身份权益、财产利益、人格利益、安全利益和情感利益。注意区分婚姻危机和婚姻死亡，积极化解婚姻危机，正确处理保护婚姻自由与维护家庭稳定的关系。推行离婚证明书制度，探索与民政部门建立信息共享机制。

及时总结经验，从审判组织、队伍建设、证明标准、制止家庭暴力、家庭财产申报、诉讼程序等多方面进行家事审判专业化探索。加强家事法官和司法辅助人员调解技能、心理学、社会学知识培训。指导各地法院加强硬件设施配置，提升业务装备配备水平。积极争取党委的领导和社会各界的大力支持，推动形成"党委领导、政府尽责、法院牵头、社会参与"的良好工作局面。

## 第三十五条　妇女联合会提供家庭教育指导服务

妇女联合会发挥妇女在弘扬中华民族家庭美德、树立良好家风等方面的独特作用，宣传普及家庭教育知识，通过家庭教育指导机构、社区家长学校、文明家庭建设等多种渠道组织开展家庭教育实践活动，提供家庭教育指导服务。

### ● 法　律

1.《反家庭暴力法》（2015 年 12 月 27 日）

第 6 条　国家开展家庭美德宣传教育，普及反家庭暴力知识，增强公民反家庭暴力意识。

工会、共产主义青年团、妇女联合会、残疾人联合会应当在各自工作范围内，组织开展家庭美德和反家庭暴力宣传教育。

广播、电视、报刊、网络等应当开展家庭美德和反家庭暴力宣传。

学校、幼儿园应当开展家庭美德和反家庭暴力教育。

### ● 司法解释及文件

2.《最高法等 15 部门关于建立家事审判方式和工作机制改革联席会议制度的意见》（2017 年 7 月 19 日　法〔2017〕18 号）

十三、全国妇联

指导各级妇联组织积极开展法治宣传教育，推动预防和制止家庭暴力工作，维护妇女儿童及其他家庭成员的合法权益。

将家事纠纷调解和司法参与同普法宣传、良好家风教育、家庭美德建设等工作有机结合，引导家庭成员树立正确的婚姻家庭观，传承良好家教家风，弘扬传统家庭美德。组织开展寻找"最美家庭"、"建设法治中国·巾帼在行动"、"中国妇女法律援助行动"等活动，建好各级妇联信访接待室，畅通12338妇女维权服务热线，拓展网络等投诉受理渠道，协助调处婚姻家庭纠纷及其他涉及妇女儿童合法权益的案件。做好矛盾排查、心理疏导、纠纷调解、信访代理、法律帮助、困难帮扶等工作。

积极参与婚姻家庭纠纷预防和化解工作。指导各级妇联夯实基层婚姻家庭纠纷调解工作基础，会同司法行政等部门联合建立婚姻家庭纠纷专业性人民调解委员会，加强婚姻家庭纠纷调解专业人才培养，积极参与法院家事案件诉前调解、诉中矛盾化解以及判后回访帮扶等工作。向法院推荐优秀妇联干部担任人民陪审员，促进家事审判过程的公正和民主。

### 3. 《关于在办理涉未成年人案件中全面开展家庭教育指导工作的意见》（2021年5月31日）

四、工作机制

为确保在办理涉未成年人案件中开展家庭教育指导工作的质量和效果，各地要积极推动构建相关长效工作机制。

（一）建立工作衔接机制。各级检察机关、妇联、关工委要加强协作配合，充分发挥各自职能作用，建立家庭教育工作联动机制，共同做好家庭教育指导工作。检察机关在办理案件过程中要主动做好未成年人社会调查和监护状况评估，准确掌握家庭教育指导需求，启动强制家庭教育指导工作，并根据办案需要和具体需求，及时将有关情况通报给本地区妇联、关工委。各级妇联、关工委等群团组织要充分发挥自身优势，动员社会力量，为检察机关在办理涉未成年人案件中开展家庭教育提供社会支持，积极承接、提供或者协助、配合做好家庭教育指导工作。妇联要依托妇女之家、儿童之家等活动场所，为家庭教育指导、服务和宣传提供平台和支持。关工委要组织动员广大老干部、老战士、老专家、老教师、老模范等离退休老同志，协助做好家庭教育指导工作。

**第三十六条　家庭教育服务机构的设立、培育、指导和监督**

自然人、法人和非法人组织可以依法设立非营利性家庭教育服务机构。

县级以上地方人民政府及有关部门可以采取政府补贴、奖励激励、购买服务等扶持措施，培育家庭教育服务机构。

教育、民政、卫生健康、市场监督管理等有关部门应当在各自职责范围内，依法对家庭教育服务机构及从业人员进行指导和监督。

● 法　律

《民办教育促进法》（2018 年 12 月 29 日）

第 46 条　县级以上各级人民政府可以采取购买服务、助学贷款、奖助学金和出租、转让闲置的国有资产等措施对民办学校予以扶持；对非营利性民办学校还可以采取政府补贴、基金奖励、捐资激励等扶持措施。

**第三十七条　家庭教育融入单位文化建设及精神文明创建**

国家机关、企业事业单位、群团组织、社会组织应当将家风建设纳入单位文化建设，支持职工参加相关的家庭教育服务活动。

文明城市、文明村镇、文明单位、文明社区、文明校园和文明家庭等创建活动，应当将家庭教育情况作为重要内容。

## ● 法　律

**1.《民法典》**（2020 年 5 月 28 日）

　　第 1043 条　家庭应当树立优良家风，弘扬家庭美德，重视家庭文明建设。

　　夫妻应当互相忠实，互相尊重，互相关爱；家庭成员应当敬老爱幼，互相帮助，维护平等、和睦、文明的婚姻家庭关系。

**2.《未成年人保护法》**（2024 年 4 月 26 日）

　　第 82 条　各级人民政府应当将家庭教育指导服务纳入城乡公共服务体系，开展家庭教育知识宣传，鼓励和支持有关人民团体、企业事业单位、社会组织开展家庭教育指导服务。

**3.《预防未成年人犯罪法》**（2020 年 12 月 26 日）

　　第 16 条　未成年人的父母或者其他监护人对未成年人的预防犯罪教育负有直接责任，应当依法履行监护职责，树立优良家风，培养未成年人良好品行；发现未成年人心理或者行为异常的，应当及时了解情况并进行教育、引导和劝诫，不得拒绝或者怠于履行监护职责。

**4.《公共文化服务保障法》**（2016 年 12 月 25 日）

　　第 37 条　国家鼓励公民主动参与公共文化服务，自主开展健康文明的群众性文化体育活动；地方各级人民政府应当给予必要的指导、支持和帮助。

　　居民委员会、村民委员会应当根据居民的需求开展群众性文化体育活动，并协助当地人民政府有关部门开展公共文化服务相关工作。

　　国家机关、社会组织、企业事业单位应当结合自身特点和需要，组织开展群众性文化体育活动，丰富职工文化生活。

# 第四章　社会协同

居民委员会、村民委员会可以依托城乡社区公共服务设施，设立社区家长学校等家庭教育指导服务站点，配合家庭教育指导机构组织面向居民、村民的家庭教育知识宣传，为未成年人的父母或者其他监护人提供家庭教育指导服务。

● 法　律

1. 《民法典》（2020 年 5 月 28 日）

第 31 条　对监护人的确定有争议的，由被监护人住所地的居民委员会、村民委员会或者民政部门指定监护人，有关当事人对指定不服的，可以向人民法院申请指定监护人；有关当事人也可以直接向人民法院申请指定监护人。

居民委员会、村民委员会、民政部门或者人民法院应当尊重被监护人的真实意愿，按照最有利于被监护人的原则在依法具有监护资格的人中指定监护人。

依据本条第一款规定指定监护人前，被监护人的人身权利、财产权利以及其他合法权益处于无人保护状态的，由被监护人住所地的居民委员会、村民委员会、法律规定的有关组织或者民政部门担任临时监护人。

监护人被指定后，不得擅自变更；擅自变更的，不免除被指定的监护人的责任。

第 34 条　监护人的职责是代理被监护人实施民事法律行为，保护被监护人的人身权利、财产权利以及其他合法权益等。

监护人依法履行监护职责产生的权利，受法律保护。

监护人不履行监护职责或者侵害被监护人合法权益的，应当承担法律责任。

因发生突发事件等紧急情况，监护人暂时无法履行监护职责，被监护人的生活处于无人照料状态的，被监护人住所地的居民委员会、村民委员会或者民政部门应当为被监护人安排必要的临时生活照料措施。

2. 《未成年人保护法》（2024 年 4 月 26 日）

第 23 条　未成年人的父母或者其他监护人应当及时将委托照护情况书面告知未成年人所在学校、幼儿园和实际居住地的居民委员会、村民委员会，加强和未成年人所在学校、幼儿园的沟通；与未成年人、被委托人至少每周联系和交流一次，了解未成年人的生活、学习、心理等情况，并给予未成年人亲情关爱。

未成年人的父母或者其他监护人接到被委托人、居民委员会、村民委员会、学校、幼儿园等关于未成年人心理、行为异常的通知后，应当及时采取干预措施。

第 43 条　居民委员会、村民委员会应当设置专人专岗负责未成年人保护工作，协助政府有关部门宣传未成年人保护方面的法律法规，指导、帮助和监督未成年人的父母或者其他监护人依法履行监护职责，建立留守未成年人、困境未成年人的信息档案并给予关爱帮扶。

居民委员会、村民委员会应当协助政府有关部门监督未成年人委托照护情况，发现被委托人缺乏照护能力、怠于履行照护职责等情况，应当及时向政府有关部门报告，并告知未成年人的父母或者其他监护人，帮助、督促被委托人履行照护职责。

第 118 条　未成年人的父母或者其他监护人不依法履行监护职责或者侵犯未成年人合法权益的，由其居住地的居民委员会、村民委员会予以劝诫、制止；情节严重的，居民委员会、村民委员会应当及时向公安机关报告。

公安机关接到报告或者公安机关、人民检察院、人民法院在办理案件过程中发现未成年人的父母或者其他监护人存在上述情形的，应当予以训诫，并可以责令其接受家庭教育指导。

3.《预防未成年人犯罪法》（2020 年 12 月 26 日）

第 42 条 公安机关在对未成年人进行矫治教育时，可以根据需要邀请学校、居民委员会、村民委员会以及社会工作服务机构等社会组织参与。

未成年人的父母或者其他监护人应当积极配合矫治教育措施的实施，不得妨碍阻挠或者放任不管。

第 57 条 未成年人的父母或者其他监护人和学校、居民委员会、村民委员会对接受社区矫正、刑满释放的未成年人，应当采取有效的帮教措施，协助司法机关以及有关部门做好安置帮教工作。

居民委员会、村民委员会可以聘请思想品德优秀，作风正派，热心未成年人工作的离退休人员、志愿者或其他人员协助做好前款规定的安置帮教工作。

**第三十九条** **中小学校、幼儿园家庭教育指导服务**

中小学校、幼儿园应当将家庭教育指导服务纳入工作计划，作为教师业务培训的内容。

● 法　律

1.《未成年人保护法》（2024 年 4 月 26 日）

第 39 条 学校应当建立学生欺凌防控工作制度，对教职员工、学生等开展防治学生欺凌的教育和培训。

学校对学生欺凌行为应当立即制止，通知实施欺凌和被欺凌未成年学生的父母或者其他监护人参与欺凌行为的认定和处理；

对相关未成年学生及时给予心理辅导、教育和引导；对相关未成年学生的父母或者其他监护人给予必要的家庭教育指导。

对实施欺凌的未成年学生，学校应当根据欺凌行为的性质和程度，依法加强管教。对严重的欺凌行为，学校不得隐瞒，应当及时向公安机关、教育行政部门报告，并配合相关部门依法处理。

● 部门规章及文件

2. 《幼儿园工作规程》（2016 年 1 月 5 日）

第 41 条　幼儿园教师必须具有《教师资格条例》规定的幼儿园教师资格，并符合本规程第三十九条规定。

幼儿园教师实行聘任制。

幼儿园教师对本班工作全面负责，其主要职责如下：

（一）观察了解幼儿，依据国家有关规定，结合本班幼儿的发展水平和兴趣需要，制订和执行教育工作计划，合理安排幼儿一日生活；

（二）创设良好的教育环境，合理组织教育内容，提供丰富的玩具和游戏材料，开展适宜的教育活动；

（三）严格执行幼儿园安全、卫生保健制度，指导并配合保育员管理本班幼儿生活，做好卫生保健工作；

（四）与家长保持经常联系，了解幼儿家庭的教育环境，商讨符合幼儿特点的教育措施，相互配合共同完成教育任务；

（五）参加业务学习和保育教育研究活动；

（六）定期总结评估保教工作实效，接受园长的指导和检查。

第 52 条　幼儿园应当主动与幼儿家庭沟通合作，为家长提供科学育儿宣传指导，帮助家长创设良好的家庭教育环境，共同担负教育幼儿的任务。

3. 《最高法等 15 部门关于建立家事审判方式和工作机制改革联席会议制度的意见》（2017 年 7 月 19 日　法〔2017〕18 号）

四、教育部

指导地方教育部门依法保障适龄儿童少年平等接受义务教育，加强对家庭特殊困难学生的教育关爱，帮助单亲家庭儿童、留守儿童、困境儿童与父母的情感联系和亲情交流。组织开展控辍保学工作，落实免费义务教育和教育资助政策，确保适龄儿童少年不因家庭困境而失学。督促指导中小学校、幼儿园及其工作人员树立强制报告意识，在中小学校、幼儿园发现未成年人受到家庭监护侵害的情况应强制报告。

推动各地教育部门积极开展家庭教育工作，明确家长在家庭教育中的主体责任，强化学校家庭教育工作指导。配合妇联、关工委等相关组织，共同办好家长学校；依托青少年宫、乡村少年宫、儿童活动中心等公共服务阵地，为城乡不同年龄段未成年人及其家庭提供家庭教育指导服务；统筹协调各类社会资源单位，指导各地教育部门积极引导多元社会主体参与家庭教育指导服务。

**第四十条　中小学校、幼儿园家庭教育工作职责**

中小学校、幼儿园可以采取建立家长学校等方式，针对不同年龄段未成年人的特点，定期组织公益性家庭教育指导服务和实践活动，并及时联系、督促未成年人的父母或者其他监护人参加。

● 法　律

1. 《教育法》（2021 年 4 月 29 日）

第 50 条　未成年人的父母或者其他监护人应当为其未成

子女或者其他被监护人受教育提供必要条件。

未成年人的父母或者其他监护人应当配合学校及其他教育机构，对其未成年子女或者其他被监护人进行教育。

学校、教师可以对学生家长提供家庭教育指导。

● 部门规章及文件

2.《幼儿园工作规程》（2016 年 1 月 5 日）

第 53 条　幼儿园应当建立幼儿园与家长联系的制度。幼儿园可采取多种形式，指导家长正确了解幼儿园保育和教育的内容、方法，定期召开家长会议，并接待家长的来访和咨询。

幼儿园应当认真分析、吸收家长对幼儿园教育与管理工作的意见与建议。

幼儿园应当建立家长开放日制度。

第 54 条　幼儿园应当成立家长委员会。

家长委员会的主要任务是：对幼儿园重要决策和事关幼儿切身利益的事项提出意见和建议；发挥家长的专业和资源优势，支持幼儿园保育教育工作；帮助家长了解幼儿园工作计划和要求，协助幼儿园开展家庭教育指导和交流。

家长委员会在幼儿园园长指导下工作。

**第四十一条**　**家庭与学校共同教育**

中小学校、幼儿园应当根据家长的需求，邀请有关人员传授家庭教育理念、知识和方法，组织开展家庭教育指导服务和实践活动，促进家庭与学校共同教育。

● 部门规章及文件

1.《幼儿园工作规程》（2016 年 1 月 5 日）

第 52 条　幼儿园应当主动与幼儿家庭沟通合作，为家长提供科学育儿宣传指导，帮助家长创设良好的家庭教育环境，共同担负教育幼儿的任务。

第 53 条　幼儿园应当建立幼儿园与家长联系的制度。幼儿园可采取多种形式，指导家长正确了解幼儿园保育和教育的内容、方法，定期召开家长会议，并接待家长的来访和咨询。

幼儿园应当认真分析、吸收家长对幼儿园教育与管理工作的意见与建议。

幼儿园应当建立家长开放日制度。

第 54 条　幼儿园应当成立家长委员会。

家长委员会的主要任务是：对幼儿园重要决策和事关幼儿切身利益的事项提出意见和建议；发挥家长的专业和资源优势，支持幼儿园保育教育工作；帮助家长了解幼儿园工作计划和要求，协助幼儿园开展家庭教育指导和交流。

家长委员会在幼儿园园长指导下工作。

**2.《教育部关于加强家庭教育工作的指导意见》**（2015 年 10 月 11 日　教基一〔2015〕10 号）

三、充分发挥学校在家庭教育中的重要作用

1. 强化学校家庭教育工作指导。各地教育部门要切实加强对行政区域内中小学幼儿园家庭教育工作的指导，推动形成政府主导、部门协作、家长参与、学校组织、社会支持的家庭教育工作格局。中小学幼儿园要建立健全家庭教育工作机制，统筹家长委员会、家长学校、家长会、家访、家长开放日、家长接待日等各种家校沟通渠道，逐步建成以分管德育工作的校长、幼儿园园长、中小学德育主任、年级长、班主任、德育课老师为主体，专家学者和优秀家长共同参与，专兼职相结合的家庭教育骨干力量。将家庭教育工作纳入教育行政干部和中小学校长培训内容，将学校安排的家庭教育指导服务计入工作量。

2. 丰富学校指导服务内容。各地教育部门和中小学幼儿园要坚持立德树人根本任务，将社会主义核心价值观融入家庭教育工作实践，将中华民族优秀传统家庭美德发扬光大。要举办家长培训讲座和咨询服务，开展先进教育理念和科学育人知识指导；举办经验交流会，通过优秀家长现身说法、案例教学发挥优秀家庭示范带动作用。组织社会实践活动，定期开展家长和学生共同参与的参观体验、专题调查、研学旅行、红色旅游、志愿服务和社会公益活动。以重大纪念日、民族传统节日为契机，通过丰富多彩、生动活泼的文艺、体育等活动增进亲子沟通和交流。及时了解、沟通和反馈学生思想状况和行为表现，营造良好家校关系和共同育人氛围。

3. 发挥好家长委员会作用。各地教育部门要采取有效措施加快推进中小学幼儿园普遍建立家长委员会，推动建立年级、班级家长委员会。中小学幼儿园要将家长委员会纳入学校日常管理，制订家长委员会章程，将家庭教育指导服务作为重要任务。家长委员会要邀请有关专家、学校校长和相关教师、优秀父母组成家庭教育讲师团，面向广大家长定期宣传党的教育方针、相关法律法规和政策，传播科学的家庭教育理念、知识和方法，组织开展形式多样的家庭教育指导服务和实践活动。

4. 共同办好家长学校。各地教育部门和中小学幼儿园要配合妇联、关工委等相关组织，在队伍、场所、教学计划、活动开展等方面给予协助，共同办好家长学校。中小学幼儿园要把家长学校纳入学校工作的总体部署，帮助和支持家长学校组织专家团队，聘请专业人士和志愿者，设计较为具体的家庭教育纲目和课程，开发家庭教育教材和活动指导手册。中小学家长学校每学期至少组织 1 次家庭教育指导和 1 次家庭教育实践活动。幼儿园家长学校每学期至少组织 1 次家庭教育指导和 2 次亲子实践活动。

**中小学校、幼儿园为家庭教育指导服务活动提供支持**

> 具备条件的中小学校、幼儿园应当在教育行政部门的指导下，为家庭教育指导服务站点开展公益性家庭教育指导服务活动提供支持。

● **法　律**

1. 《未成年人保护法》（2024 年 4 月 26 日）

第 82 条　各级人民政府应当将家庭教育指导服务纳入城乡公共服务体系，开展家庭教育知识宣传，鼓励和支持有关人民团体、企业事业单位、社会组织开展家庭教育指导服务。

● **部门规章及文件**

2. 《幼儿园工作规程》（2016 年 1 月 5 日）

第 52 条　幼儿园应当主动与幼儿家庭沟通合作，为家长提供科学育儿宣传指导，帮助家长创设良好的家庭教育环境，共同担负教育幼儿的任务。

第 54 条　幼儿园应当成立家长委员会。

家长委员会的主要任务是：对幼儿园重要决策和事关幼儿切身利益的事项提出意见和建议；发挥家长的专业和资源优势，支持幼儿园保育教育工作；帮助家长了解幼儿园工作计划和要求，协助幼儿园开展家庭教育指导和交流。

家长委员会在幼儿园园长指导下工作。

**中小学校提供有针对性的家庭教育指导服务**

> 中小学校发现未成年学生严重违反校规校纪的，应当及时制止、管教，告知其父母或者其他监护人，并为其父母或者其他监护人提供有针对性的家庭教育指导服务；发现未成年学生有不良行为或者严重不良行为的，按照有关法律规定处理。

1.《未成年人保护法》（2024 年 4 月 26 日）

第 16 条　未成年人的父母或者其他监护人应当履行下列监护职责：

（一）为未成年人提供生活、健康、安全等方面的保障；

（二）关注未成年人的生理、心理状况和情感需求；

（三）教育和引导未成年人遵纪守法、勤俭节约，养成良好的思想品德和行为习惯；

（四）对未成年人进行安全教育，提高未成年人的自我保护意识和能力；

（五）尊重未成年人受教育的权利，保障适龄未成年人依法接受并完成义务教育；

（六）保障未成年人休息、娱乐和体育锻炼的时间，引导未成年人进行有益身心健康的活动；

（七）妥善管理和保护未成年人的财产；

（八）依法代理未成年人实施民事法律行为；

（九）预防和制止未成年人的不良行为和违法犯罪行为，并进行合理管教；

（十）其他应当履行的监护职责。

第 39 条　学校应当建立学生欺凌防控工作制度，对教职员工、学生等开展防治学生欺凌的教育和培训。

学校对学生欺凌行为应当立即制止，通知实施欺凌和被欺凌未成年学生的父母或者其他监护人参与欺凌行为的认定和处理；对相关未成年学生及时给予心理辅导、教育和引导；对相关未成年学生的父母或者其他监护人给予必要的家庭教育指导。

对实施欺凌的未成年学生，学校应当根据欺凌行为的性质和程度，依法加强管教。对严重的欺凌行为，学校不得隐瞒，应当及时向公安机关、教育行政部门报告，并配合相关部门依法处理。

2.《预防未成年人犯罪法》（2020 年 12 月 26 日）

第 28 条　本法所称不良行为，是指未成年人实施的不利于其健康成长的下列行为：

（一）吸烟、饮酒；

（二）多次旷课、逃学；

（三）无故夜不归宿、离家出走；

（四）沉迷网络；

（五）与社会上具有不良习性的人交往，组织或者参加实施不良行为的团伙；

（六）进入法律法规规定未成年人不宜进入的场所；

（七）参与赌博、变相赌博，或者参加封建迷信、邪教等活动；

（八）阅览、观看或者收听宣扬淫秽、色情、暴力、恐怖、极端等内容的读物、音像制品或者网络信息等；

（九）其他不利于未成年人身心健康成长的不良行为。

第 29 条　未成年人的父母或者其他监护人发现未成年人有不良行为的，应当及时制止并加强管教。

第 31 条　学校对有不良行为的未成年学生，应当加强管理教育，不得歧视；对拒不改正或者情节严重的，学校可以根据情况予以处分或者采取以下管理教育措施：

（一）予以训导；

（二）要求遵守特定的行为规范；

（三）要求参加特定的专题教育；

（四）要求参加校内服务活动；

（五）要求接受社会工作者或者其他专业人员的心理辅导和行为干预；

（六）其他适当的管理教育措施。

第 38 条　本法所称严重不良行为，是指未成年人实施的有刑法规定、因不满法定刑事责任年龄不予刑事处罚的行为，以及严重危害社会的下列行为：

（一）结伙斗殴，追逐、拦截他人，强拿硬要或者任意损毁、占用公私财物等寻衅滋事行为；

（二）非法携带枪支、弹药或者弩、匕首等国家规定的管制器具；

（三）殴打、辱骂、恐吓，或者故意伤害他人身体；

（四）盗窃、哄抢、抢夺或者故意损毁公私财物；

（五）传播淫秽的读物、音像制品或者信息等；

（六）卖淫、嫖娼，或者进行淫秽表演；

（七）吸食、注射毒品，或者向他人提供毒品；

（八）参与赌博赌资较大；

（九）其他严重危害社会的行为。

第39条　未成年人的父母或者其他监护人、学校、居民委员会、村民委员会发现有人教唆、胁迫、引诱未成年人实施严重不良行为的，应当立即向公安机关报告。公安机关接到报告或者发现有上述情形的，应当及时依法查处；对人身安全受到威胁的未成年人，应当立即采取有效保护措施。

第40条　公安机关接到举报或者发现未成年人有严重不良行为的，应当及时制止，依法调查处理，并可以责令其父母或者其他监护人消除或者减轻违法后果，采取措施严加管教。

第43条　对有严重不良行为的未成年人，未成年人的父母或者其他监护人、所在学校无力管教或者管教无效的，可以向教育行政部门提出申请，经专门教育指导委员会评估同意后，由教育行政部门决定送入专门学校接受专门教育。

第61条　公安机关、人民检察院、人民法院在办理案件过程中发现实施严重不良行为的未成年人的父母或者其他监护人不依法履行监护职责的，应当予以训诫，并可以责令其接受家庭教育指导。

3. 《中小学教育惩戒规则（试行）》（2020 年 12 月 23 日）

第 9 条　学生违反校规校纪，情节较重或者经当场教育惩戒拒不改正的，学校可以实施以下教育惩戒，并应当及时告知家长：

（一）由学校德育工作负责人予以训导；

（二）承担校内公益服务任务；

（三）安排接受专门的校规校纪、行为规则教育；

（四）暂停或者限制学生参加游览、校外集体活动以及其他外出集体活动；

（五）学校校规校纪规定的其他适当措施。

第 10 条　小学高年级、初中和高中阶段的学生违规违纪情节严重或者影响恶劣的，学校可以实施以下教育惩戒，并应当事先告知家长：

（一）给予不超过一周的停课或者停学，要求家长在家进行教育、管教；

（二）由法治副校长或者法治辅导员予以训诫；

（三）安排专门的课程或者教育场所，由社会工作者或者其他专业人员进行心理辅导、行为干预。

对违规违纪情节严重，或者经多次教育惩戒仍不改正的学生，学校可以给予警告、严重警告、记过或者留校察看的纪律处分。对高中阶段学生，还可以给予开除学籍的纪律处分。

对有严重不良行为的学生，学校可以按照法定程序，配合家长、有关部门将其转入专门学校教育矫治。

**第四十四条**　**婴幼儿照护服务机构、早期教育服务机构提供家庭教育指导服务**

婴幼儿照护服务机构、早期教育服务机构应当为未成年人的父母或者其他监护人提供科学养育指导等家庭教育指导服务。

## ⬤ 法　律

### 1.《未成年人保护法》（2024 年 4 月 26 日）

第 41 条　婴幼儿照护服务机构、早期教育服务机构、校外培训机构、校外托管机构等应当参照本章有关规定，根据不同年龄阶段未成年人的成长特点和规律，做好未成年人保护工作。

## ⬤ 部门规章及文件

### 2.《未成年人学校保护规定》（2021 年 6 月 1 日）

第 62 条　幼儿园、特殊教育学校应当根据未成年人身心特点，依据本规定有针对性地加强在园、在校未成年人合法权益的保护，并参照本规定、结合实际建立保护制度。

幼儿园、特殊教育学校及其教职工违反保护职责，侵害在园、在校未成年人合法权益的，应当适用本规定从重处理。

### 3.《幼儿园工作规程》（2016 年 1 月 5 日）

第 40 条　幼儿园园长应当符合本规程第三十九条规定，并应当具有《教师资格条例》规定的教师资格、具备大专以上学历、有三年以上幼儿园工作经历和一定的组织管理能力，并取得幼儿园园长岗位培训合格证书。

幼儿园园长由举办者任命或者聘任，并报当地主管的教育行政部门备案。

幼儿园园长负责幼儿园的全面工作，主要职责如下：

（一）贯彻执行国家的有关法律、法规、方针、政策和地方的相关规定，负责建立并组织执行幼儿园的各项规章制度；

（二）负责保育教育、卫生保健、安全保卫工作；

（三）负责按照有关规定聘任、调配教职工，指导、检查和评估教师以及其他工作人员的工作，并给予奖惩；

（四）负责教职工的思想工作，组织业务学习，并为他们的学习、进修、教育研究创造必要的条件；

（五）关心教职工的身心健康，维护他们的合法权益，改善他们的工作条件；

（六）组织管理园舍、设备和经费；

（七）组织和指导家长工作；

（八）负责与社区的联系和合作。

第41条　幼儿园教师必须具有《教师资格条例》规定的幼儿园教师资格，并符合本规程第三十九条规定。

幼儿园教师实行聘任制。

幼儿园教师对本班工作全面负责，其主要职责如下：

（一）观察了解幼儿，依据国家有关规定，结合本班幼儿的发展水平和兴趣需要，制订和执行教育工作计划，合理安排幼儿一日生活；

（二）创设良好的教育环境，合理组织教育内容，提供丰富的玩具和游戏材料，开展适宜的教育活动；

（三）严格执行幼儿园安全、卫生保健制度，指导并配合保育员管理本班幼儿生活，做好卫生保健工作；

（四）与家长保持经常联系，了解幼儿家庭的教育环境，商讨符合幼儿特点的教育措施，相互配合共同完成教育任务；

（五）参加业务学习和保育教育研究活动；

（六）定期总结评估保教工作实效，接受园长的指导和检查。

第52条　幼儿园应当主动与幼儿家庭沟通合作，为家长提供科学育儿宣传指导，帮助家长创设良好的家庭教育环境，共同担负教育幼儿的任务。

### 第四十五条　医疗保健机构责任

医疗保健机构在开展婚前保健、孕产期保健、儿童保健、预防接种等服务时，应当对有关成年人、未成年人的父母或者其他监护人开展科学养育知识和婴幼儿早期发展的宣传和指导。

## ● 法　律

### 1.《母婴保健法》（2017 年 11 月 4 日）

第 24 条　医疗保健机构为产妇提供科学育儿、合理营养和母乳喂养的指导。

医疗保健机构对婴儿进行体格检查和预防接种，逐步开展新生儿疾病筛查、婴儿多发病和常见病防治等医疗保健服务。

### 2.《未成年人保护法》（2024 年 4 月 26 日）

第 90 条　各级人民政府及其有关部门应当对未成年人进行卫生保健和营养指导，提供卫生保健服务。

卫生健康部门应当依法对未成年人的疫苗预防接种进行规范，防治未成年人常见病、多发病，加强传染病防治和监督管理，做好伤害预防和干预，指导和监督学校、幼儿园、婴幼儿照护服务机构开展卫生保健工作。

教育行政部门应当加强未成年人的心理健康教育，建立未成年人心理问题的早期发现和及时干预机制。卫生健康部门应当做好未成年人心理治疗、心理危机干预以及精神障碍早期识别和诊断治疗等工作。

### 3.《基本医疗卫生与健康促进法》（2019 年 12 月 28 日）

第 28 条　国家发展精神卫生事业，建设完善精神卫生服务体系，维护和增进公民心理健康，预防、治疗精神障碍。

国家采取措施，加强心理健康服务体系和人才队伍建设，促进心理健康教育、心理评估、心理咨询与心理治疗服务的有效衔接，设立为公众提供公益服务的心理援助热线，加强未成年人、残疾人和老年人等重点人群心理健康服务。

第 36 条　各级各类医疗卫生机构应当分工合作，为公民提供预防、保健、治疗、护理、康复、安宁疗护等全方位全周期的医疗卫生服务。

各级人民政府采取措施支持医疗卫生机构与养老机构、儿童福利机构、社区组织建立协作机制，为老年人、孤残儿童提供安全、便捷的医疗和健康服务。

● 部门规章及文件

4.《中小学幼儿园安全管理办法》（2006 年 6 月 30 日）

第 9 条　卫生部门对学校安全工作履行下列职责：

（一）检查、指导学校卫生防疫和卫生保健工作，落实疾病预防控制措施；

（二）监督、检查学校食堂、学校饮用水和游泳池的卫生状况。

第四十六条　公共文化服务机构、爱国主义教育基地和新闻媒体责任

图书馆、博物馆、文化馆、纪念馆、美术馆、科技馆、体育场馆、青少年宫、儿童活动中心等公共文化服务机构和爱国主义教育基地每年应当定期开展公益性家庭教育宣传、家庭教育指导服务和实践活动，开发家庭教育类公共文化服务产品。

广播、电视、报刊、互联网等新闻媒体应当宣传正确的家庭教育知识，传播科学的家庭教育理念和方法，营造重视家庭教育的良好社会氛围。

● 法　律

1.《未成年人保护法》（2024 年 4 月 26 日）

第 44 条　爱国主义教育基地、图书馆、青少年宫、儿童活动中心、儿童之家应当对未成年人免费开放；博物馆、纪念馆、科技馆、展览馆、美术馆、文化馆、社区公益性互联网上网服务场所以及影剧院、体育场馆、动物园、植物园、公园等场所，应当按照有关规定对未成年人免费或者优惠开放。

国家鼓励爱国主义教育基地、博物馆、科技馆、美术馆等公共场馆开设未成年人专场，为未成年人提供有针对性的服务。

国家鼓励国家机关、企业事业单位、部队等开发自身教育资源，设立未成年人开放日，为未成年人主题教育、社会实践、职业体验等提供支持。

国家鼓励科研机构和科技类社会组织对未成年人开展科学普及活动。

2.《教育法》（2021年4月29日）

第51条　图书馆、博物馆、科技馆、文化馆、美术馆、体育馆（场）等社会公共文化体育设施，以及历史文化古迹和革命纪念馆（地），应当对教师、学生实行优待，为受教育者接受教育提供便利。

广播、电视台（站）应当开设教育节目，促进受教育者思想品德、文化和科学技术素质的提高。

**第四十七条**　**行业自律**

家庭教育服务机构应当加强自律管理，制定家庭教育服务规范，组织从业人员培训，提高从业人员的业务素质和能力。

# 第五章　法律责任

**第四十八条**　**监护人的法律责任**

未成年人住所地的居民委员会、村民委员会、妇女联合会，未成年人的父母或者其他监护人所在单位，以及中小学校、幼儿园等有关密切接触未成年人的单位，发现父母或者其他监护人拒绝、怠于履行家庭教育责任，或者非法阻碍其他监护人实施家庭教育的，应当予以批评教育、劝诫制止，必要时督促其接受家庭教育指导。

　　未成年人的父母或者其他监护人依法委托他人代为照护未成年人，有关单位发现被委托人不依法履行家庭教育责任的，适用前款规定。

### ● 法　律

1.《未成年人保护法》（2024年4月26日）

　　**第22条**　未成年人的父母或者其他监护人因外出务工等原因在一定期限内不能完全履行监护职责的，应当委托具有照护能力的完全民事行为能力人代为照护；无正当理由的，不得委托他人代为照护。

　　未成年人的父母或者其他监护人在确定被委托人时，应当综合考虑其道德品质、家庭状况、身心健康状况、与未成年人生活情感上的联系等情况，并听取有表达意愿能力未成年人的意见。

　　具有下列情形之一的，不得作为被委托人：

　　（一）曾实施性侵害、虐待、遗弃、拐卖、暴力伤害等违法犯罪行为；

　　（二）有吸毒、酗酒、赌博等恶习；

　　（三）曾拒不履行或者长期怠于履行监护、照护职责；

　　（四）其他不适宜担任被委托人的情形。

　　**第23条**　未成年人的父母或者其他监护人应当及时将委托照护情况书面告知未成年人所在学校、幼儿园和实际居住地的居民委员会、村民委员会，加强和未成年人所在学校、幼儿园的沟通；与未成年人、被委托人至少每周联系和交流一次，了解未成年人的生活、学习、心理等情况，并给予未成年人亲情关爱。

　　未成年人的父母或者其他监护人接到被委托人、居民委员会、村民委员会、学校、幼儿园等关于未成年人心理、行为异常的通知后，应当及时采取干预措施。

第 118 条　未成年人的父母或者其他监护人不依法履行监护职责或者侵犯未成年人合法权益的,由其居住地的居民委员会、村民委员会予以劝诫、制止;情节严重的,居民委员会、村民委员会应当及时向公安机关报告。

公安机关接到报告或者公安机关、人民检察院、人民法院在办理案件过程中发现未成年人的父母或者其他监护人存在上述情形的,应当予以训诫,并可以责令其接受家庭教育指导。

2.《预防未成年人犯罪法》(2020 年 12 月 26 日)

第 30 条　公安机关、居民委员会、村民委员会发现本辖区内未成年人有不良行为的,应当及时制止,并督促其父母或者其他监护人依法履行监护职责。

**第四十九条　公检法单位的法律责任**

公安机关、人民检察院、人民法院在办理案件过程中,发现未成年人存在严重不良行为或者实施犯罪行为,或者未成年人的父母或者其他监护人不正确实施家庭教育侵害未成年人合法权益的,根据情况对父母或者其他监护人予以训诫,并可以责令其接受家庭教育指导。

● 法　律

1.《未成年人保护法》(2024 年 4 月 26 日)

第 118 条　未成年人的父母或者其他监护人不依法履行监护职责或者侵犯未成年人合法权益的,由其居住地的居民委员会、村民委员会予以劝诫、制止;情节严重的,居民委员会、村民委员会应当及时向公安机关报告。

公安机关接到报告或者公安机关、人民检察院、人民法院在办理案件过程中发现未成年人的父母或者其他监护人存在上述情形的,应当予以训诫,并可以责令其接受家庭教育指导。

## 2.《预防未成年人犯罪法》（2020年12月26日）

第40条　公安机关接到举报或者发现未成年人有严重不良行为的，应当及时制止，依法调查处理，并可以责令其父母或者其他监护人消除或者减轻违法后果，采取措施严加管教。

第61条　公安机关、人民检察院、人民法院在办理案件过程中发现实施严重不良行为的未成年人的父母或者其他监护人不依法履行监护职责的，应当予以训诫，并可以责令其接受家庭教育指导。

### ● 司法解释及文件

### 3.《关于建立侵害未成年人案件强制报告制度的意见（试行）》（2020年5月7日）

第12条　公安机关、人民检察院发现未成年人需要保护救助的，应当委托或者联合民政部门或共青团、妇联等群团组织，对未成年人及其家庭实施必要的经济救助、医疗救治、心理干预、调查评估等保护措施。未成年被害人生活特别困难的，司法机关应当及时启动司法救助。

公安机关、人民检察院发现未成年人父母或者其他监护人不依法履行监护职责，或者侵害未成年人合法权益的，应当予以训诫或者责令其接受家庭教育指导。经教育仍不改正，情节严重的，应当依法依规予以惩处。

公安机关、妇联、居民委员会、村民委员会、救助管理机构、未成年人救助保护机构发现未成年人遭受家庭暴力或面临家庭暴力的现实危险，可以依法向人民法院代为申请人身安全保护令。

### 4.《关于依法处理监护人侵害未成年人权益行为若干问题的意见》（2014年12月18日　法发〔2014〕24号）

3. 对于监护侵害行为，任何组织和个人都有权劝阻、制止或者举报。

公安机关应当采取措施，及时制止在工作中发现以及单位、个人举报的监护侵害行为，情况紧急时将未成年人带离监护人。

民政部门应当设立未成年人救助保护机构（包括救助管理站、未成年人救助保护中心），对因受到监护侵害进入机构的未成年人承担临时监护责任，必要时向人民法院申请撤销监护人资格。

人民法院应当依法受理人身安全保护裁定申请和撤销监护人资格案件并作出裁判。

人民检察院对公安机关、人民法院处理监护侵害行为的工作依法实行法律监督。

人民法院、人民检察院、公安机关设有办理未成年人案件专门工作机构的，应当优先由专门工作机构办理监护侵害案件。

11. 公安机关在出警过程中，发现未成年人身体受到严重伤害、面临严重人身安全威胁或者处于无人照料等危险状态的，应当将其带离实施监护侵害行为的监护人，就近护送至其他监护人、亲属、村（居）民委员会或者未成年人救助保护机构，并办理书面交接手续。未成年人有表达能力的，应当就护送地点征求未成年人意见。

负责接收未成年人的单位和人员（以下简称临时照料人）应当对未成年人予以临时紧急庇护和短期生活照料，保护未成年人的人身安全，不得侵害未成年人合法权益。

公安机关应当书面告知临时照料人有权依法向人民法院申请人身安全保护裁定和撤销监护人资格。

◎ 案例指引

**1. 陈某容留他人吸毒案**（人民法院案例库：2024-02-1-365-001）

**典型意义：**当前，吸毒群体呈现低龄化趋势，必须依法惩治容留未成年人吸毒犯罪。法院在办理此类案件过程中，同时依法对未成年人的监护人发出家庭教育指导令，引导监护人加强对未成年的禁毒教育，在未成年人成长过程中给予更多关爱，有助于构建温馨和谐的家庭关系，塑造未成年子女的健全品格。本案不仅严惩了侵害未成年人毒品犯罪，而且将禁毒教育与家庭教育相结合，有利于提高未成年人的防毒、拒毒意识，维护青少年健康成长。

**2. 陈某等非法拘禁、抢劫案**（《2022 年湖北省高级人民法院少年审判工作新闻发布会典型案例》）①

**典型意义：**《家庭教育促进法》于今年 1 月 1 日起施行。该法律是我国首次就家庭教育问题进行专门立法，充分体现了党和国家对家庭教育的高度重视。本案三名未成年被告人均因家长疏于日常教育和监管而导致休学、辍学，长期与社会闲散人员密切交往，养成抽烟、喝酒等不良习惯，导致他们对身边熟人实施非法拘禁、抢劫犯罪。在审理案件过程中，人民法院并没有简单地依据刑法相关规定判处涉案被告人刑罚，为了消除涉案未成年被告人的犯罪根源，人民法院依法向"怠于履行家庭教育责任"的三名未成年被告人的监护人发出《家庭教育指导令》并予以训诫，还协同团委、妇联、教育部门等部门对他们进行家庭教育指导，为犯罪的未成年人回归家庭提供法治保障。

### 第五十条　政府部门、机构的法律责任

　　负有家庭教育工作职责的政府部门、机构有下列情形之一的，由其上级机关或者主管单位责令限期改正；情节严重的，对直接负责的主管人员和其他直接责任人员依法予以处分：

　　（一）不履行家庭教育工作职责；

　　（二）截留、挤占、挪用或者虚报、冒领家庭教育工作经费；

　　（三）其他滥用职权、玩忽职守或者徇私舞弊的情形。

---

　　①　收录的案例为《2022 年湖北省高级人民法院少年审判工作新闻发布会典型案例》，详见湖北省高级人民法院网站，http：//hubeigy.hbfy.gov.cn/article/detail/2022/06/id/6718522.shtml，最后访问时间：2024 年 11 月 3 日，下文同一出处案例不再特别提示。

## 第五十一条 家庭教育指导机构、中小学校、幼儿园等主体的法律责任

家庭教育指导机构、中小学校、幼儿园、婴幼儿照护服务机构、早期教育服务机构违反本法规定，不履行或者不正确履行家庭教育指导服务职责的，由主管部门责令限期改正；情节严重的，对直接负责的主管人员和其他直接责任人员依法予以处分。

### ● 法　律

1. 《未成年人保护法》（2024 年 4 月 26 日）

第 119 条　学校、幼儿园、婴幼儿照护服务等机构及其教职员工违反本法第二十七条、第二十八条、第三十九条规定的，由公安、教育、卫生健康、市场监督管理等部门按照职责分工责令改正；拒不改正或者情节严重的，对直接负责的主管人员和其他直接责任人员依法给予处分。

2. 《预防未成年人犯罪法》（2020 年 12 月 26 日）

第 62 条　学校及其教职员工违反本法规定，不履行预防未成年人犯罪工作职责，或者虐待、歧视相关未成年人的，由教育行政等部门责令改正，通报批评；情节严重的，对直接负责的主管人员和其他直接责任人员依法给予处分。构成违反治安管理行为的，由公安机关依法予以治安管理处罚。

教职员工教唆、胁迫、引诱未成年人实施不良行为或者严重不良行为，以及品行不良、影响恶劣的，教育行政部门、学校应当依法予以解聘或者辞退。

## 第五十二条 家庭教育机构的法律责任

家庭教育服务机构有下列情形之一的，由主管部门责令限期改正；拒不改正或者情节严重的，由主管部门责令停业

整顿、吊销营业执照或者撤销登记：

（一）未依法办理设立手续；

（二）从事超出许可业务范围的行为或作虚假、引人误解宣传，产生不良后果；

（三）侵犯未成年人及其父母或者其他监护人合法权益。

### 第五十三条　监护人实施家庭暴力的法律责任

未成年人的父母或者其他监护人在家庭教育过程中对未成年人实施家庭暴力的，依照《中华人民共和国未成年人保护法》、《中华人民共和国反家庭暴力法》等法律的规定追究法律责任。

● 法　律

1.《治安管理处罚法》（2012 年 10 月 26 日）

第 40 条　有下列行为之一的，处十日以上十五日以下拘留，并处五百元以上一千元以下罚款；情节较轻的，处五日以上十日以下拘留，并处二百元以上五百元以下罚款：

（一）组织、胁迫、诱骗不满十六周岁的人或者残疾人进行恐怖、残忍表演的；

（二）以暴力、威胁或者其他手段强迫他人劳动的；

（三）非法限制他人人身自由、非法侵入他人住宅或者非法搜查他人身体的。

第 42 条　有下列行为之一的，处五日以下拘留或者五百元以下罚款；情节较重的，处五日以上十日以下拘留，可以并处五百元以下罚款：

（一）写恐吓信或者以其他方法威胁他人人身安全的；

（二）公然侮辱他人或者捏造事实诽谤他人的；

（三）捏造事实诬告陷害他人，企图使他人受到刑事追究或者受到治安管理处罚的；

（四）对证人及其近亲属进行威胁、侮辱、殴打或者打击报复的；

（五）多次发送淫秽、侮辱、恐吓或者其他信息，干扰他人正常生活的；

（六）偷窥、偷拍、窃听、散布他人隐私的。

第43条　殴打他人的，或者故意伤害他人身体的，处五日以上十日以下拘留，并处二百元以上五百元以下罚款；情节较轻的，处五日以下拘留或者五百元以下罚款。

有下列情形之一的，处十日以上十五日以下拘留，并处五百元以上一千元以下罚款：

（一）结伙殴打、伤害他人的；

（二）殴打、伤害残疾人、孕妇、不满十四周岁的人或者六十周岁以上的人的；

（三）多次殴打、伤害他人或者一次殴打、伤害多人的。

第45条　有下列行为之一的，处五日以下拘留或者警告：

（一）虐待家庭成员，被虐待人要求处理的；

（二）遗弃没有独立生活能力的被扶养人的。

2.《刑法》（2023年12月29日）

第234条　故意伤害他人身体的，处三年以下有期徒刑、拘役或者管制。

犯前款罪，致人重伤的，处三年以上十年以下有期徒刑；致人死亡或者以特别残忍手段致人重伤造成严重残疾的，处十年以上有期徒刑、无期徒刑或者死刑。本法另有规定的，依照规定。

第238条　非法拘禁他人或者以其他方法非法剥夺他人人身自由的，处三年以下有期徒刑、拘役、管制或者剥夺政治权利。具有殴打、侮辱情节的，从重处罚。

犯前款罪，致人重伤的，处三年以上十年以下有期徒刑；致人死亡的，处十年以上有期徒刑。使用暴力致人伤残、死亡的，依照本法第二百三十四条、第二百三十二条的规定定罪处罚。

为索取债务非法扣押、拘禁他人的，依照前两款的规定处罚。

国家机关工作人员利用职权犯前三款罪的，依照前三款的规定从重处罚。

第 246 条　以暴力或者其他方法公然侮辱他人或者捏造事实诽谤他人，情节严重的，处三年以下有期徒刑、拘役、管制或者剥夺政治权利。

前款罪，告诉的才处理，但是严重危害社会秩序和国家利益的除外。

通过信息网络实施第一款规定的行为，被害人向人民法院告诉，但提供证据确有困难的，人民法院可以要求公安机关提供协助。

第 260 条　虐待家庭成员，情节恶劣的，处二年以下有期徒刑、拘役或者管制。

犯前款罪，致使被害人重伤、死亡的，处二年以上七年以下有期徒刑。

第一款罪，告诉的才处理，但被害人没有能力告诉，或者因受到强制、威吓无法告诉的除外。

3. 《民法典》（2020 年 5 月 28 日）

第 1042 条　禁止包办、买卖婚姻和其他干涉婚姻自由的行为。禁止借婚姻索取财物。

禁止重婚。禁止有配偶者与他人同居。

禁止家庭暴力。禁止家庭成员间的虐待和遗弃。

4. 《未成年人保护法》（2024 年 4 月 26 日）

第 17 条　未成年人的父母或者其他监护人不得实施下列行为：

（一）虐待、遗弃、非法送养未成年人或者对未成年人实施家庭暴力；

（二）放任、教唆或者利用未成年人实施违法犯罪行为；

（三）放任、唆使未成年人参与邪教、迷信活动或者接受恐怖主义、分裂主义、极端主义等侵害；

（四）放任、唆使未成年人吸烟（含电子烟，下同）、饮酒、赌博、流浪乞讨或者欺凌他人；

（五）放任或者迫使应当接受义务教育的未成年人失学、辍学；

（六）放任未成年人沉迷网络，接触危害或者可能影响其身心健康的图书、报刊、电影、广播电视节目、音像制品、电子出版物和网络信息等；

（七）放任未成年人进入营业性娱乐场所、酒吧、互联网上网服务营业场所等不适宜未成年人活动的场所；

（八）允许或者迫使未成年人从事国家规定以外的劳动；

（九）允许、迫使未成年人结婚或者为未成年人订立婚约；

（十）违法处分、侵吞未成年人的财产或者利用未成年人牟取不正当利益；

（十一）其他侵犯未成年人身心健康、财产权益或者不依法履行未成年人保护义务的行为。

第118条　未成年人的父母或者其他监护人不依法履行监护职责或者侵犯未成年人合法权益的，由其居住地的居民委员会、村民委员会予以劝诫、制止；情节严重的，居民委员会、村民委员会应当及时向公安机关报告。

公安机关接到报告或者公安机关、人民检察院、人民法院在办理案件过程中发现未成年人的父母或者其他监护人存在上述情形的，应当予以训诫，并可以责令其接受家庭教育指导。

5. 《反家庭暴力法》（2015年12月27日）

第2条　本法所称家庭暴力，是指家庭成员之间以殴打、捆绑、残害、限制人身自由以及经常性谩骂、恐吓等方式实施的身体、精神等侵害行为。

第13条　家庭暴力受害人及其法定代理人、近亲属可以向加害人或者受害人所在单位、居民委员会、村民委员会、妇女联合会等单位投诉、反映或者求助。有关单位接到家庭暴力投诉、反映或者求助后，应当给予帮助、处理。

家庭暴力受害人及其法定代理人、近亲属也可以向公安机关报案或者依法向人民法院起诉。

单位、个人发现正在发生的家庭暴力行为，有权及时劝阻。

第14条　学校、幼儿园、医疗机构、居民委员会、村民委员会、社会工作服务机构、救助管理机构、福利机构及其工作人员在工作中发现无民事行为能力人、限制民事行为能力人遭受或者疑似遭受家庭暴力的，应当及时向公安机关报案。公安机关应当对报案人的信息予以保密。

第15条　公安机关接到家庭暴力报案后应当及时出警，制止家庭暴力，按照有关规定调查取证，协助受害人就医、鉴定伤情。

无民事行为能力人、限制民事行为能力人因家庭暴力身体受到严重伤害、面临人身安全威胁或者处于无人照料等危险状态的，公安机关应当通知并协助民政部门将其安置到临时庇护场所、救助管理机构或者福利机构。

第16条　家庭暴力情节较轻，依法不给予治安管理处罚的，由公安机关对加害人给予批评教育或者出具告诫书。

告诫书应当包括加害人的身份信息、家庭暴力的事实陈述、禁止加害人实施家庭暴力等内容。

第17条　公安机关应当将告诫书送交加害人、受害人，并通知居民委员会、村民委员会。

居民委员会、村民委员会、公安派出所应当对收到告诫书的加害人、受害人进行查访，监督加害人不再实施家庭暴力。

第18条　县级或者设区的市级人民政府可以单独或者依托救助管理机构设立临时庇护场所，为家庭暴力受害人提供临时生活帮助。

第 19 条　法律援助机构应当依法为家庭暴力受害人提供法律援助。

人民法院应当依法对家庭暴力受害人缓收、减收或者免收诉讼费用。

第 20 条　人民法院审理涉及家庭暴力的案件，可以根据公安机关出警记录、告诫书、伤情鉴定意见等证据，认定家庭暴力事实。

第 21 条　监护人实施家庭暴力严重侵害被监护人合法权益的，人民法院可以根据被监护人的近亲属、居民委员会、村民委员会、县级人民政府民政部门等有关人员或者单位的申请，依法撤销其监护人资格，另行指定监护人。

被撤销监护人资格的加害人，应当继续负担相应的赡养、扶养、抚养费用。

第 22 条　工会、共产主义青年团、妇女联合会、残疾人联合会、居民委员会、村民委员会等应当对实施家庭暴力的加害人进行法治教育，必要时可以对加害人、受害人进行心理辅导。

◉ 司法解释及文件

6.《关于建立侵害未成年人案件强制报告制度的意见（试行）》（2020 年 5 月 7 日）

第 12 条　公安机关、人民检察院发现未成年人需要保护救助的，应当委托或者联合民政部门或共青团、妇联等群团组织，对未成年人及其家庭实施必要的经济救助、医疗救治、心理干预、调查评估等保护措施。未成年被害人生活特别困难的，司法机关应当及时启动司法救助。

公安机关、人民检察院发现未成年人父母或者其他监护人不依法履行监护职责，或者侵害未成年人合法权益的，应当予以训诫或者责令其接受家庭教育指导。经教育仍不改正，情节严重的，应当依法依规予以惩处。

公安机关、妇联、居民委员会、村民委员会、救助管理机构、未成年人救助保护机构发现未成年人遭受家庭暴力或面临家庭暴力的现实危险，可以依法向人民法院代为申请人身安全保护令。

**第五十四条** **责任的追究**

违反本法规定，构成违反治安管理行为的，由公安机关依法予以治安管理处罚；构成犯罪的，依法追究刑事责任。

# 第六章　附　　则

**第五十五条** **施行日期**

本法自 2022 年 1 月 1 日起施行。

# 中华人民共和国未成年人保护法

（1991年9月4日第七届全国人民代表大会常务委员会第二十一次会议通过 2006年12月29日第十届全国人民代表大会常务委员会第二十五次会议第一次修订 根据2012年10月26日第十一届全国人民代表大会常务委员会第二十九次会议《关于修改〈中华人民共和国未成年人保护法〉的决定》第一次修正 2020年10月17日第十三届全国人民代表大会常务委员会第二十二次会议第二次修订 根据2024年4月26日第十四届全国人民代表大会常务委员会第九次会议《关于修改〈中华人民共和国农业技术推广法〉、〈中华人民共和国未成年人保护法〉、〈中华人民共和国生物安全法〉的决定》第二次修正）

## 目　　录

# 第一章　总　　则

**第一条**　立法目的和依据

　　为了保护未成年人身心健康，保障未成年人合法权益，促进未成年人德智体美劳全面发展，培养有理想、有道德、有文化、有纪律的社会主义建设者和接班人，培养担当民族复兴大任的时代新人，根据宪法，制定本法。

● 宪　　法

1.《宪法》（2018 年 3 月 11 日）

　　第46条　中华人民共和国公民有受教育的权利和义务。

　　国家培养青年、少年、儿童在品德、智力、体质等方面全面发展。

　　第49条　婚姻、家庭、母亲和儿童受国家的保护。

　　夫妻双方有实行计划生育的义务。

　　父母有抚养教育未成年子女的义务，成年子女有赡养扶助父母的义务。

　　禁止破坏婚姻自由，禁止虐待老人、妇女和儿童。

● 法　　律

2.《预防未成年人犯罪法》（2020 年 12 月 26 日）

　　第1条　为了保障未成年人身心健康，培养未成年人良好品行，有效预防未成年人违法犯罪，制定本法。

**第二条**　未成年人的定义

　　本法所称未成年人是指未满十八周岁的公民。

● 法　律

《民法典》（2020 年 5 月 28 日）

第 13 条　自然人从出生时起到死亡时止，具有民事权利能力，依法享有民事权利，承担民事义务。

第 17 条　十八周岁以上的自然人为成年人。不满十八周岁的自然人为未成年人。

第 18 条　成年人为完全民事行为能力人，可以独立实施民事法律行为。

十六周岁以上的未成年人，以自己的劳动收入为主要生活来源的，视为完全民事行为能力人。

第 19 条　八周岁以上的未成年人为限制民事行为能力人，实施民事法律行为由其法定代理人代理或者经其法定代理人同意、追认；但是，可以独立实施纯获利益的民事法律行为或者与其年龄、智力相适应的民事法律行为。

第 20 条　不满八周岁的未成年人为无民事行为能力人，由其法定代理人代理实施民事法律行为。

**第三条**　未成年人享有的四大权利和平等保护

国家保障未成年人的生存权、发展权、受保护权、参与权等权利。

未成年人依法平等地享有各项权利，不因本人及其父母或者其他监护人的民族、种族、性别、户籍、职业、宗教信仰、教育程度、家庭状况、身心健康状况等受到歧视。

● 法　律

1.《民法典》（2020 年 5 月 28 日）

第 14 条　自然人的民事权利能力一律平等。

2. 《刑法》（2023 年 12 月 29 日）

第 4 条　对任何人犯罪，在适用法律上一律平等。不允许任何人有超越法律的特权。

3. 《教育法》（2021 年 4 月 29 日）

第 37 条　受教育者在入学、升学、就业等方面依法享有平等权利。

学校和有关行政部门应当按照国家有关规定，保障女子在入学、升学、就业、授予学位、派出留学等方面享有同男子平等的权利。

4. 《义务教育法》（2018 年 12 月 29 日）

第 4 条　凡具有中华人民共和国国籍的适龄儿童、少年，不分性别、民族、种族、家庭财产状况、宗教信仰等，依法享有平等接受义务教育的权利，并履行接受义务教育的义务。

● 案例指引

**孙某甲诉某市公安局姓名变更行为违法案**（吉林省高级人民法院发布《2021 年全省法院涉未成年典型案例》）①

**典型意义**：姓名包括姓和名字，其中"姓"为姓氏，指表明家族的字；"名"为名字，指个人特定的称谓，二者合一，构成公民的姓名。姓名权是公民本人的人格权利。通常情况下，未成年人的姓名权由其父母代为行使。处于义务教育阶段的少年儿童，已经属于限制民事行为能力人，具备一定的认知能力和分辨能力，在处理与其关联程度较深的人身权利时，应当尊重其本人的意愿和情感。对行政机关作出的未成年人姓名变更登记行政行为进行审查时，应区

_____

① 　收录的案例为吉林省高级人民法院发布的《2021 年全省法院涉未成年典型案例》，详见吉林省高级人民法院司法公开网，http：//www.jlsfy.gov.cn/sfalyjcg/449586.jhtml，最后访问时间：2024 年 11 月 3 日，下文同一出处案例不再特别提示。

分姓氏变更和名字变更的不同情况以适用相应的法律规定，并且在未成年人基于学习、生活环境的影响对自身姓名的使用具备明确且合理的观点时，应当尊重未成年人本人的意愿，坚持有利于未成年人权益保护的原则，依法作出裁判。

本案中，李某在法院调解离婚后、小孩入学前，向公安机关申请将儿子孙某甲的姓名登记进行变更，申请保留原姓氏孙姓、仅变更名字，向公安机关如实提交了证明材料，并未隐瞒离婚的事实，并说明了变更姓名的原因系原名字存在谐音、儿子被取外号嘲笑的情况，公安机关予以受理并变更姓名登记，并未违反上述规定。对此类行政行为进行审查时，要区分是否对姓氏进行变更的情况，不能一刀切地适用法律规定。本案中，虽然一审裁定以超过起诉期限驳回原告的起诉，认定事实和适用法律均正确，但因本案涉及未成年人利益保护以及法律争议点较多，二审法院并未简单维持裁驳结论，而是在全面审查的基础之上，对相关法律适用和裁量要素均作了详细说明，对妥善处理类似纠纷具有借鉴意义。

### 第四条　未成年人保护的原则和要求

保护未成年人，应当坚持最有利于未成年人的原则。处理涉及未成年人事项，应当符合下列要求：

（一）给予未成年人特殊、优先保护；

（二）尊重未成年人人格尊严；

（三）保护未成年人隐私权和个人信息；

（四）适应未成年人身心健康发展的规律和特点；

（五）听取未成年人的意见；

（六）保护与教育相结合。

◎ **法　律**

1. **《民法典》**（2020 年 5 月 28 日）

第 109 条　自然人的人身自由、人格尊严受法律保护。

第 110 条  自然人享有生命权、身体权、健康权、姓名权、肖像权、名誉权、荣誉权、隐私权、婚姻自主权等权利。

法人、非法人组织享有名称权、名誉权和荣誉权。

第 111 条  自然人的个人信息受法律保护。任何组织或者个人需要获取他人个人信息的，应当依法取得并确保信息安全，不得非法收集、使用、加工、传输他人个人信息，不得非法买卖、提供或者公开他人个人信息。

第 1032 条  自然人享有隐私权。任何组织或者个人不得以刺探、侵扰、泄露、公开等方式侵害他人的隐私权。

隐私是自然人的私人生活安宁和不愿为他人知晓的私密空间、私密活动、私密信息。

2. 《刑事诉讼法》（2018 年 10 月 26 日）

第 277 条第 1 款  对犯罪的未成年人实行教育、感化、挽救的方针，坚持教育为主、惩罚为辅的原则。

3. 《预防未成年人犯罪法》（2020 年 12 月 26 日）

第 2 条  预防未成年人犯罪，立足于教育和保护未成年人相结合，坚持预防为主、提前干预，对未成年人的不良行为和严重不良行为及时进行分级预防、干预和矫治。

4. 《义务教育法》（2018 年 12 月 29 日）

第 29 条  教师在教育教学中应当平等对待学生，关注学生的个体差异，因材施教，促进学生的充分发展。

教师应当尊重学生的人格，不得歧视学生，不得对学生实施体罚、变相体罚或者其他侮辱人格尊严的行为，不得侵犯学生合法权益。

**第五条** 对未成年人的教育

国家、社会、学校和家庭应当对未成年人进行理想教育、道德教育、科学教育、文化教育、法治教育、国家安全教育、健康教育、劳动教育，加强爱国主义、集体主义和中国特色社会主义的教育，培养爱祖国、爱人民、爱劳动、爱科学、爱社会主义的公德，抵制资本主义、封建主义和其他腐朽思想的侵蚀，引导未成年人树立和践行社会主义核心价值观。

● 宪　法

1.《宪法》（2018 年 3 月 11 日）

第 24 条　国家通过普及理想教育、道德教育、文化教育、纪律和法制教育，通过在城乡不同范围的群众中制定和执行各种守则、公约，加强社会主义精神文明的建设。

国家倡导社会主义核心价值观，提倡爱祖国、爱人民、爱劳动、爱科学、爱社会主义的公德，在人民中进行爱国主义、集体主义和国际主义、共产主义的教育，进行辩证唯物主义和历史唯物主义的教育，反对资本主义的、封建主义的和其他的腐朽思想。

● 法　律

2.《教育法》（2021 年 4 月 29 日）

第 6 条　教育应当坚持立德树人，对受教育者加强社会主义核心价值观教育，增强受教育者的社会责任感、创新精神和实践能力。

国家在受教育者中进行爱国主义、集体主义、中国特色社会主义的教育，进行理想、道德、纪律、法治、国防和民族团结的教育。

3.《义务教育法》（2018 年 12 月 29 日）

第 34 条　教育教学工作应当符合教育规律和学生身心发展

特点，面向全体学生，教书育人，将德育、智育、体育、美育等有机统一在教育教学活动中，注重培养学生独立思考能力、创新能力和实践能力，促进学生全面发展。

## 第六条 未成年人保护的责任主体

保护未成年人，是国家机关、武装力量、政党、人民团体、企业事业单位、社会组织、城乡基层群众性自治组织、未成年人的监护人以及其他成年人的共同责任。

国家、社会、学校和家庭应当教育和帮助未成年人维护自身合法权益，增强自我保护的意识和能力。

## 第七条 未成年人监护制度

未成年人的父母或者其他监护人依法对未成年人承担监护职责。

国家采取措施指导、支持、帮助和监督未成年人的父母或者其他监护人履行监护职责。

● 案例指引

1. **黄某犯强奸罪案**（《江苏高院公布十个未成年人受侵害的刑事审判案例》）①

**典型意义**：被害人罗某系被告人黄某的继女，和其母亲与被告人黄某在同一个家庭共同居住，共同生活，黄某对罗某负有监护义务职责，趁被害人母亲上夜班之际，对罗某实施奸淫，之后又多次实施奸淫，并将部分过程拍摄成照片或视频，严重挑战社会伦理道德底线。法院依法认定其"情节恶劣"，判处其十年以上有期徒刑。

---

① 收录的案例为《江苏高院公布十个未成年人受侵害的刑事审判案例》，详见江苏法院网，http://www.jsfy.gov.cn/article/91525.html，最后访问时间：2024年11月3日，下文同一出处案例不再特别提示。

为更好保护涉案未成年人的利益，有利于被害人罗某的成长，审理法院先审理了罗某的变更抚养权纠纷，将被害人的监护人变更为其父亲，案件判决后，被害人罗某至其父亲处生活。法院的裁判全面保护了未成年被害人的权益，有利于其走出阴影，过上正常生活。

**2. 王某某拐骗儿童案**（吉林省高级人民法院发布《2021年全省法院涉未成年典型案例》）

**典型意义：**家庭监护是保护未成年人安全的最重要方式。家长对儿童的监护权以及儿童受家长的保护权均受法律保护，他人未经监护人同意或授权，不得以任何形式私自将儿童带走，使之脱离家庭或监护人。根据我国刑法第二百六十二条规定，拐骗不满14周岁的未成年人脱离家庭或者监护人的行为，构成拐骗儿童罪。本案被告人王某某不以出卖为目的拐骗儿童，且在拐骗过程中也没有实施其他加害行为，但在路遇被害人脱离家长监护时，将其带回自己家中，使之长时间脱离家长的监护，侵犯了家长对儿童的监护权及儿童受家长保护权，也严重威胁到儿童的人身安全，已构成犯罪。我国法律旨在维护未成年人的健康成长。拐骗儿童犯罪行为，使受骗儿童远离熟悉环境与人员陪伴，丧失安全感，安全感的重塑绝非易事。年幼时的心灵创伤将直接影响成年后的心理健康。法院对本案被告人的依法惩处，彰显了对家庭关系和儿童合法权益的保护力度，同时也昭告大众，在未经家长同意和授权的情况下，不论以何种形式私自将儿童带走，使之脱离家庭和监护人的行为都是违法行为，都将受到法律的惩处。本案的另一意义在于告诫家长要严格履行监管义务。一时不慎，使未成年人脱离自己的监管，可能造成巨大的悲剧，破坏和谐稳定的家庭关系。

**第八条** 政府对未成年人保护的规划和经费保障

县级以上人民政府应当将未成年人保护工作纳入国民经济和社会发展规划，相关经费纳入本级政府预算。

**第九条** 未成年人保护工作协调机制

　　各级人民政府应当重视和加强未成年人保护工作。县级以上人民政府负责妇女儿童工作的机构，负责未成年人保护工作的组织、协调、指导、督促，有关部门在各自职责范围内做好相关工作。

**第十条** 群团组织和社会组织的职责

　　共产主义青年团、妇女联合会、工会、残疾人联合会、关心下一代工作委员会、青年联合会、学生联合会、少年先锋队以及其他人民团体、有关社会组织，应当协助各级人民政府及其有关部门、人民检察院、人民法院做好未成年人保护工作，维护未成年人合法权益。

● 法　律

1. 《预防未成年人犯罪法》（2020 年 12 月 26 日）

　　第 24 条　各级人民政府及其有关部门、人民检察院、人民法院、共产主义青年团、少年先锋队、妇女联合会、残疾人联合会、关心下一代工作委员会等应当结合实际，组织、举办多种形式的预防未成年人犯罪宣传教育活动。有条件的地方可以建立青少年法治教育基地，对未成年人开展法治教育。

2. 《未成年人保护法》（2024 年 4 月 26 日）

　　第 82 条　各级人民政府应当将家庭教育指导服务纳入城乡公共服务体系，开展家庭教育知识宣传，鼓励和支持有关人民团体、企业事业单位、社会组织开展家庭教育指导服务。

　　第 85 条　各级人民政府应当发展职业教育，保障未成年人接受职业教育或者职业技能培训，鼓励和支持人民团体、企业事业单位、社会组织为未成年人提供职业技能培训服务。

112

第97条　县级以上人民政府应当开通全国统一的未成年人保护热线，及时受理、转介侵犯未成年人合法权益的投诉、举报；鼓励和支持人民团体、企业事业单位、社会组织参与建设未成年人保护服务平台、服务热线、服务站点，提供未成年人保护方面的咨询、帮助。

**第十一条**　未成年人保护的强制报告制度

　　任何组织或者个人发现不利于未成年人身心健康或者侵犯未成年人合法权益的情形，都有权劝阻、制止或者向公安、民政、教育等有关部门提出检举、控告。

　　国家机关、居民委员会、村民委员会、密切接触未成年人的单位及其工作人员，在工作中发现未成年人身心健康受到侵害、疑似受到侵害或者面临其他危险情形的，应当立即向公安、民政、教育等有关部门报告。

　　有关部门接到涉及未成年人的检举、控告或者报告，应当依法及时受理、处置，并以适当方式将处理结果告知相关单位和人员。

🌑 **法　律**

1. 《反家庭暴力法》（2015年12月27日）

　　第13条　家庭暴力受害人及其法定代理人、近亲属可以向加害人或者受害人所在单位、居民委员会、村民委员会、妇女联合会等单位投诉、反映或者求助。有关单位接到家庭暴力投诉、反映或者求助后，应当给予帮助、处理。

　　家庭暴力受害人及其法定代理人、近亲属也可以向公安机关报案或者依法向人民法院起诉。

　　单位、个人发现正在发生的家庭暴力行为，有权及时劝阻。

　　第14条　学校、幼儿园、医疗机构、居民委员会、村民委员会、社会工作服务机构、救助管理机构、福利机构及其工作人员在工作中发现无民事行为能力人、限制民事行为能力人遭受或者疑似遭受家庭暴力的，应当及时向公安机关报案。公安机关应当对报案人的信息予以保密。

第15条 公安机关接到家庭暴力报案后应当及时出警，制止家庭暴力，按照有关规定调查取证，协助受害人就医、鉴定伤情。

无民事行为能力人、限制民事行为能力人因家庭暴力身体受到严重伤害、面临人身安全威胁或者处于无人照料等危险状态的，公安机关应当通知并协助民政部门将其安置到临时庇护场所、救助管理机构或者福利机构。

**2.《关于建立侵害未成年人案件强制报告制度的意见（试行）》**
（2020 年 5 月 7 日）

第2条 侵害未成年人案件强制报告，是指国家机关、法律法规授权行使公权力的各类组织及法律规定的公职人员，密切接触未成年人行业的各类组织及其从业人员，在工作中发现未成年人遭受或者疑似遭受不法侵害以及面临不法侵害危险的，应当立即向公安机关报案或举报。

第4条 本意见所称在工作中发现未成年人遭受或者疑似遭受不法侵害以及面临不法侵害危险的情况包括：

（一）未成年人的生殖器官或隐私部位遭受或疑似遭受非正常损伤的；

（二）不满十四周岁的女性未成年人遭受或疑似遭受性侵害、怀孕、流产的；

（三）十四周岁以上女性未成年人遭受或疑似遭受性侵害所致怀孕、流产的；

（四）未成年人身体存在多处损伤、严重营养不良、意识不清，存在或疑似存在受到家庭暴力、欺凌、虐待、殴打或者被人麻醉等情形的；

（五）未成年人因自杀、自残、工伤、中毒、被人麻醉、殴打等非正常原因导致伤残、死亡情形的；

（六）未成年人被遗弃或长期处于无人照料状态的；

（七）发现未成年人来源不明、失踪或者被拐卖、收买的；

（八）发现未成年人被组织乞讨的；

（九）其他严重侵害未成年人身心健康的情形或未成年人正在面临不法侵害危险的。

第8条　公安机关接到疑似侵害未成年人权益的报案或举报后，应当立即接受，问明案件初步情况，并制作笔录。根据案件的具体情况，涉嫌违反治安管理的，依法受案审查；涉嫌犯罪的，依法立案侦查。对不属于自己管辖的，及时移送有管辖权的公安机关。

第9条　公安机关侦查未成年人被侵害案件，应当依照法定程序，及时、全面收集固定证据。对于严重侵害未成年人的暴力犯罪案件、社会高度关注的重大、敏感案件，公安机关、人民检察院应当加强办案中的协商、沟通与配合。

公安机关、人民检察院依法向报案人员或者单位调取指控犯罪所需要的处理记录、监控资料、证人证言等证据时，相关单位及其工作人员应当积极予以协助配合，并按照有关规定全面提供。

第10条　公安机关应当在受案或者立案后三日内向报案单位反馈案件进展，并在移送审查起诉前告知报案单位。

### 案例指引

**1. 陆某某猥亵案**（最高人民检察院发布《侵害未成年人案件强制报告典型案例》）①

**典型意义**：严肃处理瞒报行为，确保强制报告制度落到实处。

---

① 收录的案例为最高人民检察院发布的《侵害未成年人案件强制报告典型案例》，详见最高人民检察院网站，https：//www.spp.gov.cn/xwfbh/dxal/202005/t20200529_463532.shtml，最后访问时间：2024年11月3日，下文同一出处案例不再特别提示。

强制报告制度作用的发挥，关键在于落实。本案中，检察院针对涉案学校教师违反强制报告义务的情形，及时以检察建议督促教育主管部门和学校严肃整改，对涉案教师进行严肃问责，确保了制度执行刚性。同时，主动对标最高检"一号检察建议"，以个案办理为突破口，以强制报告落地为主抓手，积极会同公安、教育等职能部门，全面排查校园安全防范相关问题，助推完善校园安全防控机制建设，为未成年人健康成长构筑起"防火墙"。

**2. 李某某、杨某某涉嫌故意伤害案**（最高人民检察院发布《侵害未成年人案件强制报告典型案例》）

**典型意义**：医务人员履行报告职责，有力揭露侵害未成年人犯罪。本案是医务人员基于强制报告制度果断报案的监护侵害案件。正是因为强制报告制度确立并被广大医务人员所认同，使侵害未成年人案件能够及时案发，从而为第一时间收集、固定关键证据创造了条件，也为破解侵害未成年人犯罪案件发现难、取证难、指控难等问题发挥了关键作用，更为司法机关通过办案推动形成上下一体、协作联动、及时有效的未成年人司法保护工作格局奠定了制度基础。

**3. 李某某涉嫌强奸案**（最高人民检察院发布《侵害未成年人案件强制报告典型案例》）

**典型意义**：教师依规及时报告，公检合力严惩性侵犯罪。本案是一起持续时间长、受害人数多，且主要针对未成年在校学生的重大恶性性侵案件。检察机关通过多部门协同建立侵害未成年人权益案件强制报告制度，推动负有未成年人保护职责的教育等部门积极履行强制报告职责，依法行使立案监督职权，与公安机关合力打击，深挖犯罪线索，有效严惩了性侵多名未成年人的恶劣犯罪。

**4. 朱某某等人涉嫌强奸案**（最高人民检察院发布《侵害未成年人案件强制报告典型案例》）

**典型意义**：强制报告构筑校园防护网，阻断社会不良影响和犯罪侵害。低龄学生容易受到不良影响，在校学生与校外闲散人员不当交往滋生的欺凌、性侵害等犯罪在学生群体中影响面广、负作用大，如不及时干预危害严重。在该案中，司法机关和教育部门通过落实强制报告制度，从学生的偶然不良行为中，深挖出多起校外人员性侵害在校女学生犯罪。在依法惩治犯罪的同时，检察机关一方面对被害女学生开展教育引导工作，帮助其改正错误思想观念，树立正确价值观，恢复身心健康。另一方面会同学校加强法治教育与安全建设，落实亲职教育，检校家联合扎牢防护网，避免低龄未成年人受到犯罪侵害和滋扰。

**5. 李某某猥亵儿童案**（最高人民检察院发布《侵害未成年人案件强制报告典型案例》）

**典型意义**：及时干预救助，依法严惩监护侵害案件。本案是一起发生在家庭内部成员间的监护侵害案件，发现查处难度极大，但由于学校老师高度负责，积极主动履行强制报告义务，从而使案件从被害人求助到司法机关介入仅用了三天时间，确保了案件依法及时有效查处。在办案过程中，某县检察院针对被害人的心理状态，通过妇联邀请心理咨询师同步开展心理疏导；针对家庭成员和亲属的认知偏差，协调基层组织，对监护人及其亲属进行教育劝诫；针对被害人临时安置，联合民政、妇联等部门审慎制定安置方案，落实案中庇护，案后又及时跟进监督、开展生活帮扶等，全方位构建起保护救助未成年人精细网络。

**6. 许某某等人强奸案**（最高人民检察院发布《侵害未成年人案件强制报告追责典型案例》）[1]

**典型意义**：《中华人民共和国未成年人保护法》第十一条规定，密切接触未成年人的单位及其工作人员，在工作中发现未成年人身

---

[1] 收录的案例为最高人民检察院发布的《侵害未成年人案件强制报告追责典型案例》，详见最高人民检察院网站，https://www.spp.gov.cn/xwfbh/wsfbt/202205/t20220527_ 557995.shtml#2，最后访问时间：2024 年 11 月 3 日，下文同一出处案例不再特别提示。

心健康受到侵害、疑似受到侵害或者面临其他危险情形的，应当立即向公安、民政、教育等有关部门报告。强制报告是法定责任，任何单位和人员均应严格遵守。近年来，旅馆、宾馆、酒店成为侵害未成年人犯罪高发场所。为有效预防侵害未成年人犯罪，强化未成年人保护，未成年人保护法明确规定了住宿经营者的未成年人安全保护责任。该法第五十七条和第一百二十二条分别规定，旅馆、宾馆、酒店等住宿经营者接待未成年人入住，或者接待未成年人和成年人共同入住时，应当询问父母或者其他监护人的联系方式、入住人员的身份关系等有关情况；发现有违法犯罪嫌疑的，应当立即向公安机关报告，并及时联系未成年人的父母或者其他监护人。违反上述规定的，责令限期改正，给予警告；拒不改正或者造成严重后果的，责令停业整顿或者吊销营业执照、相关许可证，并处一万元以上十万元以下罚款。住宿经营者强制报告义务的落实是预防侵害未成年人违法犯罪的重要保障。检察机关在办理住宿经营场所发生的侵害未成年人犯罪案件时，应当与公安机关密切配合，逐案倒查是否存在违反询问、登记、强制报告等规定的情形，发现问题严格依法追责，从源头上遏制侵害未成年人犯罪案件的发生，共同为未成年人营造更加安全、和谐的社会环境。

### 7. 陈某甲过失致人死亡案（最高人民检察院发布《侵害未成年人案件强制报告追责典型案例》）

**典型意义：**居（村）委会作为一线基层组织，具有熟悉基层、了解群众的工作优势。居（村）委会切实履行强制报告责任对强化犯罪预防、保护未成年人，实现侵害未成年人早发现、早干预具有重要作用。《中华人民共和国未成年人保护法》第十一条明确规定，居民委员会、村民委员会在工作中发现未成年人身心受到侵害、疑似受到侵害或者面临其他危险情况的，应当立即向公安等有关部门报告。居（村）委会是法定强制报告义务主体，为充分履行强制报告职责，相关人员需要强烈的责任心、敏锐性和未成年人保护意识。特别是，发现未成年人"面临危险情形"时，一定要立即报告，及时干预制止，避免恶性案件发生，减小危害后果，做到"预防是最好的保护"。检察机关应加强与街道、居（村）委会的沟通协作，帮助发现、解决问题，对存在明显问题或者多次指出不改正的，应通报上级主管部门，依法处分、追责。

**第十二条　鼓励支持科学研究和加强人才培养**

国家鼓励和支持未成年人保护方面的科学研究，建设相关学科、设置相关专业，加强人才培养。

**第十三条　未成年人统计调查制度**

国家建立健全未成年人统计调查制度，开展未成年人健康、受教育等状况的统计、调查和分析，发布未成年人保护的有关信息。

◉ **法　律**

《反家庭暴力法》（2015 年 12 月 27 日）

第 7 条　县级以上人民政府有关部门、司法机关、妇女联合会应当将预防和制止家庭暴力纳入业务培训和统计工作。

医疗机构应当做好家庭暴力受害人的诊疗记录。

**第十四条　国家表彰奖励**

国家对保护未成年人有显著成绩的组织和个人给予表彰和奖励。

◉ **法　律**

1. 《义务教育法》（2018 年 12 月 29 日）

第 10 条　对在义务教育实施工作中做出突出贡献的社会组织和个人，各级人民政府及其有关部门按照有关规定给予表彰、奖励。

2.《民办教育促进法》（2018 年 12 月 29 日）

第 6 条　国家鼓励捐资办学。

国家对为发展民办教育事业做出突出贡献的组织和个人，给予奖励和表彰。

第 45 条　县级以上各级人民政府可以设立专项资金，用于资助民办学校的发展，奖励和表彰有突出贡献的集体和个人。

● 部门规章及文件

3.《儿童福利机构管理办法》（2018 年 10 月 30 日）

第 8 条　对在儿童福利机构服务和管理工作中做出突出成绩的单位和个人，依照国家有关规定给予表彰和奖励。

# 第二章　家 庭 保 护

**第十五条**　家庭保护的基本要求

未成年人的父母或者其他监护人应当学习家庭教育知识，接受家庭教育指导，创造良好、和睦、文明的家庭环境。

共同生活的其他成年家庭成员应当协助未成年人的父母或者其他监护人抚养、教育和保护未成年人。

● 法　律

1.《民法典》（2020 年 5 月 28 日）

第 27 条　父母是未成年子女的监护人。

未成年人的父母已经死亡或者没有监护能力的，由下列有监护能力的人按顺序担任监护人：

（一）祖父母、外祖父母；

（二）兄、姐；

（三）其他愿意担任监护人的个人或者组织，但是须经未成年人住所地的居民委员会、村民委员会或者民政部门同意。

第 1043 条　家庭应当树立优良家风，弘扬家庭美德，重视家庭文明建设。

夫妻应当互相忠实，互相尊重，互相关爱；家庭成员应当敬老爱幼，互相帮助，维护平等、和睦、文明的婚姻家庭关系。

◉ 司法解释及文件

2.《最高人民法院关于适用〈中华人民共和国民法典〉婚姻家庭编的解释（一）》（2020 年 12 月 29 日　法释〔2020〕22 号）

第 43 条　婚姻关系存续期间，父母双方或者一方拒不履行抚养子女义务，未成年子女或者不能独立生活的成年子女请求支付抚养费的，人民法院应予支持。

| 第十六条 | 监护人必须履行的监护职责 |

未成年人的父母或者其他监护人应当履行下列监护职责：

（一）为未成年人提供生活、健康、安全等方面的保障；

（二）关注未成年人的生理、心理状况和情感需求；

（三）教育和引导未成年人遵纪守法、勤俭节约，养成良好的思想品德和行为习惯；

（四）对未成年人进行安全教育，提高未成年人的自我保护意识和能力；

（五）尊重未成年人受教育的权利，保障适龄未成年人依法接受并完成义务教育；

（六）保障未成年人休息、娱乐和体育锻炼的时间，引导未成年人进行有益身心健康的活动；

（七）妥善管理和保护未成年人的财产；

（八）依法代理未成年人实施民事法律行为；

（九）预防和制止未成年人的不良行为和违法犯罪行为，并进行合理管教；

（十）其他应当履行的监护职责。

## ● 宪 法

1.《宪法》（2018 年 3 月 11 日）

**第 49 条** 婚姻、家庭、母亲和儿童受国家的保护。

夫妻双方有实行计划生育的义务。

父母有抚养教育未成年子女的义务，成年子女有赡养扶助父母的义务。

禁止破坏婚姻自由，禁止虐待老人、妇女和儿童。

## ● 法 律

2.《民法典》（2020 年 5 月 28 日）

**第 23 条** 无民事行为能力人、限制民事行为能力人的监护人是其法定代理人。

**第 26 条** 父母对未成年子女负有抚养、教育和保护的义务。

成年子女对父母负有赡养、扶助和保护的义务。

**第 34 条** 监护人的职责是代理被监护人实施民事法律行为，保护被监护人的人身权利、财产权利以及其他合法权益等。

监护人依法履行监护职责产生的权利，受法律保护。

监护人不履行监护职责或者侵害被监护人合法权益的，应当承担法律责任。

因发生突发事件等紧急情况，监护人暂时无法履行监护职责，被监护人的生活处于无人照料状态的，被监护人住所地的居民委员会、村民委员会或者民政部门应当为被监护人安排必要的临时生活照料措施。

**第 1058 条** 夫妻双方平等享有对未成年子女抚养、教育和保护的权利，共同承担对未成年子女抚养、教育和保护的义务。

**3.《妇女权益保障法》**（2022 年 10 月 30 日）

第 36 条　父母或者其他监护人应当履行保障适龄女性未成年人接受并完成义务教育的义务。

对无正当理由不送适龄女性未成年人入学的父母或者其他监护人，由当地乡镇人民政府或者县级人民政府教育行政部门给予批评教育，依法责令其限期改正。居民委员会、村民委员会应当协助政府做好相关工作。

政府、学校应当采取有效措施，解决适龄女性未成年人就学存在的实际困难，并创造条件，保证适龄女性未成年人完成义务教育。

**4.《预防未成年人犯罪法》**（2020 年 12 月 26 日）

第 2 条　预防未成年人犯罪，立足于教育和保护未成年人相结合，坚持预防为主、提前干预，对未成年人的不良行为和严重不良行为及时进行分级预防、干预和矫治。

第 15 条　国家、社会、学校和家庭应当对未成年人加强社会主义核心价值观教育，开展预防犯罪教育，增强未成年人的法治观念，使未成年人树立遵纪守法和防范违法犯罪的意识，提高自我管控能力。

第 16 条　未成年人的父母或者其他监护人对未成年人的预防犯罪教育负有直接责任，应当依法履行监护职责，树立优良家风，培养未成年人良好品行；发现未成年人心理或者行为异常的，应当及时了解情况并进行教育、引导和劝诫，不得拒绝或者怠于履行监护职责。

第 28 条　本法所称不良行为，是指未成年人实施的不利于其健康成长的下列行为：

（一）吸烟、饮酒；

（二）多次旷课、逃学；

（三）无故夜不归宿、离家出走；

（四）沉迷网络；

（五）与社会上具有不良习性的人交往，组织或者参加实施不良行为的团伙；

（六）进入法律法规规定未成年人不宜进入的场所；

（七）参与赌博、变相赌博，或者参加封建迷信、邪教等活动；

（八）阅览、观看或者收听宣扬淫秽、色情、暴力、恐怖、极端等内容的读物、音像制品或者网络信息等；

（九）其他不利于未成年人身心健康成长的不良行为。

第29条　未成年人的父母或者其他监护人发现未成年人有不良行为的，应当及时制止并加强管教。

第38条　本法所称严重不良行为，是指未成年人实施的有刑法规定、因不满法定刑事责任年龄不予刑事处罚的行为，以及严重危害社会的下列行为：

（一）结伙斗殴，追逐、拦截他人，强拿硬要或者任意损毁、占用公私财物等寻衅滋事行为；

（二）非法携带枪支、弹药或者弩、匕首等国家规定的管制器具；

（三）殴打、辱骂、恐吓，或者故意伤害他人身体；

（四）盗窃、哄抢、抢夺或者故意损毁公私财物；

（五）传播淫秽的读物、音像制品或者信息等；

（六）卖淫、嫖娼，或者进行淫秽表演；

（七）吸食、注射毒品，或者向他人提供毒品；

（八）参与赌博赌资较大；

（九）其他严重危害社会的行为。

第39条　未成年人的父母或者其他监护人、学校、居民委员会、村民委员会发现有人教唆、胁迫、引诱未成年人实施严重不良行为的，应当立即向公安机关报告。公安机关接到报告或者发现有上述情形的，应当及时依法查处；对人身安全受到威胁的未成年人，应当立即采取有效保护措施。

● 案例指引

**江某诉钟某变更抚养关系案**（*最高人民法院发布《保护未成年人权益十大优秀案例》*）

**典型意义**：父母或者其他监护人应当尊重未成年人受教育的权利，必须使适龄未成年人依法入学接受并完成义务教育，不得使接受义务教育的未成年人辍学。与子女共同生活的一方不尽抚养义务，另一方要求变更子女抚养关系的，人民法院应予支持。本案中，江某甲随钟某生活期间，钟某不履行监护义务，拒绝送江某甲上学，不让孩子接受义务教育，严重侵犯了孩子受教育权利。钟某无工作，无住房，无经济来源，无法保障孩子生活、学习所需，且侵犯孩子受教育权，本着儿童利益最大化原则，法官判决支持江某变更抚养关系的诉求。子女的成长是一个长期的动态过程，随着时间的推移，离婚时协商或判决所依据的父母双方的抚养能力和抚养条件可能会在子女成长过程中产生很大的变化，所以法律出于保证子女的健康成长考虑，允许离婚夫妇以协议或诉讼的方式变更与子女的抚养关系。在抚养的过程中，不光要给予生活保障，学习教育权利更应当保障，如果一方怠于履行义务，人民法院将依法进行抚养关系变更。

**第十七条** 监护人禁止实施的行为

未成年人的父母或者其他监护人不得实施下列行为：

（一）虐待、遗弃、非法送养未成年人或者对未成年人实施家庭暴力；

（二）放任、教唆或者利用未成年人实施违法犯罪行为；

（三）放任、唆使未成年人参与邪教、迷信活动或者接受恐怖主义、分裂主义、极端主义等侵害；

（四）放任、唆使未成年人吸烟（含电子烟，下同）、饮酒、赌博、流浪乞讨或者欺凌他人；

（五）放任或者迫使应当接受义务教育的未成年人失学、辍学；

（六）放任未成年人沉迷网络，接触危害或者可能影响其身心健康的图书、报刊、电影、广播电视节目、音像制品、电子出版物和网络信息等；

（七）放任未成年人进入营业性娱乐场所、酒吧、互联网上网服务营业场所等不适宜未成年人活动的场所；

（八）允许或者迫使未成年人从事国家规定以外的劳动；

（九）允许、迫使未成年人结婚或者为未成年人订立婚约；

（十）违法处分、侵吞未成年人的财产或者利用未成年人牟取不正当利益；

（十一）其他侵犯未成年人身心健康、财产权益或者不依法履行未成年人保护义务的行为。

## ● 法　律

1. 《刑法》（2023 年 12 月 29 日）

**第 29 条**　教唆他人犯罪的，应当按照他在共同犯罪中所起的作用处罚。教唆不满十八周岁的人犯罪的，应当从重处罚。

如果被教唆的人没有犯被教唆的罪，对于教唆犯，可以从轻或者减轻处罚。

**第 260 条**　虐待家庭成员，情节恶劣的，处二年以下有期徒刑、拘役或者管制。

犯前款罪，致使被害人重伤、死亡的，处二年以上七年以下有期徒刑。

第一款罪，告诉的才处理，但被害人没有能力告诉，或者因受到强制、威吓无法告诉的除外。

第260条之一　对未成年人、老年人、患病的人、残疾人等负有监护、看护职责的人虐待被监护、看护的人，情节恶劣的，处三年以下有期徒刑或者拘役。

单位犯前款罪的，对单位判处罚金，并对其直接负责的主管人员和其他直接责任人员，依照前款的规定处罚。

有第一款行为，同时构成其他犯罪的，依照处罚较重的规定定罪处罚。

第262条　拐骗不满十四周岁的未成年人，脱离家庭或者监护人的，处五年以下有期徒刑或者拘役。

第262条之一　以暴力、胁迫手段组织残疾人或者不满十四周岁的未成年人乞讨的，处三年以下有期徒刑或者拘役，并处罚金；情节严重的，处三年以上七年以下有期徒刑，并处罚金。

第262条之二　组织未成年人进行盗窃、诈骗、抢夺、敲诈勒索等违反治安管理活动的，处三年以下有期徒刑或者拘役，并处罚金；情节严重的，处三年以上七年以下有期徒刑，并处罚金。

2.《民法典》（2020年5月28日）

第35条　监护人应当按照最有利于被监护人的原则履行监护职责。监护人除为维护被监护人利益外，不得处分被监护人的财产。

未成年人的监护人履行监护职责，在作出与被监护人利益有关的决定时，应当根据被监护人的年龄和智力状况，尊重被监护人的真实意愿。

成年人的监护人履行监护职责，应当最大程度地尊重被监护人的真实意愿，保障并协助被监护人实施与其智力、精神健康状况相适应的民事法律行为。对被监护人有能力独立处理的事务，监护人不得干涉。

第 1042 条　禁止包办、买卖婚姻和其他干涉婚姻自由的行为。禁止借婚姻索取财物。

禁止重婚。禁止有配偶者与他人同居。

禁止家庭暴力。禁止家庭成员间的虐待和遗弃。

3.《劳动法》（2018 年 12 月 29 日）

第 64 条　不得安排未成年工从事矿山井下、有毒有害、国家规定的第四级体力劳动强度的劳动和其他禁忌从事的劳动。

第 65 条　用人单位应当对未成年工定期进行健康检查。

4.《预防未成年人犯罪法》（2020 年 12 月 26 日）

第 29 条　未成年人的父母或者其他监护人发现未成年人有不良行为的，应当及时制止并加强管教。

第 39 条　未成年人的父母或者其他监护人、学校、居民委员会、村民委员会发现有人教唆、胁迫、引诱未成年人实施严重不良行为的，应当立即向公安机关报告。公安机关接到报告或者发现有上述情形的，应当及时依法查处；对人身安全受到威胁的未成年人，应当立即采取有效保护措施。

5.《反家庭暴力法》（2015 年 12 月 27 日）

第 3 条　家庭成员之间应当互相帮助，互相关爱，和睦相处，履行家庭义务。

反家庭暴力是国家、社会和每个家庭的共同责任。

国家禁止任何形式的家庭暴力。

6.《治安管理处罚法》（2012 年 10 月 26 日）

第 8 条　违反治安管理的行为对他人造成损害的，行为人或者其监护人应当依法承担民事责任。

第 41 条　胁迫、诱骗或者利用他人乞讨的，处十日以上十五日以下拘留，可以并处一千元以下罚款。

反复纠缠、强行讨要或者以其他滋扰他人的方式乞讨的，处五日以下拘留或者警告。

第45条　有下列行为之一的，处五日以下拘留或者警告：

（一）虐待家庭成员，被虐待人要求处理的；

（二）遗弃没有独立生活能力的被扶养人的。

● 案例指引

**1. 何某某被撤销监护人资格案**（《最高人民法院关于侵害未成年人权益被撤销监护人资格典型案例》）

**典型意义**：本案是一起父亲故意伤害子女而被撤销监护权的典型案例。父母作为子女的法定监护人，本应保护被监护人的身体健康，照顾被监护人的生活，被申请人何某某却将被监护人何某一捅成重伤（二级），令人扼腕。法院依照有关法律规定，撤销被申请人何某某作为何某一监护人的资格，充分保障了未成年人的合法权益。审理过程中，对于指定何人为何某一的监护人，法院充分考虑了何某一本人的意愿和其户籍地所在村委会的意见，从有利于何某一走出心理阴影、健康成长的角度考虑，指定何某一的舅舅叶某一担任其监护人。

**2. 曾某故意伤害案**（《最高法院公布八起侵害未成年人合法权益典型案例》）

**典型意义**：每年孩子被父母或被家庭成员打死的报道几乎就没有中断过。孩子是父母的骨肉、家庭的希望，在孩子成长的路上，一些父母为什么忍心一次次地下狠手，做出伤害孩子的事情？因为很多人仍然认为家长打骂孩子是天经地义的事，"不打不成才""棍棒底下出孝子"是我国相当多的父母信奉的一条古训。错误的管教观念是导致对孩子施暴的一个主要原因，另外，还有生活困难、工作压力大、未婚先育没有条件抚养、孩子身体智力有缺陷或残疾、重男轻女、父母有恶习、品行不良和精神心理异常等也导致这种伦理惨剧频发。这类案件反映出，由于未成年人弱小，一些父母并没有把孩子当成独立个体看待，而是将其当成私有财产或物品，甚至当成出气筒、泄愤目标、报复工具。在未成年人保护法等一系列法律法规中，已明确规定监护人"禁止对未成年人实施家庭暴力"，但在社会观念尚未完全将"父母打孩子"纳入法制视角的情况下，非到打孩子致伤、致残、致死情况下，父母很难受到法律的制裁；在干预机构和措施上，更远没有达到保护儿童不受家庭暴力伤害的程度。因此，有必要站在保护儿童的立场上，认识家庭暴力对儿童的伤害，要对未成年人给予特殊的关注和保护，对未成年人施暴的犯罪分子给予严惩；同时并提出相应的干预对策，遏制这种不良现象，保障孩子的生命尊严不受侵害。

**3. 王某甲故意杀人案**（《江西高院发布十大未成年人权益保护典型案例》）①

**典型意义**：本案系家长因不能正确处理未成年子女在校期间与同学间的摩擦矛盾，持凶器闯入校园课堂，公然杀害弱小幼童的恶性案件。人民法院依法判处并核准被告人王某甲死刑，表明了人民法院严厉打击严重侵犯未成年人权益犯罪的鲜明态度，法律效果和社会效果良好。王某甲虽有自首情节，但人民法院综合考虑其犯罪手段特别残忍、情节特别恶劣、后果特别严重，依法对其适用死刑。人民法院通过案件查明的事实，将学生之间矛盾摩擦引发的校园纠纷与校园欺凌区分开来，引导学校和家长正确对待和处理未成年学生之间的摩擦和矛盾，加强沟通，通过合法正当的途径解决校园纠纷，营造团结友爱的班风、校风和家风，而不是采取违法犯罪手段进行报复，最终对双方家庭造成无法挽回的悲剧。

**4. 张某虐待案**（《2022年湖北省高级人民法院少年审判工作新闻发布会典型案例》）

**典型意义**：家庭是未成年人生活成长的重要场所。俗话说得好：

---

① 收录的案例为《江西高院发布十大未成年人权益保护典型案例》，详见江西法院网，http://jxgy.jxfy.gov.cn/article/detail/2022/05/id/6715379.shtml，最后访问时间：2024年11月3日，下文同一出处案例不再特别提示。

"生而不养，父母之罪。"父母作为未成年人的法定监护人，对未成年子女负有抚养、教育和保护的法定义务。被害人张某甲、张某乙虽系被告人张某非婚子女，但张某依法对她们具有抚养、教育和保护的法定义务。作为父亲，张某理应照料她们的日常生活，保护她们的身体健康。但张某在抚养两名年幼女期间，怠于行使作为父亲的法定义务，尤其是因其疏于照看导致被害人张某甲头部遭受重伤后，没有对张某甲进行及时、有效救治，导致张某甲伤情加重。张某的行为既违背法律规定义务，也违背了伦理道德要求，于情于理于法不容，严重背离了尊老爱幼的传统美德和社会主义核心价值观。鉴于张某长期怠于行使父母监护权利，严重侵害了未成年子女的身心健康，人民法院依法判处被告人张某有期徒刑五年，充分体现了人民法院对未成年人的司法保护。为了全面维护未成年子女的合法权益，所在社区居委会依法提起撤销张某监护人资格之诉，人民法院依法判决撤销张某的监护人资格，并指定由民政部门担任两名被害人的监护人。目前，两被害人已得到当地政府妥善安置。《未成年人保护法》关于未成年人应得到家庭保护、社会保护、政府保护和司法保护的相关规定，在本案中得到了充分体现。

### 第十八条　监护人的安全保障义务

　　未成年人的父母或者其他监护人应当为未成年人提供安全的家庭生活环境，及时排除引发触电、烫伤、跌落等伤害的安全隐患；采取配备儿童安全座椅、教育未成年人遵守交通规则等措施，防止未成年人受到交通事故的伤害；提高户外安全保护意识，避免未成年人发生溺水、动物伤害等事故。

### 第十九条　听取未成年人意见原则

　　未成年人的父母或者其他监护人应当根据未成年人的年龄和智力发展状况，在作出与未成年人权益有关的决定前，听取未成年人的意见，充分考虑其真实意愿。

《民法典》（2020 年 5 月 28 日）

第 35 条　监护人应当按照最有利于被监护人的原则履行监护职责。监护人除为维护被监护人利益外，不得处分被监护人的财产。

未成年人的监护人履行监护职责，在作出与被监护人利益有关的决定时，应当根据被监护人的年龄和智力状况，尊重被监护人的真实意愿。

成年人的监护人履行监护职责，应当最大程度地尊重被监护人的真实意愿，保障并协助被监护人实施与其智力、精神健康状况相适应的民事法律行为。对被监护人有能力独立处理的事务，监护人不得干涉。

第 1084 条　父母与子女间的关系，不因父母离婚而消除。离婚后，子女无论由父或者母直接抚养，仍是父母双方的子女。

离婚后，父母对于子女仍有抚养、教育、保护的权利和义务。

离婚后，不满两周岁的子女，以由母亲直接抚养为原则。已满两周岁的子女，父母双方对抚养问题协议不成的，由人民法院根据双方的具体情况，按照最有利于未成年子女的原则判决。子女已满八周岁的，应当尊重其真实意愿。

### 第二十条　监护人的保护及报告义务

未成年人的父母或者其他监护人发现未成年人身心健康受到侵害、疑似受到侵害或者其他合法权益受到侵犯的，应当及时了解情况并采取保护措施；情况严重的，应当立即向公安、民政、教育等部门报告。

| 第二十一条 | 禁止脱离监护的特殊要求 |

未成年人的父母或者其他监护人不得使未满八周岁或者由于身体、心理原因需要特别照顾的未成年人处于无人看护状态，或者将其交由无民事行为能力、限制民事行为能力、患有严重传染性疾病或者其他不适宜的人员临时照护。

未成年人的父母或者其他监护人不得使未满十六周岁的未成年人脱离监护单独生活。

## ● 法 律

1.《民法典》（2020 年 5 月 28 日）

第 18 条 成年人为完全民事行为能力人，可以独立实施民事法律行为。

十六周岁以上的未成年人，以自己的劳动收入为主要生活来源的，视为完全民事行为能力人。

第 19 条 八周岁以上的未成年人为限制民事行为能力人，实施民事法律行为由其法定代理人代理或者经其法定代理人同意、追认；但是，可以独立实施纯获利益的民事法律行为或者与其年龄、智力相适应的民事法律行为。

第 20 条 不满八周岁的未成年人为无民事行为能力人，由其法定代理人代理实施民事法律行为。

2.《预防未成年人犯罪法》（2020 年 12 月 26 日）

第 35 条 未成年人无故夜不归宿、离家出走的，父母或者其他监护人、所在的寄宿制学校应当及时查找，必要时向公安机关报告。

收留夜不归宿、离家出走未成年人的，应当及时联系其父母或者其他监护人、所在学校；无法取得联系的，应当及时向公安机关报告。

未成年人的父母或者其他监护人因外出务工等原因在一定期限内不能完全履行监护职责的，应当委托具有照护能力的完全民事行为能力人代为照护；无正当理由的，不得委托他人代为照护。

未成年人的父母或者其他监护人在确定被委托人时，应当综合考虑其道德品质、家庭状况、身心健康状况、与未成年人生活情感上的联系等情况，并听取有表达意愿能力未成年人的意见。

具有下列情形之一的，不得作为被委托人：

（一）曾实施性侵害、虐待、遗弃、拐卖、暴力伤害等违法犯罪行为；

（二）有吸毒、酗酒、赌博等恶习；

（三）曾拒不履行或者长期怠于履行监护、照护职责；

（四）其他不适宜担任被委托人的情形。

**第二十三条** **委托照护情形下监护人的职责**

未成年人的父母或者其他监护人应当及时将委托照护情况书面告知未成年人所在学校、幼儿园和实际居住地的居民委员会、村民委员会，加强和未成年人所在学校、幼儿园的沟通；与未成年人、被委托人至少每周联系和交流一次，了解未成年人的生活、学习、心理等情况，并给予未成年人亲情关爱。

未成年人的父母或者其他监护人接到被委托人、居民委员会、村民委员会、学校、幼儿园等关于未成年人心理、行为异常的通知后，应当及时采取干预措施。

## 第二十四条　离婚时对未成年子女的保护

未成年人的父母离婚时，应当妥善处理未成年子女的抚养、教育、探望、财产等事宜，听取有表达意愿能力未成年人的意见。不得以抢夺、藏匿未成年子女等方式争夺抚养权。

未成年人的父母离婚后，不直接抚养未成年子女的一方应当依照协议、人民法院判决或者调解确定的时间和方式，在不影响未成年人学习、生活的情况下探望未成年子女，直接抚养的一方应当配合，但被人民法院依法中止探望权的除外。

### ● 法　律

1. 《民法典》（2020 年 5 月 28 日）

第 1076 条　夫妻双方自愿离婚的，应当签订书面离婚协议，并亲自到婚姻登记机关申请离婚登记。

离婚协议应当载明双方自愿离婚的意思表示和对子女抚养、财产以及债务处理等事项协商一致的意见。

第 1078 条　婚姻登记机关查明双方确实是自愿离婚，并已经对子女抚养、财产以及债务处理等事项协商一致的，予以登记，发给离婚证。

第 1084 条　父母与子女间的关系，不因父母离婚而消除。离婚后，子女无论由父或者母直接抚养，仍是父母双方的子女。

离婚后，父母对于子女仍有抚养、教育、保护的权利和义务。

离婚后，不满两周岁的子女，以由母亲直接抚养为原则。已满两周岁的子女，父母双方对抚养问题协议不成的，由人民法院根据双方的具体情况，按照最有利于未成年子女的原则判决。子女已满八周岁的，应当尊重其真实意愿。

第 1086 条　离婚后，不直接抚养子女的父或者母，有探望子女的权利，另一方有协助的义务。

行使探望权利的方式、时间由当事人协议；协议不成的，由人民法院判决。

父或者母探望子女，不利于子女身心健康的，由人民法院依法中止探望；中止的事由消失后，应当恢复探望。

● 司法解释及文件

2. 《最高人民法院关于适用〈中华人民共和国民法典〉婚姻家庭编的解释（一）》（2020 年 12 月 29 日 法释〔2020〕22 号）

第 67 条 未成年子女、直接抚养子女的父或者母以及其他对未成年子女负担抚养、教育、保护义务的法定监护人，有权向人民法院提出中止探望的请求。

3. 《最高人民法院关于在涉及未成年子女的离婚案件中开展"关爱未成年人提示"工作的意见》（2024 年 4 月 10 日 法〔2024〕74 号）

一、充分认识"关爱未成年人提示"工作的重大意义

1. 融合贯通涉未成年人民事、行政、刑事审判职能，全面加强未成年司法保护，是人民法院的重要职责。在涉及未成年子女的离婚案件中开展"关爱未成年人提示"工作，对影响未成年人身心健康行为进行早期预防，将防治未成年人犯罪工作关口前移，是人民法院认真贯彻落实习近平法治思想、深入践行以人民为中心发展思想的必然要求，是坚持能动履职、强化诉源治理、加强未成年人犯罪预防工作的重要举措。

2. 推动司法保护与家庭保护、学校保护、社会保护、网络保护和政府保护有机衔接，推动全社会形成关心关爱未成年人的良好氛围，是贯彻落实最有利于未成年人原则的必然要求。在涉及未成年子女的离婚案件中开展"关爱未成年人提示"工作，对于督导父母当好合格家长，避免离婚纠纷对未成年人产生不利影响，促进未成年人身心健康具有重要意义。

二、明确目标任务

3. 引导离婚案件当事人正确处理婚姻自由与维护家庭稳定的

关系，关心、关爱未成年子女，关注未成年子女健康成长的精神和物质需求。

4. 引导离婚案件当事人提升责任意识，依法履行监护职责，充分保护未成年子女合法权益，在离婚案件中以保障未成年子女健康成长为目的，妥善处理抚养、探望、财产等相关事宜。

5. 预防未成年人犯罪，最大限度防止漠视甚至侵害未成年人合法权益、伤害未成年人身心健康情形的发生，消除引发未成年人违法犯罪的各种消极因素，防患于未然。

6. 促进未成年人身心健康，为未成年人健康成长创造良好、和睦、文明的家庭环境，推动形成关心关爱未成年人的良好社会氛围。

三、把握工作原则

7. 坚持最有利于未成年人原则。在每一起涉及未成年人的案件中，充分尊重未成年人的人格尊严，适应未成年人身心发展的规律和特点，将特殊、优先、全面保护理念贯穿在案件办理及案后延伸工作的全过程。

8. 坚持德法共治原则。在涉及未成年子女离婚案件中，牢固树立新时代社会主义司法理念，大力弘扬社会主义核心价值观，注重对未成年子女人格、情感、安全利益的保护，保障未成年子女健康成长。

9. 坚持问题导向原则。立足于预防和解决司法实践暴露出的部分离婚案件当事人怠于关心、关爱未成年子女，漠视、侵害未成年子女合法权益，导致未成年子女身心受到伤害或者违法犯罪等问题，认真部署、推进工作。

10. 坚持能动履职原则。强化诉源治理，深挖未成年人犯罪及未成年人权益被侵害案件成因，溯源而治，将预防和矫治工作向前延伸，推进司法保护与其他五大保护融合发力。

11. 坚持因案制宜原则。根据案件实际情况，以当事人听得懂、能接受的语言，以便捷的方式、方法，有针对性地开展工作，讲清楚法律、道理，讲明白利害、后果，实事求是，务求实效，推进案件政治效果、法律效果、社会效果相统一。

四、突出工作重点

12. 开展"关爱未成年人提示"工作，应当依据民法典和相关法律规定，依托真实案例向离婚案件当事人提示和强调下列内容：

（1）父母对未成年子女有法定的抚养、教育、保护的义务，应当依法履行监护职责，否则应当承担法律责任；

（2）缺失父母的关心关爱，未成年子女身心健康会受到影响，严重时可能遭受侵害或者走上违法犯罪道路；

（3）解除婚姻关系应当谨慎。即使解除婚姻关系，也应当关注未成年子女心理健康和情感需求，听取有表达意愿能力未成年子女的意见，妥善处理抚养、探望、财产等相关事宜；

（4）父母任何一方均不得违背最有利于未成年人原则，以抢夺、藏匿未成年子女等方式争夺抚养权，否则可能承担不利后果；情节严重的，人民法院可予以罚款、拘留，构成犯罪的，还将依法追究刑事责任；

（5）离婚后，父母对子女仍有抚养、教育、保护的权利和义务。父母双方均应全面履行生效法律文书确定的支付抚养费、配合对方行使探望权等义务，相互协商配合，切实维护未成年子女合法权益。未成年子女造成他人损害的，父母双方应当依照民法典相关规定共同承担侵权责任。

13. 所选案例既可以体现当事人妥善处理离婚事宜后对未成年子女健康成长的积极效果，也可以揭示离婚后家庭关爱缺失、教育不到位对未成年子女产生的消极后果，以及阐释当事人未履行抚养、教育、保护义务应承担的法律责任等。

五、灵活开展工作

14. 各地人民法院可以根据实际情况，确定"提示"内容。以线上、线下等多种途径，通过口头告知、现场提示阅读、播放视频、制发"提示卡"或"提示手册"等多种形式，在立案、诉前调解、审理、执行等各阶段开展"关爱未成年人提示"工作。必要时可以结合家庭教育指导工作进行。

15. 在抚养纠纷、探望权纠纷、监护权纠纷、同居关系纠纷等涉及未成年子女的案件中，也可以参照离婚案件，开展"关爱未成年人提示"工作。

16. 上级人民法院应当加强对下指导，强化沟通协调和工作宣传，推动辖区工作深入开展，确保将最有利于未成年人原则和关爱未成年人精神贯彻落实到相关工作中。

## ● 实务问答

**问题：离婚案件中，孩子选择跟随生活的一方条件比另一方差很多，应如何处理？**［法答网精选答问（第一批）］①

**答疑意见：**民法典第一千零八十四条第三款规定："离婚后，不满两周岁的子女，以由母亲直接抚养为原则。已满两周岁的子女，父母双方对抚养问题协议不成的，由人民法院根据双方的具体情况，按照最有利于未成年子女的原则判决。子女已满八周岁的，应当尊重其真实意愿。"可见，最有利于未成年子女原则是解决未成年子女抚养问题的基本原则，应以此作为处理相关问题的基本出发点和落脚点。

具体到离婚纠纷中确定未成年子女由哪一方直接抚养更合适，要根据其年龄情况作区分处理：（1）对于不满两周岁的子女，应以母亲直接抚养为原则，除非存在《最高人民法院关于适用〈中华人民共和国民法典〉婚姻家庭编的解释（一）》（以下简称《民法典婚姻家庭编司法解释（一）》）第四十四条规定的确实不宜随母亲共同生活的特殊情况。（2）对于已满八周岁的子女，应当尊重其真实意愿。首先，应当尽量保证未成年子女在不受干扰的情况下发表

---

① 载最高人民法院微信公众号，https：//mp. weixin. qq. com/s/I1ZoEj_5NDhtdA_-s2_XNg，2024 年 2 月 29 日发布，最后访问时间：2024 年 12 月 6 日。

意见，确保其意愿客观、真实。在征求未成年子女意见时，要根据未成年人的年龄和智力发育情况，选择其能够理解的方式。比如，可以采取入户调查、走访亲友、征求未成年子女住所地村（居）民委员会意见等家事调查方式，探寻其真实意愿。其次，在确定系未成年子女真实意愿的前提下，原则上应当尊重其真实意愿。这不仅是法律的明确规定，也是最有利于未成年子女原则的应有之义，是尊重未成年子女人格尊严的必然要求。需要注意的是，对于未成年子女来讲，物质条件只是确定一方抚养条件优劣的因素之一，而不是全部。未成年子女受哪一方生活上照顾较多，哪一方更能够提供情感需求、陪伴需求，更尊重其人格尊严，更有利于其身心健康发展等，均应当作为"条件"的考量要素。而物质需求还可以通过另一方支付抚养费等方式予以解决。（3）对于已满两周岁不满八周岁子女的直接抚养问题，应按照《民法典婚姻家庭编司法解释（一）》第四十六条、第四十七条规定的具体考虑因素来判断，同时也要尽量尊重其真实意愿，根据最有利于未成年子女原则作出判决。

## ● 案例指引

### 1. 张某诉李某、刘某监护权纠纷案（最高人民法院指导性案例228号）

**典型意义**：1. 在夫妻双方分居期间，一方或者其近亲属擅自带走未成年子女，致使另一方无法与未成年子女相见的，构成对另一方因履行监护职责所产生的权利的侵害。

2. 对夫妻双方分居期间的监护权纠纷，人民法院可以参照适用民法典关于离婚后子女抚养的有关规定，暂时确定未成年子女的抚养事宜，并明确暂时直接抚养未成年子女的一方有协助对方履行监护职责的义务。

### 2. 文某强奸案（《江西高院发布十大未成年人权益保护典型案例》）

**典型意义**：幼女因思想单纯懵懂、身心发育尚未成熟、自我保护意识差，容易成为犯罪分子下手的对象，特别是幼女被性侵犯罪需引起社会关注。社会生活中，父母离婚后，随一方生活的未成年子女由于亲生父母疏于关心爱护，被共同生活人员侵害的案件时有发生，此类案件严重背离人民群众朴素的伦理道德期待，为人民群众所深恶痛绝。本案坚持特殊、优先保护原则，对被告人利用与未成年被害人共同生活及身份上的便利条件，诱骗、胁迫被害人多次、长期发生性关系的，依法认定为情节恶劣，予以从严惩处；同时，本着"应救尽救"的救助、帮扶理念，及时对被害人进行了司法救助。本案体现了人民法院对该类肆意挑战法律红线及道德底线的犯罪依法从严、从重处罚的零容忍态度，充分保障了未成年人的合法权益；也提示重组家庭，父母应重视对未成年子女身心健康的保护，防止其受到身边"中山狼"的侵害。

# 第三章　学校保护

**第二十五条**　教育方针和未成年学生保护工作制度

　　学校应当全面贯彻国家教育方针，坚持立德树人，实施素质教育，提高教育质量，注重培养未成年学生认知能力、合作能力、创新能力和实践能力，促进未成年学生全面发展。

　　学校应当建立未成年学生保护工作制度，健全学生行为规范，培养未成年学生遵纪守法的良好行为习惯。

## 法　律

**《义务教育法》**（2018 年 12 月 29 日）

　　第 5 条　各级人民政府及其有关部门应当履行本法规定的各项职责，保障适龄儿童、少年接受义务教育的权利。

　　适龄儿童、少年的父母或者其他法定监护人应当依法保证其按时入学接受并完成义务教育。

依法实施义务教育的学校应当按照规定标准完成教育教学任务，保证教育教学质量。

社会组织和个人应当为适龄儿童、少年接受义务教育创造良好的环境。

## 第二十六条　幼儿园工作的原则

幼儿园应当做好保育、教育工作，遵循幼儿身心发展规律，实施启蒙教育，促进幼儿在体质、智力、品德等方面和谐发展。

● 行政法规及文件

**1.《幼儿园管理条例》**（1989 年 9 月 11 日）

第 2 条　本条例适用于招收 3 周岁以上学龄前幼儿，对其进行保育和教育的幼儿园。

第 3 条　幼儿园的保育和教育工作应当促进幼儿在体、智、德、美诸方面和谐发展。

● 部门规章及文件

**2.《幼儿园工作规程》**（2016 年 1 月 5 日）

第 2 条　幼儿园是对 3 周岁以上学龄前幼儿实施保育和教育的机构。幼儿园教育是基础教育的重要组成部分，是学校教育制度的基础阶段。

第 3 条　幼儿园的任务是：贯彻国家的教育方针，按照保育与教育相结合的原则，遵循幼儿身心发展特点和规律，实施德、智、体、美等方面全面发展的教育，促进幼儿身心和谐发展。

幼儿园同时面向幼儿家长提供科学育儿指导。

**3.《托儿所幼儿园卫生保健管理办法》**（2010 年 9 月 6 日）

第 3 条　托幼机构应当贯彻保教结合、预防为主的方针，认真做好卫生保健工作。

**尊重未成年人人格尊严**

　　学校、幼儿园的教职员工应当尊重未成年人人格尊严，不得对未成年人实施体罚、变相体罚或者其他侮辱人格尊严的行为。

### ● 宪　法

1.《宪法》（2018 年 3 月 11 日）

　　第 38 条　中华人民共和国公民的人格尊严不受侵犯。禁止用任何方法对公民进行侮辱、诽谤和诬告陷害。

### ● 法　律

2.《民法典》（2020 年 5 月 28 日）

　　第 109 条　自然人的人身自由、人格尊严受法律保护。

3.《义务教育法》（2018 年 12 月 29 日）

　　第 29 条　教师在教育教学中应当平等对待学生，关注学生的个体差异，因材施教，促进学生的充分发展。

　　教师应当尊重学生的人格，不得歧视学生，不得对学生实施体罚、变相体罚或者其他侮辱人格尊严的行为，不得侵犯学生合法权益。

4.《教师法》（2009 年 8 月 27 日）

　　第 37 条　教师有下列情形之一的，由所在学校、其他教育机构或者教育行政部门给予行政处分或者解聘：

　　（一）故意不完成教育教学任务给教育教学工作造成损失的；

　　（二）体罚学生，经教育不改的；

　　（三）品行不良、侮辱学生，影响恶劣的。

　　教师有前款第（二）项、第（三）项所列情形之一，情节严重，构成犯罪的，依法追究刑事责任。

未成年人保护法　第三章

143

**黄某虐待被看护人案**（《江西高院发布十大未成年人权益保护典型案例》）

**典型意义**：近年来，"幼师虐童"案件时有发生，引起了社会的普遍关注。《刑法修正案（九）》增设了虐待被监护、看护人罪，严厉惩处负有监护、看护职责者虐待所看护、监护对象情节恶劣的行为，进一步强化了对未成年人等弱势群体的立法保护。《刑法修正案（九）》还新增了从业禁止的规定，对于违背职业要求的特定义务、虐待未成年被看护人的犯罪人，可以禁止其在一定期限内从事相关职业，这对于剥夺犯罪能力、有效预防再犯罪具有重要作用。教育是培养年轻一代、创造美好生活的根本途径，幼儿园教师背负着社会的良心，守护着民族的未来。本案显示了人民法院维护未成年人合法权益不松懈、惩处侵害未成年人犯罪不手软的立场，拉紧了幼儿园教师等群体从业的法律红线和师德底线，引导社会公众共同为儿童健康成长营造良好环境。

### 第二十八条　保障未成年学生受教育权

学校应当保障未成年学生受教育的权利，不得违反国家规定开除、变相开除未成年学生。

学校应当对尚未完成义务教育的辍学未成年学生进行登记并劝返复学；劝返无效的，应当及时向教育行政部门书面报告。

● 宪　法

1. 《宪法》（2018 年 3 月 11 日）

第 46 条　中华人民共和国公民有受教育的权利和义务。

国家培养青年、少年、儿童在品德、智力、体质等方面全面发展。

2. 《教育法》（2021 年 4 月 29 日）

第 9 条　中华人民共和国公民有受教育的权利和义务。

公民不分民族、种族、性别、职业、财产状况、宗教信仰等，依法享有平等的受教育机会。

第 29 条　学校及其他教育机构行使下列权利：

（一）按照章程自主管理；

（二）组织实施教育教学活动；

（三）招收学生或者其他受教育者；

（四）对受教育者进行学籍管理，实施奖励或者处分；

（五）对受教育者颁发相应的学业证书；

（六）聘任教师及其他职工，实施奖励或者处分；

（七）管理、使用本单位的设施和经费；

（八）拒绝任何组织和个人对教育教学活动的非法干涉；

（九）法律、法规规定的其他权利。

国家保护学校及其他教育机构的合法权益不受侵犯。

第 43 条　受教育者享有下列权利：

（一）参加教育教学计划安排的各种活动，使用教育教学设施、设备、图书资料；

（二）按照国家有关规定获得奖学金、贷学金、助学金；

（三）在学业成绩和品行上获得公正评价，完成规定的学业后获得相应的学业证书、学位证书；

（四）对学校给予的处分不服向有关部门提出申诉，对学校、教师侵犯其人身权、财产权等合法权益，提出申诉或者依法提起诉讼；

（五）法律、法规规定的其他权利。

3. 《义务教育法》（2018 年 12 月 29 日）

第 4 条　凡具有中华人民共和国国籍的适龄儿童、少年，不分性别、民族、种族、家庭财产状况、宗教信仰等，依法享有平等接受义务教育的权利，并履行接受义务教育的义务。

4.《未成年人保护法》（2024 年 4 月 26 日）

第 5 条　国家、社会、学校和家庭应当对未成年人进行理想教育、道德教育、科学教育、文化教育、法治教育、国家安全教育、健康教育、劳动教育，加强爱国主义、集体主义和中国特色社会主义的教育，培养爱祖国、爱人民、爱劳动、爱科学、爱社会主义的公德，抵制资本主义、封建主义和其他腐朽思想的侵蚀，引导未成年人树立和践行社会主义核心价值观。

**第二十九条　关爱帮助留守和困境未成年学生**

学校应当关心、爱护未成年学生，不得因家庭、身体、心理、学习能力等情况歧视学生。对家庭困难、身心有障碍的学生，应当提供关爱；对行为异常、学习有困难的学生，应当耐心帮助。

学校应当配合政府有关部门建立留守未成年学生、困境未成年学生的信息档案，开展关爱帮扶工作。

● **法　律**

1.《义务教育法》（2018 年 12 月 29 日）

第 29 条　教师在教育教学中应当平等对待学生，关注学生的个体差异，因材施教，促进学生的充分发展。

教师应当尊重学生的人格，不得歧视学生，不得对学生实施体罚、变相体罚或者其他侮辱人格尊严的行为，不得侵犯学生合法权益。

2.《教师法》（2009 年 8 月 27 日）

第 8 条　教师应当履行下列义务：

（一）遵守宪法、法律和职业道德，为人师表；

（二）贯彻国家的教育方针，遵守规章制度，执行学校的教学计划，履行教师聘约，完成教育教学工作任务；

（三）对学生进行宪法所确定的基本原则的教育和爱国主义、民族团结的教育，法制教育以及思想品德、文化、科学技术教育，组织、带领学生开展有益的社会活动；

（四）关心、爱护全体学生，尊重学生人格，促进学生在品德、智力、体质等方面全面发展；

（五）制止有害于学生的行为或者其他侵犯学生合法权益的行为，批评和抵制有害于学生健康成长的现象；

（六）不断提高思想政治觉悟和教育教学业务水平。

## 第三十条　学校开展身心教育

学校应当根据未成年学生身心发展特点，进行社会生活指导、心理健康辅导、青春期教育和生命教育。

## 第三十一条　学校开展劳动教育

学校应当组织未成年学生参加与其年龄相适应的日常生活劳动、生产劳动和服务性劳动，帮助未成年学生掌握必要的劳动知识和技能，养成良好的劳动习惯。

● 法　律

《教育法》（2021 年 4 月 29 日）

第 5 条　教育必须为社会主义现代化建设服务、为人民服务，必须与生产劳动和社会实践相结合，培养德智体美劳全面发展的社会主义建设者和接班人。

**第三十二条** 学校开展厉行节约、反对浪费教育

学校、幼儿园应当开展勤俭节约、反对浪费、珍惜粮食、文明饮食等宣传教育活动，帮助未成年人树立浪费可耻、节约为荣的意识，养成文明健康、绿色环保的生活习惯。

**第三十三条** 学校及监护人应保障未成年学生休息、娱乐和体育锻炼的权利

学校应当与未成年学生的父母或者其他监护人互相配合，合理安排未成年学生的学习时间，保障其休息、娱乐和体育锻炼的时间。

学校不得占用国家法定节假日、休息日及寒暑假期，组织义务教育阶段的未成年学生集体补课，加重其学习负担。

幼儿园、校外培训机构不得对学龄前未成年人进行小学课程教育。

**第三十四条** 加强卫生保健工作

学校、幼儿园应当提供必要的卫生保健条件，协助卫生健康部门做好在校、在园未成年人的卫生保健工作。

● **法　律**

《基本医疗卫生与健康促进法》（2019 年 12 月 28 日）

第 68 条　国家将健康教育纳入国民教育体系。学校应当利用多种形式实施健康教育，普及健康知识、科学健身知识、急救知识和技能，提高学生主动防病的意识，培养学生良好的卫生习惯和健康的行为习惯，减少、改善学生近视、肥胖等不良健康状况。

学校应当按照规定开设体育与健康课程，组织学生开展广播

体操、眼保健操、体能锻炼等活动。

学校按照规定配备校医，建立和完善卫生室、保健室等。

县级以上人民政府教育主管部门应当按照规定将学生体质健康水平纳入学校考核体系。

### 第三十五条　学校安全管理制度和措施

学校、幼儿园应当建立安全管理制度，对未成年人进行安全教育，完善安保设施、配备安保人员，保障未成年人在校、在园期间的人身和财产安全。

学校、幼儿园不得在危及未成年人人身安全、身心健康的校舍和其他设施、场所中进行教育教学活动。

学校、幼儿园安排未成年人参加文化娱乐、社会实践等集体活动，应当保护未成年人的身心健康，防止发生人身伤害事故。

### 法　律

1.《未成年人保护法》（2024 年 4 月 26 日）

第 37 条　学校、幼儿园应当根据需要，制定应对自然灾害、事故灾难、公共卫生事件等突发事件和意外伤害的预案，配备相应设施并定期进行必要的演练。

未成年人在校内、园内或者本校、本园组织的校外、园外活动中发生人身伤害事故的，学校、幼儿园应当立即救护，妥善处理，及时通知未成年人的父母或者其他监护人，并向有关部门报告。

第 40 条　学校、幼儿园应当建立预防性侵害、性骚扰未成年人工作制度。对性侵害、性骚扰未成年人等违法犯罪行为，学校、幼儿园不得隐瞒，应当及时向公安机关、教育行政部门报告，并配合相关部门依法处理。

学校、幼儿园应当对未成年人开展适合其年龄的性教育，提高未成年人防范性侵害、性骚扰的自我保护意识和能力。对遭受性侵害、性骚扰的未成年人，学校、幼儿园应当及时采取相关的保护措施。

2.《教育法》（2021 年 4 月 29 日）

第 73 条　明知校舍或者教育教学设施有危险，而不采取措施，造成人员伤亡或者重大财产损失的，对直接负责的主管人员和其他直接责任人员，依法追究刑事责任。

● 案例指引

1. **高某某与赵某某、某小学等健康权纠纷案**（《天津法院发布保护未成年人合法权益典型案例》）

**典型意义**：本案是一起未成年人校园人身损害典型案例。学校是未成年人活动的重要场所，《中华人民共和国民法典》第一千二百条规定："限制民事行为能力人在学校或者其他教育机构学习、生活期间受到人身损害，学校或者其他教育机构未尽到教育、管理职责的，应当承担责任。"本案中，高某某作为限制民事行为能力人，在参加学校组织的集体活动期间受伤，由于事发当时学校未配备教职人员对活动现场学生进行引导和规范，疏于监管，应当对事故承担主要责任。本案提示幼儿园、学校等教育机构，在组织未成年人活动时应注意做好事前安全教育，完善安全防护措施，必要时应有教职人员在场进行有效管理，尽到安全保障义务，为未成年人提供更加安全的学习和活动环境；父母及其他家庭成员在日常也要加强对未成年人安全意识、自我保护意识的教育和培养，共同为未成年人的健康成长保驾护航。

2. **肖某诉吉安某小学、吉安某保险公司教育机构责任纠纷案**
（《江西高院发布十大未成年人权益保护典型案例》）

**典型意义**：新的《义务教育劳动课程标准》将于 2022 年秋季学期开始执行，劳动成为义务教育阶段的必修课程。学校结合学生身心发展特点，安排学生从事适度的劳动教育，有益于播撒热爱劳动的种子，培养德智体美劳全面发展的社会主义建设者和接班人。学校组织学生参加劳动等社会实践活动，应当与学生的生理心理特点相适应，加强安全隐患排查，指导科学劳动方法和操作规范，并采取必要的安全防护措施，保障学生的人身安全。鉴于劳动具有一定风险性，学校应尽量购买相应保险，形成风险替代机制，最大程度保障未成年学生权益。本案依法保障了未成年人的合法权利，警示学校在劳动教育过程中加强安全风险防范，避免学生受到身体损害，确保劳动教育有效开展。

**3. 方某与李某某校外活动中心教育机构责任纠纷案**（《2022年湖北省高级人民法院少年审判工作新闻发布会典型案例》）

**典型意义**：无民事行为能力人在幼儿园、学校或者其他教育机构学习、生活期间受到人身损害，幼儿园、学校或者其他教育机构应当承担责任，但能够证明尽到教育、管理职责的，不承担责任。本案两被告系从事校外培训的经营者，应当依照上述法律规定履行相应的教育、管理职责。近年来，随着"双减"政策的施行，各类提供专业特长培训的校外培训机构蓬勃发展，无论是提供服务的校外培训机构还是接受服务的家庭，应当更多关注未成年人在校外培训中的健康和安全。校外培训机构应当具备专业培训能力，在培训中对未成年学员给予充分关注和保护。本案也警示家庭应注重甄别，选取合法合规的培训机构，相关监管部门也要加强监管，不断完善未成年人成长、教育环境。

| 第三十六条 | 校车安全管理制度和措施 |
|---|---|

使用校车的学校、幼儿园应当建立健全校车安全管理制度，配备安全管理人员，定期对校车进行安全检查，对校车驾驶人进行安全教育，并向未成年人讲解校车安全乘坐知识，培养未成年人校车安全事故应急处理技能。

1. 《校车安全管理条例》（2012 年 4 月 5 日）

第 9 条　学校可以配备校车。依法设立的道路旅客运输经营企业、城市公共交通企业，以及根据县级以上地方人民政府规定设立的校车运营单位，可以提供校车服务。

县级以上地方人民政府根据本地区实际情况，可以制定管理办法，组织依法取得道路旅客运输经营许可的个体经营者提供校车服务。

第 10 条　配备校车的学校和校车服务提供者应当建立健全校车安全管理制度，配备安全管理人员，加强校车的安全维护，定期对校车驾驶人进行安全教育，组织校车驾驶人学习道路交通安全法律法规以及安全防范、应急处置和应急救援知识，保障学生乘坐校车安全。

第 11 条　由校车服务提供者提供校车服务的，学校应当与校车服务提供者签订校车安全管理责任书，明确各自的安全管理责任，落实校车运行安全管理措施。

学校应当将校车安全管理责任书报县级或者设区的市级人民政府教育行政部门备案。

第 12 条　学校应当对教师、学生及其监护人进行交通安全教育，向学生讲解校车安全乘坐知识和校车安全事故应急处理技能，并定期组织校车安全事故应急处理演练。

学生的监护人应当履行监护义务，配合学校或者校车服务提供者的校车安全管理工作。学生的监护人应当拒绝使用不符合安全要求的车辆接送学生上下学。

第 14 条　使用校车应当依照本条例的规定取得许可。

取得校车使用许可应当符合下列条件：

（一）车辆符合校车安全国家标准，取得机动车检验合格证明，并已经在公安机关交通管理部门办理注册登记；

（二）有取得校车驾驶资格的驾驶人；

（三）有包括行驶线路、开行时间和停靠站点的合理可行的校车运行方案；

（四）有健全的安全管理制度；

（五）已经投保机动车承运人责任保险。

◎ 部门规章及文件

2.《中小学幼儿园安全管理办法》（2006 年 6 月 30 日）

第 51 条　公安机关和交通部门应当依法加强对农村地区交通工具的监督管理，禁止没有资质的车船搭载学生。

---

**第三十七条** **突发事件、意外伤害的预案和人身伤害事故的处置**

学校、幼儿园应当根据需要，制定应对自然灾害、事故灾难、公共卫生事件等突发事件和意外伤害的预案，配备相应设施并定期进行必要的演练。

未成年人在校内、园内或者本校、本园组织的校外、园外活动中发生人身伤害事故的，学校、幼儿园应当立即救护，妥善处理，及时通知未成年人的父母或者其他监护人，并向有关部门报告。

◎ 部门规章及文件

1.《中小学幼儿园安全管理办法》（2006 年 6 月 30 日）

第 24 条　学校应当建立学生安全信息通报制度，将学校规定的学生到校和放学时间、学生非正常缺席或者擅自离校情况、以及学生身体和心理的异常状况等关系学生安全的信息，及时告知其监护人。

对有特异体质、特定疾病或者其他生理、心理状况异常以及有吸毒行为的学生，学校应当做好安全信息记录，妥善保管学生的健康与安全信息资料，依法保护学生的个人隐私。

第 42 条　学校可根据当地实际情况，组织师生开展多种形式的事故预防演练。

学校应当每学期至少开展一次针对洪水、地震、火灾等灾害事故的紧急疏散演练，使师生掌握避险、逃生、自救的方法。

2.《学生伤害事故处理办法》（2010 年 12 月 13 日）

第 16 条　发生学生伤害事故，情形严重的，学校应当及时向主管教育行政部门及有关部门报告；属于重大伤亡事故的，教育行政部门应当按照有关规定及时向同级人民政府和上一级教育行政部门报告。

第 22 条　事故处理结束，学校应当将事故处理结果书面报告主管的教育行政部门；重大伤亡事故的处理结果，学校主管的教育行政部门应当向同级人民政府和上一级教育行政部门报告。

---

**第三十八条**　**禁止安排未成年人参加商业性活动**

学校、幼儿园不得安排未成年人参加商业性活动，不得向未成年人及其父母或者其他监护人推销或者要求其购买指定的商品和服务。

学校、幼儿园不得与校外培训机构合作为未成年人提供有偿课程辅导。

---

● **法　律**

1.《义务教育法》（2018 年 12 月 29 日）

第 25 条　学校不得违反国家规定收取费用，不得以向学生推销或者变相推销商品、服务等方式谋取利益。

第 56 条　学校违反国家规定收取费用的，由县级人民政府教育行政部门责令退还所收费用；对直接负责的主管人员和其他直接责任人员依法给予处分。

学校以向学生推销或者变相推销商品、服务等方式谋取利益的，由县级人民政府教育行政部门给予通报批评；有违法所得的，没收违法所得；对直接负责的主管人员和其他直接责任人员依法给予处分。

国家机关工作人员和教科书审查人员参与或者变相参与教科书编写的，由县级以上人民政府或者其教育行政部门根据职责权限责令限期改正，依法给予行政处分；有违法所得的，没收违法所得。

● 部门规章及文件

2.《中小学幼儿园安全管理办法》（2006 年 6 月 30 日）

第 46 条　学生监护人应当与学校互相配合，在日常生活中加强对被监护人的各项安全教育。

学校鼓励和提倡监护人自愿为学生购买意外伤害保险。

3.《**严禁中小学校和在职中小学教师有偿补课的规定**》（2015 年 6 月 29 日　教师〔2015〕5 号）

一、严禁中小学校组织、要求学生参加有偿补课；

二、严禁中小学校与校外培训机构联合进行有偿补课；

三、严禁中小学校为校外培训机构有偿补课提供教育教学设施或学生信息；

四、严禁在职中小学教师组织、推荐和诱导学生参加校内外有偿补课；

五、严禁在职中小学教师参加校外培训机构或由其他教师、家长、家长委员会等组织的有偿补课；

六、严禁在职中小学教师为校外培训机构和他人介绍生源、提供相关信息。

对于违反上述规定的中小学校，视情节轻重，相应给予通报批评、取消评奖资格、撤消荣誉称号等处罚，并追究学校领导责任及相关部门的监管责任。对于违反上述规定的在职中小学教师，视情节轻重，分别给予批评教育、诫勉谈话、责令检查、通报批评直至相应的行政处分。

### 第三十九条　学生欺凌防控工作制度及措施

学校应当建立学生欺凌防控工作制度，对教职员工、学生等开展防治学生欺凌的教育和培训。

学校对学生欺凌行为应当立即制止，通知实施欺凌和被欺凌未成年学生的父母或者其他监护人参与欺凌行为的认定和处理；对相关未成年学生及时给予心理辅导、教育和引导；对相关未成年学生的父母或者其他监护人给予必要的家庭教育指导。

对实施欺凌的未成年学生，学校应当根据欺凌行为的性质和程度，依法加强管教。对严重的欺凌行为，学校不得隐瞒，应当及时向公安机关、教育行政部门报告，并配合相关部门依法处理。

● 部门规章及文件

**1.《教育部等九部门关于防治中小学生欺凌和暴力的指导意见》**
（2016 年 11 月 1 日　教基一〔2016〕6 号）

5. 保护遭受欺凌和暴力学生身心安全。各地要建立中小学生欺凌和暴力事件及时报告制度，一旦发现学生遭受欺凌和暴力，学校和家长要及时相互通知，对严重的欺凌和暴力事件，要向上级教育主管部门报告，并迅速联络公安机关介入处置。报告时相关人员有义务保护未成年人合法权益，学校、家长、公安机关及媒体应保护遭受欺凌和暴力学生以及知情学生的身心安全，严格保护学生隐私，防止泄露有关学生个人及其家庭的信息。特别要防止网络传播等因素导致事态蔓延，造成恶劣社会影响，使受害学生再次受到伤害。

6. 强化教育惩戒威慑作用。对实施欺凌和暴力的中小学生必须依法依规采取适当的矫治措施予以教育惩戒，既做到真情关爱、真诚帮助，力促学生内心感化、行为转化，又充分发挥教育惩戒措施的威慑作用。对实施欺凌和暴力的学生，学校和家长要进行严肃的批评教育和警示谈话，情节较重的，公安机关应参与警示教育。对屡教不改、多次实施欺凌和暴力的学生，应登记在案并将其表现记入学生综合素质评价，必要时转入专门学校就读。对构成违法犯罪的学生，根据《刑法》、《治安管理处罚法》、《预防未成年人犯罪法》等法律法规予以处置，区别不同情况，责令家长或者监护人严加管教，必要时可由政府收容教养，或者给予相应的行政、刑事处罚，特别是对犯罪性质和情节恶劣、手段残忍、后果严重的，必须坚决依法惩处。对校外成年人教唆、胁迫、诱骗、利用在校中小学生违法犯罪行为，必须依法从重惩处，有效遏制学生欺凌和暴力等案事件发生。各级公安、检察、审判机关要依法办理学生欺凌和暴力犯罪案件，做好相关侦查、审查逮捕、审查起诉、诉讼监督、审判和犯罪预防工作。

7. 实施科学有效的追踪辅导。欺凌和暴力事件妥善处置后，学校要持续对当事学生追踪观察和辅导教育。对实施欺凌和暴力的学生，要充分了解其行为动机和深层原因，有针对性地进行教育引导和帮扶，给予其改过机会，避免歧视性对待。对遭受欺凌和暴力的学生及其家人提供帮助，及时开展相应的心理辅导和家庭支持，帮助他们尽快走出心理阴影，树立自信，恢复正常学习生活。对确实难以回归本校本班学习的当事学生，教育部门和学校要妥善做好班级调整和转学工作。要认真做好学生欺凌和暴力典型事件通报工作，既要充分发挥警示教育作用，又要注意不过分渲染事件细节。

2. 《加强中小学生欺凌综合治理方案》（2017 年 11 月 22 日　教督〔2017〕10 号）

三、治理内容及措施

（一）明确学生欺凌的界定

中小学生欺凌是发生在校园（包括中小学校和中等职业学校）内外、学生之间，一方（个体或群体）单次或多次蓄意或恶意通过肢体、语言及网络等手段实施欺负、侮辱，造成另一方（个体或群体）身体伤害、财产损失或精神损害等的事件。

在实际工作中，要严格区分学生欺凌与学生间打闹嬉戏的界定，正确合理处理。

（二）建立健全防治学生欺凌工作协调机制

各地要组织协调有关部门、群团组织，建立健全防治学生欺凌工作协调机制，统筹推进学生欺凌治理工作，妥善处理学生欺凌重大事件，正确引导媒体和网络舆情。教育行政（主管）部门和学校要重点抓好校园内欺凌事件的预防和处置；各部门要加强协作，综合治理，做好校园外欺凌事件的预防和处置。

（三）积极有效预防

1. 指导学校切实加强教育。中小学校要通过每学期开学时集中开展教育、学期中在道德与法治等课程中专门设置教学模块等方式，定期对中小学生进行学生欺凌防治专题教育。学校共青团、少先队组织要配合学校开展好法治宣传教育、安全自护教育。

2. 组织开展家长培训。通过组织学校或社区定期开展专题培训课等方式，加强家长培训，引导广大家长增强法治意识，落实监护责任，帮助家长了解防治学生欺凌知识。

3. 严格学校日常管理。学校根据实际成立由校长负责，教师、少先队大中队辅导员、教职工、社区工作者和家长代表、校外专家等人员组成的学生欺凌治理委员会（高中阶段学校还应吸纳学生代表)。加快推进将校园视频监控系统、紧急报警装置等接入公安机关、教育部门监控和报警平台,逐步建立校园安全网上巡查机制。学校要制定防治学生欺凌工作各项规章制度的工作要求,主要包括:相关岗位教职工防治学生欺凌的职责、学生欺凌事件应急处置预案、学生欺凌的早期预警和事中处理及事后干预的具体流程、校规校纪中对实施欺凌学生的处罚规定等。

4. 定期开展排查。教育行政部门要通过委托专业第三方机构或组织学校开展等方式,定期开展针对全体学生的防治学生欺凌专项调查,及时查找可能发生欺凌事件的苗头迹象或已经发生、正在发生的欺凌事件。

(四)依法依规处置

1. 严格规范调查处理。学生欺凌事件的处置以学校为主。教职工发现、学生或者家长向学校举报的,应当按照学校的学生欺凌事件应急处置预案和处理流程对事件及时进行调查处理,由学校学生欺凌治理委员会对事件是否属于学生欺凌行为进行认定。原则上学校应在启动调查处理程序 10 日内完成调查,根据有关规定处置。

2. 妥善处理申诉请求。各地教育行政部门要明确具体负责防治学生欺凌工作的处(科)室并向社会公布。县级防治学生欺凌工作部门负责处理学生欺凌事件的申诉请求。学校学生欺凌治理委员会处理程序妥当、事件比较清晰的,应以学校学生欺凌治理委员会的处理结果为准;确需复查的,由县级防治学生欺凌工作部门组织学校代表、家长代表和校外专家等组成调查小组启动复查。复查工作应在 15 日内完成,对事件是否属于学生欺凌进行认定,提出处置意见并通知学校和家长、学生。

县级防治学生欺凌工作部门接受申诉请求并启动复查程序的,应在复查工作结束后,及时将有关情况报上级防治学生欺凌工作部门备案。涉法涉诉案件等不宜由防治学生欺凌工作部门受理的，应明确告知当事人，引导其及时纳入相应法律程序办理。

3. 强化教育惩戒作用。对经调查认定实施欺凌的学生，学校学生欺凌治理委员会要根据实际情况，制定一定学时的专门教育方案并监督实施欺凌学生按要求接受教育，同时针对欺凌事件的不同情形予以相应惩戒。

情节轻微的一般欺凌事件，由学校对实施欺凌学生开展批评、教育。实施欺凌学生应向被欺凌学生当面或书面道歉，取得谅解。对于反复发生的一般欺凌事件，学校在对实施欺凌学生开展批评、教育的同时，可视具体情节和危害程度给予纪律处分。

情节比较恶劣、对被欺凌学生身体和心理造成明显伤害的严重欺凌事件，学校对实施欺凌学生开展批评、教育的同时，可邀请公安机关参与警示教育或对实施欺凌学生予以训诫，公安机关根据学校邀请及时安排人员，保证警示教育工作有效开展。学校可视具体情节和危害程度给予实施欺凌学生纪律处分，将其表现记入学生综合素质评价。

屡教不改或者情节恶劣的严重欺凌事件，必要时可将实施欺凌学生转送专门（工读）学校进行教育。未成年人送专门（工读）学校进行矫治和接受教育，应当按照《中华人民共和国预防未成年人犯罪法》有关规定，对构成有严重不良行为的，按专门（工读）学校招生入学程序报有关部门批准。

涉及违反治安管理或者涉嫌犯罪的学生欺凌事件，处置以公安机关、人民法院、人民检察院为主。教育行政部门和学校要及时联络公安机关依法处置。各级公安、人民法院、人民检察院依法办理学生欺凌犯罪案件，做好相关侦查、审查逮捕、审查起诉、诉讼监督和审判等工作。对有违法犯罪行为的学生，要区别不同情况，责令其父母或者其他监护人严加管教。对依法应承担行政、刑事责任的，要做好个别矫治和分类教育，依法利用拘留所、看守所、未成年犯管教所、社区矫正机构等场所开展必要的教育矫治；对依法不予行政、刑事处罚的学生，学校要给予纪律处分，非义务教育阶段学校可视具体情节和危害程度给予留校察看、勒令退学、开除等处分，必要时可按照有关规定将其送专门（工读）学校。对校外成年人采取教唆、胁迫、诱骗等方式利用在校学生实施欺凌进行违法犯罪行为的，要根据《中华人民共和国刑法》及有关法律规定，对教唆未成年人犯罪的依法从重处罚。

（五）建立长效机制

各地各有关部门要加强制度建设，积极探索创新，逐步建立具有长效性、稳定性和约束力的防治学生欺凌工作机制。

1. 完善培训机制。明确将防治学生欺凌专题培训纳入教育行政干部和校长、教师在职培训内容。市级、县级教育行政部门分管负责同志和具体工作人员每年应当接受必要的学生欺凌预防与处置专题面授培训。中小学校长、学校行政管理人员、班主任和教师等培训中应当增加学生欺凌预防与处置专题面授的内容。培训纳入相关人员继续教育学分。

2. 建立考评机制。将本区域学生欺凌综合治理工作情况作为考评内容，纳入文明校园创建标准，纳入相关部门负责同志年度考评，纳入校长学期和学年考评，纳入学校行政管理人员、教师、班主任及相关岗位教职工学期和学年考评。

3. 建立问责处理机制。把防治学生欺凌工作专项督导结果作为评价政府教育工作成效的重要内容。对职责落实不到位、学生欺凌问题突出的地区和单位通过通报、约谈、挂牌督办、实施一票否决权制等方式进行综治领导责任追究。学生欺凌事件中存在失职渎职行为，因违纪违法应当承担责任的，给予党纪政纪处分；构成犯罪的，依法追究刑事责任。

4. 健全依法治理机制。建立健全中小学校法制副校长或法制辅导员制度，明确法制副校长或法制辅导员防治学生欺凌的具体职责和工作流程，把防治学生欺凌作为依法治校工作的重要内容，积极主动开展以防治学生欺凌为主题的法治教育，推进学校在规章制度中补充完善防治学生欺凌内容，落实各项预防和处置学生欺凌措施，配合有关部门妥善处理学生欺凌事件及对实施欺凌学生进行教育。

● 案例指引

**被告人汤某某强制侮辱案**（《福建法院未成年人权益保护典型案例》）①

　　**典型意义**：本案是一起典型的校园霸凌犯罪案件。虽然被告人具有自首、从犯情节且自愿认罪认罚，但其参与劝酒、拍摄视频并广泛传播致被害人重度精神抑郁，社会影响恶劣，应依法从严追究其刑事责任。在了解到被害人出现严重心理问题，且缺乏有效的医疗救治资源后，翔安法院积极帮助其联系心理诊疗驿站、精神病专科医院专家，主审法官陪同诊治，并就心理疏导预约难等问题与医院有效沟通解决。结案后长期关爱回访，关心被害人相关民事诉讼情况及心理健康恢复情况，充分彰显司法人文关怀。同时，积极延伸审判职能，向学校及所在区教育局发出司法建议，推动完善校园安防机制、引导学生建立正确价值观、强化法治教育及心理疏导，重视家庭教育和学校教育双结合。

**第四十条　学校防治性侵害、性骚扰的工作制度及措施**

　　学校、幼儿园应当建立预防性侵害、性骚扰未成年人工作制度。对性侵害、性骚扰未成年人等违法犯罪行为，学校、幼儿园不得隐瞒，应当及时向公安机关、教育行政部门报告，并配合相关部门依法处理。

---

　　①　收录的案例为《福建法院未成年人权益保护典型案例》，详见福建法院网，https：//fjfy.fjcourt.gov.cn/article/detail/2022/05/id/6713356.shtml，最后访问时间：2024 年 11 月 3 日，下文同一出处案例不再特别提示。

学校、幼儿园应当对未成年人开展适合其年龄的性教育，提高未成年人防范性侵害、性骚扰的自我保护意识和能力。对遭受性侵害、性骚扰的未成年人，学校、幼儿园应当及时采取相关的保护措施。

● 法　律

1.《刑法》（2023 年 12 月 29 日）

**第 236 条**　以暴力、胁迫或者其他手段强奸妇女的，处三年以上十年以下有期徒刑。

奸淫不满十四周岁的幼女的，以强奸论，从重处罚。

强奸妇女、奸淫幼女，有下列情形之一的，处十年以上有期徒刑、无期徒刑或者死刑：

（一）强奸妇女、奸淫幼女情节恶劣的；

（二）强奸妇女、奸淫幼女多人的；

（三）在公共场所当众强奸妇女、奸淫幼女的；

（四）二人以上轮奸的；

（五）奸淫不满十周岁的幼女或者造成幼女伤害的；

（六）致使被害人重伤、死亡或者造成其他严重后果的。

**第 237 条**　以暴力、胁迫或者其他方法强制猥亵他人或者侮辱妇女的，处五年以下有期徒刑或者拘役。

聚众或者在公共场所当众犯前款罪的，或者有其他恶劣情节的，处五年以上有期徒刑。

猥亵儿童的，处五年以下有期徒刑；有下列情形之一的，处五年以上有期徒刑：

（一）猥亵儿童多人或者多次的；

（二）聚众猥亵儿童的，或者在公共场所当众猥亵儿童，情节恶劣的；

（三）造成儿童伤害或者其他严重后果的；

（四）猥亵手段恶劣或者有其他恶劣情节的。

2.《民法典》（2020 年 5 月 28 日）

第 191 条　未成年人遭受性侵害的损害赔偿请求权的诉讼时效期间，自受害人年满十八周岁之日起计算。

第 1010 条　违背他人意愿，以言语、文字、图像、肢体行为等方式对他人实施性骚扰的，受害人有权依法请求行为人承担民事责任。

机关、企业、学校等单位应当采取合理的预防、受理投诉、调查处置等措施，防止和制止利用职权、从属关系等实施性骚扰。

3.《妇女权益保障法》（2022 年 10 月 30 日）

第 24 条　学校应当根据女学生的年龄阶段，进行生理卫生、心理健康和自我保护教育，在教育、管理、设施等方面采取措施，提高其防范性侵害、性骚扰的自我保护意识和能力，保障女学生的人身安全和身心健康发展。

学校应当建立有效预防和科学处置性侵害、性骚扰的工作制度。对性侵害、性骚扰女学生的违法犯罪行为，学校不得隐瞒，应当及时通知受害未成年女学生的父母或者其他监护人，向公安机关、教育行政部门报告，并配合相关部门依法处理。

对遭受性侵害、性骚扰的女学生，学校、公安机关、教育行政部门等相关单位和人员应当保护其隐私和个人信息，并提供必要的保护措施。

● 行政法规及文件

4.《国务院办公厅关于加强中小学幼儿园安全风险防控体系建设的意见》（2017 年 4 月 25 日　国办发〔2017〕35 号）

（十五）严厉打击涉及学校和学生安全的违法犯罪行为。对非法侵入学校扰乱教育教学秩序、侵害师生生命财产安全等违法犯罪行为，公安机关要依法坚决处置、严厉打击，实行专案专人制度。进一步深化平安校园创建活动。建立学校周边治安形势研判预警机制，对涉及学校和学生安全的违法犯罪行为和犯罪团伙，要及时组织开展专项打击整治行动，防止发展蔓延。教育部门要健全学校对未成年学生权利的保护制度，对体罚、性骚扰、性侵害等侵害学生人身健康的违法犯罪行为，要建立零容忍制度，及早发现、及时处理、从严问责，应当追究法律责任的，要协同配合公安、司法机关严格依法惩处。

## 案例指引

**1. 被告人张某某强奸案**（最高人民法院发布《未成年人权益司法保护典型案例》）

**典型意义：**被告人张某某身为人民教师，本应为人师表，却利用教师身份，多年持续奸淫多名在校未成年女生，致使被害女生的纯真童年蒙上阴影，对她们身心健康造成严重伤害，严重践踏了社会伦理道德底线，性质极其恶劣，罪行极其严重，应依法惩处。人民法院历来对侵害未成年人犯罪案件坚持零容忍态度，尤其是对那些利用自己的特殊身份或者便利条件性侵未成年人的犯罪，坚决依法从严从重惩处，该判处死刑的坚决判处死刑，绝不姑息。本案的判决结果，充分体现了人民法院对性侵未成年人犯罪依法严厉惩治的鲜明态度，彰显了人民法院维护未成年人合法权益的坚定决心。

**2. 张某猥亵儿童案**（最高人民检察院发布《侵害未成年人案件强制报告追责典型案例》）

**典型意义：**学校是未成年人学习、生活的重要场所，具有保护未成年学生的法定义务。2021 年 6 月，教育部颁布《未成年人学校保护规定》，专门要求学校依法建立强制报告机制，规定学校和教职工发现学生遭受或疑似遭受不法侵害以及面临不法侵害危险的，应当依照规定及时向公安、民政、教育等有关部门报告。学校和教职工发现未成年学生被侵害的，不得有案不报，更不能私下组织学生家长和涉案人员"调解"。检察机关应充分发挥法律监督职能，协同教育部门强化未成年人保护法等法律法规的宣传教育，推动落实学校安全、强制报告、入职查询等制度，提升学校和教职工依法强制报告的自觉，合力筑牢未成年人健康成长"防火墙"。

**3. 孙某强奸案**（最高人民检察院发布《侵害未成年人案件强制报告追责典型案例》）

**典型意义**：根据未成年人保护法关于强制报告制度的规定，医护人员负有发现未成年人疑似遭受侵害及时报告的义务。医护人员履行强制报告义务对及时发现、阻断侵害未成年人犯罪，保护未成年人免受持续侵害具有重要意义。关于哪些属于疑似未成年人遭受侵害情形，国家监委、最高检、教育部、公安部等9部门《关于建立侵害未成年人案件强制报告制度的意见（试行）》（高检发〔2020〕9号）进行了细化规定。其中，不满十四周岁女性未成年人怀孕、流产属于必须报告情形，相关单位和人员发现此情况的，应当立即向公安机关报案或举报。医护人员强制报告不仅是帮助未成年人及时脱离危险的重要途径，也是发现犯罪、取证固证的重要手段。民营、公立医疗机构均为我国未成年人保护法规定的强制报告义务主体，均应严格落实强制报告法律规定。对于落实不力、瞒报、不报的，应对直接责任人员和所属医疗机构依法追责。

**4. 王某故意伤害案**（最高人民检察院发布《侵害未成年人案件强制报告追责典型案例》）

**典型意义**：对于发生在家庭内部、外人难以发现的隐蔽侵害行为，医护人员强制报告对救助保护处于不法侵害中的未成年人具有至关重要的作用。为切实落实强制报告要求，进一步强化未成年人保护，医护人员在接诊受伤儿童时应认真查看伤情，询问受伤原因，特别是对多处伤、陈旧伤、新旧伤交替、致伤原因不一等情况，要结合医学诊断和临床经验，综合判断未成年人是否受到暴力侵害。

认为未成年人遭受侵害或疑似遭受侵害的，医护人员应当立即报告。对于发现侵害事实后瞒报不报的，上级主管部门或者所在单位应当依法处分，严肃追责。对于因报告及时使犯罪分子依法受到惩处的，相关部门应当依据法律和文件规定给予相关人员适当奖励。

**5. 白某某强奸、猥亵儿童案**（山西省高级人民法院发布《10 起典型案例! 司法保护未成年人健康成长》）

**典型意义**：本案是一起利用担任班主任的身份和教师的职业便利性侵未成年人的典型案例。本案发生及审理均在《刑法修正案（十一）》实施前，人民法院审理时充分考虑被告人强奸、猥亵的手段、性质、情节和后果，依法适用了原法条，体现了罪责刑相适应，而且与《刑法修正案（十一）》列举的强奸、猥亵"情节恶劣"情形相符，与依法从严惩处的立法精神契合。特别是对被告人职业禁止的处罚，人民法院做到了严格用足用好法律，最大限度预防了被告人在一定期限的再犯可能性。同时，该案件也暴露出教育行政管理部门和学校在对直接从事未成年人教学、管理的工作人员的监督管理上存在漏洞，未成年人的监护人缺乏一定的防范意识。本案被害人均系住校学生，涉世未深，面对被告人的侵害行为，往往出于恐惧、羞涩等心理，不愿、不敢告知家长，最终酿成悲剧，给孩子的身心健康造成严重伤害。被告人正是利用孩子恐惧、羞涩的心理、家长疏于防范的信任、教育部门管理的缺陷，达到其犯罪的目的。在日常工作中，教育行政管理部门和学校应严格落实教师管理法规和制度，完善预防性侵协同机制，加强对学生保护的正面宣传，引导学生遇到侵害时，勇于拿起法律武器保护自己。家长与学校、孩子之间也要保持密切联系，通过家访、家长会等方式及时了解孩子在学校的动态，切实履行好对孩子的监护责任。

**第四十一条** 参照适用范围

婴幼儿照护服务机构、早期教育服务机构、校外培训机构、校外托管机构等应当参照本章有关规定，根据不同年龄阶段未成年人的成长特点和规律，做好未成年人保护工作。

## 案例指引

### 1. 原告周某诉被告张某、第三人张某某健康权纠纷案（《最高人民法院发布依法严惩侵害未成年人权益典型案例》）

**典型意义：**近年来，校外教育培训市场繁荣，一定程度上为未成年人的全面发展提供了更多的选择。但由于监管机制和安全保障工作的不完善，未成年人在培训机构受到损害的事件屡见不鲜。培训机构及其从业人员因未履行安全保障义务导致未成年人受到伤害的，应当依法承担侵权责任。本案也警示广大家长，在选择校外培训机构时，应认真审查培训机构的办学许可、备案登记情况，对培训机构的安全保障机制、培训人员的从业资质要尽可能有所了解，确保孩子在合法、规范、安全的培训机构接受教育。有关主管部门应当切实强化对校外培训机构的日常监管，对未经许可擅自开办的培训机构要及时取缔，对未履行从业人员资质审查、培训场所安全保障等义务的培训机构要依法惩处。

### 2. 刘某某、白某与某母婴护理公司侵权责任纠纷案（《天津法院发布保护未成年人合法权益典型案例》）

**典型意义：**本案是人民法院依法审理涉母婴服务机构侵权纠纷，维护新生儿健康权的典型案例。伴随国家鼓励生育政策的出台，近年来，月子中心、月子会所等母婴健康服务行业迎来迅猛发展，但相关行业自律规范尚不健全，母婴照护专业水平参差不齐，因照护不当导致新生儿或产妇健康权受损的事件时有发生。母婴护理服务行业专业性较强，服务主体应在严格履行服务合同约定义务的同时，尽到更高标准的注意义务和安全保障义务。该案的裁判对于督促母婴护理服务机构审慎提供服务，严格履行"善良管理人"责任，保障新生儿健康权利具有重大意义。

# 第四章 社 会 保 护

**第四十二条** 全社会关心未成年人

全社会应当树立关心、爱护未成年人的良好风尚。

国家鼓励、支持和引导人民团体、企业事业单位、社会组织以及其他组织和个人，开展有利于未成年人健康成长的社会活动和服务。

● **法 律**

《预防未成年人犯罪法》（2020 年 12 月 26 日）

第 4 条 预防未成年人犯罪，在各级人民政府组织下，实行综合治理。

国家机关、人民团体、社会组织、企业事业单位、居民委员会、村民委员会、学校、家庭等各负其责、相互配合，共同做好预防未成年人犯罪工作，及时消除滋生未成年人违法犯罪行为的各种消极因素，为未成年人身心健康发展创造良好的社会环境。

**第四十三条** 村（居）民委员会的未成年人保护职责

居民委员会、村民委员会应当设置专人专岗负责未成年人保护工作，协助政府有关部门宣传未成年人保护方面的法律法规，指导、帮助和监督未成年人的父母或者其他监护人依法履行监护职责，建立留守未成年人、困境未成年人的信息档案并给予关爱帮扶。

居民委员会、村民委员会应当协助政府有关部门监督未成年人委托照护情况，发现被委托人缺乏照护能力、怠于履行照护职责等情况，应当及时向政府有关部门报告，并告知未成年人的父母或者其他监护人，帮助、督促被委托人履行照护职责。

● 法　律

1. 《民法典》（2020 年 5 月 28 日）

第 27 条　父母是未成年子女的监护人。

未成年人的父母已经死亡或者没有监护能力的，由下列有监护能力的人按顺序担任监护人：

（一）祖父母、外祖父母；

（二）兄、姐；

（三）其他愿意担任监护人的个人或者组织，但是须经未成年人住所地的居民委员会、村民委员会或者民政部门同意。

第 36 条　监护人有下列情形之一的，人民法院根据有关个人或者组织的申请，撤销其监护人资格，安排必要的临时监护措施，并按照最有利于被监护人的原则依法指定监护人：

（一）实施严重损害被监护人身心健康的行为；

（二）怠于履行监护职责，或者无法履行监护职责且拒绝将监护职责部分或者全部委托给他人，导致被监护人处于危困状态；

（三）实施严重侵害被监护人合法权益的其他行为。

本条规定的有关个人、组织包括：其他依法具有监护资格的人，居民委员会、村民委员会、学校、医疗机构、妇女联合会、残疾人联合会、未成年人保护组织、依法设立的老年人组织、民政部门等。

前款规定的个人和民政部门以外的组织未及时向人民法院申请撤销监护人资格的，民政部门应当向人民法院申请。

2. 《反家庭暴力法》（2015 年 12 月 27 日）

第 14 条　学校、幼儿园、医疗机构、居民委员会、村民委员会、社会工作服务机构、救助管理机构、福利机构及其工作人员在工作中发现无民事行为能力人、限制民事行为能力人遭受或者疑似遭受家庭暴力的，应当及时向公安机关报案。公安机关应当对报案人的信息予以保密。

## 第四十四条　未成年人活动场所的免费、优惠开放及社会支持

爱国主义教育基地、图书馆、青少年宫、儿童活动中心、儿童之家应当对未成年人免费开放；博物馆、纪念馆、科技馆、展览馆、美术馆、文化馆、社区公益性互联网上网服务场所以及影剧院、体育场馆、动物园、植物园、公园等场所，应当按照有关规定对未成年人免费或者优惠开放。

国家鼓励爱国主义教育基地、博物馆、科技馆、美术馆等公共场馆开设未成年人专场，为未成年人提供有针对性的服务。

国家鼓励国家机关、企业事业单位、部队等开发自身教育资源，设立未成年人开放日，为未成年人主题教育、社会实践、职业体验等提供支持。

国家鼓励科研机构和科技类社会组织对未成年人开展科学普及活动。

### ◈ 法　律

1. 《旅游法》（2018 年 10 月 26 日）

第 11 条　残疾人、老年人、未成年人等旅游者在旅游活动中依照法律、法规和有关规定享受便利和优惠。

### ◈ 行政法规及文件

2. 《博物馆条例》（2015 年 2 月 9 日）

第 33 条第 3 款　博物馆未实行免费开放的，应当对未成年人、成年学生、教师、老年人、残疾人和军人等实行免费或者其他优惠。博物馆实行优惠的项目和标准应当向公众公告。

## 第四十五条　未成年人交通出行优惠

城市公共交通以及公路、铁路、水路、航空客运等应当按照有关规定对未成年人实施免费或者优惠票价。

**第四十六条** 公共场所的母婴便利措施

国家鼓励大型公共场所、公共交通工具、旅游景区景点等设置母婴室、婴儿护理台以及方便幼儿使用的坐便器、洗手台等卫生设施，为未成年人提供便利。

**第四十七条** 禁止限制优惠

任何组织或者个人不得违反有关规定，限制未成年人应当享有的照顾或者优惠。

● 部门规章及文件

《国家发展改革委关于进一步落实青少年门票价格优惠政策的通知》（2012 年 2 月 6 日）

一、各地实行政府定价、政府指导价管理的游览参观点，对青少年门票价格的政策标准是：对 6 周岁（含 6 周岁）以下或身高 1.2 米（含 1.2 米）以下的儿童实行免票；对 6 周岁（不含 6 周岁）–18 周岁（含 18 周岁）未成年人、全日制大学本科及以下学历学生实行半票。列入爱国主义教育基地的游览参观点，对大中小学学生集体参观实行免票。鼓励实行市场调节价的游览参观点参照上述规定对青少年等给予票价优惠。

各地游览参观点对青少年的门票价格优惠幅度未达到上述标准的，按上述标准执行；优惠幅度已达到上述标准的，仍按地方规定标准执行。

**第四十八条** 国家鼓励有利于未成年人健康成长的文艺作品

国家鼓励创作、出版、制作和传播有利于未成年人健康成长的图书、报刊、电影、广播电视节目、舞台艺术作品、音像制品、电子出版物和网络信息等。

**《未成年人节目管理规定》**（2021 年 10 月 8 日）

第 8 条　国家支持、鼓励含有下列内容的未成年人节目的制作、传播：

（一）培育和弘扬社会主义核心价值观；

（二）弘扬中华优秀传统文化、革命文化和社会主义先进文化；

（三）引导树立正确的世界观、人生观、价值观；

（四）发扬中华民族传统家庭美德，树立优良家风；

（五）符合未成年人身心发展规律和特点；

（六）保护未成年人合法权益和情感，体现人文关怀；

（七）反映未成年人健康生活和积极向上的精神面貌；

（八）普及自然和社会科学知识；

（九）其他符合国家支持、鼓励政策的内容。

### 第四十九条　新闻媒体报道未成年人事项的要求

新闻媒体应当加强未成年人保护方面的宣传，对侵犯未成年人合法权益的行为进行舆论监督。新闻媒体采访报道涉及未成年人事件应当客观、审慎和适度，不得侵犯未成年人的名誉、隐私和其他合法权益。

● 部门规章及文件

**《关于进一步加强对网上未成年人犯罪和欺凌事件报道管理的通知》**（2015 年 6 月 30 日）

一、网站采编涉及未成年人的新闻报道时，应首先考虑未成年人的权益保护，基于未成年人的特点进行报道。要形成引导保护未成年人相关权益意识，尊重未成年人的人格尊严，坚持与贯彻未成年人利益优先原则。

**付某某诉某网络公司、某教育中心名誉权、隐私权纠纷案**（最高人民法院发布《利用互联网侵害未成年人权益的典型案例》）

**典型意义：** 本案中，某网络公司转载的是其他新闻从业机构的新闻成果，并非亲自采访所得，此时新闻转载者也要对新闻内容进行合理审查，确保真实性。某网络公司虽与某通讯社签订有转载新闻的协议，具有合法转载某通讯社新闻的权利，但这不能免除其对新闻内容进行合理审查的义务。某网络公司没有尽到善良管理人必要的注意审查义务，所转载的新闻存在基本事实错误，同时还将未成年人个人隐私予以公开，不仅侵害了未成年人的名誉权，也侵害了其隐私权，给未成年人成长带来不利影响。本案警示：新闻自由并非毫无边界，网络服务提供者在转载新闻时，应承担法律规定的审慎义务，特别是在关涉未成年人或重大敏感事件时要更加慎重，不能侵害他人的合法权益。

### 第五十条　禁止制作、传播含有危害未成年人身心健康内容的文艺作品

禁止制作、复制、出版、发布、传播含有宣扬淫秽、色情、暴力、邪教、迷信、赌博、引诱自杀、恐怖主义、分裂主义、极端主义等危害未成年人身心健康内容的图书、报刊、电影、广播电视节目、舞台艺术作品、音像制品、电子出版物和网络信息等。

● 法　律

1. 《电影产业促进法》（2016 年 11 月 7 日）

　　第 16 条　电影不得含有下列内容：

　　（一）违反宪法确定的基本原则，煽动抗拒或者破坏宪法、法律、行政法规实施；

（二）危害国家统一、主权和领土完整，泄露国家秘密，危害国家安全，损害国家尊严、荣誉和利益，宣扬恐怖主义、极端主义；

（三）诋毁民族优秀文化传统，煽动民族仇恨、民族歧视，侵害民族风俗习惯，歪曲民族历史或者民族历史人物，伤害民族感情，破坏民族团结；

（四）煽动破坏国家宗教政策，宣扬邪教、迷信；

（五）危害社会公德，扰乱社会秩序，破坏社会稳定，宣扬淫秽、赌博、吸毒，渲染暴力、恐怖，教唆犯罪或者传授犯罪方法；

（六）侵害未成年人合法权益或者损害未成年人身心健康；

（七）侮辱、诽谤他人或者散布他人隐私，侵害他人合法权益；

（八）法律、行政法规禁止的其他内容。

⬤ 行政法规及文件

2.《出版管理条例》（2024 年 12 月 6 日）

第 26 条　以未成年人为对象的出版物不得含有诱发未成年人模仿违反社会公德的行为和违法犯罪的行为的内容，不得含有恐怖、残酷等妨害未成年人身心健康的内容。

3.《音像制品管理条例》（2024 年 12 月 6 日）

第 3 条　出版、制作、复制、进口、批发、零售、出租音像制品，应当遵守宪法和有关法律、法规，坚持为人民服务和为社会主义服务的方向，传播有益于经济发展和社会进步的思想、道德、科学技术和文化知识。

音像制品禁止载有下列内容：

（一）反对宪法确定的基本原则的；

（二）危害国家统一、主权和领土完整的；

（三）泄露国家秘密、危害国家安全或者损害国家荣誉和利益的；

（四）煽动民族仇恨、民族歧视，破坏民族团结，或者侵害民族风俗、习惯的；

（五）宣扬邪教、迷信的；

（六）扰乱社会秩序，破坏社会稳定的；

（七）宣扬淫秽、赌博、暴力或者教唆犯罪的；

（八）侮辱或者诽谤他人，侵害他人合法权益的；

（九）危害社会公德或者民族优秀文化传统的；

（十）有法律、行政法规和国家规定禁止的其他内容的。

**4.《互联网信息服务管理办法》**（2024 年 12 月 6 日）

**第 15 条** 互联网信息服务提供者不得制作、复制、发布、传播含有下列内容的信息：

（一）反对宪法所确定的基本原则的；

（二）危害国家安全，泄露国家秘密，颠覆国家政权，破坏国家统一的；

（三）损害国家荣誉和利益的；

（四）煽动民族仇恨、民族歧视，破坏民族团结的；

（五）破坏国家宗教政策，宣扬邪教和封建迷信的；

（六）散布谣言，扰乱社会秩序，破坏社会稳定的；

（七）散布淫秽、色情、赌博、暴力、凶杀、恐怖或者教唆犯罪的；

（八）侮辱或者诽谤他人，侵害他人合法权益的；

（九）含有法律、行政法规禁止的其他内容的。

● 部门规章及文件

**5.《网络出版服务管理规定》**（2016 年 2 月 4 日）

**第 25 条** 为保护未成年人合法权益，网络出版物不得含有诱发未成年人模仿违反社会公德和违法犯罪行为的内容，不得含有恐怖、残酷等妨害未成年人身心健康的内容，不得含有披露未成年人个人隐私的内容。

6.《网络信息内容生态治理规定》（2019 年 12 月 15 日）

第7条　网络信息内容生产者应当采取措施，防范和抵制制作、复制、发布含有下列内容的不良信息：

（一）使用夸张标题，内容与标题严重不符的；

（二）炒作绯闻、丑闻、劣迹等的；

（三）不当评述自然灾害、重大事故等灾难的；

（四）带有性暗示、性挑逗等易使人产生性联想的；

（五）展现血腥、惊悚、残忍等致人身心不适的；

（六）煽动人群歧视、地域歧视等的；

（七）宣扬低俗、庸俗、媚俗内容的；

（八）可能引发未成年人模仿不安全行为和违反社会公德行为、诱导未成年人不良嗜好等的；

（九）其他对网络生态造成不良影响的内容。

**第五十一条　以显著方式提示影响未成年人身心健康的内容**

任何组织或者个人出版、发布、传播的图书、报刊、电影、广播电视节目、舞台艺术作品、音像制品、电子出版物或者网络信息，包含可能影响未成年人身心健康内容的，应当以显著方式作出提示。

**第五十二条　禁止制作、传播有关未成年人的色情制品**

禁止制作、复制、发布、传播或者持有有关未成年人的淫秽色情物品和网络信息。

《最高人民法院、最高人民检察院关于办理利用互联网、移动通讯终端、声讯台制作、复制、出版、贩卖、传播淫秽电子信息刑事案件具体应用法律若干问题的解释（二）》（2010 年 2 月 2 日　法释〔2010〕3 号）

第 1 条　以牟利为目的，利用互联网、移动通讯终端制作、复制、出版、贩卖、传播淫秽电子信息的，依照《最高人民法院、最高人民检察院关于办理利用互联网、移动通讯终端、声讯台制作、复制、出版、贩卖、传播淫秽电子信息刑事案件具体应用法律若干问题的解释》第一条、第二条的规定定罪处罚。

以牟利为目的，利用互联网、移动通讯终端制作、复制、出版、贩卖、传播内容含有不满十四周岁未成年人的淫秽电子信息，具有下列情形之一的，依照刑法第三百六十三条第一款的规定，以制作、复制、出版、贩卖、传播淫秽物品牟利罪定罪处罚：

（一）制作、复制、出版、贩卖、传播淫秽电影、表演、动画等视频文件十个以上的；

（二）制作、复制、出版、贩卖、传播淫秽音频文件五十个以上的；

（三）制作、复制、出版、贩卖、传播淫秽电子刊物、图片、文章等一百件以上的；

（四）制作、复制、出版、贩卖、传播的淫秽电子信息，实际被点击数达到五千次以上的；

（五）以会员制方式出版、贩卖、传播淫秽电子信息，注册会员达一百人以上的；

（六）利用淫秽电子信息收取广告费、会员注册费或者其他费用，违法所得五千元以上的；

（七）数量或者数额虽未达到第（一）项至第（六）项规定标准，但分别达到其中两项以上标准一半以上的；

（八）造成严重后果的。

实施第二款规定的行为，数量或者数额达到第二款第（一）项至第（七）项规定标准五倍以上的，应当认定为刑法第三百六十三条第一款规定的"情节严重"；达到规定标准二十五倍以上的，应当认定为"情节特别严重"。

### 第五十三条　禁止传播含有危害未成年人身心健康内容的商业广告

任何组织或者个人不得刊登、播放、张贴或者散发含有危害未成年人身心健康内容的广告；不得在学校、幼儿园播放、张贴或者散发商业广告；不得利用校服、教材等发布或者变相发布商业广告。

### 第五十四条　禁止对未成年人实施侵害

禁止拐卖、绑架、虐待、非法收养未成年人，禁止对未成年人实施性侵害、性骚扰。

禁止胁迫、引诱、教唆未成年人参加黑社会性质组织或者从事违法犯罪活动。

禁止胁迫、诱骗、利用未成年人乞讨。

◎ 法　律

1.《刑法》（2023 年 12 月 29 日）

第 29 条　教唆他人犯罪的，应当按照他在共同犯罪中所起的作用处罚。教唆不满十八周岁的人犯罪的，应当从重处罚。

如果被教唆的人没有犯被教唆的罪，对于教唆犯，可以从轻或者减轻处罚。

第 236 条　以暴力、胁迫或者其他手段强奸妇女的，处三年以上十年以下有期徒刑。

奸淫不满十四周岁的幼女的，以强奸论，从重处罚。

强奸妇女、奸淫幼女，有下列情形之一的，处十年以上有期徒刑、无期徒刑或者死刑：

（一）强奸妇女、奸淫幼女情节恶劣的；

（二）强奸妇女、奸淫幼女多人的；

（三）在公共场所当众强奸妇女、奸淫幼女的；

（四）二人以上轮奸的；

（五）奸淫不满十周岁的幼女或者造成幼女伤害的；

（六）致使被害人重伤、死亡或者造成其他严重后果的。

第237条　以暴力、胁迫或者其他方法强制猥亵他人或者侮辱妇女的，处五年以下有期徒刑或者拘役。

聚众或者在公共场所当众犯前款罪的，或者有其他恶劣情节的，处五年以上有期徒刑。

猥亵儿童的，处五年以下有期徒刑；有下列情形之一的，处五年以上有期徒刑：

（一）猥亵儿童多人或者多次的；

（二）聚众猥亵儿童的，或者在公共场所当众猥亵儿童，情节恶劣的；

（三）造成儿童伤害或者其他严重后果的；

（四）猥亵手段恶劣或者有其他恶劣情节的。

第239条　以勒索财物为目的绑架他人的，或者绑架他人作为人质的，处十年以上有期徒刑或者无期徒刑，并处罚金或者没收财产；情节较轻的，处五年以上十年以下有期徒刑，并处罚金。

犯前款罪，杀害被绑架人的，或者故意伤害被绑架人，致人重伤、死亡的，处无期徒刑或者死刑，并处没收财产。

以勒索财物为目的偷盗婴幼儿的，依照前两款的规定处罚。

第240条　拐卖妇女、儿童的，处五年以上十年以下有期徒刑，并处罚金；有下列情形之一的，处十年以上有期徒刑或者无期徒刑，并处罚金或者没收财产；情节特别严重的，处死刑，并处没收财产：

（一）拐卖妇女、儿童集团的首要分子；

（二）拐卖妇女、儿童三人以上的；

（三）奸淫被拐卖的妇女的；

（四）诱骗、强迫被拐卖的妇女卖淫或者将被拐卖的妇女卖给他人迫使其卖淫的；

（五）以出卖为目的，使用暴力、胁迫或者麻醉方法绑架妇女、儿童的；

（六）以出卖为目的，偷盗婴幼儿的；

（七）造成被拐卖的妇女、儿童或者其亲属重伤、死亡或者其他严重后果的；

（八）将妇女、儿童卖往境外的。

拐卖妇女、儿童是指以出卖为目的，有拐骗、绑架、收买、贩卖、接送、中转妇女、儿童的行为之一的。

第 353 条　引诱、教唆、欺骗他人吸食、注射毒品的，处三年以下有期徒刑、拘役或者管制，并处罚金；情节严重的，处三年以上七年以下有期徒刑，并处罚金。

强迫他人吸食、注射毒品的，处三年以上十年以下有期徒刑，并处罚金。

引诱、教唆、欺骗或者强迫未成年人吸食、注射毒品的，从重处罚。

2.《民法典》（2020 年 5 月 28 日）

第 1010 条　违背他人意愿，以言语、文字、图像、肢体行为等方式对他人实施性骚扰的，受害人有权依法请求行为人承担民事责任。

机关、企业、学校等单位应当采取合理的预防、受理投诉、调查处置等措施，防止和制止利用职权、从属关系等实施性骚扰。

## 案例指引

**1. 被告人何某强奸、强迫卖淫、故意伤害被判死刑案**（《最高人民法院发布依法严惩侵害未成年人权益典型案例》）

**典型意义：**性侵害未成年人的案件严重侵害未成年被害人的身心健康，严重影响广大人民群众安全感，性质恶劣，危害严重。对此类案件要坚决依法从重从快惩治，对罪行极其严重的，要坚决依法判处死刑，让犯罪分子受到应有制裁。近年来，犯罪分子利用网络实施犯罪的案件有所增加。未成年人辨别能力、防范意识相对较弱，更容易成为受害对象。本案警示我们，一定要加强网络监管，加强对未成年人的网络保护；网络企业要强化社会责任，切实履行维护网络安全、净化网络空间的法律义务；学校、家庭要加强对未成年人使用网络情况的监督，教育引导未成年人增强自我保护意识和能力。同时，本案也提示学校、老师、家庭、家长，一定要切实履行未成年人保护、监护法律责任。本案第三名被害人在上学途中被劫持，学校老师发现被害人未到校后及时通知家长，家长报案后，公安机关通过监控锁定犯罪分子的藏匿地点，及时解救了被害人，并将犯罪分子绳之以法，从而避免了犯罪分子继续为非作恶，更多未成年人受到侵害。

**2. 张某等寻衅滋事、敲诈勒索、非法拘禁案**（最高人民法院发布《保护未成年人权益十大优秀案例》）

**典型意义：**本案系江苏省扫黑除恶专项斗争领导小组第一批挂牌督办的案件之一，也是扫黑除恶专项斗争开展以来，该省查处并宣判的第一起以未成年人为主要犯罪对象的黑恶势力"套路贷"犯罪案件。该案恶势力集团的犯罪行为不仅严重扰乱了正常经济金融秩序，还严重侵害了未成年人权益。其利用未成年人涉世未深、社会经验不足、自我保护能力弱、容易相信同学朋友等特点，以未成年人为主要对象实施"套路贷"犯罪，并利用监护人护子心切，为减小影响容易选择息事宁人做法的心理，通过实施纠缠滋扰等"软暴力"行为，对相关未成年人及其家庭成员进行精神压制，造成严重心理恐慌，从而逼迫被害人支付款项，不仅严重破坏正常教育教学秩序，更给未成年人及其家庭造成巨大伤害。对本案的依法从严惩处，彰显了司法机关重拳打击黑恶势力，坚定保护未成年人合法权益的决心。对于打击针对在校学生，特别是未成年在校生的犯罪，促进平安校园具有重要指导意义。

## 第五十五条　对未成年人食品、药品、玩具、用具及设施的特别要求

生产、销售用于未成年人的食品、药品、玩具、用具和游戏游艺设备、游乐设施等，应当符合国家或者行业标准，不得危害未成年人的人身安全和身心健康。上述产品的生产者应当在显著位置标明注意事项，未标明注意事项的不得销售。

● 案例指引

**钱某与某美容工作室、龙某生命权、身体权、健康权纠纷案**（最高人民法院发布《未成年人权益司法保护典型案例》）

**典型意义：**文身实质上是在人体皮肤上刻字或者图案，属于对身体的侵入式动作，具有易感染、难复原、就业受限、易被标签化等特质。给未成年人文身，不仅影响未成年人身体健康，还可能使未成年人在入学、参军、就业等过程中受阻，侵害未成年人的健康权、发展权、受保护权以及社会参与权等多项权利。因此，经营者在提供文身服务时，应当对顾客的年龄身份尽到审慎注意义务。本案作出由经营者依法返还文身价款，并依法承担侵权损害赔偿责任的裁判结果，对规范商家经营，保障未成年人合法权益、呵护未成年人健康成长具有重要意义。

| 第五十六条 | 对公共场所未成年人安全保障的特殊要求 |

　　未成年人集中活动的公共场所应当符合国家或者行业安全标准，并采取相应安全保护措施。对可能存在安全风险的设施，应当定期进行维护，在显著位置设置安全警示标志并标明适龄范围和注意事项；必要时应当安排专门人员看管。

　　大型的商场、超市、医院、图书馆、博物馆、科技馆、游乐场、车站、码头、机场、旅游景区景点等场所运营单位应当设置搜寻走失未成年人的安全警报系统。场所运营单位接到求助后，应当立即启动安全警报系统，组织人员进行搜寻并向公安机关报告。

　　公共场所发生突发事件时，应当优先救护未成年人。

● 法　律

《消费者权益保护法》（2013 年 10 月 25 日）

　　第 18 条　经营者应当保证其提供的商品或者服务符合保障人身、财产安全的要求。对可能危及人身、财产安全的商品和服务，应当向消费者作出真实的说明和明确的警示，并说明和标明正确使用商品或者接受服务的方法以及防止危害发生的方法。

　　宾馆、商场、餐馆、银行、机场、车站、港口、影剧院等经营场所的经营者，应当对消费者尽到安全保障义务。

| 第五十七条 | 宾馆等住宿经营者接待未成年人入住的特殊要求 |

　　旅馆、宾馆、酒店等住宿经营者接待未成年人入住，或者接待未成年人和成年人共同入住时，应当询问父母或者其他监护人的联系方式、入住人员的身份关系等有关情况；发现有违法犯罪嫌疑的，应当立即向公安机关报告，并及时联系未成年人的父母或者其他监护人。

## ● 法 律

**1.《妇女权益保障法》**（2022 年 10 月 30 日）

第 26 条　住宿经营者应当及时准确登记住宿人员信息，健全住宿服务规章制度，加强安全保障措施；发现可能侵害妇女权益的违法犯罪行为，应当及时向公安机关报告。

## ● 部门规章及文件

**2.《文化和旅游部、公安部关于加强电竞酒店管理中未成年人保护工作的通知》**（2023 年 8 月 3 日　文旅市场发〔2023〕82 号）

一、提高政治站位，充分认识加强电竞酒店管理中未成年人保护工作的重要意义

（一）提高政治站位。党中央、国务院历来高度重视未成年人保护工作，习近平总书记和有关中央领导同志多次对未成年人保护工作作出重要指示批示。加强未成年人保护工作，促进未成年人健康成长，是贯彻落实党中央、国务院决策部署并回应社会关切的重要举措，是各级政府管理部门肩负的重要职责。

（二）强化责任担当。各级文化和旅游行政部门、公安机关应当提高政治站位，主动担当作为，坚持问题导向，不断创新监管方式，既要坚决管住电竞酒店违规接待未成年人问题，又要秉持包容审慎原则，合理引导电竞酒店行业健康有序发展，做到守土有责、守土尽责。

二、加强底线管理，严禁电竞酒店违规接待未成年人

（三）明确业态属性。本通知所称的电竞酒店是指通过设置电竞房向消费者提供电子竞技娱乐服务的新型住宿业态，包括所有客房均为电竞房的专业电竞酒店和利用部分客房开设电竞房区域的非专业电竞酒店。电竞酒店每间电竞房的床位数不得超过 6 张，计算机数量和入住人员不得超过床位数。

（四）严禁电竞酒店违规接待未成年人。专业电竞酒店和非

专业电竞酒店的电竞房区域，属于不适宜未成年人活动的场所。电竞酒店经营者应当遵守《中华人民共和国未成年人保护法》等有关法律法规，不得允许未成年人进入专业电竞酒店和非专业电竞酒店的电竞房区域。

三、强化主体责任，严格落实未成年人保护规定

（五）设置禁入标志。专业电竞酒店经营者应当在酒店入口处的显著位置悬挂未成年人禁入标志；非专业电竞酒店经营者应当在相近楼层集中设置电竞房并划定电竞房区域，在电竞房区域入口处的显著位置悬挂未成年人禁入标志。电竞酒店经营者应当在前台显著位置和客房管理系统明示电竞房区域分布图。鼓励非专业电竞酒店经营者对电竞房区域进行物理隔离、电梯控制，防止未成年人擅自进入。

（六）履行告知义务。电竞酒店经营者应当在消费者预定、入住等环节明确告知其电竞房区域不接待未成年人；通过电子商务平台等开展客房预定的，应当以显著方式提示消费者电竞房区域不接待未成年人。电子商务平台经营者应当核验电竞酒店提示信息。

（七）落实"五必须"规定。电竞酒店非电竞房区域接待未成年人入住时，经营者应当严格落实"五必须"规定：必须查验入住未成年人身份并如实登记；必须询问未成年人父母或者其他监护人的联系方式并记录备案；必须询问同住人员身份关系等情况并记录备案；必须加强安全巡查和访客管理，预防对未成年人的不法侵害；必须立即向公安机关报告可疑情况，并及时联系未成年人的父母或者其他监护人，并同时采取相应安全保护措施。

（八）实施网络安全技术措施。电竞酒店经营者应当依法制定信息网络安全管理制度和应急处置预案，实施互联网安全保护技术措施。电竞酒店经营者应当设置禁止未成年人登录计算机、消费时长提示等功能，并通过网络技术措施服务提供者向文化和旅游行政部门提供电竞房分布、设置禁止未成年人登录功能以及

阻断登录情况等可查询信息。

（九）实施图像采集技术措施。电竞酒店经营者应当按照有关规定，在大厅、前台、通道、电竞房区域主要出入口等公共区域内的合理位置安装图像采集设备并设置采集区域提示标识，加强检查值守，发现有未成年人违规进入电竞房区域的，要及时劝阻并联系其父母或者其他监护人。图像采集信息应当依法留存，不得不当披露、传播，并在文化和旅游行政部门等部门检查电竞房时提供查询。

（十）建立日常巡查制度。电竞酒店经营者应当建立日常巡查制度，发现有未成年人违规进入、未实名登记擅自进入等违法行为的，应当立即制止并分别向所在地县级文化和旅游行政部门、公安机关报告。文化和旅游行政部门、公安机关等有关部门有权依法对辖区内电竞酒店的电竞房实施监督检查，电竞酒店经营者应当配合，不得拒绝、阻挠。

四、加强协同监管，形成未成年人保护合力

（十一）建立协同监管机制。地方各级文化和旅游行政部门、公安机关应当会同相关部门，建立电竞酒店未成年人保护协同监管机制，加强信息通报、线索移送、执法联动等工作，引导督促经营者严格落实实名登记、设置未成年人禁入标志、禁止违规接待未成年人等要求，依法查处违规经营行为。公安机关在工作中发现电竞酒店经营者违规接待未成年人的，及时通报文化和旅游行政部门依法查处；文化和旅游行政部门在工作中发现电竞酒店经营者未落实实名登记及"五必须"规定的，及时通报公安机关依法查处。

（十二）严格文化和旅游市场行政处罚。电竞酒店经营者违规接待未成年人或者未设置未成年人禁入标志的，由文化和旅游行政部门依照《中华人民共和国未成年人保护法》第一百二十三条予以处罚。

（十三）严格治安管理行政处罚。电竞酒店非电竞房区域接待未成年人入住，或者接待未成年人和成年人共同入住时，未询问父母或者其他监护人的联系方式、入住人员的身份关系等有关情况的，由公安机关依照《中华人民共和国未成年人保护法》第一百二十二条予以处罚。电竞酒店未取得特种行业许可证，擅自经营旅馆业的，由公安机关依照《中华人民共和国治安管理处罚法》第五十四条予以处罚，并对非法经营行为予以取缔。

（十四）加强行业自律。电竞酒店有关行业协会应当加强行业自律，制定行业规范，开展培训教育，探索开展本领域的信用评价、服务等级评定工作，引导经营者严格落实《中华人民共和国未成年人保护法》有关规定。

（十五）加强社会监督。社会公众可以依法向文化和旅游行政部门、公安机关反映电竞酒店违规接待未成年人等情况；鼓励和支持电竞酒店入住人员向文化和旅游行政部门、公安机关举报电竞酒店违规接待未成年人等线索。

● 司法解释及文件

3.《关于建立侵害未成年人案件强制报告制度的意见（试行）》（2020 年 5 月 7 日）

第 3 条　本意见所称密切接触未成年人行业的各类组织，是指依法对未成年人负有教育、看护、医疗、救助、监护等特殊职责，或者虽不负有特殊职责但具有密切接触未成年人条件的企事业单位、基层群众自治组织、社会组织。主要包括：居（村）民委员会；中小学校、幼儿园、校外培训机构、未成年人校外活动场所等教育机构及校车服务提供者；托儿所等托育服务机构；医院、妇幼保健院、急救中心、诊所等医疗机构；儿童福利机构、救助管理机构、未成年人救助保护机构、社会工作服务机构；旅店、宾馆等。

## ● 案例指引

**1. 安徽省某县人民检察院诉某县文化旅游体育局不履行监督管理职责公益诉讼案**（人民法院案例库：2024-12-3-022-003）

**典型意义**：1. 电竞酒店以高端配置电脑、畅玩网络游戏为宣传要点，虽按房间收取住宿费，但实际是以网络服务为主要营利手段，上网费隐含在住宿费中，消费者为不特定人群，系综合性上网服务场所，属于《互联网上网服务营业场所管理条例》所规定的互联网上网服务营业场所的范畴。电竞酒店作为兼具住宿与上网双重功能，应当同时遵守酒店与互联网上网服务营业场所的经营规定，受文化执法部门及公安部门的双重管理。2. 电竞酒店作为一种提供"电竞游戏+住宿"的新型酒店，近年来深受年轻人甚至未成年人的青睐。被网吧拒之门外的未成年人，经常在电竞酒店组团包夜、无节制上网，导致成绩下滑甚至走上犯罪道路。电竞酒店随意接纳未成年人上网行为属于损害社会公共利益行为。

**2. 黄某某诉某某宾馆生命权、身体权、健康权纠纷案**（最高人民法院发布《未成年人权益司法保护典型案例》）

**典型意义**：本案警示旅馆、宾馆、酒店的经营者应严格履行保护未成年人的法律义务和主体责任，依法依规经营，规范入住程序，严格落实强制报告制度，履行安全保护义务，如违反有关法定义务，将被依法追究相应法律责任。广大家长也应加强对未成年人的教育管理，使未成年人形成正确的人生观和价值观，自尊自爱、谨慎交友，预防此类案件的发生。有关主管部门应当强化对旅馆、宾馆、酒店的日常监管，建立健全预警处置机制，实现对未成年人入住旅馆、宾馆、酒店的风险防控，全面保护未成年人健康成长。

**3. 许某某、杨某强奸案**（最高人民检察院发布《侵害未成年人案件强制报告追责典型案例》）

**典型意义**：近年来，检察机关起诉性侵未成年人犯罪案件数量呈上升趋势，其中旅馆、宾馆、酒店等住宿经营场所违规接待未成年人入住导致被性侵的问题比较突出。部分住宿经营者及其从业人员的保护意识不强，登记制度、报告制度等规定落实不到位，是造成上述问题的重要原因。住宿经营场所接待未成年人入住，必须查验身份并如实登记、询问未成年人父母或者其他监护人的联系方式、询问同住人员身份关系、加强安全巡查和访客管理，发现未成年人疑似遭受侵害线索或者面临不法侵害危险的，应当立即向公安机关报案或举报。重利益轻安全，发现异常情况不报告的，应当依法承担责任。

**4. 王某某与某宾馆住宿经营场所经营者安全保障责任纠纷案**

（《2022 年湖北省高级人民法院少年审判工作新闻发布会典型案例》）

**典型意义**：未成年人保护法规定，社会应当教育和帮助未成年人维护自身合法权益，增强自我保护的意识和能力。旅馆、宾馆、酒店等住宿经营者接待未成年人入住时，因未成年人身体和心智均未发育成熟，需要旅馆、宾馆、酒店等住宿经营者尽到更加严格的登记和管理义务。本案中，人民法院秉承对未成年人权益优先保护、全面保护、特殊保护的基本原则，认定住宿经营者未尽到相应的安全保障义务，对未成年人所受侵害应承担相应的补充赔偿责任，体现了对未成年人人格权益的特殊保护。本案依法认定住宿经营者对未成年人所受侵害的民事赔偿责任，必将对相关市场主体起到一定的警示作用，督促市场主体对未成年人权益保护尽到应有的社会责任。同时本案也警示家庭要加强对未成年人的教育管理，有关主管部门亦要强化对宾馆等经营场所的监管，形成对未成年人全面保护的合力。

**第五十八条　禁止未成年人进入不适宜场所**

学校、幼儿园周边不得设置营业性娱乐场所、酒吧、互联网上网服务营业场所等不适宜未成年人活动的场所。营业性歌舞娱乐场所、酒吧、互联网上网服务营业场所等不适宜未成年人活动场所的经营者，不得允许未成年人进入；游艺娱乐场所设置的电子游戏设备，除国家法定节假日外，不得向未成年人提供。经营者应当在显著位置设置未成年人禁入、限入标志；对难以判明是否是未成年人的，应当要求其出示身份证件。

### 法　律

1.《义务教育法》（2018 年 12 月 29 日）

第 23 条　各级人民政府及其有关部门依法维护学校周边秩序，保护学生、教师、学校的合法权益，为学校提供安全保障。

### 行政法规及文件

2.《娱乐场所管理条例》（2020 年 11 月 29 日）

第 23 条　歌舞娱乐场所不得接纳未成年人。除国家法定节假日外，游艺娱乐场所设置的电子游戏机不得向未成年人提供。

第 30 条　娱乐场所应当在营业场所的大厅、包厢、包间内的显著位置悬挂含有禁毒、禁赌、禁止卖淫嫖娼等内容的警示标志、未成年人禁入或者限入标志。标志应当注明公安部门、文化主管部门的举报电话。

### 部门规章及文件

3.《娱乐场所管理办法》（2022 年 5 月 13 日）

第 21 条　游艺娱乐场所经营应当符合以下规定：

（一）不得设置未经文化和旅游主管部门内容核查的游戏游艺设备；

（二）进行有奖经营活动的，奖品目录应当报所在地县级文化和旅游主管部门备案；

（三）除国家法定节假日外，设置的电子游戏机不得向未成年人提供。

学校、幼儿园周边不得设置烟、酒、彩票销售网点。禁止向未成年人销售烟、酒、彩票或者兑付彩票奖金。烟、酒和彩票经营者应当在显著位置设置不向未成年人销售烟、酒或者彩票的标志；对难以判明是否是未成年人的，应当要求其出示身份证件。

任何人不得在学校、幼儿园和其他未成年人集中活动的公共场所吸烟、饮酒。

## ● 法　律

1.《烟草专卖法》（2015 年 4 月 24 日）

第 5 条　国家加强对烟草专卖品的科学研究和技术开发，提高烟草制品的质量，降低焦油和其他有害成分的含量。

国家和社会加强吸烟危害健康的宣传教育，禁止或者限制在公共交通工具和公共场所吸烟，劝阻青少年吸烟，禁止中小学生吸烟。

## ● 行政法规及文件

2.《彩票管理条例》（2009 年 5 月 4 日）

第 18 条　彩票发行机构、彩票销售机构、彩票代销者不得有下列行为：

（一）进行虚假性、误导性宣传；

（二）以诋毁同业者等手段进行不正当竞争；

（三）向未成年人销售彩票；

（四）以赊销或者信用方式销售彩票。

第 26 条　彩票发行机构、彩票销售机构、彩票代销者应当按照彩票品种的规则和兑奖操作规程兑奖。

彩票中奖奖金应当以人民币现金或者现金支票形式一次性兑付。

不得向未成年人兑奖。

**3.《国务院办公厅关于加强中小学幼儿园安全风险防控体系建设的意见》**（2017年4月25日　国办发〔2017〕35号）

（六）探索建立学生安全区域制度。加强校园周边综合治理，在学校周边探索实行学生安全区域制度。在此区域内，依法分别作出禁止新建对环境造成污染的企业、设施，禁止设立上网服务、娱乐、彩票专营等营业场所，禁止设立存在安全隐患的场所等相应要求。在学生安全区域内，公安机关要健全日常巡逻防控制度，加强学校周边"护学岗"建设，完善高峰勤务机制，优先布设视频监控系统，增强学生的安全感；公安交管部门要加强交通秩序管理，完善交通管理设施。

◈ 案例指引

**1. 胡某某、王某某诉德某餐厅、蒋某某等生命权纠纷案**（最高人民法院指导性案例227号）

**典型意义**：1. 经营者违反法律规定向未成年人售酒并供其饮用，因经营者的过错行为导致未成年人饮酒后遭受人身损害的风险增加，并造成损害后果的，应当认定违法售酒行为与未成年人饮酒后发生的人身损害存在因果关系，经营者依法应当承担相应的侵权责任。

2. 经营者违反法律规定向未成年人售酒并供其饮用、同饮者或者共同从事危险活动者未尽到相应提醒和照顾义务，对该未成年人造成同一损害后果的，应当按照过错程度、原因力大小等因素承担相应的按份赔偿责任。遭受人身损害的未成年人及其监护人对同一损害的发生存在过错的，按照民法典第一千一百七十三条的规定，可以减轻侵权人的责任。

**2. 胡某某、王某某诉某某餐厅死亡赔偿案**（最高人民法院发布《未成年人权益司法保护典型案例》）

**典型意义**：未成年人身心发育尚不成熟，烟酒会严重影响未成年人的健康成长。未成年人保护法明确规定，禁止经营者向未成年人出售烟酒。烟酒经营者应当在显著位置设置不向未成年人销售烟酒的标志；对难以判明是否是未成年人的，应当要求其出示身份证件。本案中的餐厅经营者向未成年人售酒的行为，不仅有违法律规定，还引发了未成年人溺水死亡的严重后果。法院依法认定该餐厅承担一定比例的损害赔偿责任，对于引导烟酒商家进一步强化社会责任，增强法律意识，让未成年人远离烟酒伤害，为未成年人的成长营造安全健康的环境具有重要意义。

## 第六十条　禁止向未成年人提供管制刀具等危险物品

禁止向未成年人提供、销售管制刀具或者其他可能致人严重伤害的器具等物品。经营者难以判明购买者是否是未成年人的，应当要求其出示身份证件。

## 第六十一条　禁止使用童工及对未成年工的保护

任何组织或者个人不得招用未满十六周岁未成年人，国家另有规定的除外。

营业性娱乐场所、酒吧、互联网上网服务营业场所等不适宜未成年人活动的场所不得招用已满十六周岁的未成年人。

招用已满十六周岁未成年人的单位和个人应当执行国家在工种、劳动时间、劳动强度和保护措施等方面的规定，不得安排其从事过重、有毒、有害等危害未成年人身心健康的劳动或者危险作业。

任何组织或者个人不得组织未成年人进行危害其身心健康的表演等活动。经未成年人的父母或者其他监护人同意，未成年人参与演出、节目制作等活动，活动组织方应当根据国家有关规定，保障未成年人合法权益。

## 法 律

1.《民法典》（2020 年 5 月 28 日）

第 18 条 成年人为完全民事行为能力人，可以独立实施民事法律行为。

十六周岁以上的未成年人，以自己的劳动收入为主要生活来源的，视为完全民事行为能力人。

2.《劳动法》（2018 年 12 月 29 日）

第 15 条 禁止用人单位招用未满十六周岁的未成年人。

文艺、体育和特种工艺单位招用未满十六周岁的未成年人，必须遵守国家有关规定，并保障其接受义务教育的权利。

第 58 条 国家对女职工和未成年工实行特殊劳动保护。

未成年工是指年满十六周岁未满十八周岁的劳动者。

第 64 条 不得安排未成年工从事矿山井下、有毒有害、国家规定的第四级体力劳动强度的劳动和其他禁忌从事的劳动。

第 65 条 用人单位应当对未成年工定期进行健康检查。

## 行政法规及文件

3.《禁止使用童工规定》（2002 年 10 月 1 日）

第 2 条 国家机关、社会团体、企业事业单位、民办非企业单位或者个体工商户（以下统称用人单位）均不得招用不满 16 周岁的未成年人（招用不满 16 周岁的未成年人，以下统称使用童工）。

禁止任何单位或者个人为不满 16 周岁的未成年人介绍就业。

禁止不满 16 周岁的未成年人开业从事个体经营活动。

第 3 条 不满 16 周岁的未成年人的父母或者其他监护人应当保护其身心健康，保障其接受义务教育的权利，不得允许其被用人单位非法招用。

不满 16 周岁的未成年人的父母或者其他监护人允许其被用

人单位非法招用的，所在地的乡（镇）人民政府、城市街道办事处以及村民委员会、居民委员会应当给予批评教育。

**第4条** 用人单位招用人员时，必须核查被招用人员的身份证；对不满16周岁的未成年人，一律不得录用。用人单位录用人员的录用登记、核查材料应当妥善保管。

**第5条** 县级以上各级人民政府劳动保障行政部门负责本规定执行情况的监督检查。

县级以上各级人民政府公安、工商行政管理、教育、卫生等行政部门在各自职责范围内对本规定的执行情况进行监督检查，并对劳动保障行政部门的监督检查给予配合。

工会、共青团、妇联等群众组织应当依法维护未成年人的合法权益。

任何单位或者个人发现使用童工的，均有权向县级以上人民政府劳动保障行政部门举报。

## ◉ 案例指引

**范某等强迫劳动案**（《最高法院公布八起侵害未成年人合法权益典型案例》）

**典型意义：** 本案是一起典型的以限制人身自由的方法强迫未成年人劳动的案件。三名被害人在案发时均未成年，最大的16周岁、最小的仅年13周岁。未成年人由于其心智发育尚未成熟，自我保护的能力较弱。被告人范某等人专门招收未成年人进行强迫劳动，更突显了其行为的强迫性和违法性。在目前侵犯未成年人权益的案件频频发生的现状下，国家对未成年人的保护给予了高度重视。本案的三名未成年被害人是因外出贪玩或外出打工而遇险，本案警示家长们一定要特别注意未成年子女在外的人身安全，最好不要让未成年子女独自外出打工。

**密切接触未成年人的单位工作人员从业禁止要求及信息查询制度**

密切接触未成年人的单位招聘工作人员时，应当向公安机关、人民检察院查询应聘者是否具有性侵害、虐待、拐卖、暴力伤害等违法犯罪记录；发现其具有前述行为记录的，不得录用。

密切接触未成年人的单位应当每年定期对工作人员是否具有上述违法犯罪记录进行查询。通过查询或者其他方式发现其工作人员具有上述行为的，应当及时解聘。

◈ 部门规章及文件

1. 《教育部办公厅关于进一步加强中小学（幼儿园）预防性侵害学生工作的通知》（2018 年 12 月 12 日　教督厅函〔2018〕9 号）

二、切实加强教职员工队伍管理

各地教育行政部门和学校要严格落实有关教师管理法规和制度要求，进一步完善教师准入制度，强化对拟招录人员品德、心理的前置考察，联合公安部门建立性侵害违法犯罪信息库和入职查询制度。落实对校长、教师和职工从业资格的有关规定，加强对临时聘用人员的准入审查，坚决清理和杜绝不合格人员进入学校工作岗位，严禁聘用受到剥夺政治权利或者故意犯罪受到有期徒刑以上刑事处罚人员担任教职员工。要将师德教育、法治教育纳入教职员工培训内容及考核范围。要加强对教职员工的品行考核，与当地公安、检察机关建立协调配合机制，对于实施性骚扰、性侵害学生行为的教职员工，及时依法予以处理。

2. 《未成年人法律援助服务指引（试行）》（2020 年 9 月 16 日司公通〔2020〕12 号）

第 18 条　对于犯罪嫌疑人、被告人利用职业便利、违背职业要求的特定义务性侵害未成年人的，法律援助承办人员可以建议人民法院在作出判决时对其宣告从业禁止令。

● 司法解释及文件

**3.《关于建立教职员工准入查询性侵违法犯罪信息制度的意见》**（2020 年 8 月 20 日）

第 5 条 学校新招录教师、行政人员、勤杂人员、安保人员等在校园内工作的教职员工，在入职前应当进行性侵违法犯罪信息查询。

在认定教师资格前，教师资格认定机构应当对申请人员进行性侵违法犯罪信息查询。

● 案例指引

**1. 杨某强制猥亵案**（人民法院案例库：2024-14-1-184-002）

**典型意义：**1. 人民法院在审理民事案件过程中，发现当事人涉嫌侵害未成年人合法权益刑事犯罪线索的，应当依法移送有关部门处理。2. 校外培训机构从事未成年人文体培训的教职人员，利用职务便利对未成年人实施性侵犯罪的，人民法院在判处刑罚的同时，应当依法判令禁止其从事密切接触未成年人的工作。

**2. 马某虐待被看护人案**（最高人民法院发布《保护未成年人权益十大优秀案例》）

**典型意义：**近年来，保姆、幼儿园教师、养老院工作人员等具有监护或者看护职责的人员虐待被监护、看护人的案件时有发生，严重侵害了弱势群体的合法权益，引发社会高度关注。本案中，被告人马某用针对多名幼儿进行扎刺，虽未造成轻微伤，不符合故意伤害罪的法定标准，但其行为对受害幼儿的身心造成了严重伤害。对这种恶劣的虐童行为，人民法院采取"零容忍"态度，依法进行严厉打击，对其判处二年有期徒刑（本罪法定最高刑为三年有期徒刑），对被告人判处从业禁止最高年限五年。本案的判决，警示那些具有监护、看护职责的单位和人员，应当依法履职，一切针对被监护、被看护人的不法侵害行为，都将受到法律的惩处；本案也警示幼儿园等具有监护、看护职责的单位应严格加强管理，切实保障被监护、看护人的合法权益免受不法侵害。

## 第六十三条　对未成年人隐私权的特殊保护

任何组织或者个人不得隐匿、毁弃、非法删除未成年人的信件、日记、电子邮件或者其他网络通讯内容。

除下列情形外，任何组织或者个人不得开拆、查阅未成年人的信件、日记、电子邮件或者其他网络通讯内容：

（一）无民事行为能力未成年人的父母或者其他监护人代未成年人开拆、查阅；

（二）因国家安全或者追查刑事犯罪依法进行检查；

（三）紧急情况下为了保护未成年人本人的人身安全。

### ● 宪　法

1.《宪法》（2018 年 3 月 11 日）

第 40 条　中华人民共和国公民的通信自由和通信秘密受法律的保护。除因国家安全或者追查刑事犯罪的需要，由公安机关或者检察机关依照法律规定的程序对通信进行检查外，任何组织或者个人不得以任何理由侵犯公民的通信自由和通信秘密。

### ● 法　律

2.《民法典》（2020 年 5 月 28 日）

第 110 条　自然人享有生命权、身体权、健康权、姓名权、肖像权、名誉权、荣誉权、隐私权、婚姻自主权等权利。

法人、非法人组织享有名称权、名誉权和荣誉权。

第 111 条　自然人的个人信息受法律保护。任何组织或者个人需要获取他人个人信息的，应当依法取得并确保信息安全，不得非法收集、使用、加工、传输他人个人信息，不得非法买卖、提供或者公开他人个人信息。

3.《刑法》（2023 年 12 月 29 日）

第 252 条　隐匿、毁弃或者非法开拆他人信件，侵犯公民通信自由权利，情节严重的，处一年以下有期徒刑或者拘役。

第 253 条　邮政工作人员私自开拆或者隐匿、毁弃邮件、电报的，处二年以下有期徒刑或者拘役。

犯前款罪而窃取财物的，依照本法第二百六十四条的规定定罪从重处罚。

# 第五章　网络保护

**第六十四条**　网络素养的培养和提高

国家、社会、学校和家庭应当加强未成年人网络素养宣传教育，培养和提高未成年人的网络素养，增强未成年人科学、文明、安全、合理使用网络的意识和能力，保障未成年人在网络空间的合法权益。

● 案例指引

1. **被告人王某利用网络强奸被判死刑案**（《最高人民法院发布依法严惩侵害未成年人权益典型案例》）

**典型意义**：本案系一起典型的利用网络平台，以威逼利诱等方式，利用未成年少女和幼女自我保护意识弱，对之实施性侵害的刑事案件。在本案中，王某预谋犯罪时即选择在校学生作为奸淫对象，被害人案发时均系小学或初中在校学生，其行为挑战社会伦理道德底线，主观动机极其卑劣。王某的行为虽未造成被害人重伤或死亡，但对被害人生理心理造成严重摧残，社会危害性极大，影响极其恶劣。对王某判处并执行死刑，是严格公正司法的必然要求，是彰显公平正义的必然要求。

**2. 李某某猥亵儿童案** (《河北省高级人民法院发布2021年度第二批未成年人保护典型案例》)①

**典型意义**：随着网络技术发展，通过网络对儿童实施猥亵成为一种新型犯罪。近年来借用网络工具实施非直接身体接触的猥亵行为日益增多，与传统的猥亵行为同样具有社会危害性，并且往往会进一步发展为接触式猥亵甚至强奸。网络空间不是法外之地，对网络猥亵犯罪应保持零容忍态度进行严厉打击。同时要加强对网络猥亵等犯罪的防范，家庭、学校、社会都要向少年儿童多加提醒、教育，保护其身心健康发展。

**3. 陈某犯强奸罪案** (《江苏高院公布十个未成年人受侵害的刑事审判案例》)

**典型意义**：QQ、微信作为一种新型社交工具，在方便人们交往的同时，也潜藏危机。未成年人大多缺少防范和自我保护意识，容易受骗。犯罪人往往利用这一点，通过QQ、微信骗取信任后，伺机实施犯罪行为。本案中，被告人陈某通过QQ结识高某，骗取信任后，对高某实施奸淫，严重侵犯了未成年人的合法权益。为防范犯罪，未成年人应增强自我保护意识，不随意公开自己的信息，不轻易接受陌生人的见面邀请。未成年人的法定监护人及学校等教育机构亦应加强未成年人个人防范意识的教育，积极引导未成年人进行健康有益的社交方式，以杜绝此类案件的发生。

**4. 石某某强奸、敲诈勒索案** (山西省高级人民法院发布《10起典型案例！司法保护未成年人健康成长》)

**典型意义**：在目前复杂的网络环境下，充斥着各种网络交友软件，未成年人作为社会的特殊群体，其心智尚不成熟，鉴别力较弱，

---

① 收录的案例为《河北省高级人民法院发布2021年度第二批未成年人保护典型案例》，详见河北法院网，http://www.hebeicourt.gov.cn/article/detail/2021/11/id/6400366.shtml，最后访问时间：2024年11月3日，下文同一出处案例不再特别提示。

面对网络的诱惑，防范意识差，一旦陷入，很容易受到伤害。本案告诉我们，第一，未成年人自身首先要树立安全防范意识和自我保护意识，提高警惕，远离危险、拒绝侵害。第二，未成年人还要学法、知法、守法，不做侵害别人的事情，同时又要善用法律武器，维护自己的合法权益。第三，未成年人要学会求救和自救，采取灵活机智的自卫策略，树立强烈的自我保护意识，当发现有人意图或正在侵害自己的权益时，在确保自己安全的前提下，寻求父母、学校和警察帮助。同时，未成年人的监护人，应当关心、爱护自己的孩子，经常与子女沟通交流，了解子女的动态，根据子女身心发展的特点，进行社会生活指导、心理健康辅导和青春期教育，让子女对家长"敞开心扉"。网络时代，要特别提醒未成年人树立正确的交友观，禁用网络社交平台与陌生人交友，不轻信"网友"、不轻易和"网友"见面，洁身自好，须知网络交友要谨慎，鱼龙混杂陷阱多。

## 第六十五条　鼓励有利于未成年人健康成长的网络内容和产品

国家鼓励和支持有利于未成年人健康成长的网络内容的创作与传播，鼓励和支持专门以未成年人为服务对象、适合未成年人身心健康特点的网络技术、产品、服务的研发、生产和使用。

### ● 法　律

《网络安全法》（2016 年 11 月 7 日）

第 13 条　国家支持研究开发有利于未成年人健康成长的网络产品和服务，依法惩治利用网络从事危害未成年人身心健康的活动，为未成年人提供安全、健康的网络环境。

## 第六十六条　网信等政府部门对未成年人网络保护的职责

网信部门及其他有关部门应当加强对未成年人网络保护工作的监督检查，依法惩处利用网络从事危害未成年人身心健康的活动，为未成年人提供安全、健康的网络环境。

《网络安全法》（2016 年 11 月 7 日）

第 8 条　国家网信部门负责统筹协调网络安全工作和相关监督管理工作。国务院电信主管部门、公安部门和其他有关机关依照本法和有关法律、行政法规的规定，在各自职责范围内负责网络安全保护和监督管理工作。

县级以上地方人民政府有关部门的网络安全保护和监督管理职责，按照国家有关规定确定。

### 第六十七条　网信等部门确定影响未成年人身心健康网络信息的种类、范围和判断标准

网信部门会同公安、文化和旅游、新闻出版、电影、广播电视等部门根据保护不同年龄阶段未成年人的需要，确定可能影响未成年人身心健康网络信息的种类、范围和判断标准。

《广告法》（2021 年 4 月 29 日）

第 10 条　广告不得损害未成年人和残疾人的身心健康。

### 第六十八条　政府部门预防未成年人沉迷网络的职责

新闻出版、教育、卫生健康、文化和旅游、网信等部门应当定期开展预防未成年人沉迷网络的宣传教育，监督网络产品和服务提供者履行预防未成年人沉迷网络的义务，指导家庭、学校、社会组织互相配合，采取科学、合理的方式对未成年人沉迷网络进行预防和干预。

任何组织或者个人不得以侵害未成年人身心健康的方式对未成年人沉迷网络进行干预。

**1.《网络音视频信息服务管理规定》**（2019 年 11 月 18 日　国信办通字〔2019〕3 号）

第 7 条　网络音视频信息服务提供者应当落实信息内容安全管理主体责任，配备与服务规模相适应的专业人员，建立健全用户注册、信息发布审核、信息安全管理、应急处置、从业人员教育培训、未成年人保护、知识产权保护等制度，具有与新技术新应用发展相适应的安全可控的技术保障和防范措施，有效应对网络安全事件，防范网络违法犯罪活动，维护网络数据的完整性、安全性和可用性。

**2.《教育部办公厅关于做好预防中小学生沉迷网络教育引导工作的紧急通知》**（2018 年 4 月 20 日　教基厅函〔2018〕21 号）

三是集中组织开展专题教育。各地教育行政部门要积极会同当地宣传部门以及新闻媒体，集中在开学后、放假前等重点时段播放预防中小学生沉迷网络提醒，及时向家长推送防范知识。各校要通过课堂教学、主题班会、板报广播、校园网站、案例教学、专家讲座、演讲比赛等多种形式开展专题教育，引导学生正确认识、科学对待、合理使用网络，了解预防沉迷网络知识和方式，提高对网络黄赌毒信息、不良网络游戏等危害性的认识，自觉抵制网络不良信息和不法行为。教育部将研制预防中小学生沉迷网络的教师、家长和学生手册，制作专题警示片，上传教育部门户网站供各地下载使用。

**3.《国家新闻出版署关于防止未成年人沉迷网络游戏的通知》**（2019 年 10 月 25 日）

一、实行网络游戏用户账号实名注册制度。所有网络游戏用户均须使用有效身份信息方可进行游戏账号注册。自本通知施行之日起，网络游戏企业应建立并实施用户实名注册系统，不得以任何形式为未实名注册的新增用户提供游戏服务。自本通知施行之日起2个月内，网络游戏企业须要求已有用户全部完成实名注册，对未完成实名注册的用户停止提供游戏服务。对用户提供的实名注册信息，网络游戏企业必须严格按照有关法律法规妥善保存、保护，不得用作其他用途。

网络游戏企业可以对其游戏服务设置不超过1小时的游客体验模式。在游客体验模式下，用户无须实名注册，不能充值和付费消费。对使用同一硬件设备的用户，网络游戏企业在15天内不得重复提供游客体验模式。

二、严格控制未成年人使用网络游戏时段、时长。每日22时至次日8时，网络游戏企业不得以任何形式为未成年人提供游戏服务。网络游戏企业向未成年人提供游戏服务的时长，法定节假日每日累计不得超过3小时，其他时间每日累计不得超过1.5小时。

三、规范向未成年人提供付费服务。网络游戏企业须采取有效措施，限制未成年人使用与其民事行为能力不符的付费服务。网络游戏企业不得为未满8周岁的用户提供游戏付费服务。同一网络游戏企业所提供的游戏付费服务，8周岁以上未满16周岁的用户，单次充值金额不得超过50元人民币，每月充值金额累计不得超过200元人民币；16周岁以上未满18周岁的用户，单次充值金额不得超过100元人民币，每月充值金额累计不得超过400元人民币。

四、切实加强行业监管。本通知前述各项要求，均为网络游戏上网出版运营的必要条件。各地出版管理部门要切实履行属地监管职责，严格按照本通知要求做好属地网络游戏企业及其网络游戏服务的监督管理工作。对未落实本通知要求的网络游戏企业，各地出版管理部门应责令限期改正；情节严重的，依法依规予以处理，直至吊销相关许可。各地出版管理部门协调有关执法机构做好监管执法工作。

五、探索实施适龄提示制度。网络游戏企业应从游戏内容和功能的心理接受程度、对抗激烈程度、可能引起认知混淆程度、可能导致危险模仿程度、付费消费程度等多维度综合衡量，探索对上网出版运营的网络游戏作出适合不同年龄段用户的提示，并在用户下载、注册、登录页面等位置显著标明。有关行业组织要探索实施适龄提示具体标准规范，督促网络游戏企业落实适龄提示制度。网络游戏企业应注意分析未成年人沉迷的成因，并及时对造成沉迷的游戏内容、功能或者规则进行修改。

六、积极引导家长、学校等社会各界力量履行未成年人监护守护责任，加强对未成年人健康合理使用网络游戏的教导，帮助未成年人树立正确的网络游戏消费观念和行为习惯。

七、本通知所称未成年人是指未满 18 周岁的公民，所称网络游戏企业含提供网络游戏服务的平台。

## 第六十九条　未成年人网络保护软件及安全措施的应用

学校、社区、图书馆、文化馆、青少年宫等场所为未成年人提供的互联网上网服务设施，应当安装未成年人网络保护软件或者采取其他安全保护技术措施。

智能终端产品的制造者、销售者应当在产品上安装未成年人网络保护软件，或者以显著方式告知用户未成年人网络保护软件的安装渠道和方法。

## 第七十条　学校对手机等智能终端产品的限制及管理

学校应当合理使用网络开展教学活动。未经学校允许，未成年学生不得将手机等智能终端产品带入课堂，带入学校的应当统一管理。

学校发现未成年学生沉迷网络的，应当及时告知其父母或者其他监护人，共同对未成年学生进行教育和引导，帮助其恢复正常的学习生活。

● 部门规章及文件

**《教育部办公厅关于做好预防中小学生沉迷网络教育引导工作的紧急通知》**（2018 年 4 月 20 日　教基厅函〔2018〕21 号）

三是集中组织开展专题教育。各地教育行政部门要积极会同当地宣传部门以及新闻媒体，集中在开学后、放假前等重点时段播放预防中小学生沉迷网络提醒，及时向家长推送防范知识。各校要通过课堂教学、主题班会、板报广播、校园网站、案例教学、专家讲座、演讲比赛等多种形式开展专题教育，引导学生正确认识、科学对待、合理使用网络，了解预防沉迷网络知识和方式，提高对网络黄赌毒信息、不良网络游戏等危害性的认识，自觉抵制网络不良信息和不法行为。教育部将研制预防中小学生沉迷网络的教师、家长和学生手册，制作专题警示片，上传教育部门户网站供各地下载使用。

四是严格规范学校日常管理。各地教育行政部门要研究制定预防学生沉迷网络工作制度，重点加强农村学校、寄宿制学校等管理工作，并指导学校加强对校园网内容管理，建设校园绿色网络。各校要明确学校各岗位教职工的育人责任，将预防沉迷网络工作责任落实到每个管理环节，加强午间、课后等时段管理，规范学生使用手机。教师要及时掌握学生思想情绪和同学关系状况，积极营造良好的班级氛围，组织学生开展丰富多彩的班级活动。各地中小学责任督学要将预防中小学生网络沉迷工作作为教育督导的重要内容，将督导结果作为评价地方教育工作和学校管理工作成效的重要内容。

五是推动家长履行监护职责。各地各校要通过开展家访、召开家长会、家长学校等多种方式，一个不漏地提醒每位家长承担起对孩子的监管职责，帮助家长提高自身网络素养，掌握沉迷网络早期识别和干预的知识。要提醒家长加强与孩子的沟通交流，特别要安排好孩子放学后和节假日生活，引导孩子绿色上网，及时发现、制止和矫正孩子网络游戏沉迷和不当消费行为。要认真做好预防沉迷网络的《致全国中小学生家长的一封信》复印发放工作，确保传达到每一所学校、每一位家长，并做好回执回收保管。

**第七十一条** 监护人对未成年人使用网络行为的引导和监督

> 未成年人的父母或者其他监护人应当提高网络素养，规范自身使用网络的行为，加强对未成年人使用网络行为的引导和监督。
>
> 未成年人的父母或者其他监护人应当通过在智能终端产品上安装未成年人网络保护软件、选择适合未成年人的服务模式和管理功能等方式，避免未成年人接触危害或者可能影响其身心健康的网络信息，合理安排未成年人使用网络的时间，有效预防未成年人沉迷网络。

● **案例指引**

**1. 庞某某等人约网友见面强奸案**（最高人民法院发布《利用互联网侵害未成年人权益的典型案例》）

**典型意义**：本案是一起利用网络聊天邀约未成年女学生见面后发生的严重强奸犯罪案件。随着网络科技应用普及，网络交友的便捷、新鲜感使得许多青少年频繁在网络上通过聊天软件交友，又从网上聊天走到现实见面交往。但是未成年人涉世未深，自我保护意识不强，对陌生人防范意识不强，尤其是未成年女性只身与网友见面存在诸多人身安全风险。本案被告人就是在网上邀约一名幼女见面后，与同案被告人对该幼女实施了多人轮奸犯罪行为。虽然被告人已被绳之以法，但已对被害人造成了无法弥补的身心伤害。本案警示：未成年人不宜使用互联网社交网络平台与陌生人交友，切莫单独与网友见面；在遭受侵害后，应立即告知家人并报警，不能因害怕而隐瞒，更不能因恐惧或欺骗再次与网友见面。家庭和学校应加强对未成年人法治教育和德育教育，尤其要提高未成年女学生的人身安全保护意识；及时了解子女网上交友情况。旅店应履行安全管理义务，加强对入住人员审查，尤其要对未与家长同行的未成年人或数名青少年集体开房情况予以警惕，防止违法犯罪情况发生。

**2. 乔某某猥亵儿童案**（最高人民法院发布《利用互联网侵害未成年人权益的典型案例》）

**典型意义**：被告人乔某某为了满足自身性欲，采用欺骗手段通过网络视频引诱女童脱光衣服进行裸聊，对儿童身心健康和人格利益造成侵害。这种非直接接触的裸聊行为属于猥亵行为。在互联网时代，不法分子运用网络技术实施传统意义上的犯罪，手段更为隐蔽，危害范围更为广泛。本案警示：未成年人，特别是儿童，不宜单独使用互联网，不宜使用互联网社交平台与陌生人交流，更不能与陌生人视频聊天。未成年人心智发育不完整，识别判断能力差，家长应该控制未成年人使用电子产品和互联网，尤其要关注未成年人使用网络社交平台与陌生人交流；要告知未成年人，无论何种理由，都不能在他人面前或视频下脱去衣服，遇到这种情况应该立即告知父母，中断联系。

**第七十二条**　**对未成年人个人信息网络处理的特殊保护**

　　信息处理者通过网络处理未成年人个人信息的，应当遵循合法、正当和必要的原则。处理不满十四周岁未成年人个人信息的，应当征得未成年人的父母或者其他监护人同意，但法律、行政法规另有规定的除外。

　　未成年人、父母或者其他监护人要求信息处理者更正、删除未成年人个人信息的，信息处理者应当及时采取措施予以更正、删除，但法律、行政法规另有规定的除外。

1.《民法典》（2020 年 5 月 28 日）

第 1035 条　处理个人信息的，应当遵循合法、正当、必要原则，不得过度处理，并符合下列条件：

（一）征得该自然人或者其监护人同意，但是法律、行政法规另有规定的除外；

（二）公开处理信息的规则；

（三）明示处理信息的目的、方式和范围；

（四）不违反法律、行政法规的规定和双方的约定。

个人信息的处理包括个人信息的收集、存储、使用、加工、传输、提供、公开等。

2.《网络安全法》（2016 年 11 月 7 日）

第 13 条　国家支持研究开发有利于未成年人健康成长的网络产品和服务，依法惩治利用网络从事危害未成年人身心健康的活动，为未成年人提供安全、健康的网络环境。

**第七十三条**　**对未成年人网络发布私密信息的特殊保护**

网络服务提供者发现未成年人通过网络发布私密信息的，应当及时提示，并采取必要的保护措施。

● 法　律

《民法典》（2020 年 5 月 28 日）

第 1032 条　自然人享有隐私权。任何组织或者个人不得以刺探、侵扰、泄露、公开等方式侵害他人的隐私权。

隐私是自然人的私人生活安宁和不愿为他人知晓的私密空间、私密活动、私密信息。

第 1033 条　除法律另有规定或者权利人明确同意外，任何组织或者个人不得实施下列行为：

（一）以电话、短信、即时通讯工具、电子邮件、传单等方式侵扰他人的私人生活安宁；

（二）进入、拍摄、窥视他人的住宅、宾馆房间等私密空间；

（三）拍摄、窥视、窃听、公开他人的私密活动；

（四）拍摄、窥视他人身体的私密部位；

（五）处理他人的私密信息；

（六）以其他方式侵害他人的隐私权。

## 第七十四条　网络产品和服务提供者预防未成年人沉迷网络的特殊职责

网络产品和服务提供者不得向未成年人提供诱导其沉迷的产品和服务。

网络游戏、网络直播、网络音视频、网络社交等网络服务提供者应当针对未成年人使用其服务设置相应的时间管理、权限管理、消费管理等功能。

以未成年人为服务对象的在线教育网络产品和服务，不得插入网络游戏链接，不得推送广告等与教学无关的信息。

● 部门规章及文件

**《未成年人学校保护规定》**（2021 年 6 月 1 日）

第 34 条　学校应当将科学、文明、安全、合理使用网络纳入课程内容，对学生进行网络安全、网络文明和防止沉迷网络的教育，预防和干预学生过度使用网络。

学校为学生提供的上网设施，应当安装未成年人上网保护软件或者采取其他安全保护技术措施，避免学生接触不适宜未成年人接触的信息；发现网络产品、服务、信息有危害学生身心健康内容的，或者学生利用网络实施违法活动的，应当立即采取措施并向有关主管部门报告。

## 第七十五条　未成年人网络游戏电子身份统一认证制度

网络游戏经依法审批后方可运营。

国家建立统一的未成年人网络游戏电子身份认证系统。网络游戏服务提供者应当要求未成年人以真实身份信息注册并登录网络游戏。

网络游戏服务提供者应当按照国家有关规定和标准，对游戏产品进行分类，作出适龄提示，并采取技术措施，不得让未成年人接触不适宜的游戏或者游戏功能。

网络游戏服务提供者不得在每日二十二时至次日八时向未成年人提供网络游戏服务。

● 法　律

《网络安全法》（2016 年 11 月 7 日）

第24条　网络运营者为用户办理网络接入、域名注册服务，办理固定电话、移动电话等入网手续，或者为用户提供信息发布、即时通讯等服务，在与用户签订协议或者确认提供服务时，应当要求用户提供真实身份信息。用户不提供真实身份信息的，网络运营者不得为其提供相关服务。

国家实施网络可信身份战略，支持研究开发安全、方便的电子身份认证技术，推动不同电子身份认证之间的互认。

## 第七十六条　对未成年人参与网络直播的特殊规定

网络直播服务提供者不得为未满十六周岁的未成年人提供网络直播发布者账号注册服务；为年满十六周岁的未成年人提供网络直播发布者账号注册服务时，应当对其身份信息进行认证，并征得其父母或者其他监护人同意。

◉ 法　律

1.《民法典》(2020 年 5 月 28 日)

　　第 18 条　成年人为完全民事行为能力人，可以独立实施民事法律行为。

　　十六周岁以上的未成年人，以自己的劳动收入为主要生活来源的，视为完全民事行为能力人。

◉ 部门规章及文件

2.《互联网直播服务管理规定》(2016 年 11 月 4 日)

　　第 12 条　互联网直播服务提供者应当按照"后台实名、前台自愿"的原则，对互联网直播用户进行基于移动电话号码等方式的真实身份信息认证，对互联网直播发布者进行基于身份证件、营业执照、组织机构代码证等的认证登记。互联网直播服务提供者应当对互联网直播发布者的真实身份信息进行审核，向所在地省、自治区、直辖市互联网信息办公室分类备案，并在相关执法部门依法查询时予以提供。

　　互联网直播服务提供者应当保护互联网直播服务使用者身份信息和隐私，不得泄露、篡改、毁损，不得出售或者非法向他人提供。

---

**第七十七条　禁止对未成年人实施网络欺凌**

　　任何组织或者个人不得通过网络以文字、图片、音视频等形式，对未成年人实施侮辱、诽谤、威胁或者恶意损害形象等网络欺凌行为。

　　遭受网络欺凌的未成年人及其父母或者其他监护人有权通知网络服务提供者采取删除、屏蔽、断开链接等措施。网络服务提供者接到通知后，应当及时采取必要的措施制止网络欺凌行为，防止信息扩散。

**1.《关于进一步加强对网上未成年人犯罪和欺凌事件报道管理的通知》**（2015 年 6 月 30 日）

九、网站要落实主体责任，健全有关管理制度，加强对未成年人网上报道的管理，同时要严格管理网民自发上传、分享涉及网上未成年人犯罪和欺凌事件的内容，及时删除违法违规信息。

**2.《教育部等九部门关于防治中小学生欺凌和暴力的指导意见》**（2016 年 11 月 1 日　教基一〔2016〕6 号）

11. 全社会共同保护未成年学生健康成长。要建立学校、家庭、社区（村）、公安、司法、媒体等各方面沟通协作机制，畅通信息共享渠道，进一步加强对学生保护工作的正面宣传引导，防止媒体过度渲染报道事件细节，避免学生欺凌和暴力通过网络新媒体扩散演变为网络欺凌，消除暴力文化通过不良出版物、影视节目、网络游戏侵蚀、影响学生的心理和行为，引发连锁性事件。要依托各地 12355 青少年服务台，开设自护教育热线，组织专业社会工作者、公益律师、志愿者开展有针对性的自护教育、心理辅导和法律咨询。坚持标本兼治、常态长效，净化社会环境，强化学校周边综合治理，切实为保护未成年人平安健康成长提供良好社会环境。

● 案例指引

**施某通过裸贷敲诈勒索案**（最高人民法院发布《利用互联网侵害未成年人权益的典型案例》）

**典型意义：**"裸贷"是非法分子借用互联网金融和社交工具为平台和幌子，以让贷款人拍摄"裸照"作"担保"，非法发放高息贷款的行为。因"裸贷"被诈骗、被敲诈勒索的，时有发生。"裸贷"就像一个大坑，一旦陷入，后果不堪设想，有人失去尊严，有人被迫出卖肉体，有人甚至失去生命。本案警示：未成年人或者在校学生应当理性消费，如有债务危机，应当及时和家长沟通或者通过合法途径解决，不能自作主张进行网络贷款。以"裸"换"贷"，既有违公序良俗，也容易让自己沦为严重违法犯罪的受害者。对于已经"裸贷"的，如果遇到以公开自己裸照进行要挟的行为，一定要及时报警，寻求法律保护。

## 第七十八条　未成年人对网络产品和服务提供者的投诉举报权

网络产品和服务提供者应当建立便捷、合理、有效的投诉和举报渠道，公开投诉、举报方式等信息，及时受理并处理涉及未成年人的投诉、举报。

### ● 法　律

1. 《网络安全法》（2016 年 11 月 7 日）

第 47 条　网络运营者应当加强对其用户发布的信息的管理，发现法律、行政法规禁止发布或者传输的信息的，应当立即停止传输该信息，采取消除等处置措施，防止信息扩散，保存有关记录，并向有关主管部门报告。

2. 《民法典》（2020 年 5 月 28 日）

第 1195 条　网络用户利用网络服务实施侵权行为的，权利人有权通知网络服务提供者采取删除、屏蔽、断开链接等必要措施。通知应当包括构成侵权的初步证据及权利人的真实身份信息。

网络服务提供者接到通知后，应当及时将该通知转送相关网络用户，并根据构成侵权的初步证据和服务类型采取必要措施；未及时采取必要措施的，对损害的扩大部分与该网络用户承担连带责任。

权利人因错误通知造成网络用户或者网络服务提供者损害的，应当承担侵权责任。法律另有规定的，依照其规定。

### 第七十九条 社会公众对危害未成年人身心健康信息的投诉举报权

任何组织或者个人发现网络产品、服务含有危害未成年人身心健康的信息，有权向网络产品和服务提供者或者网信、公安等部门投诉、举报。

### 第八十条 网络服务提供者对未成年人的保护及强制报告义务

网络服务提供者发现用户发布、传播可能影响未成年人身心健康的信息且未作显著提示的，应当作出提示或者通知用户予以提示；未作出提示的，不得传输相关信息。

网络服务提供者发现用户发布、传播含有危害未成年人身心健康内容的信息的，应当立即停止传输相关信息，采取删除、屏蔽、断开链接等处置措施，保存有关记录，并向网信、公安等部门报告。

网络服务提供者发现用户利用其网络服务对未成年人实施违法犯罪行为的，应当立即停止向该用户提供网络服务，保存有关记录，并向公安机关报告。

## ● 法 律

1.《网络安全法》（2016 年 11 月 7 日）

**第 12 条** 国家保护公民、法人和其他组织依法使用网络的权利，促进网络接入普及，提升网络服务水平，为社会提供安全、便利的网络服务，保障网络信息依法有序自由流动。

任何个人和组织使用网络应当遵守宪法法律，遵守公共秩序，尊重社会公德，不得危害网络安全，不得利用网络从事危害国家安全、荣誉和利益，煽动颠覆国家政权、推翻社会主义制度，煽动分裂国家、破坏国家统一，宣扬恐怖主义、极端主义，宣扬民族仇恨、民族歧视，传播暴力、淫秽色情信息，编造、传播虚假信息扰乱经济秩序和社会秩序，以及侵害他人名誉、隐私、知识产权和其他合法权益等活动。

第 47 条　网络运营者应当加强对其用户发布的信息的管理，发现法律、行政法规禁止发布或者传输的信息的，应当立即停止传输该信息，采取消除等处置措施，防止信息扩散，保存有关记录，并向有关主管部门报告。

● 部门规章及文件

2.《网络信息内容生态治理规定》（2019 年 12 月 15 日）

第 10 条　网络信息内容服务平台不得传播本规定第六条规定的信息，应当防范和抵制传播本规定第七条规定的信息。

网络信息内容服务平台应当加强信息内容的管理，发现本规定第六条、第七条规定的信息的，应当依法立即采取处置措施，保存有关记录，并向有关主管部门报告。

# 第六章　政　府　保　护

**第八十一条**　对未成年人保护协调机制内设机构和人员的要求

县级以上人民政府承担未成年人保护协调机制具体工作的职能部门应当明确相关内设机构或者专门人员，负责承担未成年人保护工作。

乡镇人民政府和街道办事处应当设立未成年人保护工作站或者指定专门人员，及时办理未成年人相关事务；支持、指导居民委员会、村民委员会设立专人专岗，做好未成年人保护工作。

《国务院关于加强困境儿童保障工作的意见》（2016 年 6 月 13 日
国发〔2016〕36 号）

二、加强困境儿童分类保障

（四）落实监护责任。对于失去父母、查找不到生父母的儿
童，纳入孤儿安置渠道，采取亲属抚养、机构养育、家庭寄养
和依法收养方式妥善安置。对于父母没有监护能力且无其他监
护人的儿童，以及人民法院指定由民政部门担任监护人的儿童，
由民政部门设立的儿童福利机构收留抚养。对于儿童生父母或
收养关系已成立的养父母不履行监护职责且经公安机关教育不
改的，由民政部门设立的儿童福利机构、救助保护机构临时监
护，并依法追究生父母、养父母法律责任。对于决定执行行政
拘留的被处罚人或采取刑事拘留等限制人身自由刑事强制措施
的犯罪嫌疑人，公安机关应当询问其是否有未成年子女需要委
托亲属、其他成年人或民政部门设立的儿童福利机构、救助保
护机构监护，并协助其联系有关人员或民政部门予以安排。对
于服刑人员、强制隔离戒毒人员的缺少监护人的未成年子女，
执行机关应当为其委托亲属、其他成年人或民政部门设立的儿
童福利机构、救助保护机构监护提供帮助。对于依法收养儿童，
民政部门要完善和强化监护人抚养监护能力评估制度，落实妥
善抚养监护要求。

**第八十二条　政府对开展家庭教育的指导服务**

各级人民政府应当将家庭教育指导服务纳入城乡公共服
务体系，开展家庭教育知识宣传，鼓励和支持有关人民团体、
企业事业单位、社会组织开展家庭教育指导服务。

## 第八十三条　政府保障未成年人的受教育权

各级人民政府应当保障未成年人受教育的权利，并采取措施保障留守未成年人、困境未成年人、残疾未成年人接受义务教育。

对尚未完成义务教育的辍学未成年学生，教育行政部门应当责令父母或者其他监护人将其送入学校接受义务教育。

### ● 宪　法

1.《宪法》（2018 年 3 月 11 日）

第 46 条　中华人民共和国公民有受教育的权利和义务。

国家培养青年、少年、儿童在品德、智力、体质等方面全面发展。

### ● 法　律

2.《义务教育法》（2018 年 12 月 29 日）

第 13 条　县级人民政府教育行政部门和乡镇人民政府组织和督促适龄儿童、少年入学，帮助解决适龄儿童、少年接受义务教育的困难，采取措施防止适龄儿童、少年辍学。

居民委员会和村民委员会协助政府做好工作，督促适龄儿童、少年入学。

第 58 条　适龄儿童、少年的父母或者其他法定监护人无正当理由未依照本法规定送适龄儿童、少年入学接受义务教育的，由当地乡镇人民政府或者县级人民政府教育行政部门给予批评教育，责令限期改正。

## 第八十四条　政府发展托育、学前教育的职责

各级人民政府应当发展托育、学前教育事业，办好婴幼儿照护服务机构、幼儿园，支持社会力量依法兴办母婴室、

婴幼儿照护服务机构、幼儿园。

县级以上地方人民政府及其有关部门应当培养和培训婴幼儿照护服务机构、幼儿园的保教人员，提高其职业道德素质和业务能力。

● 行政法规及文件

**《国务院办公厅关于促进 3 岁以下婴幼儿照护服务发展的指导意见》**（2019 年 4 月 17 日　国办发〔2019〕15 号）

三、保障措施

（一）加强政策支持。充分发挥市场在资源配置中的决定性作用，梳理社会力量进入的堵点和难点，采取多种方式鼓励和支持社会力量举办婴幼儿照护服务机构。鼓励地方政府通过采取提供场地、减免租金等政策措施，加大对社会力量开展婴幼儿照护服务、用人单位内设婴幼儿照护服务机构的支持力度。鼓励地方政府探索试行与婴幼儿照护服务配套衔接的育儿假、产休假。创新服务管理方式，提升服务效能水平，为开展婴幼儿照护服务创造有利条件、提供便捷服务。

（二）加强用地保障。将婴幼儿照护服务机构和设施建设用地纳入土地利用总体规划、城乡规划和年度用地计划并优先予以保障，农用地转用指标、新增用地指标分配要适当向婴幼儿照护服务机构和设施建设用地倾斜。鼓励利用低效土地或闲置土地建设婴幼儿照护服务机构和设施。对婴幼儿照护服务设施和非营利性婴幼儿照护服务机构建设用地，符合《划拨用地目录》的，可采取划拨方式予以保障。

（三）加强队伍建设。高等院校和职业院校（含技工院校）要根据需求开设婴幼儿照护相关专业，合理确定招生规模、课程设置和教学内容，将安全照护等知识和能力纳入教学内容，加快培养婴幼儿照护相关专业人才。将婴幼儿照护服务人员作为急需紧缺人员纳入培训规划，切实加强婴幼儿照护服务相关法律法规培训，增强从业人员法治意识；大力开展职业道德和安全教育、职业技能培训，提高婴幼儿照护服务能力和水平。依法保障从业人员合法权益，建设一支品德高尚、富有爱心、敬业奉献、素质优良的婴幼儿照护服务队伍。

（四）加强信息支撑。充分利用互联网、大数据、物联网、人工智能等技术，结合婴幼儿照护服务实际，研发应用婴幼儿照护服务信息管理系统，实现线上线下结合，在优化服务、加强管理、统计监测等方面发挥积极作用。

（五）加强社会支持。加快推进公共场所无障碍设施和母婴设施的建设和改造，开辟服务绿色通道，为婴幼儿出行、哺乳等提供便利条件，营造婴幼儿照护友好的社会环境。企业利用新技术、新工艺、新材料和新装备开发与婴幼儿照护相关的产品必须经过严格的安全评估和风险监测，切实保障安全性。

## 第八十五条　政府发展职业教育的职责

各级人民政府应当发展职业教育，保障未成年人接受职业教育或者职业技能培训，鼓励和支持人民团体、企业事业单位、社会组织为未成年人提供职业技能培训服务。

### ● 宪　法

1. 《宪法》（2018 年 3 月 11 日）

第 19 条　国家发展社会主义的教育事业，提高全国人民的科学文化水平。

国家举办各种学校，普及初等义务教育，发展中等教育、职业教育和高等教育，并且发展学前教育。

国家发展各种教育设施，扫除文盲，对工人、农民、国家工作人员和其他劳动者进行政治、文化、科学、技术、业务的教育，鼓励自学成才。

国家鼓励集体经济组织、国家企业事业组织和其他社会力量依照法律规定举办各种教育事业。

国家推广全国通用的普通话。

● 法　律

2.《教育法》（2021 年 4 月 29 日）

第 20 条　国家实行职业教育制度和继续教育制度。

各级人民政府、有关行政部门和行业组织以及企业事业组织应当采取措施，发展并保障公民接受职业学校教育或者各种形式的职业培训。

国家鼓励发展多种形式的继续教育，使公民接受适当形式的政治、经济、文化、科学、技术、业务等方面的教育，促进不同类型学习成果的互认和衔接，推动全民终身学习。

第八十六条　政府保障残疾未成年人受教育权的职责

各级人民政府应当保障具有接受普通教育能力、能适应校园生活的残疾未成年人就近在普通学校、幼儿园接受教育；保障不具有接受普通教育能力的残疾未成年人在特殊教育学校、幼儿园接受学前教育、义务教育和职业教育。

各级人民政府应当保障特殊教育学校、幼儿园的办学、办园条件，鼓励和支持社会力量举办特殊教育学校、幼儿园。

● 法　律

《残疾人保障法》（2018 年 10 月 26 日）

第 24 条　县级以上人民政府应当根据残疾人的数量、分布状况和残疾类别等因素，合理设置残疾人教育机构，并鼓励社会力量办学、捐资助学。

第 25 条　普通教育机构对具有接受普通教育能力的残疾人

实施教育，并为其学习提供便利和帮助。

普通小学、初级中等学校，必须招收能适应其学习生活的残疾儿童、少年入学；普通高级中等学校、中等职业学校和高等学校，必须招收符合国家规定的录取要求的残疾考生入学，不得因其残疾而拒绝招收；拒绝招收的，当事人或者其亲属、监护人可以要求有关部门处理，有关部门应当责令该学校招收。

普通幼儿教育机构应当接收能适应其生活的残疾幼儿。

## 第八十七条　政府保障校园安全的责任

地方人民政府及其有关部门应当保障校园安全，监督、指导学校、幼儿园等单位落实校园安全责任，建立突发事件的报告、处置和协调机制。

### ● 部门规章及文件

《中小学幼儿园安全管理办法》（2006 年 6 月 30 日）

第 6 条　地方各级人民政府及其教育、公安、司法行政、建设、交通、文化、卫生、工商、质检、新闻出版等部门应当按照职责分工，依法负责学校安全工作，履行学校安全管理职责。

第 7 条　教育行政部门对学校安全工作履行下列职责：

（一）全面掌握学校安全工作状况，制定学校安全工作考核目标，加强对学校安全工作的检查指导，督促学校建立健全并落实安全管理制度；

（二）建立安全工作责任制和事故责任追究制，及时消除安全隐患，指导学校妥善处理学生伤害事故；

（三）及时了解学校安全教育情况，组织学校有针对性地开展学生安全教育，不断提高教育实效；

（四）制定校园安全的应急预案，指导、监督下级教育行政部门和学校开展安全工作；

（五）协调政府其他相关职能部门共同做好学校安全管理工作，协助当地人民政府组织对学校安全事故的救援和调查处理。

教育督导机构应当组织学校安全工作的专项督导。

## 第八十八条　公安机关等有关部门保障校园周边安全的职责

公安机关和其他有关部门应当依法维护校园周边的治安和交通秩序，设置监控设备和交通安全设施，预防和制止侵害未成年人的违法犯罪行为。

● 部门规章及文件

《中小学幼儿园安全管理办法》（2006 年 6 月 30 日）

第 50 条　公安、建设和交通部门应当依法在学校门前道路设置规范的交通警示标志，施划人行横线，根据需要设置交通信号灯、减速带、过街天桥等设施。

在地处交通复杂路段的学校上下学时间，公安机关应当根据需要部署警力或者交通协管人员维护道路交通秩序。

## 第八十九条　政府保障未成年人活动场所和设施的职责

地方人民政府应当建立和改善适合未成年人的活动场所和设施，支持公益性未成年人活动场所和设施的建设和运行，鼓励社会力量兴办适合未成年人的活动场所和设施，并加强管理。

地方人民政府应当采取措施，鼓励和支持学校在国家法定节假日、休息日及寒暑假期将文化体育设施对未成年人免费或者优惠开放。

地方人民政府应当采取措施，防止任何组织或者个人侵占、破坏学校、幼儿园、婴幼儿照护服务机构等未成年人活动场所的场地、房屋和设施。

## 行政法规及文件

《公共文化体育设施条例》（2003 年 6 月 26 日）

第 17 条　公共文化体育设施应当根据其功能、特点向公众开放，开放时间应当与当地公众的工作时间、学习时间适当错开。

公共文化体育设施的开放时间，不得少于省、自治区、直辖市规定的最低时限。国家法定节假日和学校寒暑假期间，应当适当延长开放时间。

学校寒暑假期间，公共文化体育设施管理单位应当增设适合学生特点的文化体育活动。

**第九十条**　**政府对学生卫生保健和心理健康的职责**

各级人民政府及其有关部门应当对未成年人进行卫生保健和营养指导，提供卫生保健服务。

卫生健康部门应当依法对未成年人的疫苗预防接种进行规范，防治未成年人常见病、多发病，加强传染病防治和监督管理，做好伤害预防和干预，指导和监督学校、幼儿园、婴幼儿照护服务机构开展卫生保健工作。

教育行政部门应当加强未成年人的心理健康教育，建立未成年人心理问题的早期发现和及时干预机制。卫生健康部门应当做好未成年人心理治疗、心理危机干预以及精神障碍早期识别和诊断治疗等工作。

## 法　律

1. 《基本医疗卫生与健康促进法》（2019 年 12 月 28 日）

第 28 条　国家发展精神卫生事业，建设完善精神卫生服务体系，维护和增进公民心理健康，预防、治疗精神障碍。

国家采取措施，加强心理健康服务体系和人才队伍建设，促进心理健康教育、心理评估、心理咨询与心理治疗服务的有效衔

225

接，设立为公众提供公益服务的心理援助热线，加强未成年人、残疾人和老年人等重点人群心理健康服务。

第 36 条　各级各类医疗卫生机构应当分工合作，为公民提供预防、保健、治疗、护理、康复、安宁疗护等全方位全周期的医疗卫生服务。

各级人民政府采取措施支持医疗卫生机构与养老机构、儿童福利机构、社区组织建立协作机制，为老年人、孤残儿童提供安全、便捷的医疗和健康服务。

● 部门规章及文件

2.《中小学幼儿园安全管理办法》（2006 年 6 月 30 日）

第 9 条　卫生部门对学校安全工作履行下列职责：

（一）检查、指导学校卫生防疫和卫生保健工作，落实疾病预防控制措施；

（二）监督、检查学校食堂、学校饮用水和游泳池的卫生状况。

### 第九十一条　政府对困境未成年人的分类保障

各级人民政府及其有关部门对困境未成年人实施分类保障，采取措施满足其生活、教育、安全、医疗康复、住房等方面的基本需要。

### 第九十二条　民政部门承担临时监护职责的情形

具有下列情形之一的，民政部门应当依法对未成年人进行临时监护：

（一）未成年人流浪乞讨或者身份不明，暂时查找不到父母或者其他监护人；

（二）监护人下落不明且无其他人可以担任监护人；

（三）监护人因自身客观原因或者因发生自然灾害、事故灾难、公共卫生事件等突发事件不能履行监护职责，导致未成年人监护缺失；

（四）监护人拒绝或者怠于履行监护职责，导致未成年人处于无人照料的状态；

（五）监护人教唆、利用未成年人实施违法犯罪行为，未成年人需要被带离安置；

（六）未成年人遭受监护人严重伤害或者面临人身安全威胁，需要被紧急安置；

（七）法律规定的其他情形。

## 法　律

1.《民法典》（2020 年 5 月 28 日）

第 31 条　对监护人的确定有争议的，由被监护人住所地的居民委员会、村民委员会或者民政部门指定监护人，有关当事人对指定不服的，可以向人民法院申请指定监护人；有关当事人也可以直接向人民法院申请指定监护人。

居民委员会、村民委员会、民政部门或者人民法院应当尊重被监护人的真实意愿，按照最有利于被监护人的原则在依法具有监护资格的人中指定监护人。

依据本条第一款规定指定监护人前，被监护人的人身权利、财产权利以及其他合法权益处于无人保护状态的，由被监护人住所地的居民委员会、村民委员会、法律规定的有关组织或者民政部门担任临时监护人。

监护人被指定后，不得擅自变更；擅自变更的，不免除被指定的监护人的责任。

第 34 条　监护人的职责是代理被监护人实施民事法律行为，保护被监护人的人身权利、财产权利以及其他合法权益等。

监护人依法履行监护职责产生的权利，受法律保护。

监护人不履行监护职责或者侵害被监护人合法权益的，应当承担法律责任。

因发生突发事件等紧急情况，监护人暂时无法履行监护职责，被监护人的生活处于无人照料状态的，被监护人住所地的居民委员会、村民委员会或者民政部门应当为被监护人安排必要的临时生活照料措施。

第36条　监护人有下列情形之一的，人民法院根据有关个人或者组织的申请，撤销其监护人资格，安排必要的临时监护措施，并按照最有利于被监护人的原则依法指定监护人：

（一）实施严重损害被监护人身心健康的行为；

（二）怠于履行监护职责，或者无法履行监护职责且拒绝将监护职责部分或者全部委托给他人，导致被监护人处于危困状态；

（三）实施严重侵害被监护人合法权益的其他行为。

本条规定的有关个人、组织包括：其他依法具有监护资格的人，居民委员会、村民委员会、学校、医疗机构、妇女联合会、残疾人联合会、未成年人保护组织、依法设立的老年人组织、民政部门等。

前款规定的个人和民政部门以外的组织未及时向人民法院申请撤销监护人资格的，民政部门应当向人民法院申请。

⬤ 行政法规及文件

2.《社会救助暂行办法》（2019 年 3 月 2 日）

第50条　国家对生活无着的流浪、乞讨人员提供临时食宿、急病救治、协助返回等救助。

### 第九十三条　民政部门承担临时监护职责的方式

对临时监护的未成年人，民政部门可以采取委托亲属抚养、家庭寄养等方式进行安置，也可以交由未成年人救助保护机构或者儿童福利机构进行收留、抚养。

临时监护期间，经民政部门评估，监护人重新具备履行监护职责条件的，民政部门可以将未成年人送回监护人抚养。

● 部门规章及文件

**《家庭寄养管理办法》**（2014 年 9 月 24 日）

第 2 条　本办法所称家庭寄养，是指经过规定的程序，将民政部门监护的儿童委托在符合条件的家庭中养育的照料模式。

第 3 条　家庭寄养应当有利于寄养儿童的抚育、成长，保障寄养儿童的合法权益不受侵犯。

第 7 条　未满十八周岁、监护权在县级以上地方人民政府民政部门的孤儿、查找不到生父母的弃婴和儿童，可以被寄养。

需要长期依靠医疗康复、特殊教育等专业技术照料的重度残疾儿童，不宜安排家庭寄养。

第 8 条　寄养家庭应当同时具备下列条件：

（一）有儿童福利机构所在地的常住户口和固定住所。寄养儿童入住后，人均居住面积不低于当地人均居住水平；

（二）有稳定的经济收入，家庭成员人均收入在当地处于中等水平以上；

（三）家庭成员未患有传染病或者精神疾病，以及其他不利于寄养儿童抚育、成长的疾病；

（四）家庭成员无犯罪记录，无不良生活嗜好，关系和睦，与邻里关系融洽；

（五）主要照料人的年龄在三十周岁以上六十五周岁以下，身体健康，具有照料儿童的能力、经验，初中以上文化程度。

具有社会工作、医疗康复、心理健康、文化教育等专业知识的家庭和自愿无偿奉献爱心的家庭，同等条件下优先考虑。

第9条　每个寄养家庭寄养儿童的人数不得超过二人，且该家庭无未满六周岁的儿童。

第10条　寄养残疾儿童，应当优先在具备医疗、特殊教育、康复训练条件的社区中为其选择寄养家庭。

第11条　寄养年满十周岁以上儿童的，应当征得寄养儿童的同意。

● 案例指引

**陈某与某社会福利中心收养关系纠纷案**（《福建法院未成年人权益保护典型案例》）

**典型意义：**监护权是监护人对被监护人的人身权利、财产权利和其他合法权利实施监督、保护的身份权。监护人将被监护人寄养他人抚养是委托抚养的行为，并不解除监护人与被监护人之间的监护关系，也不影响监护人在必要时单方解除委托抚养协议自行抚养，尤其是在被监护人的身心健康可能遭受不利影响的情况下，委托抚养协议更应及时解除。监护人在选择寄养家庭时应充分考察、评估被寄养家庭的条件，并在寄养过程中及时跟踪、了解被寄养人的生活、学习状况，必要时立即采取措施最大程度维护被监护人的合法权益。

**第九十四条　民政部门承担长期监护职责的情形**

具有下列情形之一的，民政部门应当依法对未成年人进行长期监护：

（一）查找不到未成年人的父母或者其他监护人；

（二）监护人死亡或者被宣告死亡且无其他人可以担任监护人；

（三）监护人丧失监护能力且无其他人可以担任监护人；

（四）人民法院判决撤销监护人资格并指定由民政部门担任监护人；

（五）法律规定的其他情形。

## 法　律

1.《民法典》（2020年5月28日）

**第28条**　无民事行为能力或者限制民事行为能力的成年人，由下列有监护能力的人按顺序担任监护人：

（一）配偶；

（二）父母、子女；

（三）其他近亲属；

（四）其他愿意担任监护人的个人或者组织，但是须经被监护人住所地的居民委员会、村民委员会或者民政部门同意。

**第31条**　对监护人的确定有争议的，由被监护人住所地的居民委员会、村民委员会或者民政部门指定监护人，有关当事人对指定不服的，可以向人民法院申请指定监护人；有关当事人也可以直接向人民法院申请指定监护人。

居民委员会、村民委员会、民政部门或者人民法院应当尊重被监护人的真实意愿，按照最有利于被监护人的原则在依法具有监护资格的人中指定监护人。

依据本条第一款规定指定监护人前，被监护人的人身权利、财产权利以及其他合法权益处于无人保护状态的，由被监护人住所地的居民委员会、村民委员会、法律规定的有关组织或者民政部门担任临时监护人。

监护人被指定后，不得擅自变更；擅自变更的，不免除被指定的监护人的责任。

**第32条**　没有依法具有监护资格的人的，监护人由民政部门担任，也可以由具备履行监护职责条件的被监护人住所地的居民委员会、村民委员会担任。

第34条　监护人的职责是代理被监护人实施民事法律行为，保护被监护人的人身权利、财产权利以及其他合法权益等。

监护人依法履行监护职责产生的权利，受法律保护。

监护人不履行监护职责或者侵害被监护人合法权益的，应当承担法律责任。

因发生突发事件等紧急情况，监护人暂时无法履行监护职责，被监护人的生活处于无人照料状态的，被监护人住所地的居民委员会、村民委员会或者民政部门应当为被监护人安排必要的临时生活照料措施。

第36条　监护人有下列情形之一的，人民法院根据有关个人或者组织的申请，撤销其监护人资格，安排必要的临时监护措施，并按照最有利于被监护人的原则依法指定监护人：

（一）实施严重损害被监护人身心健康的行为；

（二）怠于履行监护职责，或者无法履行监护职责且拒绝将监护职责部分或者全部委托给他人，导致被监护人处于危困状态；

（三）实施严重侵害被监护人合法权益的其他行为。

本条规定的有关个人、组织包括：其他依法具有监护资格的人，居民委员会、村民委员会、学校、医疗机构、妇女联合会、残疾人联合会、未成年人保护组织、依法设立的老年人组织、民政部门等。

前款规定的个人和民政部门以外的组织未及时向人民法院申请撤销监护人资格的，民政部门应当向人民法院申请。

● 行政法规及文件

2.《国务院关于加强困境儿童保障工作的意见》（2016年6月13日　国发〔2016〕36号）

二、加强困境儿童分类保障

（四）落实监护责任。对于失去父母、查找不到生父母的儿童，纳入孤儿安置渠道，采取亲属抚养、机构养育、家庭寄养和依法收养方式妥善安置。对于父母没有监护能力且无其他监护人的儿童，以及人民法院指定由民政部门担任监护人的儿童，由民政部门设立的儿童福利机构收留抚养。对于儿童生父母或收养关系已成立的养父母不履行监护职责且经公安机关教育不改的，由民政部门设立的儿童福利机构、救助保护机构临时监护，并依法追究生父母、养父母法律责任。对于决定执行行政拘留的被处罚人或采取刑事拘留等限制人身自由刑事强制措施的犯罪嫌疑人，公安机关应当询问其是否有未成年子女需要委托亲属、其他成年人或民政部门设立的儿童福利机构、救助保护机构监护，并协助其联系有关人员或民政部门予以安排。对于服刑人员、强制隔离戒毒人员的缺少监护人的未成年子女，执行机关应当为其委托亲属、其他成年人或民政部门设立的儿童福利机构、救助保护机构监护提供帮助。对于依法收养儿童，民政部门要完善和强化监护人抚养监护能力评估制度，落实妥善抚养监护要求。

### 第九十五条　对被长期监护未成年人的收养

　　民政部门进行收养评估后，可以依法将其长期监护的未成年人交由符合条件的申请人收养。收养关系成立后，民政部门与未成年人的监护关系终止。

### ◈ 法　律

1. 《民法典》（2020 年 5 月 28 日）

　　第 1094 条　下列个人、组织可以作送养人：

　　（一）孤儿的监护人；

　　（二）儿童福利机构；

　　（三）有特殊困难无力抚养子女的生父母。

● 部门规章及文件

2.《家庭寄养管理办法》（2014 年 9 月 24 日）

第 2 条　本办法所称家庭寄养，是指经过规定的程序，将民政部门监护的儿童委托在符合条件的家庭中养育的照料模式。

**第九十六条**　**政府及相关部门对民政部门监护职责的配合**

民政部门承担临时监护或者长期监护职责的，财政、教育、卫生健康、公安等部门应当根据各自职责予以配合。

县级以上人民政府及其民政部门应当根据需要设立未成年人救助保护机构、儿童福利机构，负责收留、抚养由民政部门监护的未成年人。

**第九十七条**　**政府应当开通未成年人保护热线**

县级以上人民政府应当开通全国统一的未成年人保护热线，及时受理、转介侵犯未成年人合法权益的投诉、举报；鼓励和支持人民团体、企业事业单位、社会组织参与建设未成年人保护服务平台、服务热线、服务站点，提供未成年人保护方面的咨询、帮助。

**第九十八条**　**违法犯罪人员信息的免费查询服务**

国家建立性侵害、虐待、拐卖、暴力伤害等违法犯罪人员信息查询系统，向密切接触未成年人的单位提供免费查询服务。

● 案例指引

**祁某猥亵儿童案**（最高人民法院发布《保护未成年人权益十大优秀案例》）

**典型意义**：本案系教师利用教学便利对未成年学生实施猥亵的

恶性案件，给被害人和家人都造成了严重的身心伤害，挑战道德法律底线，性质极其恶劣，危害后果严重，必须从严惩处。被告人祁某虽已年过六十，但裁判法院考虑其被学校返聘、补课等情况，仍从有效预防侵害未成年人犯罪角度出发，秉持对侵害未成年人的"零容忍"态度，依法对被告人祁某适用从业禁止。本案在审理阶段，司法机关还通过政府购买服务，及时为被害人进行心理疏导，尽力医治对涉案未成年人的精神伤害。此类案件反映出极个别学校对未成年人权益保护仍然存在管理不善，制度不落实，执行不到位的现象，需要有关学校及部门引起重视。

**第九十九条**　政府对参与未成年人保护工作的社会组织的培育、引导和规范

> 地方人民政府应当培育、引导和规范有关社会组织、社会工作者参与未成年人保护工作，开展家庭教育指导服务，为未成年人的心理辅导、康复救助、监护及收养评估等提供专业服务。

### ◉ 行政法规及文件

1.《国务院关于加强困境儿童保障工作的意见》（2016 年 6 月 13日　国发〔2016〕36 号）

三、建立健全困境儿童保障工作体系

（四）鼓励支持社会力量参与。

建立政府主导与社会参与良性互动机制。加快孵化培育专业社会工作服务机构、慈善组织、志愿服务组织，引导其围绕困境儿童基本生活、教育、医疗、照料、康复等需求，捐赠资金物资、实施慈善项目、提供专业服务。落实国家有关税费优惠政策，通过政府和社会资本合作（PPP）等方式，支持社会力量举办困境儿童托养照料、康复训练等服务机构，并鼓励其参与承接政府购买服务。支持社会工作者、法律工作者等专业人员和志愿

者针对困境儿童不同特点提供心理疏导、精神关爱、家庭教育指导、权益维护等服务。鼓励爱心家庭依据相关规定，为有需要的困境儿童提供家庭寄养、委托代养、爱心助养等服务，帮助困境儿童得到妥善照料和家庭亲情。积极倡导企业履行社会责任，通过一对一帮扶、慈善捐赠、实施公益项目等多种方式，为困境儿童及其家庭提供更多帮助。

**2.《国务院关于加强农村留守儿童关爱保护工作的意见》**（2016年2月4日 国发〔2016〕13号）

三、完善农村留守儿童关爱服务体系

（五）推动社会力量积极参与。加快孵化培育社会工作专业服务机构、公益慈善类社会组织、志愿服务组织，民政等部门要通过政府购买服务等方式支持其深入城乡社区、学校和家庭，开展农村留守儿童监护指导、心理疏导、行为矫治、社会融入和家庭关系调适等专业服务。充分发挥市场机制作用，支持社会组织、爱心企业依托学校、社区综合服务设施举办农村留守儿童托管服务机构，财税部门要依法落实税费减免优惠政策。

● **案例指引**

**张某申请国家司法救助案**（吉林省高级人民法院发布《2021年全省法院涉未成年典型案例》）

**典型意义：**本案系吉林省出台《关于建立国家司法救助与社会救助衔接机制的实施意见》后首个司法救助与社会救助衔接案例。本案中，吉林省高级人民法院既针对救助申请人的困难状况，依法及时给予张某司法救助，又主动对接社会救助职能部门，由一次性救助延伸为持续性帮扶，实现了司法救助与社会救助的无缝对接。民政部门将张某纳入最低生活保障范围；教育部门适时对张某进行心理疏导；妇联组织为其争取帮扶资金，并进行后续社会帮扶。此次救助及时帮助被救助人走出急迫生活困境，充分彰显了党和国家的民生关怀，传递了人民司法的温度。

# 第七章　司　法　保　护

第一百条　司法保护的责任主体

　　公安机关、人民检察院、人民法院和司法行政部门应当依法履行职责，保障未成年人合法权益。

## 宪　法

1.《宪法》（2018 年 3 月 11 日）

　　第 128 条　中华人民共和国人民法院是国家的审判机关。

　　第 131 条　人民法院依照法律规定独立行使审判权，不受行政机关、社会团体和个人的干涉。

　　第 134 条　中华人民共和国人民检察院是国家的法律监督机关。

　　第 136 条　人民检察院依照法律规定独立行使检察权，不受行政机关、社会团体和个人的干涉。

## 法　律

2.《刑事诉讼法》（2018 年 10 月 26 日）

　　第 3 条　对刑事案件的侦查、拘留、执行逮捕、预审，由公安机关负责。检察、批准逮捕、检察机关直接受理的案件的侦查、提起公诉，由人民检察院负责。审判由人民法院负责。除法律特别规定的以外，其他任何机关、团体和个人都无权行使这些权力。

　　人民法院、人民检察院和公安机关进行刑事诉讼，必须严格遵守本法和其他法律的有关规定。

## 案例指引

1. 梁某某诉某县医疗保险事业管理局社会保障行政给付案（最高人民法院发布《未成年人权益司法保护典型案例》）

　　典型意义：本案是一起涉未成年人社会保障行政给付的典型案

例。梁某某系患有先天性心脏病的幼儿，出生后即产生较高医疗费，且后续仍需相关医疗费用。如按常规程序历经一审、二审、执行，将会贻误梁某某的治疗。法院在受理案件后，为确保梁某某得到及时救治，改变传统工作思路，与被告以及原告所在乡政府多次沟通，进行法律释明，协调各方就梁某某参保关系成立这一核心事实达成共识。同时向某县医疗保险事业管理局发出司法建议并被采纳，有力推动了问题的解决。本案的实质化解，体现了人民法院行政审判工作在分清是非，切实保护当事人合法权益的基础上，切实把非诉讼纠纷解决机制挺在前面，以满足广大人民群众多元、高效、便捷的解纷需求的司法理念，彰显了人民法院通过对行政行为进行监督，维护未成年人合法权益的担当，筑牢了对未成年人的立体司法保护网。

**2. 邱某某强制猥亵案**（《2022 年湖北省高级人民法院少年审判工作新闻发布会典型案例》）

**典型意义**：在《刑法修正案（九）》颁布之前，猥亵类犯罪包括猥亵儿童罪和强制猥亵罪，其中猥亵儿童罪的犯罪对象限于未满十四周岁的未成年人，而强制猥亵罪的犯罪对象仅限于妇女，导致被侵犯的已满十四周岁男性无法得到法律保护。2015 年 8 月 29 日，全国人大常委会颁布的《刑法修正案（九）》将强制猥亵罪的犯罪对象由妇女扩大到已满十四周岁男性，从而为此类犯罪中已满十四周岁男性被害人提供了法律保护。近年来，社会对妇女儿童的性保护意识逐渐增强，但对于男性特别是已满十四周岁未成年男性的性保护意识有待加强。被告人邱某某为追求性刺激，将未成年的被害人王某某骗至酒店内，采取威逼利诱的方式，对王某某实施了以性侵为主要内容的猥亵行为，导致被害人身体受到伤害，严重侵害了王某某的身心健康和人格尊严。本案判决充分体现了人民法院依法打击性侵男性犯罪的决心，以刑罚手段为已满十四周岁男性被害人的人格尊严和身心健康提供强有力的司法保护。

**第一百零一条** 对办理未成年人案件的专门机构、人员和考核标准的特殊要求

公安机关、人民检察院、人民法院和司法行政部门应当确定专门机构或者指定专门人员，负责办理涉及未成年人案件。办理涉及未成年人案件的人员应当经过专门培训，熟悉未成年人身心特点。专门机构或者专门人员中，应当有女性工作人员。

公安机关、人民检察院、人民法院和司法行政部门应当对上述机构和人员实行与未成年人保护工作相适应的评价考核标准。

● **法 律**

1.《刑事诉讼法》（2018 年 10 月 26 日）

第 277 条 对犯罪的未成年人实行教育、感化、挽救的方针，坚持教育为主、惩罚为辅的原则。

人民法院、人民检察院和公安机关办理未成年人刑事案件，应当保障未成年人行使其诉讼权利，保障未成年人得到法律帮助，并由熟悉未成年人身心特点的审判人员、检察人员、侦查人员承办。

2.《社区矫正法》（2019 年 12 月 28 日）

第 52 条 社区矫正机构应当根据未成年社区矫正对象的年龄、心理特点、发育需要、成长经历、犯罪原因、家庭监护教育条件等情况，采取针对性的矫正措施。

社区矫正机构为未成年社区矫正对象确定矫正小组，应当吸收熟悉未成年人身心特点的人员参加。

对未成年人的社区矫正，应当与成年人分别进行。

● **部门规章及文件**

3.《公安机关办理刑事案件程序规定》（2020 年 7 月 20 日）

第 319 条 公安机关应当设置专门机构或者配备专职人员办

理未成年人刑事案件。

未成年人刑事案件应当由熟悉未成年人身心特点，善于做未成年人思想教育工作，具有一定办案经验的人员办理。

● 司法解释及文件

4. 《最高人民法院关于适用〈中华人民共和国刑事诉讼法〉的解释》（2021年1月26日　法释〔2021〕1号）

第549条　人民法院应当确定专门机构或者指定专门人员，负责审理未成年人刑事案件。审理未成年人刑事案件的人员应当经过专门培训，熟悉未成年人身心特点、善于做未成年人思想教育工作。

参加审理未成年人刑事案件的人民陪审员，可以从熟悉未成年人身心特点、关心未成年人保护工作的人民陪审员名单中随机抽取确定。

5. 《人民检察院办理未成年人刑事案件的规定》（2013年12月19日　高检发研字〔2013〕7号）

第8条　省级、地市级人民检察院和未成年人刑事案件较多的基层人民检察院，应当设立独立的未成年人刑事检察机构。地市级人民检察院也可以根据当地实际，指定一个基层人民检察院设立独立机构，统一办理辖区范围内的未成年人刑事案件；条件暂不具备的，应当成立专门办案组或者指定专人办理。对于专门办案组或者专人，应当保证其集中精力办理未成年人刑事案件，研究未成年人犯罪规律，落实对涉案未成年人的帮教措施等工作。

各级人民检察院应当选任经过专门培训，熟悉未成年人身心特点，具有犯罪学、社会学、心理学、教育学等方面知识的检察人员承办未成年人刑事案件，并加强对办案人员的培训和指导。

6. 《人民检察院刑事诉讼规则》（2019年12月30日　高检发释字〔2019〕4号）

第458条　人民检察院应当指定熟悉未成年人身心特点的检

察人员办理未成年人刑事案件。

### 第一百零二条　对办理涉及未成年人案件的原则要求

公安机关、人民检察院、人民法院和司法行政部门办理涉及未成年人案件，应当考虑未成年人身心特点和健康成长的需要，使用未成年人能够理解的语言和表达方式，听取未成年人的意见。

● 部门规章及文件

1.《公安机关办理刑事案件程序规定》（2020 年 7 月 20 日）

第 319 条　公安机关应当设置专门机构或者配备专职人员办理未成年人刑事案件。

未成年人刑事案件应当由熟悉未成年人身心特点，善于做未成年人思想教育工作，具有一定办案经验的人员办理。

● 司法解释及文件

2.《最高人民法院关于适用〈中华人民共和国刑事诉讼法〉的解释》（2021 年 1 月 26 日　法释〔2021〕1 号）

第 573 条　法庭审理过程中，审判人员应当根据未成年被告人的智力发育程度和心理状态，使用适合未成年人的语言表达方式。

发现有对未成年被告人威胁、训斥、诱供或者讽刺等情形的，审判长应当制止。

### 第一百零三条　办理案件中对未成年人隐私的特殊保护

公安机关、人民检察院、人民法院、司法行政部门以及其他组织和个人不得披露有关案件中未成年人的姓名、影像、住所、就读学校以及其他可能识别出其身份的信息，但查找失踪、被拐卖未成年人等情形除外。

## 法　律

**1.《民法典》**（2020 年 5 月 28 日）

第 1032 条　自然人享有隐私权。任何组织或者个人不得以刺探、侵扰、泄露、公开等方式侵害他人的隐私权。

隐私是自然人的私人生活安宁和不愿为他人知晓的私密空间、私密活动、私密信息。

第 1034 条　自然人的个人信息受法律保护。

个人信息是以电子或者其他方式记录的能够单独或者与其他信息结合识别特定自然人的各种信息，包括自然人的姓名、出生日期、身份证件号码、生物识别信息、住址、电话号码、电子邮箱、健康信息、行踪信息等。

个人信息中的私密信息，适用有关隐私权的规定；没有规定的，适用有关个人信息保护的规定。

**2.《社区矫正法》**（2019 年 12 月 28 日）

第 54 条　社区矫正机构工作人员和其他依法参与社区矫正工作的人员对履行职责过程中获得的未成年人身份信息应当予以保密。

除司法机关办案需要或者有关单位根据国家规定查询外，未成年社区矫正对象的档案信息不得提供给任何单位或者个人。依法进行查询的单位，应当对获得的信息予以保密。

## 司法解释及文件

**3.《最高人民法院关于适用〈中华人民共和国刑事诉讼法〉的解释》**（2021 年 1 月 26 日　法释〔2021〕1 号）

第 559 条　审理涉及未成年人的刑事案件，不得向外界披露未成年人的姓名、住所、照片以及可能推断出未成年人身份的其他资料。

查阅、摘抄、复制的案卷材料，涉及未成年人的，不得公开和传播。

242

**4. 《人民检察院刑事诉讼规则》**（2019 年 12 月 30 日　高检发释字〔2019〕4 号）

第 481 条　人民检察院办理未成年人刑事案件过程中，应当对涉案未成年人的资料予以保密，不得公开或者传播涉案未成年人的姓名、住所、照片、图像及可能推断出该未成年人的其他资料。

**第一百零四条**　**对未成年人法律援助与司法救助的要求**

对需要法律援助或者司法救助的未成年人，法律援助机构或者公安机关、人民检察院、人民法院和司法行政部门应当给予帮助，依法为其提供法律援助或者司法救助。

法律援助机构应当指派熟悉未成年人身心特点的律师为未成年人提供法律援助服务。

法律援助机构和律师协会应当对办理未成年人法律援助案件的律师进行指导和培训。

● **法　律**

**1. 《法律援助法》**（2021 年 8 月 20 日）

第 25 条　刑事案件的犯罪嫌疑人、被告人属于下列人员之一，没有委托辩护人的，人民法院、人民检察院、公安机关应当通知法律援助机构指派律师担任辩护人：

（一）未成年人；

（二）视力、听力、言语残疾人；

（三）不能完全辨认自己行为的成年人；

（四）可能被判处无期徒刑、死刑的人；

（五）申请法律援助的死刑复核案件被告人；

（六）缺席审判案件的被告人；

（七）法律法规规定的其他人员。

其他适用普通程序审理的刑事案件，被告人没有委托辩护人的，人民法院可以通知法律援助机构指派律师担任辩护人。

2. 《刑事诉讼法》（2018 年 10 月 26 日）

第 278 条　未成年犯罪嫌疑人、被告人没有委托辩护人的，人民法院、人民检察院、公安机关应当通知法律援助机构指派律师为其提供辩护。

⬤ 行政法规及文件

3. 《法律援助条例》（2003 年 7 月 21 日）

第 12 条　公诉人出庭公诉的案件，被告人因经济困难或者其他原因没有委托辩护人，人民法院为被告人指定辩护时，法律援助机构应当提供法律援助。

被告人是盲、聋、哑人或者未成年人而没有委托辩护人的，或者被告人可能被判处死刑而没有委托辩护人的，人民法院为被告人指定辩护时，法律援助机构应当提供法律援助，无须对被告人进行经济状况的审查。

⬤ 部门规章及文件

4. 《关于刑事诉讼法律援助工作的规定》（2013 年 2 月 4 日　司发通〔2013〕18 号）

第 9 条　犯罪嫌疑人、被告人具有下列情形之一没有委托辩护人的，公安机关、人民检察院、人民法院应当自发现该情形之日起 3 日内，通知所在地同级司法行政机关所属法律援助机构指派律师为其提供辩护：

（一）未成年人；

（二）盲、聋、哑人；

（三）尚未完全丧失辨认或者控制自己行为能力的精神病人；

（四）可能被判处无期徒刑、死刑的人。

● 司法解释及文件

5.《最高人民法院关于适用〈中华人民共和国刑事诉讼法〉的解释》（2021 年 1 月 26 日　法释〔2021〕1 号）

第 564 条　审判时不满十八周岁的未成年被告人没有委托辩护人的，人民法院应当通知法律援助机构指派熟悉未成年人身心特点的律师为其提供辩护。

第 565 条　未成年被害人及其法定代理人因经济困难或者其他原因没有委托诉讼代理人的，人民法院应当帮助其申请法律援助。

● 案例指引

**跨省对被害人甲巴某某司法救助案**（《最高人民法院发布依法严惩侵害未成年人权益典型案例》）

**典型意义：**未成年人司法救助是法院少年审判工作一项非常重要的延伸职能，本案是山东高院开展的首例跨省对少数民族未成年当事人进行司法救助的案件。为确保司法救助金能够切实保障孩子们的生活和学习，承办法官亲自将司法救助金和相关手续送到大山深处的被害人家，向被害人妻子讲解了司法救助的用意，与其签订了司法救助金使用监管协议，并邀请村支书作为保证人，由村支书监督救助金的使用情况。经后续追踪，因为有司法救助金的支持，被害人的未成年子女的学习、生活和成长环境得到了极大的改善。这次跨省司法救助，在当地引发了强烈的社会反响，让更多更远的人了解到未成年人司法救助工作，感受到了司法的温度。

**第一百零五条**　检察机关对涉及未成年人诉讼活动等的法律监督

人民检察院通过行使检察权，对涉及未成年人的诉讼活动等依法进行监督。

## ● 宪　法

1. 《宪法》（2018 年 3 月 11 日）

第 134 条　中华人民共和国人民检察院是国家的法律监督机关。

第 136 条　人民检察院依照法律规定独立行使检察权，不受行政机关、社会团体和个人的干涉。

## ● 法　律

2. 《人民检察院组织法》（2018 年 10 月 26 日）

第 2 条　人民检察院是国家的法律监督机关。

人民检察院通过行使检察权，追诉犯罪，维护国家安全和社会秩序，维护个人和组织的合法权益，维护国家利益和社会公共利益，保障法律正确实施，维护社会公平正义，维护国家法制统一、尊严和权威，保障中国特色社会主义建设的顺利进行。

第 20 条　人民检察院行使下列职权：

（一）依照法律规定对有关刑事案件行使侦查权；

（二）对刑事案件进行审查，批准或者决定是否逮捕犯罪嫌疑人；

（三）对刑事案件进行审查，决定是否提起公诉，对决定提起公诉的案件支持公诉；

（四）依照法律规定提起公益诉讼；

（五）对诉讼活动实行法律监督；

（六）对判决、裁定等生效法律文书的执行工作实行法律监督；

（七）对监狱、看守所的执法活动实行法律监督；

（八）法律规定的其他职权。

**第一百零六条**　**检察机关支持起诉和提起公益诉讼的职责**

未成年人合法权益受到侵犯，相关组织和个人未代为提起诉讼的，人民检察院可以督促、支持其提起诉讼；涉及公共利益的，人民检察院有权提起公益诉讼。

**第一百零七条**　**法院审理家事案件时对未成年人的保护**

人民法院审理继承案件，应当依法保护未成年人的继承权和受遗赠权。

人民法院审理离婚案件，涉及未成年子女抚养问题的，应当尊重已满八周岁未成年子女的真实意愿，根据双方具体情况，按照最有利于未成年子女的原则依法处理。

◎　**法　律**

1.《民法典》（2020 年 5 月 28 日）

第 1084 条　父母与子女间的关系，不因父母离婚而消除。离婚后，子女无论由父或者母直接抚养，仍是父母双方的子女。

离婚后，父母对于子女仍有抚养、教育、保护的权利和义务。

离婚后，不满两周岁的子女，以由母亲直接抚养为原则。已满两周岁的子女，父母双方对抚养问题协议不成的，由人民法院根据双方的具体情况，按照最有利于未成年子女的原则判决。子女已满八周岁的，应当尊重其真实意愿。

第 1124 条　继承开始后，继承人放弃继承的，应当在遗产处理前，以书面形式作出放弃继承的表示；没有表示的，视为接受继承。

受遗赠人应当在知道受遗赠后六十日内，作出接受或者放弃受遗赠的表示；到期没有表示的，视为放弃受遗赠。

第 1128 条　被继承人的子女先于被继承人死亡的，由被继承人的子女的直系晚辈血亲代位继承。

被继承人的兄弟姐妹先于被继承人死亡的，由被继承人的兄弟姐妹的子女代位继承。

代位继承人一般只能继承被代位继承人有权继承的遗产份额。

第1130条　同一顺序继承人继承遗产的份额，一般应当均等。

对生活有特殊困难又缺乏劳动能力的继承人，分配遗产时，应当予以照顾。

对被继承人尽了主要扶养义务或者与被继承人共同生活的继承人，分配遗产时，可以多分。

有扶养能力和有扶养条件的继承人，不尽扶养义务的，分配遗产时，应当不分或者少分。

继承人协商同意的，也可以不均等。

● 司法解释及文件

2.《最高人民法院关于适用〈中华人民共和国民法典〉婚姻家庭编的解释（一）》（2020年12月29日　法释〔2020〕22号）

第44条　离婚案件涉及未成年子女抚养的，对不满两周岁的子女，按照民法典第一千零八十四条第三款规定的原则处理。母亲有下列情形之一，父亲请求直接抚养的，人民法院应予支持：

（一）患有久治不愈的传染性疾病或者其他严重疾病，子女不宜与其共同生活；

（二）有抚养条件不尽抚养义务，而父亲要求子女随其生活；

（三）因其他原因，子女确不宜随母亲生活。

第45条　父母双方协议不满两周岁子女由父亲直接抚养，并对子女健康成长无不利影响的，人民法院应予支持。

第 46 条　对已满两周岁的未成年子女，父母均要求直接抚养，一方有下列情形之一的，可予优先考虑：

（一）已做绝育手术或者因其他原因丧失生育能力；

（二）子女随其生活时间较长，改变生活环境对子女健康成长明显不利；

（三）无其他子女，而另一方有其他子女；

（四）子女随其生活，对子女成长有利，而另一方患有久治不愈的传染性疾病或者其他严重疾病，或者有其他不利于子女身心健康的情形，不宜与子女共同生活。

第 47 条　父母抚养子女的条件基本相同，双方均要求直接抚养子女，但子女单独随祖父母或者外祖父母共同生活多年，且祖父母或者外祖父母要求并且有能力帮助子女照顾孙子女或者外孙子女的，可以作为父或者母直接抚养子女的优先条件予以考虑。

第 48 条　在有利于保护子女利益的前提下，父母双方协议轮流直接抚养子女的，人民法院应予支持。

● 案例指引

**1. 天津某银行股份有限公司与伏某、张某、沈某被继承人债务清偿纠纷案**（《天津法院发布保护未成年人合法权益典型案例》）

**典型意义**：本案是人民法院依法审理被继承人债务清偿纠纷案件，为未成年人保留必要遗产，保障未成年人权益的典型案例。《中华人民共和国民法典》第一千一百五十九条规定："分割遗产，应当清偿被继承人依法应当缴纳的税款和债务；但是，应当为缺乏劳动能力又没有生活来源的继承人保留必要的遗产。"该条确立了遗产必留份制度，系为维护继承人生存权，为其生活需要保留必不可少的财产。本案中，被继承人张某某欠付银行贷款，且该债务设立了抵押登记，由于被抵押房屋价值并不高，如果优先偿还债务后剩余的金额极少，且被继承人张某某其他遗产价值亦较低，张某作为未成年人缺乏劳动能力，虽有母亲抚养，但其母收入有限，如上述房屋被执行后，母女俩生活将难以为继。经综合考量上述案件情况，法院依法认定优先给张某留存必要的遗产，剩余抵押房产变现价款再行清偿欠付银行债务。案件裁判结果依法维护了未成年人的生存权益，实现了法律效果和社会效果的统一。

**2. 高某诉张某变更子女抚养关系案**（《河北省高级人民法院发布2021年度第二批未成年人保护典型案例》）

**典型意义**：原、被告虽然离婚，但应将家庭破裂对孩子的影响降到最低。本案中，离婚时双方约定由男方抚养孩子，因男方患严重疾病要求变更子女抚养关系，符合法定条件，而且孩子在父母离婚后也有选择跟随父、母任一方生活的权利。法院判决变更由被告直接抚养孩子，既尊重了孩子的选择，有利于亲情维系，更有利于未成年人合法权益保障。

**3. 姚某某诉蒋某某变更抚养关系纠纷案**（《福建法院未成年人权益保护典型案例》）

**典型意义**：司法实践中，常常出现协议或者调解离婚后，不直接抚养未成年子女的一方又向法院起诉变更子女抚养关系的情形。在处理此类案件时，应当注意：1. 有抚养能力不必然产生变更抚养关系的法律后果。根据《最高人民法院关于适用〈中华人民共和国民法典〉婚姻家庭编的解释（一）》第五十六条的规定，不直接抚养的一方必须举证证明抚养人有不利于子女身心健康的情形，并且自己具有抚养能力，才能变更抚养关系。2. 从子女角度看，协议离婚后，年幼的婚生女随父亲共同生活且生活环境稳定，突然变更抚养关系，改变生活环境，对于子女来说需要大量的时间去调整适应，可能不利于其身心健康。3. 从情理角度看，子女的健康成长需要来自父母的共同关爱，但并非只有变更抚养关系才能解决。姚某某和蒋某某可以通过依法行使探望权等方式增进其与子女的亲密关系。本案有利于促进父母双方以子女利益为重，为未成年子女共同创造良好的生活、成长环境。

250

**4. 黄某甲、黄某乙诉曾某某抚养费纠纷案**（《福建法院未成年人权益保护典型案例》）

**典型意义**：本案焦点是如何处理法定义务与约定义务的关系。按照法定义务高于约定义务的原则，离婚协议中关于抚养费的约定，并不影响子女要求支付超出离婚协议的抚养费的主张。我国《民法典》第一千零八十五条规定，"离婚后，子女由一方直接抚养的，另一方应当负担部分或者全部抚养费。负担费用的多少和期限的长短，由双方协议；协议不成的，由人民法院判决。前款规定的协议或者判决，不妨碍子女在必要时向父母任何一方提出超过协议或者判决原定数额的合理要求"。本案中，虽然夫妻双方在离婚协议中约定"女方不需要支付抚养费"，但该约定系父母双方自愿达成的对离婚相关事项的约定，约定不能损害、限制或剥夺子女的合法权益。因此，该约定不能免除女方为未成年子女支付抚养费的法定义务。本案对依法认定离婚协议相关约定事项的效力，切实保障未成年人的合法权益具有积极意义。

**5. 杨某诉黄某变更抚养关系纠纷案**（《江西高院发布十大未成年人权益保护典型案例》）

**典型意义**：人民法院审理抚养关系变更案件时，应从最有利于未成年子女身心健康和保障其生活、学习等合法权益的角度进行处理，为未成年人营造良好的成长、生活和学习环境。本案坚持未成年人利益保护最大化原则，建立未成年人维权保护联动机制，在判决前与未成年人父母充分沟通，避免判决后因子女交接引发新的矛盾，通过实地走访、调查和协调，考察了解未成年人的学习、生活情况，为维护和保障未成年人合法权益创造条件；在判决后延伸司法服务，持续关注未成年人的状况，做到判决结果与未成年人权益保护"无缝对接"，彰显了司法的人文关怀。

**6. 王某甲诉王某乙变更抚养关系案**（山西省高级人民法院发布《10起典型案例！司法保护未成年人健康成长》）

**典型意义**：家庭是社会的细胞，尤其当家事纠纷涉及子女的成长问题时，其解决纠纷的效果关乎个人、家庭乃至整个社会的现在和未来。本案中，涉及未成年人的抚养权问题，法官通过走访调查、电话沟通、当面询问等多种方式，了解王某丙的真实生活环境和其真实意愿，判决变更由母亲直接抚养孩子，既尊重了孩子的选择，有利于亲情维系，更有利于未成年人合法权益保障。本案的典型意义在于变更抚养权案件中涉及未成年人利益优先保护原则。人民法院坚持从有利于未成年人身心健康、保障未成年人合法权益出发，坚持未成年人利益最大化，充分尊重未成年子女的意愿，作出对未成年人最有利的裁判。

### 第一百零八条　监护人资格撤销的制度

未成年人的父母或者其他监护人不依法履行监护职责或者严重侵犯被监护的未成年人合法权益的，人民法院可以根据有关人员或者单位的申请，依法作出人身安全保护令或者撤销监护人资格。

被撤销监护人资格的父母或者其他监护人应当依法继续负担抚养费用。

● 法　律

1. 《民法典》（2020 年 5 月 28 日）

第 36 条　监护人有下列情形之一的，人民法院根据有关个人或者组织的申请，撤销其监护人资格，安排必要的临时监护措施，并按照最有利于被监护人的原则依法指定监护人：

（一）实施严重损害被监护人身心健康的行为；

（二）怠于履行监护职责，或者无法履行监护职责且拒绝将监护职责部分或者全部委托给他人，导致被监护人处于危困状态；

（三）实施严重侵害被监护人合法权益的其他行为。

本条规定的有关个人、组织包括：其他依法具有监护资格的人，居民委员会、村民委员会、学校、医疗机构、妇女联合会、残疾人联合会、未成年人保护组织、依法设立的老年人组织、民政部门等。

前款规定的个人和民政部门以外的组织未及时向人民法院申请撤销监护人资格的，民政部门应当向人民法院申请。

**第37条** 依法负担被监护人抚养费、赡养费、扶养费的父母、子女、配偶等，被人民法院撤销监护人资格后，应当继续履行负担的义务。

## 2.《反家庭暴力法》（2015年12月27日）

**第23条** 当事人因遭受家庭暴力或者面临家庭暴力的现实危险，向人民法院申请人身安全保护令的，人民法院应当受理。

当事人是无民事行为能力人、限制民事行为能力人，或者因受到强制、威吓等原因无法申请人身安全保护令的，其近亲属、公安机关、妇女联合会、居民委员会、村民委员会、救助管理机构可以代为申请。

**第29条** 人身安全保护令可以包括下列措施：

（一）禁止被申请人实施家庭暴力；

（二）禁止被申请人骚扰、跟踪、接触申请人及其相关近亲属；

（三）责令被申请人迁出申请人住所；

（四）保护申请人人身安全的其他措施。

### 司法解释及文件

## 3.《最高人民法院、全国妇联、教育部、公安部、民政部、司法部、卫生健康委关于加强人身安全保护令制度贯彻实施的意见》

（2022年3月3日 法发〔2022〕10号）

为进一步做好预防和制止家庭暴力工作，依法保护家庭成员特别是妇女、未成年人、老年人、残疾人的合法权益，维护平等、和睦、文明的家庭关系，促进家庭和谐、社会稳定，现就加强人身安全保护令制度贯彻实施提出如下意见：

一、坚持以习近平新时代中国特色社会主义思想为指导。深入贯彻习近平法治思想和习近平总书记关于注重家庭家教家风建设的重要论述精神，在家庭中积极培育和践行社会主义核心价值观，涵养优良家风，弘扬家庭美德，最大限度预防和制止家庭暴力。

二、坚持依法、及时、有效保护受害人原则。各部门在临时庇护、法律援助、司法救助等方面要持续加大对家庭暴力受害人的帮扶力度，建立多层次、多样化、立体式的救助体系。要深刻认识家庭暴力的私密性、突发性特点，提高家庭暴力受害人证据意识，指导其依法及时保存、提交证据。

三、坚持尊重受害人真实意愿原则。各部门在接受涉家庭暴力投诉、反映、求助以及受理案件、转介处置等工作中，应当就采取何种安全保护措施、是否申请人身安全保护令、对加害人的处理方式等方面听取受害人意见，加大对受害人的心理疏导。

四、坚持保护当事人隐私原则。各部门在受理案件、协助执行、履行强制报告义务等工作中应当注重保护当事人尤其是未成年人的隐私。受害人已搬离与加害人共同住所的，不得将受害人的行踪或者联系方式告知加害人，不得在相关文书、回执中列明受害人的现住所。人身安全保护令原则上不得公开。

五、推动建立各部门协同的反家暴工作机制。积极推动将家庭暴力防控纳入社会治安综合治理体系，发挥平安建设考评机制作用。完善人民法院、公安机关、民政部门、司法行政部门、教育部门、卫生部门和妇女联合会等单位共同参与的反家暴工作体系。充分利用信息化建设成果，加强各部门间数据的协同共享。探索通过专案专档、分级预警等方式精准跟踪、实时监督。

六、公安机关应当强化依法干预家庭暴力的观念和意识，加大家庭暴力警情处置力度，强化对加害人的告诫，依法依规出具家庭暴力告诫书。注重搜集、固定证据，积极配合人民法院依职权调取证据，提供出警记录、告诫书、询（讯）问笔录等。有条件的地方可以与人民法院、民政部门、妇女联合会等建立家暴警情联动机制和告诫通报机制。

七、民政部门应当加强对居民委员会、村民委员会、社会工作服务机构、救助管理机构、福利机构等的培训和指导。居民委员会、村民委员会、社会工作服务机构、救助管理机构、福利机构及其工作人员在工作中发现无民事行为能力人、限制民事行为能力人遭受或者疑似遭受家庭暴力的，应当及时向公安机关报案。贯彻落实《关于做好家庭暴力受害人庇护救助工作的指导意见》，加强临时庇护场所建设和人员、资金配备，为家庭暴力受害人及时提供转介安置、法律援助、婚姻家庭纠纷调解等救助服务。

八、司法行政部门应当加大对家庭暴力受害人的法律援助力度，畅通法律援助申请渠道，健全服务网络。各地可以根据实际情况依托当地妇女联合会等建立法律援助工作站或者联络点，方便家庭暴力受害人就近寻求法律援助。加强对反家庭暴力法、未成年人保护法、妇女权益保障法、老年人权益保障法等法律法规的宣传。充分发挥人民调解优势作用，扎实做好婚姻家庭纠纷排查化解工作，预防家庭暴力发生。

九、医疗机构在诊疗过程中，发现可能遭受家庭暴力的伤者，要详细做好伤者的信息登记和诊疗记录，将伤者的主诉、伤情和治疗过程，准确、客观、全面地记录于病历资料。建立医警联动机制，在诊疗过程中发现无民事行为能力人或者限制民事行为能力人遭受或者疑似遭受家庭暴力的，应当及时向公安机关报案，并积极配合公安机关做好医疗诊治资料收集工作。

十、学校、幼儿园应当加强对未成年人保护法、预防未成年人犯罪法、反家庭暴力法等法律法规的宣传教育。注重家校、家园协同。在发现未成年人遭受或者疑似遭受家庭暴力的，应当根据《未成年人学校保护规定》，及时向公安、民政、教育等有关部门报告。注重保护未成年人隐私，加强心理疏导、干预力度。

十一、人民法院应当建立人身安全保护令案件受理"绿色通道"，加大依职权调取证据力度，依法及时作出人身安全保护令。各基层人民法院及其派出人民法庭应当在立案大厅或者诉讼服务中心为当事人申请人身安全保护令提供导诉服务。

十二、坚持最有利于未成年人原则。各部门就家庭暴力事实听取未成年人意见或制作询问笔录时，应当充分考虑未成年人身心特点，提供适宜的场所环境，采取未成年人能够理解的问询方式，保护其隐私和安全。必要时，可安排心理咨询师或社会工作者协助开展工作。未成年人作为受害人的人身安全保护令案件中，人民法院可以通知法律援助机构为其提供法律援助。未成年子女作为证人提供证言的，可不出庭作证。

十三、各部门在接受涉家庭暴力投诉、反映、求助或者处理婚姻家庭纠纷过程中，发现当事人遭受家庭暴力或者面临家庭暴力现实危险的，应当主动告知其可以向人民法院申请人身安全保护令。

十四、人民法院在作出人身安全保护令后，应当在 24 小时内向当事人送达，同时送达当地公安派出所、居民委员会、村民委员会，也可以视情况送达当地妇女联合会、学校、未成年人保护组织、残疾人联合会、依法设立的老年人组织等。

十五、人民法院在送达人身安全保护令时，应当注重释明和说服教育，督促被申请人遵守人身安全保护令，告知其违反人身安全保护令的法律后果。被申请人不履行或者违反人身安全保护令的，申请人可以向人民法院申请强制执行。被申请人违反人身安全保护令，尚不构成犯罪的，人民法院应当给予训诫，可以根据情节轻重处以一千元以下罚款、十五日以下拘留。

十六、人民法院在送达人身安全保护令时，可以向当地公安派出所、居民委员会、村民委员会、妇女联合会、学校等一并送达协助执行通知书，协助执行通知书中应当明确载明协助事项。相关单位应当按照协助执行通知书的内容予以协助。

十七、人身安全保护令有效期内，公安机关协助执行的内容可以包括：协助督促被申请人遵守人身安全保护令；在人身安全保护令有效期内，被申请人违反人身安全保护令的，公安机关接警后应当及时出警，制止违法行为；接到报警后救助、保护受害人，并搜集、固定证据；发现被申请人违反人身安全保护令的，将情况通报人民法院等。

十八、人身安全保护令有效期内，居民委员会、村民委员会、妇女联合会、学校等协助执行的内容可以包括：在人身安全保护令有效期内进行定期回访、跟踪记录等，填写回访单或记录单，期满由当事人签字后向人民法院反馈；发现被申请人违反人身安全保护令的，应当对其进行批评教育、填写情况反馈表，帮助受害人及时与人民法院、公安机关联系；对加害人进行法治教育，必要时对加害人、受害人进行心理辅导等。

十九、各部门在接受涉家庭暴力投诉、反映、求助或者处理婚姻家庭纠纷过程中，可以探索引入社会工作和心理疏导机制，缓解受害人以及未成年子女的心理创伤，矫治施暴者认识行为偏差，避免暴力升级，从根本上减少恶性事件发生。

二十、各部门应当充分认识人身安全保护令制度的重要意义，加大学习培训力度，熟悉人身安全保护令申请主体、作出程序以及协助执行的具体内容等，加强人身安全保护令制度普法宣传。

● 案例指引

**1. 邵某某、王某某被撤销监护人资格案**（《最高人民法院关于侵害未成年人权益被撤销监护人资格典型案例》）

**典型意义**：通过对该案的审判，确定了当父母拒不履行监护责任或者侵害被监护人合法权益时，民政局作为社会保障机构，有权申请撤销父母的监护权，打破"虐童是家事"的陈旧观念，使受到家庭成员伤害的未成年人也能够得到司法救济。在未成年人其他近亲属无力监护、不愿监护和不宜监护，临时照料人监护能力又有限的情形下，判决民政局履行带有国家义务性质的监护责任，指定其作为未成年人的监护人，对探索确立国家监护制度作出大胆尝试。该案件审理中的创新做法：一、激活监护权撤销制度使之具有可诉性，明确了民政部门等单位在"有关单位"之列，使撤销监护权之诉具备了实际的可操作性；二、引入指定临时照料人制度，案件受理后，为未成年人指定临时照料人，既确保未成年人在案件审理过程中的生活稳定，也有利于作为受害人的未成年人表达意愿、参加庭审；三、引入社会观护制度，案件审理中，法院委托妇联、团委、青少年维权机构对受害未成年人进行观护，了解未成年人受到侵害的程度、现在的生活状态、亲属情况及另行指定监护人的人选等内容，给法院裁判提供参考；四、加强未成年人隐私保护，庭审中采用远程视频、背对镜头的方式让邵某出庭，寻求受害女童隐私保护和充分表达意愿的平衡。对裁判文书进行编号，向当事人送达裁判文书时送达《未成年人隐私保护告知书》，告知不得擅自复印、传播该文书。在审理终结后，对全部卷宗材料进行封存，最大限度保护受害人的隐私，确保其在另行指定监护人后能健康成长。

**2. 徐某被撤销监护人资格案**（《最高人民法院关于侵害未成年人权益被撤销监护人资格典型案例》）

**典型意义**：本案是一起撤销因收养关系形成的监护权案件。不履行监护职责的消极不作为行为，导致未成年人身心健康受到侵害的行为，亦应认定为监护侵害行为。徐某与徐某某通过收养关系成为其监护人，但实际上徐某某一直由多人轮流抚养，徐某某患有脑裂畸形，因徐某怠于行使监护职责，无法进行手术医治，已严重影响了徐某某的健康成长，在徐某某被送至某市儿童福利院后，徐某未探望过徐某某，亦未支付过相关费用，其不履行监护职责的行为构成对徐某某的侵害。徐某某年仅五岁，且患有脑裂畸形疾病，无法主动维护其自身权益，其是一名弃婴，无法查明其亲生父母及近亲属的情况。某市儿童福利院作为民政部门设立的未成年人救助保护机构，对徐某某进行了抚养、照顾，实际承担了监护职责，由其作为申请人提出申请符合法律规定，体现了国家监护制度对于未成年人监护权益的补充和保障，指定其作为徐某某的监护人，也符合未成年人利益最大化的原则和本案的实际情况。

### 3. 张某某与张某申请撤销监护人资格案（《天津法院发布保护未成年人合法权益典型案例》）

**典型意义**：本案是人民法院积极适用民法典监护人责任撤销有关规定，使失管未成年人重获安定生活的典型案例。本案中，张小某虽有多名顺位在先的法定监护人，但均没有履行或无力履行监护义务，在申请人仅申请撤销一位监护人资格的情况下，法院在民法典规定的范围内，充分尊重相关方意愿，从及时解决未成年人生活困境考虑，按照最有利于被监护人的原则，撤销部分监护人资格，指定能够实际行使监护责任的其他近亲属担任监护人，切实彰显了司法为民的责任担当。特别是案件审理过程中，人民法院邀请多家未成人权益联动保护单位相关负责人旁听庭审，并在庭审查明案件事实、合议庭充分评议后当庭宣判，起到良好示范效果，为困境未成年人的联动保护积累了有益经验。

### 4. 某市民政局申请撤销监护人资格案（《福建法院未成年人权益保护典型案例》）

**典型意义**：现实中，父母严重侵害未成年子女权益或因特殊原因不具备监护条件的情形时有发生。本案中，父亲为牟利出卖子女，患有癫痫的智力残疾母亲明知却默许，从"儿童利益最大化"原则出发，应当依法剥夺失格父母的监护权，为受害未成年指定更有利其身心健康成长的监护人。黄某国家庭困难，一家五口依靠其一人打工收入，自黄某国入狱后，法院工作人多次走访黄某国所在村居、学校，协调未成年子女生活学习问题，被出卖的子女亦被民政局妥善安置，最大限度保障了未成年人的合法权益。本案对于发挥福利院等公益团体和民政部门的作用，依法保障特殊环境下的未成年人健康成长，具有示范意义。

## 第一百零九条　家事案件中对未成年人的社会调查制度

人民法院审理离婚、抚养、收养、监护、探望等案件涉及未成年人的，可以自行或者委托社会组织对未成年人的相关情况进行社会调查。

## 第一百一十条　对涉案未成年当事人及证人的特殊保护

公安机关、人民检察院、人民法院讯问未成年犯罪嫌疑人、被告人，询问未成年被害人、证人，应当依法通知其法定代理人或者其成年亲属、所在学校的代表等合适成年人到场，并采取适当方式，在适当场所进行，保障未成年人的名誉权、隐私权和其他合法权益。

人民法院开庭审理涉及未成年人案件，未成年被害人、证人一般不出庭作证；必须出庭的，应当采取保护其隐私的技术手段和心理干预等保护措施。

### ◎ 法　律

1.《刑事诉讼法》（2018 年 10 月 26 日）

第 281 条　对于未成年人刑事案件，在讯问和审判的时候，应当通知未成年犯罪嫌疑人、被告人的法定代理人到场。无法通知、法定代理人不能到场或者法定代理人是共犯的，也可以通知未成年犯罪嫌疑人、被告人的其他成年亲属，所在学校、单位、居住地基层组织或者未成年人保护组织的代表到场，并将有关情况记录在案。到场的法定代理人可以代为行使未成年犯罪嫌疑人、被告人的诉讼权利。

到场的法定代理人或者其他人员认为办案人员在讯问、审判中侵犯未成年人合法权益的，可以提出意见。讯问笔录、法庭笔录应当交给到场的法定代理人或者其他人员阅读或者向他宣读。

讯问女性未成年犯罪嫌疑人，应当有女工作人员在场。

审判未成年人刑事案件，未成年被告人最后陈述后，其法定代理人可以进行补充陈述。

询问未成年被害人、证人，适用第一款、第二款、第三款的规定。

### 司法解释及文件

**2.《人民检察院刑事诉讼规则》**（2019 年 12 月 30 日　高检发释字〔2019〕4 号）

**第 465 条**　在审查逮捕、审查起诉中，人民检察院应当讯问未成年犯罪嫌疑人，听取辩护人的意见，并制作笔录附卷。辩护人提出书面意见的，应当附卷。对于辩护人提出犯罪嫌疑人无罪、罪轻或者减轻、免除刑事责任、不适宜羁押或者侦查活动有违法情形等意见的，检察人员应当进行审查，并在相关工作文书中叙明辩护人提出的意见，说明是否采纳的情况和理由。

讯问未成年犯罪嫌疑人，应当通知其法定代理人到场，告知法定代理人依法享有的诉讼权利和应当履行的义务。到场的法定代理人可以代为行使未成年犯罪嫌疑人的诉讼权利，代为行使权利时不得损害未成年犯罪嫌疑人的合法权益。

无法通知、法定代理人不能到场或者法定代理人是共犯的，也可以通知未成年犯罪嫌疑人的其他成年亲属，所在学校、单位或者居住地的村民委员会、居民委员会、未成年人保护组织的代表到场，并将有关情况记录在案。未成年犯罪嫌疑人明确拒绝法定代理人以外的合适成年人到场，且有正当理由的，人民检察院可以准许，但应当在征求其意见后通知其他合适成年人到场。

到场的法定代理人或者其他人员认为检察人员在讯问中侵犯未成年犯罪嫌疑人合法权益提出意见的，人民检察院应当记录在案。对合理意见，应当接受并纠正。讯问笔录应当交由到场的法定代理人或者其他人员阅读或者向其宣读，并由其在笔录上签名或者盖章，并捺指印。

讯问女性未成年犯罪嫌疑人，应当有女性检察人员参加。

询问未成年被害人、证人，适用本条第二款至第五款的规定。询问应当以一次为原则，避免反复询问。

**第一百一十一条** 对遭受性侵害和暴力伤害未成年被害人及其家庭的特殊保护

公安机关、人民检察院、人民法院应当与其他有关政府部门、人民团体、社会组织互相配合，对遭受性侵害或者暴力伤害的未成年被害人及其家庭实施必要的心理干预、经济救助、法律援助、转学安置等保护措施。

● 案例指引

**1. 杨某故意杀人案**（最高人民法院发布《保护未成年人权益十大优秀案例》）

**典型意义：**本案是天津法院开展的全国首例对未成年被害人跨省心理救助的案例。被害人小旭案发时年龄尚小，目睹了父亲、兄长的被害过程，身心健康受到严重伤害，有此类经历的孩子是容易出现心理问题的高危人群。考虑到被害人的家庭状况和案件具体情况，法院决定对小旭开展司法救助，进行心理干预，尽力帮助其走出心理阴影，步入正常的生活、学习轨道。由于被救助人生活的地方在四川，距离天津太远，如何开展持续、动态的跨省救助，尤其是心理救助，在全国无先例可循。按照刑事被害人救助规定，只能解决被害人的经济困难。考虑到本案的特殊情况，天津法院创新工作思路，为小旭申请了心理救助专项资金，并与四川法院共同确定了跨省司法救助与心理干预并行的工作方案。目前小旭学习生活状态良好，情绪正常，心理救助初步达到了预期效果。值得注意的是，除了刑事案件的未成年被害人，家事案件中的未成年人，作为家庭成员也经常被无端地卷入家事纷争之中。法院在审理这类案件时，发现确有需要进行救助的困境儿童，也会积极为他们开展延伸救助工作，充分发挥职能优势，整合专业资源，联合政府部门、教育机构、群团组织等让涉困儿童获得精准救助。

**2. 熊某某猥亵儿童案**（山西省高级人民法院发布《10起典型案例！司法保护未成年人健康成长》）

**典型意义**：本案属于一起典型的侵害未成年人权益案件。在本案审理中，人民法院获知被害人存在恐惧、焦虑的情绪反应，若不能及时进行疏导，可能难以走出心理阴影，将长期影响健康成长及正常生活。虽然本案已结案，但人民法院认为案结事未了，为最大限度保护和救助未成年被害人，法院在征得被害人父母同意后，法官与心理辅导老师针对被害人的心理情况、年龄特点和家庭环境，制定了心理干预服务计划，对被害人进行了针对性的心理援助。经过长期的心理重建，被害人从最初恐惧、胆小怕事恢复到正常心理状态，可以勇敢地表达自己意愿，懂得再遇到危险如何应对，最终走出了阴霾。法院既通过惩处犯罪分子慰藉被害人，又对未成年被害人主动进行心理治疗，使被害人早日抚平创伤、走出阴影，回归正常生活，体现了人民法院对未成年被害人的积极保护。

**第一百一十二条** 办理未成年人遭受性侵害或者暴力伤害案件的同步录音录像制度及女性特殊保护措施

公安机关、人民检察院、人民法院办理未成年人遭受性侵害或者暴力伤害案件，在询问未成年被害人、证人时，应当采取同步录音录像等措施，尽量一次完成；未成年被害人、证人是女性的，应当由女性工作人员进行。

**第一百一十三条** **对待违法犯罪未成年人的方针和原则**

> 对违法犯罪的未成年人，实行教育、感化、挽救的方针，坚持教育为主、惩罚为辅的原则。
>
> 对违法犯罪的未成年人依法处罚后，在升学、就业等方面不得歧视。

● 法　律

1. 《刑事诉讼法》（2018 年 10 月 26 日）

第 277 条对犯罪的未成年人实行教育、感化、挽救的方针，坚持教育为主、惩罚为辅的原则。

人民法院、人民检察院和公安机关办理未成年人刑事案件，应当保障未成年人行使其诉讼权利，保障未成年人得到法律帮助，并由熟悉未成年人身心特点的审判人员、检察人员、侦查人员承办。

2. 《预防未成年人犯罪法》（2020 年 12 月 26 日）

第 31 条　学校对有不良行为的未成年学生，应当加强管理教育，不得歧视；对拒不改正或者情节严重的，学校可以根据情况予以处分或者采取以下管理教育措施：

（一）予以训导；

（二）要求遵守特定的行为规范；

（三）要求参加特定的专题教育；

（四）要求参加校内服务活动；

（五）要求接受社会工作者或者其他专业人员的心理辅导和行为干预；

（六）其他适当的管理教育措施。

第 47 条　专门学校应当对接受专门教育的未成年人分级分类进行教育和矫治，有针对性地开展道德教育、法治教育、心理健康教育，并根据实际情况进行职业教育；对没有完成义务教育的未成年人，应当保证其继续接受义务教育。

专门学校的未成年学生的学籍保留在原学校，符合毕业条件的，原学校应当颁发毕业证书。

第 50 条　公安机关、人民检察院、人民法院办理未成年人刑事案件，应当根据未成年人的生理、心理特点和犯罪的情况，有针对性地进行法治教育。

对涉及刑事案件的未成年人进行教育，其法定代理人以外的成年亲属或者教师、辅导员等参与有利于感化、挽救未成年人的，公安机关、人民检察院、人民法院应当邀请其参加有关活动。

## ◈ 司法解释及文件

### 3.《人民检察院办理未成年人刑事案件的规定》（2013 年 12 月 19 日　高检发研字〔2013〕7 号）

第 2 条　人民检察院办理未成年人刑事案件，实行教育、感化、挽救的方针，坚持教育为主、惩罚为辅和特殊保护的原则。在严格遵守法律规定的前提下，按照最有利于未成年人和适合未成年人身心特点的方式进行，充分保障未成年人合法权益。

### 4.《最高人民法院关于全面加强未成年人司法保护及犯罪防治工作的意见》（法发〔2024〕7 号　2024 年 5 月 28 日）

二、加强涉未成年人案件审判工作

（一）加强涉未成年人民事、行政审判工作

3. 增强未成年人保护和犯罪防治观念。着眼未成年人保护和犯罪防治，积极探索适合未成年人身心特点的审判方式，在民事、行政审判中要关注未成年人身心健康，善于发现苗头性倾向性问题，及时化解、消除可能滋生未成年人违法犯罪行为的各种消极因素，做实"抓前端、治未病"。

4. 建立涉未成年人案件快速办理机制。开辟"绿色通道"，本着便捷、高效的原则，对涉未成年人权益保护民事、行政案件，实现优先立案、快速审理、及时裁判、高效执行，切实保障未成年人合法权益。

5. 加强教育和诉讼引导。围绕保护未成年人全面健康成长，办案中注重从法律规定、社会道德、未成年人身心发展规律等方面对未成年人、监护人等相关人员进行针对性教育和诉讼引导。在涉及未成年子女的离婚等案件中，做实做好"关爱未成年人提示"工作，引导当事人以保障未成年子女健康成长为目的，妥善处理抚养、探望、财产等相关事宜。

6. 做实做细调解工作。民事案件除身份关系确认等不适宜调解的以外，应当重视调解。经双方当事人同意，可以邀请社会观护人员、未成年人的近亲属、学校、街道、居委会、村委会等参与案件调解。行政案件应当积极开展诉前调解。对行政赔偿、补偿以及行政机关行使法律、法规规定的自由裁量权的案件，应当在审判过程中注重通过调解实现最佳办案效果。

7. 及时指定诉讼中的代理人。在民事诉讼中，未成年人与其监护人存在利益冲突的，人民法院可以及时告知其他依法具有监护资格的人协商确定未成年人的代理人；协商不成的，人民法院在他们之中指定代理人。未成年人没有其他依法具有监护资格的人的，人民法院可以指定民法典第三十二条规定的有关组织担任代理人。

8. 合理确定直接抚养人。对涉抚养案件，未成年子女已满八周岁的，应当充分听取其意见，尊重其真实意愿。未成年子女向人民法院表达意愿或者陈述事实时，人民法院可以通知社会观护人员或者其他合适人员在场陪同。陪同人员可以辅助未成年子女表达真实意愿。必要时，人民法院可以单独询问、听取未成年子女意见，并提供适宜未成年人心理特点的友善环境，确保其隐私及安全。未成年子女表达的意见不利于其身心健康成长的，人民法院应当予以释明，并依据最有利于未成年人的原则进行裁判。

9. 妥善审理探望权案件。对于探望权案件，人民法院在裁判文书中应当根据案件实际情况，写明探望时间、方式等具体内容。不直接抚养一方因外出务工等原因不能见面探望的，人民法院可以引导当事人积极通过电话、书信、网络、视频连线等方式给予子女亲情关爱。

不直接抚养未成年子女的一方应当依照协议、人民法院判决或者调解确定的时间和方式，在不影响未成年子女学习、生活的情况下探望未成年子女，直接抚养的一方应当配合，拒不协助的，人民法院可予以教育、训诫，直至依法采取拘留、罚款等强制措施。探望不利于未成年子女身心健康、当事人请求中止探望的，人民法院在征询双方当事人及未成年子女意见并查明事实后，认为需要中止探望的，依法作出裁定。未成年子女请求父母探望，或者祖父母、外祖父母请求探望孙子女、外孙子女的，人民法院根据案件具体情况，按照最有利于未成年人的原则依法裁判。

10. 妥善审理涉未成年人侵权案件。未成年人造成他人损害的，由监护人承担侵权责任。监护人尽到监护职责的，可以减轻其侵权责任。人民法院发现监护人未正确履行监护职责的，根据情况对监护人予以训诫，并可以责令其接受教育指导。

未成年人的人身权益受到侵害的，人民法院应当充分考虑未成年人发育、成长和康复需要，依法确定赔偿费用。对根据医疗证明或者鉴定结论确定必然发生的器官功能恢复训练等所必要的康复费、适当的整容费以及其他后续治疗费，可以与已经发生的医疗费一并予以赔偿。在确定精神损害赔偿数额时，可以根据案件具体情况参照成年人案件适当提高。

11. 依法保护未成年人合法财产权益。人民法院在审理离婚案件时，应当注意审查当事人拟分割的财产中是否包括未成年子女的财产以及是否已将未成年子女的财产分列，防止当事人违法处分未成年子女的财产。未成年子女存在重病等特殊情形的，人民法院根据财产的具体情况，应以照顾子女、女方和无过错方权益的原则依法处理。人民法院审理继承案件，应当依法保护未成年人的继承权和受遗赠权。

12. 强化行政行为合法性审查。人民法院对于涉及未成年人权益的行政行为，应当严格进行合法性审查，防止行政行为侵犯未成年人权益。对于违法或者不当的行政行为，及时予以纠正。监督和支持教育、公安、民政、网信等相关部门依法履行保护未成年人合法权益的法定职责。

13. 强化行政许可与处罚审查。在涉及未成年人的行政许可、行政处罚等案件中，关注未成年人的特殊情况和权益保护需求。对涉及教育、卫生等领域的行政许可，应当确保未成年人的受教育权和健康权得到充分保障；对涉及未成年人的行政处罚，应当充分考虑未成年人的认知能力和行为特点，避免不当处罚。

14. 加强行政争议诉源治理。对事关未成年人切身利益的重大改革措施出台、政策制定或调整、敏感事件处置等事项，人民法院可以通过参与论证、提供法律咨询意见、发送司法建议等方式，助推涉未成年人重大行政决策的科学化、民主化和法治化，切实加强未成年人权益保护，从源头减少、杜绝侵害未成年人权益的行政行为。

15. 积极探索创新执行工作机制。探索由专门团队或专人负责涉未成年人民事、行政案件执行工作。对涉抚养、探望等执行案件，积极开展教育疏导、调解等工作，引导当事人以有利于未成年子女身心健康为原则，主动履行义务或者达成和解。

（二）加强涉未成年人刑事审判工作

16. 对未成年人犯罪宽容不纵容。精准贯彻宽严相济刑事政策，依法贯彻"教育、感化、挽救"的方针，坚持"教育为主、惩罚为辅"原则，准确把握和判断犯罪行为的社会危害性，充分考虑未成年人的成长经历、导致犯罪的深层次原因等，最大限度挽救涉案未成年人。对于主观恶性深、情节恶劣、危害严重，特别是屡教不改的，绝不姑息纵容，坚决依法惩治，确保司法公正。

审理未成年人犯罪案件，应当采取适合未成年人身心特点的审判方式，坚持"寓教于审"，根据未成年被告人性格特点和犯罪行为等实际情况，有针对性地开展法庭教育，剖析引发犯罪的主客观原因和教训，引导未成年被告人正确认识法庭审判的严肃性和犯罪行为的社会危害，促其改过自新。

17. 从严惩处利用未成年人实施违法犯罪的行为。引诱、指使、利用未成年人实施违法犯罪活动，构成犯罪的，依法从重处罚。特别是对于胁迫、教唆、引诱、欺骗未成年人参与实施黑恶势力犯罪、有组织违法犯罪的，利用未成年人介绍、诱骗其他低龄未成年女性卖淫或者供其奸淫的，利用未达到刑事责任年龄的未成年人、留守儿童、在校学生实施犯罪的，以及通过向未成年人传授犯罪方法、提供毒品、管制麻醉精神药品、灌输色情暴力等不良信息继而加以利用等严重损害未成年人身心健康、严重危害社会和谐稳定的犯罪，依法从严惩处。

18. 从严惩处侵害未成年人犯罪。对于拐卖、拐骗、绑架儿童、暴力伤害、性侵害未成年人，引诱、介绍、组织、强迫未成年人卖淫，制作、贩卖、传播含有未成年人内容的淫秽电子信息，向未成年人传播淫秽物品等严重侵害未成年人身心健康的犯罪，坚持零容忍立场，依法从严惩处。

19. 加强未成年被害人权益保障。人民法院审理侵害未成年人刑事案件，应当充分考虑未成年被害人身心发育尚未成熟、易受伤害等特点，给予特殊和优先保护，强化对其权益的保障。应当将案件进展情况、案件处理结果及时告知未成年被害人及其法定代理人，并对有关情况予以说明。确定案件开庭日期后，应当将开庭的时间、地点通知未成年被害人及其法定代理人。宣判后，应当将判决书向未成年被害人及其法定代理人送达。

（三）做深做实涉未成年人特色审判工作

20. 深化未成年人隐私保护。对审判时被告人未满十八周岁的刑事案件，一律不公开审理；对涉未成年人民事、行政案件，涉及个人隐私的，应当不公开审理。对涉及未成年人的刑事案件，不得向外界披露未成年人的姓名、住所、照片以及可能推断出未成年人身份的其他资料。查阅、摘抄、复制的案卷材料，涉及未成年人的，不得公开和传播。对涉及未成年人的民事、行政案件，应当注意保护未成年人隐私。发布案例、制作法治宣传资料等均应当对相关信息进行必要的技术处理。

21. 深入开展社会调查。人民法院审理未成年人犯罪案件，应当详细了解未成年人成长环境和犯罪成因。对人民检察院移送的社会调查报告及有关人员提交的反映未成年被告人情况的书面材料，应当重点审查是否客观、全面地反映了未成年人性格特点、家庭监护情况、学校教育、社会交往、成长经历、实施犯罪前后的表现，以及其他反映未成年人走上犯罪道路深层原因的内容。社会调查报告不具体、不翔实的，人民法院应当通知人民检察院予以补充，也可以自行或者委托有关机构开展社会调查。对社会调查报告和有关人员提交的相关材料，经出示、质证，依法采纳的，可以作为办理案件和教育被告人的参考，以及向有关方面提出司法建议的依据。庭审中，人民法院可以通知作出调查报告的人员出庭说明情况，接受控辩双方和法庭的询问。

22. 积极完善社会观护。人民法院审理离婚、抚养、收养、监护、探望等民事案件涉及未成年人的，可以委托从事未成年人保护相关工作的社会组织或者人员就未成年人相关情况开展调查、参与案件调解、必要时陪同未成年人接受询问、对未成年人进行心理疏导、判后延伸观察保护等社会观护工作。社会观护员可通过分别听取当事人、未成年人意见和走访街道、社区、幼儿园、学校等方式，全面了解未成年人的实际生活状况。社会观护报告可以作为人民法院审理案件及开展司法延伸工作的参考和依据。

23. 积极开展心理疏导。人民法院审理涉未成年人案件，根据案件情况认为有必要时，可以自行或者聘请专业人员对未成年当事人进行心理疏导和矫治，安抚未成年人情绪，消除、化解未成年人心理危机和心理障碍；经未成年人及其法定代理人同意，也可以对未成年人进行心理测评，心理测评报告可以作为办理案件和教育矫治的参考。应当及时为未成年被害人及遭受家庭暴力的未成年人提供心理疏导。

24. 加大救助力度。根据未成年人的实际困难，对符合司法救助条件的未成年人优先救助，在救助力度上给予倾斜。积极与教育、民政、共青团、妇联等部门、社会慈善机构等建立联动关爱救助衔接机制，对确有需要的未成年人予以经济帮扶、转学安置等帮助，最大限度保护未成年人合法权益。

三、推动涉未成年人刑事、民事、行政"三审合一"实质化

25. 完善一体化审理机制。因同一事实或者相关事实产生的涉未成年人刑事、民事、行政互涉案件，在符合法律有关管辖规定且条件允许的情况下，原则上由同一审判组织审理。对涉未成年人民事案件反映出的涉未成年人行政管理、犯罪预防等工作中存在的突出问题、隐患，或者审理涉未成年人刑事案件，发现未成年人民事权利等也受到侵害的，应当一并依法妥善解决、处理。刑事或者行政生效裁判确认的基本事实，除有相反证据足以推翻外，在相关民事案件中可予以认定。

26. 做好线索移送和权利告知工作。审理变更抚养关系纠纷、探望权纠纷以及撤销监护人资格等案件，发现未成年人受到或者疑似受到虐待、暴力伤害、性侵害、遗弃等违法犯罪侵害的，应

当将涉嫌违法犯罪的线索移送主管部门处理。审理行政案件发现未成年人民事合法权益受到侵害的，可以告知当事人另行提起民事诉讼。涉嫌违法犯罪的，将线索移送主管部门处理。审理涉未成年人刑事案件发现未成年人的父母或者其他监护人不依法履行监护职责或者侵犯未成年人合法权益，涉嫌违法犯罪的，或者发现其他侵害未成年人权益犯罪线索的，将线索移送主管部门处理。

27. 做好刑民衔接。未成年人实施犯罪但因未达到刑事责任年龄而不予追究刑事责任的案件，或者因已超过刑事追诉期限等客观原因无法追究刑事责任、但符合民法典第一百九十一条规定的损害赔偿请求权诉讼时效的性侵未成年人犯罪案件，或者其他侵害未成年人权益但尚不构成犯罪的案件，当事人提起民事诉讼的，人民法院应当依法予以支持，赔偿范围依照民法典相关规定确定。未成年人在宾馆、酒店、歌厅、酒吧、网吧、电竞酒店、剧本娱乐经营等场所或者互联网平台受到性侵害等伤害，相关场所、平台未尽到安全保障义务，未成年人以此为由提起民事诉讼的，人民法院应当依法予以支持，赔偿范围依照民法典相关规定确定。由公安机关、检察机关或者人民法院保存的与被诉侵权行为具有关联性的证据，侵权案件当事人及其诉讼代理人因客观原因不能自行收集，申请调查收集的，人民法院应当准许，但可能影响正在进行的刑事诉讼程序的除外。

28. 建立公益诉讼衔接机制。人民法院发现未成年人合法权益受到侵犯，涉及公共利益的，可以将线索移送检察机关。应当注意发现涉案未成年人食品、玩具、用品等是否危害不特定多数未成年人身心健康，全面审查涉案网络游戏、网络直播、网络音视频、网络社交、网站等网络技术、产品和服务以及图书、广播电视、影视传媒等是否含有危害未成年人身心健康的信息，对未成年人保护负有监督管理职责的行政机关是否存在不作为、乱作为等损害未成年人公共利益的情形。

四、促推"六大保护"融合发力

29. 依法引领监护人履行监护职责。人民法院应当在审判中强化父母等监护人的监护职责，引导监护人尽到抚养、教育、保护的义务，创造有利于未成年人健康成长的家庭环境，不仅要为未成年人提供健康、安全等方面的保障，还应当关注未成年人的心理状况和情感需求。妥善审理申请确定和指定监护人案件，确保未成年人有人监护；妥善审理申请变更监护人和撤销监护人资格案件，确保未成年人得到妥当监护；监护人不履行监护职责或者侵害被监护人合法权益的，依法判令监护人承担相应法律责任。

30. 强化家庭教育指导。人民法院审理涉及留守未成年人、困境未成年人等特殊群体的案件，或者离婚、抚养、收养、监护、探望等民事案件涉及未成年人的，应当根据案件具体情况，在诉前调解、案件审理、判后回访等各个环节，通过法庭教育、释法说理、现场辅导、网络辅导、心理干预、制发家庭教育责任告知书、家庭教育指导建议书等多种形式开展家庭教育指导。人民法院在审理涉未成年人刑事、行政案件中，发现未成年人的父母或者其他监护人不依法履行监护职责、侵犯未成年人合法权益，或者存在其他因家庭监护管教缺失、不当等可能影响未成年人身心健康情形的，根据情况，对未成年人的父母或者其他监护人予以训诫，并可以责令其接受家庭教育指导。

31. 依法从严处理学生欺凌。人民法院在相关案件中发现存在学生欺凌现象的，应当与学校或培训机构及教育主管部门沟通，建议及时予以严肃处理，并跟进处理进展。未成年人因学生欺凌等行为遭受损害的，人民法院应当综合考虑欺凌行为的强度、持续时间以及对被侵害人身体、心理造成的损害后果等各方面因素，依法判决侵权人承担侵权责任。充分发挥赔礼道歉的修复、抚慰、诫勉功能和作用，探索通过诉前调解等方式，促使实施学生欺凌的未成年人真诚赔礼道歉。学校、培训机构等未尽到教育管理职责的，依法判决承担侵权责任，并根据情况发送司法建议。欺凌行为构成犯罪的，依法追究刑事责任。

32. 妥善处理校园纠纷。人民法院审理校园纠纷案件，应当在查明事实、分清责任的基础上，依法妥善化解矛盾。积极引导当事人依法理性维权，坚决依法惩治各类"校闹"等违法犯罪行为，维护学校正常教育教学秩序。未成年人在学校学习、生活期间发生人身损害，学校已经尽到教育管理职责的，依法判决学校不承担侵权责任，为学校依法依规开展教学管理提供司法保障。

33. 加强法治副校长队伍建设。积极选派政治素质过硬、法律功底深厚、实践经验丰富、有宣传教育特长的业务骨干担任法治副校长，明晰工作职责，严格工作要求，进一步建立健全与教育行政部门、学校之间的长效联络沟通机制和常态化的信息反馈机制，提升法治副校长履职实效。

34. 及时提出专门教育的建议。人民法院审理涉未成年人案件，发现未成年人具有预防未成年人犯罪法第四十四条规定的行为，应当进行专门教育的，可以向相关部门提出建议。

35. 建立犯罪成因逐案分析报告机制。对未成年人犯罪案件逐案深入剖析案件背后是否存在家庭、学校、社会、网络、政府及司法保护薄弱、不到位等情形，并形成报告附卷，评议案件时单独予以说明。发现有关单位未尽到未成年人教育、管理、救助、看护等保护职责的，人民法院应当及时向有关单位发送司法建议；对涉嫌违法犯罪的，及时将相关线索移送主管部门处理。

36. 建立"强制报告制度"落实情况分析报告机制。对未成年人遭受侵害的案件，应当逐案审查相关国家机关、居委会、村委会、密切接触未成年人的单位及人员，在工作中发现未成年人身心健康受到侵害、疑似受到侵害或者面临其他危险情形时，是否履行了强制报告义务，并形成报告附卷，评议案件时单独予以说明。对存在应当报告而未报告情形的，应当及时发送司法建议；对涉嫌违纪或者违法犯罪的，及时将相关线索移送主管部门处理。

37. 建立相关场所法定义务落实情况分析报告机制。对发生在宾馆、酒店、电竞酒店等场所的涉未成年人案件，应当审查经营者接待未成年人入住时，是否履行了询问未成年人年龄、其父母或者其他监护人联系方式、与共同入住人员的身份关系等有关情况的义务，相关场所是否设置了相关标志等，并形成报告附卷，评议案件时单独予以说明。发现存在问题的，应当及时发送司法建议；对涉嫌违法犯罪的，及时将相关线索移送主管部门处理。

38. 建立网络保护专项分析报告机制。对涉及网络的未成年人案件，应当结合案件成因和未成年人保护法律规定，会同有关职能部门建立协作机制，对相关主体是否履行了未成年人网络保护法定义务进行审查，并形成报告附卷，评议案件时单独予以说明。发现存在问题的，应当及时向有关网络企业、主管部门发送司法建议；对涉嫌违法犯罪的，及时将相关线索移送主管部门处理。

39. 提升法治宣传教育的系统性针对性。加强与学校、教育主管部门等的沟通协作，积极开展适合未成年人特点的法治宣传教育，坚持严肃性与可接受性、知识性与趣味性、普遍性与特殊性相结合，强化以案释法，创新宣传形式，教育引导未成年人遵纪守法，不断增强规则意识、法治意识、责任意识，切实增强自我保护意识和能力。

各高级人民法院应当加强对辖区法院发布涉未成年人刑事典型案例的审核、监督、指导，确保取得良好社会效果。

五、加强组织保障

40. 加强专业化建设。严格落实未成年人保护法等法律规定，确定专门机构或者指定专门人员审理涉及未成年人案件、负责未成年人犯罪防治工作，加强"三审合一"审判团队建设。充实未成年人审判工作力量，融合推进队伍政治素质、业务素质、职业道德素质建设。审理未成年人案件的人员应当经过专门培训，熟悉未成年人身心特点、热爱未成年人保护工作。加强专职辅助人员配备，协助审判人员开展未成年人延伸保护工作。健全符合未成年人审判工作规律的评价激励机制。

41. 加强协调联动。加强与公安机关、检察机关、司法行政机关的协作配合，建立常态化的会商协作机制，统一涉未成年人案件证据、数据标准，共同做好教育、感化、挽救和司法救助等工作。加强与政府职能部门、共青团、妇联、学校、基层组织以及未成年人保护组织等的沟通协作，建立健全信息共享通报机制。推动完善政法机关未成年人关爱帮教工作衔接机制，探索建立包括社工、志愿者、"五老人员"等在内的未成年人司法关爱帮教人员库。

42. 加强工作条件保障。积极争取党委领导和政府支持，对未成年人审判设施建设、开展社会调查、社会观护、心理疏导、法治宣传、家庭教育指导等特色审判及延伸工作所需经费，纳入办案经费范畴予以充分保障，确保未成年人审判工作有效开展，全面提升未成年人司法保护和犯罪防治能力水平。

● 案例指引

**彭某某犯故意伤害罪案**（《江苏高院公布十个未成年人受侵害的刑事审判案例》）

**典型意义**：在审理未成年人侵害未成年人的犯罪案件时，人民法院坚持"双向保护原则"，即在依法保护未成年被害人的合法权益时，也要保护未成年被告人的合法权益。具体而言，在案件处理中，要注重刑事矛盾的化解，既加强对被告人认罪服法教育，促其认罪悔罪，主动向被害人方赔礼道歉、赔偿损失，又加强与被害人方的联系，听取其意见，做好释法说理工作，并注重对未成年被害人的同等保护，充分维护其合法权益。本案被告人与被害人均系未成年人和在校学生，因早恋争夺女友而上演了一场悲剧，致使两个家庭都遭受了重创。法院在审理该案时，坚持双向保护，注重矛盾化解。

**第一百一十四条** 公检法司单位的建议权制度

公安机关、人民检察院、人民法院和司法行政部门发现有关单位未尽到未成年人教育、管理、救助、看护等保护职责的，应当向该单位提出建议。被建议单位应当在一个月内作出书面回复。

**第一百一十五条** 公检法司单位开展未成年人法治宣传教育的职责

公安机关、人民检察院、人民法院和司法行政部门应当结合实际，根据涉及未成年人案件的特点，开展未成年人法治宣传教育工作。

**第一百一十六条** 国家鼓励和支持社会组织及社会工作者参与司法保护

国家鼓励和支持社会组织、社会工作者参与涉及未成年人案件中未成年人的心理干预、法律援助、社会调查、社会观护、教育矫治、社区矫正等工作。

● **法　律**

1. 《反家庭暴力法》（2015 年 12 月 27 日）

第 9 条　各级人民政府应当支持社会工作服务机构等社会组织开展心理健康咨询、家庭关系指导、家庭暴力预防知识教育等服务。

2. 《关于进一步加强事实无人抚养儿童保障工作的意见》（2019年6月18日 民发〔2019〕62号）

三、突出保障重点

（五）优化关爱服务机制。完善法律援助机制，加强对权益受到侵害的事实无人抚养儿童的法律援助工作。维护残疾儿童权益，大力推进残疾事实无人抚养儿童康复、教育服务，提高保障水平和服务能力。充分发挥儿童福利机构、未成年人救助保护机构、康复和特教服务机构等服务平台作用，提供政策咨询、康复、特教、养护和临时照料等关爱服务支持。加强家庭探访，协助提供监护指导、返校复学、落实户籍等关爱服务。加强精神关爱，通过政府购买服务等方式，发挥共青团、妇联等群团组织的社会动员优势，引入专业社会组织和青少年事务社工，提供心理咨询、心理疏导、情感抚慰等专业服务，培养健康心理和健全人格。

# 第八章 法律责任

**第一百一十七条** 未履行强制报告义务的法律责任

违反本法第十一条第二款规定，未履行报告义务造成严重后果的，由上级主管部门或者所在单位对直接负责的主管人员和其他直接责任人员依法给予处分。

● 法 律

1. 《反家庭暴力法》（2015年12月27日）

第35条 学校、幼儿园、医疗机构、居民委员会、村民委员会、社会工作服务机构、救助管理机构、福利机构及其工作人员未依照本法第十四条规定向公安机关报案，造成严重后果的，由上级主管部门或者本单位对直接负责的主管人员和其他直接责任人员依法给予处分。

2.《未成年人保护法》（2024 年 4 月 26 日）

第 11 条　任何组织或者个人发现不利于未成年人身心健康或者侵犯未成年人合法权益的情形，都有权劝阻、制止或者向公安、民政、教育等有关部门提出检举、控告。

国家机关、居民委员会、村民委员会、密切接触未成年人的单位及其工作人员，在工作中发现未成年人身心健康受到侵害、疑似受到侵害或者面临其他危险情形的，应当立即向公安、民政、教育等有关部门报告。

有关部门接到涉及未成年人的检举、控告或者报告，应当依法及时受理、处置，并以适当方式将处理结果告知相关单位和人员。

### 第一百一十八条　对监护侵害行为的干预及追责

未成年人的父母或者其他监护人不依法履行监护职责或者侵犯未成年人合法权益的，由其居住地的居民委员会、村民委员会予以劝诫、制止；情节严重的，居民委员会、村民委员会应当及时向公安机关报告。

公安机关接到报告或者公安机关、人民检察院、人民法院在办理案件过程中发现未成年人的父母或者其他监护人存在上述情形的，应当予以训诫，并可以责令其接受家庭教育指导。

### 第一百一十九条　学校、幼儿园、婴幼儿照护服务等机构及其教职员工的法律责任

学校、幼儿园、婴幼儿照护服务等机构及其教职员工违反本法第二十七条、第二十八条、第三十九条规定的，由公

安、教育、卫生健康、市场监督管理等部门按照职责分工责令改正；拒不改正或者情节严重的，对直接负责的主管人员和其他直接责任人员依法给予处分。

## 第一百二十条　未给予未成年人优惠政策的法律责任

违反本法第四十四条、第四十五条、第四十七条规定，未给予未成年人免费或者优惠待遇的，由市场监督管理、文化和旅游、交通运输等部门按照职责分工责令限期改正，给予警告；拒不改正的，处一万元以上十万元以下罚款。

## 第一百二十一条　制作、复制、出版、传播危害未成年人身心健康内容制品的法律责任

违反本法第五十条、第五十一条规定的，由新闻出版、广播电视、电影、网信等部门按照职责分工责令限期改正，给予警告，没收违法所得，可以并处十万元以下罚款；拒不改正或者情节严重的，责令暂停相关业务、停产停业或者吊销营业执照、吊销相关许可证，违法所得一百万元以上的，并处违法所得一倍以上十倍以下的罚款，没有违法所得或者违法所得不足一百万元的，并处十万元以上一百万元以下罚款。

## 第一百二十二条　场所运营单位及住宿经营者的法律责任

场所运营单位违反本法第五十六条第二款规定、住宿经营者违反本法第五十七条规定的，由市场监督管理、应急管理、公安等部门按照职责分工责令限期改正，给予警告；拒不改正或者造成严重后果的，责令停业整顿或者吊销营业执照、吊销相关许可证，并处一万元以上十万元以下罚款。

**第一百二十三条** 违反学校、幼儿园周边场所对未成年人特殊保护规定的法律责任

相关经营者违反本法第五十八条、第五十九条第一款、第六十条规定的，由文化和旅游、市场监督管理、烟草专卖、公安等部门按照职责分工责令限期改正，给予警告，没收违法所得，可以并处五万元以下罚款；拒不改正或者情节严重的，责令停业整顿或者吊销营业执照、吊销相关许可证，可以并处五万元以上五十万元以下罚款。

**第一百二十四条** 在禁止场所吸烟、饮酒的法律责任

违反本法第五十九条第二款规定，在学校、幼儿园和其他未成年人集中活动的公共场所吸烟、饮酒的，由卫生健康、教育、市场监督管理等部门按照职责分工责令改正，给予警告，可以并处五百元以下罚款；场所管理者未及时制止的，由卫生健康、教育、市场监督管理等部门按照职责分工给予警告，并处一万元以下罚款。

**第一百二十五条** 违法使用童工及未成年工的法律责任

违反本法第六十一条规定的，由文化和旅游、人力资源和社会保障、市场监督管理等部门按照职责分工责令限期改正，给予警告，没收违法所得，可以并处十万元以下罚款；拒不改正或者情节严重的，责令停产停业或者吊销营业执照、吊销相关许可证，并处十万元以上一百万元以下罚款。

◉ 法　律

1.《劳动法》（2018 年 12 月 29 日）

第 94 条　用人单位非法招用未满十六周岁的未成年人的，

281

由劳动行政部门责令改正，处以罚款；情节严重的，由市场监督管理部门吊销营业执照。

第95条　用人单位违反本法对女职工和未成年工的保护规定，侵害其合法权益的，由劳动行政部门责令改正，处以罚款；对女职工或者未成年工造成损害的，应当承担赔偿责任。

● 行政法规及文件

2.《禁止使用童工规定》（2002年10月1日）

第5条　县级以上各级人民政府劳动保障行政部门负责本规定执行情况的监督检查。

县级以上各级人民政府公安、工商行政管理、教育、卫生等行政部门在各自职责范围内对本规定的执行情况进行监督检查，并对劳动保障行政部门的监督检查给予配合。

工会、共青团、妇联等群众组织应当依法维护未成年人的合法权益。

任何单位或者个人发现使用童工的，均有权向县级以上人民政府劳动保障行政部门举报。

第6条　用人单位使用童工的，由劳动保障行政部门按照每使用一名童工每月处5000元罚款的标准给予处罚；在使用有毒物品的作业场所使用童工的，按照《使用有毒物品作业场所劳动保护条例》规定的罚款幅度，或者按照每使用一名童工每月处5000元罚款的标准，从重处罚。劳动保障行政部门并应当责令用人单位限期将童工送回原居住地交其父母或者其他监护人，所需交通和食宿费用全部由用人单位承担。

用人单位经劳动保障行政部门依照前款规定责令限期改正，逾期仍不将童工送交其父母或者其他监护人的，从责令限期改正之日起，由劳动保障行政部门按照每使用一名童工每月处1万元罚款的标准处罚，并由工商行政管理部门吊销其营业执照或者由民政部门撤销民办非企业单位登记；用人单位是国家机关、事业单位的，由有关单位依法对直接负责的主管人员和其他直接责任人员给予降级或者撤职的行政处分或者纪律处分。

## 第一百二十六条　违反信息查询及从业禁止规定的法律责任

密切接触未成年人的单位违反本法第六十二条规定，未履行查询义务，或者招用、继续聘用具有相关违法犯罪记录人员的，由教育、人力资源和社会保障、市场监督管理等部门按照职责分工责令限期改正，给予警告，并处五万元以下罚款；拒不改正或者造成严重后果的，责令停业整顿或者吊销营业执照、吊销相关许可证，并处五万元以上五十万元以下罚款，对直接负责的主管人员和其他直接责任人员依法给予处分。

## 第一百二十七条　违反未成年人网络保护规定的法律责任

信息处理者违反本法第七十二条规定，或者网络产品和服务提供者违反本法第七十三条、第七十四条、第七十五条、第七十六条、第七十七条、第八十条规定的，由公安、网信、电信、新闻出版、广播电视、文化和旅游等有关部门按照职责分工责令改正，给予警告，没收违法所得，违法所得一百万元以上的，并处违法所得一倍以上十倍以下罚款，没有违法所得或者违法所得不足一百万元的，并处十万元以上一百万元以下罚款，对直接负责的主管人员和其他责任人员处一万元以上十万元以下罚款；拒不改正或者情节严重的，并可以责令暂停相关业务、停业整顿、关闭网站、吊销营业执照或者吊销相关许可证。

**第一百二十八条** 国家工作人员玩忽职守、滥用职权、徇私舞弊的法律责任

国家机关工作人员玩忽职守、滥用职权、徇私舞弊，损害未成年人合法权益的，依法给予处分。

**第一百二十九条** 侵害未成年人合法权益的法律责任

违反本法规定，侵犯未成年人合法权益，造成人身、财产或者其他损害的，依法承担民事责任。

违反本法规定，构成违反治安管理行为的，依法给予治安管理处罚；构成犯罪的，依法追究刑事责任。

# 第九章 附 则

**第一百三十条** 特殊用语的定义

本法中下列用语的含义：

（一）密切接触未成年人的单位，是指学校、幼儿园等教育机构；校外培训机构；未成年人救助保护机构、儿童福利机构等未成年人安置、救助机构；婴幼儿照护服务机构、早期教育服务机构；校外托管、临时看护机构；家政服务机构；为未成年人提供医疗服务的医疗机构；其他对未成年人负有教育、培训、监护、救助、看护、医疗等职责的企业事业单位、社会组织等。

（二）学校，是指普通中小学、特殊教育学校、中等职业学校、专门学校。

（三）学生欺凌，是指发生在学生之间，一方蓄意或者恶意通过肢体、语言及网络等手段实施欺压、侮辱，造成另一方人身伤害、财产损失或者精神损害的行为。

**第一百三十一条** 本法适用对象的特殊规定

对中国境内未满十八周岁的外国人、无国籍人，依照本法有关规定予以保护。

**第一百三十二条** 施行日期

本法自 2021 年 6 月 1 日起施行。

# 中华人民共和国预防未成年人犯罪法

(1999 年 6 月 28 日第九届全国人民代表大会常务委员会第十次会议通过 根据 2012 年 10 月 26 日第十一届全国人民代表大会常务委员会第二十九次会议《关于修改〈中华人民共和国预防未成年人犯罪法〉的决定》修正 2020 年 12 月 26 日第十三届全国人民代表大会常务委员会第二十四次会议修订 2020 年 12 月 26 日中华人民共和国主席令第 64 号公布 自 2021 年 6 月 1 日起施行)

## 目　　录

## 第一章　总　　则

**第一条**　立法目的和依据

　　为了保障未成年人身心健康，培养未成年人良好品行，有效预防未成年人违法犯罪，制定本法。

● 法　律

《未成年人保护法》(2024 年 4 月 26 日)

　　第 1 条　为了保护未成年人身心健康，保障未成年人合法权

286

益，促进未成年人德智体美劳全面发展，培养有理想、有道德、有文化、有纪律的社会主义建设者和接班人，培养担当民族复兴大任的时代新人，根据宪法，制定本法。

**第二条** **预防未成年人犯罪的方针原则**

> 预防未成年人犯罪，立足于教育和保护未成年人相结合，坚持预防为主、提前干预，对未成年人的不良行为和严重不良行为及时进行分级预防、干预和矫治。

◎ **法　律**

1. 《刑事诉讼法》（2018 年 10 月 26 日）

第 277 条第 1 款　对犯罪的未成年人实行教育、感化、挽救的方针，坚持教育为主、惩罚为辅的原则。

2. 《未成年人保护法》（2024 年 4 月 26 日）

第 4 条　保护未成年人，应当坚持最有利于未成年人的原则。处理涉及未成年人事项，应当符合下列要求：

（一）给予未成年人特殊、优先保护；

（二）尊重未成年人人格尊严；

（三）保护未成年人隐私权和个人信息；

（四）适应未成年人身心健康发展的规律和特点；

（五）听取未成年人的意见；

（六）保护与教育相结合。

**第三条** **保护未成年人合法权益原则**

> 开展预防未成年人犯罪工作，应当尊重未成年人人格尊严，保护未成年人的名誉权、隐私权和个人信息等合法权益。

● 法　律

《未成年人保护法》（2024 年 4 月 26 日）

第 4 条　保护未成年人，应当坚持最有利于未成年人的原则。处理涉及未成年人事项，应当符合下列要求：

（一）给予未成年人特殊、优先保护；

（二）尊重未成年人人格尊严；

（三）保护未成年人隐私权和个人信息；

（四）适应未成年人身心健康发展的规律和特点；

（五）听取未成年人的意见；

（六）保护与教育相结合。

第 110 条　公安机关、人民检察院、人民法院讯问未成年犯罪嫌疑人、被告人，询问未成年被害人、证人，应当依法通知其法定代理人或者其成年亲属、所在学校的代表等合适成年人到场，并采取适当方式，在适当场所进行，保障未成年人的名誉权、隐私权和其他合法权益。

人民法院开庭审理涉及未成年人案件，未成年被害人、证人一般不出庭作证；必须出庭的，应当采取保护其隐私的技术手段和心理干预等保护措施。

**第四条** 预防未成年人犯罪综合治理原则

预防未成年人犯罪，在各级人民政府组织下，实行综合治理。

国家机关、人民团体、社会组织、企业事业单位、居民委员会、村民委员会、学校、家庭等各负其责、相互配合，共同做好预防未成年人犯罪工作，及时消除滋生未成年人违法犯罪行为的各种消极因素，为未成年人身心健康发展创造良好的社会环境。

● 法　律

1.《未成年人保护法》（2024 年 4 月 26 日）

第 6 条　保护未成年人，是国家机关、武装力量、政党、人民团体、企业事业单位、社会组织、城乡基层群众性自治组织、未成年人的监护人以及其他成年人的共同责任。

国家、社会、学校和家庭应当教育和帮助未成年人维护自身合法权益，增强自我保护的意识和能力。

第 11 条　任何组织或者个人发现不利于未成年人身心健康或者侵犯未成年人合法权益的情形，都有权劝阻、制止或者向公安、民政、教育等有关部门提出检举、控告。

国家机关、居民委员会、村民委员会、密切接触未成年人的单位及其工作人员，在工作中发现未成年人身心健康受到侵害、疑似受到侵害或者面临其他危险情形的，应当立即向公安、民政、教育等有关部门报告。

有关部门接到涉及未成年人的检举、控告或者报告，应当依法及时受理、处置，并以适当方式将处理结果告知相关单位和人员。

2.《教育法》（2021 年 4 月 29 日）

第 46 条　国家机关、军队、企业事业组织、社会团体及其他社会组织和个人，应当依法为儿童、少年、青年学生的身心健康成长创造良好的社会环境。

**第五条　各级人民政府预防未成年人犯罪的工作职责**

各级人民政府在预防未成年人犯罪方面的工作职责是：

（一）制定预防未成年人犯罪工作规划；

（二）组织公安、教育、民政、文化和旅游、市场监督管理、网信、卫生健康、新闻出版、电影、广播电视、司法行政等有关部门开展预防未成年人犯罪工作；

（三）为预防未成年人犯罪工作提供政策支持和经费保障；

（四）对本法的实施情况和工作规划的执行情况进行检查；

（五）组织开展预防未成年人犯罪宣传教育；

（六）其他预防未成年人犯罪工作职责。

## 法　律

1.《未成年人保护法》（2024 年 4 月 26 日）

第 67 条　网信部门会同公安、文化和旅游、新闻出版、电影、广播电视等部门根据保护不同年龄阶段未成年人的需要，确定可能影响未成年人身心健康网络信息的种类、范围和判断标准。

第 68 条　新闻出版、教育、卫生健康、文化和旅游、网信等部门应当定期开展预防未成年人沉迷网络的宣传教育，监督网络产品和服务提供者履行预防未成年人沉迷网络的义务，指导家庭、学校、社会组织互相配合，采取科学、合理的方式对未成年人沉迷网络进行预防和干预。

任何组织或者个人不得以侵害未成年人身心健康的方式对未成年人沉迷网络进行干预。

第 90 条　各级人民政府及其有关部门应当对未成年人进行卫生保健和营养指导，提供卫生保健服务。

卫生健康部门应当依法对未成年人的疫苗预防接种进行规范，防治未成年人常见病、多发病，加强传染病防治和监督管理，做好伤害预防和干预，指导和监督学校、幼儿园、婴幼儿照护服务机构开展卫生保健工作。

教育行政部门应当加强未成年人的心理健康教育，建立未成年人心理问题的早期发现和及时干预机制。卫生健康部门应当做好未成年人心理治疗、心理危机干预以及精神障碍早期识别和诊断治疗等工作。

● 部门规章及文件

2.《中小学幼儿园安全管理办法》（2006 年 6 月 30 日）

第 5 条　各级教育、公安、司法行政、建设、交通、文化、卫生、工商、质检、新闻出版等部门在本级人民政府的领导下，依法履行学校周边治理和学校安全的监督与管理职责。

学校应当按照本办法履行安全管理和安全教育职责。

社会团体、企业事业单位、其他社会组织和个人应当积极参与和支持学校安全工作，依法维护学校安全。

**第六条**　专门学校和专门教育

国家加强专门学校建设，对有严重不良行为的未成年人进行专门教育。专门教育是国民教育体系的组成部分，是对有严重不良行为的未成年人进行教育和矫治的重要保护处分措施。

省级人民政府应当将专门教育发展和专门学校建设纳入经济社会发展规划。县级以上地方人民政府成立专门教育指导委员会，根据需要合理设置专门学校。

专门教育指导委员会由教育、民政、财政、人力资源社会保障、公安、司法行政、人民检察院、人民法院、共产主义青年团、妇女联合会、关心下一代工作委员会、专门学校等单位，以及律师、社会工作者等人员组成，研究确定专门学校教学、管理等相关工作。

专门学校建设和专门教育具体办法，由国务院规定。

● 法　律

1.《未成年人保护法》（2024 年 4 月 26 日）

第 10 条　共产主义青年团、妇女联合会、工会、残疾人联合会、关心下一代工作委员会、青年联合会、学生联合会、少年先锋队以及其他人民团体、有关社会组织，应当协助各级人民政府及其有关部门、人民检察院、人民法院做好未成年人保护工作，维护未成年人合法权益。

**2.《义务教育法》**（2018 年 12 月 29 日）

第 20 条　县级以上地方人民政府根据需要，为具有预防未成年人犯罪法规定的严重不良行为的适龄少年设置专门的学校实施义务教育。

第 21 条　对未完成义务教育的未成年犯和被采取强制性教育措施的未成年人应当进行义务教育，所需经费由人民政府予以保障。

### 第七条　公检法司专门人员负责预防未成年人犯罪工作

公安机关、人民检察院、人民法院、司法行政部门应当由专门机构或者经过专业培训、熟悉未成年人身心特点的专门人员负责预防未成年人犯罪工作。

● **法　律**

**1.《未成年人保护法》**（2024 年 4 月 26 日）

第 101 条　公安机关、人民检察院、人民法院和司法行政部门应当确定专门机构或者指定专门人员，负责办理涉及未成年人案件。办理涉及未成年人案件的人员应当经过专门培训，熟悉未成年人身心特点。专门机构或者专门人员中，应当有女性工作人员。

公安机关、人民检察院、人民法院和司法行政部门应当对上述机构和人员实行与未成年人保护工作相适应的评价考核标准。

第 104 条　对需要法律援助或者司法救助的未成年人，法律援助机构或者公安机关、人民检察院、人民法院和司法行政部门应当给予帮助，依法为其提供法律援助或者司法救助。

　　法律援助机构应当指派熟悉未成年人身心特点的律师为未成年人提供法律援助服务。

　　法律援助机构和律师协会应当对办理未成年人法律援助案件的律师进行指导和培训。

2.《刑事诉讼法》（2018 年 10 月 26 日）

　　第 277 条　对犯罪的未成年人实行教育、感化、挽救的方针，坚持教育为主、惩罚为辅的原则。

　　人民法院、人民检察院和公安机关办理未成年人刑事案件，应当保障未成年人行使其诉讼权利，保障未成年人得到法律帮助，并由熟悉未成年人身心特点的审判人员、检察人员、侦查人员承办。

◉ 部门规章及文件

3.《公安机关办理刑事案件程序规定》（2020 年 7 月 20 日）

　　第 319 条　公安机关应当设置专门机构或者配备专职人员办理未成年人刑事案件。

　　未成年人刑事案件应当由熟悉未成年人身心特点，善于做未成年人思想教育工作，具有一定办案经验的人员办理。

◉ 司法解释及文件

4.《最高人民法院关于适用〈中华人民共和国刑事诉讼法〉的解释》（2021 年 1 月 26 日　法释〔2021〕1 号）

　　第 549 条　人民法院应当确定专门机构或者指定专门人员，负责审理未成年人刑事案件。审理未成年人刑事案件的人员应当经过专门培训，熟悉未成年人身心特点、善于做未成年人思想教育工作。

　　参加审理未成年人刑事案件的人民陪审员，可以从熟悉未成年人身心特点、关心未成年人保护工作的人民陪审员名单中随机抽取确定。

**5.《人民检察院办理未成年人刑事案件的规定》**（2013 年 12 月 19 日 高检发研字〔2013〕7 号）

第 8 条 省级、地市级人民检察院和未成年人刑事案件较多的基层人民检察院，应当设立独立的未成年人刑事检察机构。地市级人民检察院也可以根据当地实际，指定一个基层人民检察院设立独立机构，统一办理辖区范围内的未成年人刑事案件；条件暂不具备的，应当成立专门办案组或者指定专人办理。对于专门办案组或者专人，应当保证其集中精力办理未成年人刑事案件，研究未成年人犯罪规律，落实对涉案未成年人的帮教措施等工作。

各级人民检察院应当选任经过专门培训，熟悉未成年人身心特点，具有犯罪学、社会学、心理学、教育学等方面知识的检察人员承办未成年人刑事案件，并加强对办案人员的培训和指导。

**第八条** 群团组织协助政府机关做好预防未成年人犯罪工作

共产主义青年团、妇女联合会、工会、残疾人联合会、关心下一代工作委员会、青年联合会、学生联合会、少年先锋队以及有关社会组织，应当协助各级人民政府及其有关部门、人民检察院和人民法院做好预防未成年人犯罪工作，为预防未成年人犯罪培育社会力量，提供支持服务。

● **法 律**

1.《未成年人保护法》（2024 年 4 月 26 日）

第 10 条 共产主义青年团、妇女联合会、工会、残疾人联合会、关心下一代工作委员会、青年联合会、学生联合会、少年先锋队以及其他人民团体、有关社会组织，应当协助各级人民政府及其有关部门、人民检察院、人民法院做好未成年人保护工作，维护未成年人合法权益。

2. 《反家庭暴力法》（2015 年 12 月 27 日）

第 22 条　工会、共产主义青年团、妇女联合会、残疾人联合会、居民委员会、村民委员会等应当对实施家庭暴力的加害人进行法治教育，必要时可以对加害人、受害人进行心理辅导。

3. 《社区矫正法》（2019 年 12 月 28 日）

第 56 条　共产主义青年团、妇女联合会、未成年人保护组织应当依法协助社区矫正机构做好未成年人社区矫正工作。

国家鼓励其他未成年人相关社会组织参与未成年人社区矫正工作，依法给予政策支持。

**第九条**　鼓励社会组织参与预防未成年人犯罪工作

国家鼓励、支持和指导社会工作服务机构等社会组织参与预防未成年人犯罪相关工作，并加强监督。

● 法　律

1. 《未成年人保护法》（2024 年 4 月 26 日）

第 99 条　地方人民政府应当培育、引导和规范有关社会组织、社会工作者参与未成年人保护工作，开展家庭教育指导服务，为未成年人的心理辅导、康复救助、监护及收养评估等提供专业服务。

第 116 条　国家鼓励和支持社会组织、社会工作者参与涉及未成年人案件中未成年人的心理干预、法律援助、社会调查、社会观护、教育矫治、社区矫正等工作。

2. 《反家庭暴力法》（2015 年 12 月 27 日）

第 9 条　各级人民政府应当支持社会工作服务机构等社会组织开展心理健康咨询、家庭关系指导、家庭暴力预防知识教育等服务。

任何组织或者个人不得教唆、胁迫、引诱未成年人实施不良行为或者严重不良行为，以及为未成年人实施上述行为提供条件。

### ⬤ 法　律

1. 《未成年人保护法》（2024 年 4 月 26 日）

第 54 条　禁止拐卖、绑架、虐待、非法收养未成年人，禁止对未成年人实施性侵害、性骚扰。

禁止胁迫、引诱、教唆未成年人参加黑社会性质组织或者从事违法犯罪活动。

禁止胁迫、诱骗、利用未成年人乞讨。

2. 《刑法》（2023 年 12 月 29 日）

第 353 条　引诱、教唆、欺骗他人吸食、注射毒品的，处三年以下有期徒刑、拘役或者管制，并处罚金；情节严重的，处三年以上七年以下有期徒刑，并处罚金。

强迫他人吸食、注射毒品的，处三年以上十年以下有期徒刑，并处罚金。

引诱、教唆、欺骗或者强迫未成年人吸食、注射毒品的，从重处罚。

### ⬤ 行政法规及文件

3. 《娱乐场所管理条例》（2020 年 11 月 29 日）

第 14 条　娱乐场所及其从业人员不得实施下列行为，不得为进入娱乐场所的人员实施下列行为提供条件：

（一）贩卖、提供毒品，或者组织、强迫、教唆、引诱、欺骗、容留他人吸食、注射毒品；

（二）组织、强迫、引诱、容留、介绍他人卖淫、嫖娼；

（三）制作、贩卖、传播淫秽物品；

（四）提供或者从事以营利为目的的陪侍；

（五）赌博；

（六）从事邪教、迷信活动；

（七）其他违法犯罪行为。

娱乐场所的从业人员不得吸食、注射毒品，不得卖淫、嫖娼；娱乐场所及其从业人员不得为进入娱乐场所的人员实施上述行为提供条件。

● 司法解释及文件

4.《人民检察院办理未成年人刑事案件的规定》（2013 年 12 月 19 日　高检发研字〔2013〕7 号）

第 16 条　审查逮捕未成年犯罪嫌疑人，应当注意是否有被胁迫、引诱的情节，是否存在成年人教唆犯罪、传授犯罪方法或者利用未成年人实施犯罪的情况。

**第十一条　未成年人应当遵纪守法、加强自律**

未成年人应当遵守法律法规及社会公共道德规范，树立自尊、自律、自强意识，增强辨别是非和自我保护的能力，自觉抵制各种不良行为以及违法犯罪行为的引诱和侵害。

● 法　律

《未成年人保护法》（2024 年 4 月 26 日）

第 40 条　学校、幼儿园应当建立预防性侵害、性骚扰未成年人工作制度。对性侵害、性骚扰未成年人等违法犯罪行为，学校、幼儿园不得隐瞒，应当及时向公安机关、教育行政部门报告，并配合相关部门依法处理。

学校、幼儿园应当对未成年人开展适合其年龄的性教育，提高未成年人防范性侵害、性骚扰的自我保护意识和能力。对遭受性侵害、性骚扰的未成年人，学校、幼儿园应当及时采取相关的保护措施。

## 第十二条　结合生理、心理特点预防未成年人犯罪

预防未成年人犯罪，应当结合未成年人不同年龄的生理、心理特点，加强青春期教育、心理关爱、心理矫治和预防犯罪对策的研究。

### ● 法　律

《社区矫正法》（2019 年 12 月 28 日）

第 52 条　社区矫正机构应当根据未成年社区矫正对象的年龄、心理特点、发育需要、成长经历、犯罪原因、家庭监护教育条件等情况，采取针对性的矫正措施。

社区矫正机构为未成年社区矫正对象确定矫正小组，应当吸收熟悉未成年人身心特点的人员参加。

对未成年人的社区矫正，应当与成年人分别进行。

### ● 案例指引

**小朱涉嫌盗窃案**（最高人民检察院发布《检察机关加强未成年人司法保护典型案例》）①

**典型意义**：保护涉案未成年人隐私是办理未成年人犯罪案件中非常重要的一个方面。本案中，检察机关针对未成年犯罪嫌疑人涉案信息被泄露的情况，迅速采取有效心理干预手段，打消未成年人的轻生念头；同时，及时建议、督促司法行政、公安部门增强保护意识，在办案工作中自觉贯彻落实未成年人特殊司法理念和规范要求。正是通过检察机关的努力，使得一个背负心理包袱的未成年人得到了帮助和教育，重拾生活的信心，得以回归社会。

---

①　收录的案例为最高人民检察院发布的《检察机关加强未成年人司法保护典型案例》，详见最高人民检察院网站，https：//www.spp.gov.cn/tt/201605/t20160528_ 118999. shtml，最后访问时间：2024 年 11 月 3 日。

**第十三条** 国家鼓励预防未成年人犯罪科学研究

国家鼓励和支持预防未成年人犯罪相关学科建设、专业设置、人才培养及科学研究，开展国际交流与合作。

● 法　律

《未成年人保护法》（2024 年 4 月 26 日）

第 12 条　国家鼓励和支持未成年人保护方面的科学研究，建设相关学科、设置相关专业，加强人才培养。

**第十四条** 国家对预防未成年人犯罪工作的表彰和奖励

国家对预防未成年人犯罪工作有显著成绩的组织和个人，给予表彰和奖励。

● 法　律

《未成年人保护法》（2024 年 4 月 26 日）

第 14 条　国家对保护未成年人有显著成绩的组织和个人给予表彰和奖励。

# 第二章　预防犯罪的教育

**第十五条** 对未成年人加强社会主义核心价值观教育

国家、社会、学校和家庭应当对未成年人加强社会主义核心价值观教育，开展预防犯罪教育，增强未成年人的法治观念，使未成年人树立遵纪守法和防范违法犯罪的意识，提高自我管控能力。

● 法　律

1.《未成年人保护法》（2024 年 4 月 26 日）

第 5 条　国家、社会、学校和家庭应当对未成年人进行理想教育、道德教育、科学教育、文化教育、法治教育、国家安全教育、健康教育、劳动教育，加强爱国主义、集体主义和中国特色社会主义的教育，培养爱祖国、爱人民、爱劳动、爱科学、爱社会主义的公德，抵制资本主义、封建主义和其他腐朽思想的侵蚀，引导未成年人树立和践行社会主义核心价值观。

● 部门规章及文件

2.《未成年人学校保护规定》（2021 年 6 月 1 日）

第 43 条　学校应当结合相关课程要求，根据学生的身心特点和成长需求开展以宪法教育为核心、以权利与义务教育为重点的法治教育，培养学生树立正确的权利观念，并开展有针对性的预防犯罪教育。

## 第十六条　父母及监护人对未成年人预防犯罪的直接责任

未成年人的父母或者其他监护人对未成年人的预防犯罪教育负有直接责任，应当依法履行监护职责，树立优良家风，培养未成年人良好品行；发现未成年人心理或者行为异常的，应当及时了解情况并进行教育、引导和劝诫，不得拒绝或者怠于履行监护职责。

● 司法解释及文件

1.《关于在办理涉未成年人案件中全面开展家庭教育指导工作的意见》（2021 年 5 月 31 日）

三、工作内容

家庭教育指导内容包括但不限于以下方面：

1. 教育未成年人的父母或者其他监护人培养未成年人法律素养，提高守法意识和自我保护能力；

2. 帮助未成年人的父母或者其他监护人强化监护意识，履行家庭教育主体责任；

3. 帮助未成年人的父母或者其他监护人培养未成年人良好道德行为习惯，树立正确价值观；

4. 教导未成年人的父母或者其他监护人对未成年人采取有效的沟通方式；

5. 引导未成年人的父母或者其他监护人改变不当教育方式；

6. 指导未成年人的父母或者其他监护人重塑良好家庭关系，营造和谐家庭氛围；

7. 协助未成年人的父母或者其他监护人加强对未成年人的心理辅导，促进未成年人健全人格的养成。

**2.《关于建立侵害未成年人案件强制报告制度的意见（试行）》**（2020年5月7日）

第12条 公安机关、人民检察院发现未成年人需要保护救助的，应当委托或者联合民政部门或共青团、妇联等群团组织，对未成年人及其家庭实施必要的经济救助、医疗救治、心理干预、调查评估等保护措施。未成年被害人生活特别困难的，司法机关应当及时启动司法救助。

公安机关、人民检察院发现未成年人父母或者其他监护人不依法履行监护职责，或者侵害未成年人合法权益的，应当予以训诫或者责令其接受家庭教育指导。经教育仍不改正，情节严重的，应当依法依规予以惩处。

公安机关、妇联、居民委员会、村民委员会、救助管理机构、未成年人救助保护机构发现未成年人遭受家庭暴力或面临家庭暴力的现实危险，可以依法向人民法院代为申请人身安全保护令。

● **案例指引**

**叶某甲通过网络向未成年人贩卖毒品案**（最高人民法院发布《利用互联网侵害未成年人权益的典型案例》）

**典型意义**：本案是一起未成年人在校学生之间通过互联网联系

后贩卖毒品案件。随着信息网络的普及，网络毒品犯罪呈快速蔓延之势，利用网络向未成年人贩卖毒品更具社会危害性。吸毒贩毒易滋生如卖淫、盗窃、抢劫等其他犯罪行为，涉毒人员也是艾滋病的高危人群。当前，毒品犯罪已由社会进入校园、进入未成年人生活领域，要引起各界高度重视。本案警示：未成年人要正确交友，避免与不良社会闲散人员交往；要深刻认识毒品的危害性，避免被他人引诱沾染恶习。家长要认真履行监护责任，帮助子女禁绝接触毒品的可能性；要经常与子女沟通，及时了解子女生活、学习、交友情况，避免未成年人走上犯罪道路。

## 第十七条　学校应当开展预防犯罪教育

　　教育行政部门、学校应当将预防犯罪教育纳入学校教学计划，指导教职员工结合未成年人的特点，采取多种方式对未成年学生进行有针对性的预防犯罪教育。

● 部门规章及文件

《未成年人学校保护规定》（2021 年 6 月 1 日）

　　第 4 条　学校学生保护工作应当坚持最有利于未成年人的原则，注重保护和教育相结合，适应学生身心健康发展的规律和特点；关心爱护每个学生，尊重学生权利，听取学生意见。

　　第 43 条　学校应当结合相关课程要求，根据学生的身心特点和成长需求开展以宪法教育为核心、以权利与义务教育为重点的法治教育，培养学生树立正确的权利观念，并开展有针对性的预防犯罪教育。

## 第十八条　法治教育专职教师和法治副校长

　　学校应当聘任从事法治教育的专职或者兼职教师，并可以从司法和执法机关、法学教育和法律服务机构等单位聘请法治副校长、校外法治辅导员。

◆ 部门规章及文件

**1.《未成年人学校保护规定》**（2021 年 6 月 1 日）

第 44 条　学校可以根据实际组成由学校相关负责人、教师、法治副校长（辅导员）、司法和心理等方面专业人员参加的专业辅导工作机制，对有不良行为的学生进行矫治和帮扶；对有严重不良行为的学生，学校应当配合有关部门进行管教，无力管教或者管教无效的，可以依法向教育行政部门提出申请送专门学校接受专门教育。

**2.《中小学教育惩戒规则（试行）》**（2020 年 12 月 23 日）

第 13 条　教师对学生实施教育惩戒后，应当注重与学生的沟通和帮扶，对改正错误的学生及时予以表扬、鼓励。

学校可以根据实际和需要，建立学生教育保护辅导工作机制，由学校分管负责人、德育工作机构负责人、教师以及法治副校长（辅导员）、法律以及心理、社会工作等方面的专业人员组成辅导小组，对有需要的学生进行专门的心理辅导、行为矫治。

**3.《中小学幼儿园安全管理办法》**（2006 年 6 月 30 日）

第 43 条　教育行政部门按照有关规定，与人民法院、人民检察院和公安、司法行政等部门以及高等学校协商，选聘优秀的法律工作者担任学校的兼职法制副校长或者法制辅导员。

兼职法制副校长或者法制辅导员应当协助学校检查落实安全制度和安全事故处理、定期对师生进行法制教育等，其工作成果纳入派出单位的工作考核内容。

**第十九条**　学校应当开展心理健康教育

学校应当配备专职或者兼职的心理健康教育教师，开展心理健康教育。学校可以根据实际情况与专业心理健康机构合作，建立心理健康筛查和早期干预机制，预防和解决学生心理、行为异常问题。

学校应当与未成年学生的父母或者其他监护人加强沟通，共同做好未成年学生心理健康教育；发现未成年学生可能患有精神障碍的，应当立即告知其父母或者其他监护人送相关专业机构诊治。

### 法　律

**1.《未成年人保护法》**（2024 年 4 月 26 日）

第 23 条　未成年人的父母或者其他监护人应当及时将委托照护情况书面告知未成年人所在学校、幼儿园和实际居住地的居民委员会、村民委员会，加强和未成年人所在学校、幼儿园的沟通；与未成年人、被委托人至少每周联系和交流一次，了解未成年人的生活、学习、心理等情况，并给予未成年人亲情关爱。

未成年人的父母或者其他监护人接到被委托人、居民委员会、村民委员会、学校、幼儿园等关于未成年人心理、行为异常的通知后，应当及时采取干预措施。

第 90 条　各级人民政府及其有关部门应当对未成年人进行卫生保健和营养指导，提供卫生保健服务。

卫生健康部门应当依法对未成年人的疫苗预防接种进行规范，防治未成年人常见病、多发病，加强传染病防治和监督管理，做好伤害预防和干预，指导和监督学校、幼儿园、婴幼儿照护服务机构开展卫生保健工作。

教育行政部门应当加强未成年人的心理健康教育，建立未成年人心理问题的早期发现和及时干预机制。卫生健康部门应当做好未成年人心理治疗、心理危机干预以及精神障碍早期识别和诊断治疗等工作。

**2.《精神卫生法》**（2018 年 4 月 27 日）

第 16 条　各级各类学校应当对学生进行精神卫生知识教育；配备或者聘请心理健康教育教师、辅导人员，并可以设立心理健康辅导室，对学生进行心理健康教育。学前教育机构应当对幼儿开展符合其特点的心理健康教育。

发生自然灾害、意外伤害、公共安全事件等可能影响学生心理健康的事件，学校应当及时组织专业人员对学生进行心理援助。

教师应当学习和了解相关的精神卫生知识，关注学生心理健康状况，正确引导、激励学生。地方各级人民政府教育行政部门和学校应当重视教师心理健康。

学校和教师应当与学生父母或者其他监护人、近亲属沟通学生心理健康情况。

◉ 部门规章及文件

3.《未成年人学校保护规定》（2021 年 6 月 1 日）

第 32 条　学校应当建立学生心理健康教育管理制度，建立学生心理健康问题的早期发现和及时干预机制，按照规定配备专职或者兼职心理健康教育教师、建设心理辅导室，或者通过购买专业社工服务等多种方式为学生提供专业化、个性化的指导和服务。

有条件的学校，可以定期组织教职工进行心理健康状况测评，指导、帮助教职工以积极、乐观的心态对待学生。

第二十条　学生欺凌防控制度

教育行政部门应当会同有关部门建立学生欺凌防控制度。学校应当加强日常安全管理，完善学生欺凌发现和处置的工作流程，严格排查并及时消除可能导致学生欺凌行为的各种隐患。

◉ 法　律

1.《未成年人保护法》（2024 年 4 月 26 日）

第 39 条　学校应当建立学生欺凌防控工作制度，对教职员工、学生等开展防治学生欺凌的教育和培训。

学校对学生欺凌行为应当立即制止，通知实施欺凌和被欺凌未成年学生的父母或者其他监护人参与欺凌行为的认定和处理；对相关未成年学生及时给予心理辅导、教育和引导；对相关未成年学生的父母或者其他监护人给予必要的家庭教育指导。

对实施欺凌的未成年学生，学校应当根据欺凌行为的性质和程度，依法加强管教。对严重的欺凌行为，学校不得隐瞒，应当及时向公安机关、教育行政部门报告，并配合相关部门依法处理。

### ⬤ 部门规章及文件

2.《未成年人学校保护规定》（2021 年 6 月 1 日）

第 23 条　学校接到关于学生欺凌报告的，应当立即开展调查，认为可能构成欺凌的，应当及时提交学生欺凌治理组织认定和处置，并通知相关学生的家长参与欺凌行为的认定和处理。认定构成欺凌的，应当对实施或者参与欺凌行为的学生作出教育惩戒或者纪律处分，并对其家长提出加强管教的要求，必要时，可以由法治副校长、辅导员对学生及其家长进行训导、教育。

对违反治安管理或者涉嫌犯罪等严重欺凌行为，学校不得隐瞒，应当及时向公安机关、教育行政部门报告，并配合相关部门依法处理。

不同学校学生之间发生的学生欺凌事件，应当在主管教育行政部门的指导下建立联合调查机制，进行认定和处理。

第 53 条　教育行政部门应当指定专门机构或者人员承担学生保护的监督职责，有条件的，可以设立学生保护专兼职监察员负责学生保护工作，处理或者指导处理学生欺凌、性侵害、性骚扰以及其他侵害学生权益的事件，会同有关部门落实学校安全区域制度，健全依法处理涉校纠纷的工作机制。

负责学生保护职责的人员应当接受专门业务培训，具备学生保护的必要知识与能力。

## 案例指引

**朱某等寻衅滋事案**（最高人民法院发布《保护未成年人权益十大优秀案例》）

**典型意义**：校园欺凌问题关系到未成年人的健康成长，也牵系着每一个家庭的敏感神经，已成为全社会关注的热点问题。本案就是一起典型的校园欺凌行为构成犯罪的案件。本案中，五名被告人的行为已经不仅仅是同学伙伴之间的打闹玩笑，也不仅仅是一般的违反校规校纪的行为，而是触犯刑法应当受到刑罚惩处的犯罪行为。对此类行为，如果仅仅因被告人系未成年人而"大事化小，小事化了"，就会纵容犯罪，既不利于被告人今后的健康成长，更不利于保护同是未成年人的被害人。本案裁判法院充分考虑五名被告人主观恶性和行为的社会危害性，对其分别判处相应的实刑，符合罪刑相适应原则，在有效维护了未成年被害人合法权益的同时，也给在校学生上了一堂生动的法治课。本案被中央电视台"新闻1+1"等媒体栏目评论称具有"标本意义"，宣判后不久，适逢教育部等十一个部门联合印发《加强中小学生欺凌综合治理方案》，对中小学生校园欺凌综合整治起到了积极的推动作用。

### 第二十一条　鼓励社会工作者进驻学校

教育行政部门鼓励和支持学校聘请社会工作者长期或者定期进驻学校，协助开展道德教育、法治教育、生命教育和心理健康教育，参与预防和处理学生欺凌等行为。

### 第二十二条　预防犯罪教育计划

教育行政部门、学校应当通过举办讲座、座谈、培训等活动，介绍科学合理的教育方法，指导教职员工、未成年学生的父母或者其他监护人有效预防未成年人犯罪。

学校应当将预防犯罪教育计划告知未成年学生的父母或者其他监护人。未成年学生的父母或者其他监护人应当配合学校对未成年学生进行有针对性的预防犯罪教育。

● 法　律

《教育法》（2021 年 4 月 29 日）

第 50 条　未成年人的父母或者其他监护人应当为其未成年子女或者其他被监护人受教育提供必要条件。

未成年人的父母或者其他监护人应当配合学校及其他教育机构，对其未成年子女或者其他被监护人进行教育。

学校、教师可以对学生家长提供家庭教育指导。

**第二十三条　预防犯罪工作效果纳入考核**

教育行政部门应当将预防犯罪教育的工作效果纳入学校年度考核内容。

● 部门规章及文件

《中小学幼儿园安全管理办法》（2006 年 6 月 30 日）

第 43 条　教育行政部门按照有关规定，与人民法院、人民检察院和公安、司法行政等部门以及高等学校协商，选聘优秀的法律工作者担任学校的兼职法制副校长或者法制辅导员。

兼职法制副校长或者法制辅导员应当协助学校检查落实安全制度和安全事故处理、定期对师生进行法制教育等，其工作成果纳入派出单位的工作考核内容。

**第二十四条　开展多种形式的预防未成年人犯罪宣传教育活动**

各级人民政府及其有关部门、人民检察院、人民法院、共产主义青年团、少年先锋队、妇女联合会、残疾人联合会、关心下一代工作委员会等应当结合实际，组织、举办多种形式的预防未成年人犯罪宣传教育活动。有条件的地方可以建立青少年法治教育基地，对未成年人开展法治教育。

## 法　律

**1.《未成年人保护法》**（2024 年 4 月 26 日）

第 10 条　共产主义青年团、妇女联合会、工会、残疾人联合会、关心下一代工作委员会、青年联合会、学生联合会、少年先锋队以及其他人民团体、有关社会组织，应当协助各级人民政府及其有关部门、人民检察院、人民法院做好未成年人保护工作，维护未成年人合法权益。

第 115 条　公安机关、人民检察院、人民法院和司法行政部门应当结合实际，根据涉及未成年人案件的特点，开展未成年人法治宣传教育工作。

**2.《反家庭暴力法》**（2015 年 12 月 27 日）

第 6 条　国家开展家庭美德宣传教育，普及反家庭暴力知识，增强公民反家庭暴力意识。

工会、共产主义青年团、妇女联合会、残疾人联合会应当在各自工作范围内，组织开展家庭美德和反家庭暴力宣传教育。

广播、电视、报刊、网络等应当开展家庭美德和反家庭暴力宣传。

学校、幼儿园应当开展家庭美德和反家庭暴力教育。

**3.《禁毒法》**（2007 年 12 月 29 日）

第 12 条　各级人民政府应当经常组织开展多种形式的禁毒宣传教育。

工会、共产主义青年团、妇女联合会应当结合各自工作对象的特点，组织开展禁毒宣传教育。

## 第二十五条　居（村）委会预防未成年人犯罪的协助作用

居民委员会、村民委员会应当积极开展有针对性的预防未成年人犯罪宣传活动，协助公安机关维护学校周围治安，及时掌握本辖区内未成年人的监护、就学和就业情况，组织、引导社区社会组织参与预防未成年人犯罪工作。

● 法　律

1.《未成年人保护法》（2024 年 4 月 26 日）

第 23 条　未成年人的父母或者其他监护人应当及时将委托照护情况书面告知未成年人所在学校、幼儿园和实际居住地的居民委员会、村民委员会，加强和未成年人所在学校、幼儿园的沟通；与未成年人、被委托人至少每周联系和交流一次，了解未成年人的生活、学习、心理等情况，并给予未成年人亲情关爱。

未成年人的父母或者其他监护人接到被委托人、居民委员会、村民委员会、学校、幼儿园等关于未成年人心理、行为异常的通知后，应当及时采取干预措施。

第 43 条　居民委员会、村民委员会应当设置专人专岗负责未成年人保护工作，协助政府有关部门宣传未成年人保护方面的法律法规，指导、帮助和监督未成年人的父母或者其他监护人依法履行监护职责，建立留守未成年人、困境未成年人的信息档案并给予关爱帮扶。

居民委员会、村民委员会应当协助政府有关部门监督未成年人委托照护情况，发现被委托人缺乏照护能力、怠于履行照护职责等情况，应当及时向政府有关部门报告，并告知未成年人的父母或者其他监护人，帮助、督促被委托人履行照护职责。

第 118 条　未成年人的父母或者其他监护人不依法履行监护职责或者侵犯未成年人合法权益的，由其居住地的居民委员会、村民委员会予以劝诫、制止；情节严重的，居民委员会、村民委员会应当及时向公安机关报告。

公安机关接到报告或者公安机关、人民检察院、人民法院在办理案件过程中发现未成年人的父母或者其他监护人存在上述情形的，应当予以训诫，并可以责令其接受家庭教育指导。

**2.《反家庭暴力法》**（2015 年 12 月 27 日）

第 14 条　学校、幼儿园、医疗机构、居民委员会、村民委员会、社会工作服务机构、救助管理机构、福利机构及其工作人员在工作中发现无民事行为能力人、限制民事行为能力人遭受或者疑似遭受家庭暴力的，应当及时向公安机关报案。公安机关应当对报案人的信息予以保密。

**第二十六条**　**校外活动场所开展预防犯罪教育**

青少年宫、儿童活动中心等校外活动场所应当把预防犯罪教育作为一项重要的工作内容，开展多种形式的宣传教育活动。

● **法　律**

**1.《未成年人保护法》**（2024 年 4 月 26 日）

第 44 条　爱国主义教育基地、图书馆、青少年宫、儿童活动中心、儿童之家应当对未成年人免费开放；博物馆、纪念馆、科技馆、展览馆、美术馆、文化馆、社区公益性互联网上网服务场所以及影剧院、体育场馆、动物园、植物园、公园等场所，应当按照有关规定对未成年人免费或者优惠开放。

国家鼓励爱国主义教育基地、博物馆、科技馆、美术馆等公共场馆开设未成年人专场，为未成年人提供有针对性的服务。

国家鼓励国家机关、企业事业单位、部队等开发自身教育资源，设立未成年人开放日，为未成年人主题教育、社会实践、职业体验等提供支持。

国家鼓励科研机构和科技类社会组织对未成年人开展科学普及活动。

● 行政法规及文件

2. 《博物馆条例》（2015 年 2 月 9 日）

第 33 条第 3 款　博物馆未实行免费开放的，应当对未成年人、成年学生、教师、老年人、残疾人和军人等实行免费或者其他优惠。博物馆实行优惠的项目和标准应当向公众公告。

**第二十七条**　职业培训机构、用人单位开展预防犯罪教育

职业培训机构、用人单位在对已满十六周岁准备就业的未成年人进行职业培训时，应当将预防犯罪教育纳入培训内容。

● 部门规章及文件

《就业服务与就业管理规定》（2022 年 1 月 7 日）

第 28 条　职业指导工作包括以下内容：

（一）向劳动者和用人单位提供国家有关劳动保障的法律法规和政策、人力资源市场状况咨询；

（二）帮助劳动者了解职业状况，掌握求职方法，确定择业方向，增强择业能力；

（三）向劳动者提出培训建议，为其提供职业培训相关信息；

（四）开展对劳动者个人职业素质和特点的测试，并对其职业能力进行评价；

（五）对妇女、残疾人、少数民族人员及退出现役的军人等就业群体提供专门的职业指导服务；

（六）对大中专学校、职业院校、技工学校学生的职业指导工作提供咨询和服务；

（七）对准备从事个体劳动或开办私营企业的劳动者提供创业咨询服务；

（八）为用人单位提供选择招聘方法、确定用人条件和标准等方面的招聘用人指导；

（九）为职业培训机构确立培训方向和专业设置等提供咨询参考。

# 第三章　对不良行为的干预

**第二十八条**　不良行为的界定

本法所称不良行为，是指未成年人实施的不利于其健康成长的下列行为：

（一）吸烟、饮酒；

（二）多次旷课、逃学；

（三）无故夜不归宿、离家出走；

（四）沉迷网络；

（五）与社会上具有不良习性的人交往，组织或者参加实施不良行为的团伙；

（六）进入法律法规规定未成年人不宜进入的场所；

（七）参与赌博、变相赌博，或者参加封建迷信、邪教等活动；

（八）阅览、观看或者收听宣扬淫秽、色情、暴力、恐怖、极端等内容的读物、音像制品或者网络信息等；

（九）其他不利于未成年人身心健康成长的不良行为。

● 法　律

1.《未成年人保护法》（2024 年 4 月 26 日）

第 17 条　未成年人的父母或者其他监护人不得实施下列行为：

（一）虐待、遗弃、非法送养未成年人或者对未成年人实施家庭暴力；

（二）放任、教唆或者利用未成年人实施违法犯罪行为；

（三）放任、唆使未成年人参与邪教、迷信活动或者接受恐怖主义、分裂主义、极端主义等侵害；

（四）放任、唆使未成年人吸烟（含电子烟，下同）、饮酒、赌博、流浪乞讨或者欺凌他人；

（五）放任或者迫使应当接受义务教育的未成年人失学、辍学；

（六）放任未成年人沉迷网络，接触危害或者可能影响其身心健康的图书、报刊、电影、广播电视节目、音像制品、电子出版物和网络信息等；

（七）放任未成年人进入营业性娱乐场所、酒吧、互联网上网服务营业场所等不适宜未成年人活动的场所；

（八）允许或者迫使未成年人从事国家规定以外的劳动；

（九）允许、迫使未成年人结婚或者为未成年人订立婚约；

（十）违法处分、侵吞未成年人的财产或者利用未成年人牟取不正当利益；

（十一）其他侵犯未成年人身心健康、财产权益或者不依法履行未成年人保护义务的行为。

第50条　禁止制作、复制、出版、发布、传播含有宣扬淫秽、色情、暴力、邪教、迷信、赌博、引诱自杀、恐怖主义、分裂主义、极端主义等危害未成年人身心健康内容的图书、报刊、电影、广播电视节目、舞台艺术作品、音像制品、电子出版物和网络信息等。

⬤ 部门规章及文件

2.《未成年人学校保护规定》（2021年6月1日）

第28条　学校应当按照规定设置图书馆、班级图书角，配备适合学生认知特点、内容积极向上的课外读物，营造良好阅读环境，培养学生阅读习惯，提升阅读质量。

学校应当加强读物和校园文化环境管理，禁止含有淫秽、色情、暴力、邪教、迷信、赌博、恐怖主义、分裂主义、极端主义等危害未成年人身心健康内容的读物、图片、视听作品等，以及商业广告、有悖于社会主义核心价值观的文化现象进入校园。

## ● 案例指引

**王某以招收童星欺骗猥亵儿童案**（最高人民法院发布《利用互联网侵害未成年人权益的典型案例》）

**典型意义**：网络色情信息的高强度刺激可能使青少年沉溺其中，甚至走上犯罪道路。本案被告人审判时年仅20岁，在玩游戏时被当成女性，收到私聊和广告要求其裸聊和做动作，了解了这种方法之后，由于正值青春期，也想尝试一下，于是编造传媒公司名字，以招收童星考核身材为名，要求幼女与其裸聊，寻求刺激。本案被害人都是幼女，对于不良信息的辨别力差，缺乏基本性知识，对自己行为的性质没有清晰认识，希望成为童星因此被利用。在这个过程中，父母的监管是缺失的，孩子的网络行为没有受到干预和引导，对他们接受的网络信息缺乏甄选。本案警示：家长对孩子使用电子产品和互联网行为不能不管不问，要帮助子女识别色情、暴力、毒品信息，否则极有可能使孩子受到网络色情、暴力、毒品的侵害；要加强对未成年子女的自我保护和风险防范教育。互联网监管部门，应该加强净化网络环境治理，设置浏览级别限制，引导未成年人正确使用网络，促进其健康成长。

| 第二十九条 | 监护人对不良行为要制止并管教 |

未成年人的父母或者其他监护人发现未成年人有不良行为的，应当及时制止并加强管教。

1.《未成年人保护法》（2024 年 4 月 26 日）

第 16 条　未成年人的父母或者其他监护人应当履行下列监护职责：

（一）为未成年人提供生活、健康、安全等方面的保障；

（二）关注未成年人的生理、心理状况和情感需求；

（三）教育和引导未成年人遵纪守法、勤俭节约，养成良好的思想品德和行为习惯；

（四）对未成年人进行安全教育，提高未成年人的自我保护意识和能力；

（五）尊重未成年人受教育的权利，保障适龄未成年人依法接受并完成义务教育；

（六）保障未成年人休息、娱乐和体育锻炼的时间，引导未成年人进行有益身心健康的活动；

（七）妥善管理和保护未成年人的财产；

（八）依法代理未成年人实施民事法律行为；

（九）预防和制止未成年人的不良行为和违法犯罪行为，并进行合理管教；

（十）其他应当履行的监护职责。

第 23 条　未成年人的父母或者其他监护人应当及时将委托照护情况书面告知未成年人所在学校、幼儿园和实际居住地的居民委员会、村民委员会，加强和未成年人所在学校、幼儿园的沟通；与未成年人、被委托人至少每周联系和交流一次，了解未成年人的生活、学习、心理等情况，并给予未成年人亲情关爱。

未成年人的父母或者其他监护人接到被委托人、居民委员会、村民委员会、学校、幼儿园等关于未成年人心理、行为异常的通知后，应当及时采取干预措施。

第 118 条　未成年人的父母或者其他监护人不依法履行监护职责或者侵犯未成年人合法权益的，由其居住地的居民委员会、村民委员会予以劝诫、制止；情节严重的，居民委员会、村民委员会应当及时向公安机关报告。

公安机关接到报告或者公安机关、人民检察院、人民法院在办理案件过程中发现未成年人的父母或者其他监护人存在上述情形的，应当予以训诫，并可以责令其接受家庭教育指导。

### 🌼 司法解释及文件

**2.《关于在办理涉未成年人案件中全面开展家庭教育指导工作的意见》**（2021 年 5 月 31 日）

三、工作内容

家庭教育指导内容包括但不限于以下方面：

1. 教育未成年人的父母或者其他监护人培养未成年人法律素养，提高守法意识和自我保护能力；

2. 帮助未成年人的父母或者其他监护人强化监护意识，履行家庭教育主体责任；

3. 帮助未成年人的父母或者其他监护人培养未成年人良好道德行为习惯，树立正确价值观；

4. 教导未成年人的父母或者其他监护人对未成年人采取有效的沟通方式；

5. 引导未成年人的父母或者其他监护人改变不当教育方式；

6. 指导未成年人的父母或者其他监护人重塑良好家庭关系，营造和谐家庭氛围；

7. 协助未成年人的父母或者其他监护人加强对未成年人的心理辅导，促进未成年人健全人格的养成。

**公安机关、居 (村) 委会要制止不良行为**

公安机关、居民委员会、村民委员会发现本辖区内未成年人有不良行为的, 应当及时制止, 并督促其父母或者其他监护人依法履行监护职责。

● **司法解释及文件**

**《关于建立侵害未成年人案件强制报告制度的意见 (试行) 》** (2020年5月7日)

第12条 公安机关、人民检察院发现未成年人需要保护救助的, 应当委托或者联合民政部门或共青团、妇联等群团组织, 对未成年人及其家庭实施必要的经济救助、医疗救治、心理干预、调查评估等保护措施。未成年被害人生活特别困难的, 司法机关应当及时启动司法救助。

公安机关、人民检察院发现未成年人父母或者其他监护人不依法履行监护职责, 或者侵害未成年人合法权益的, 应当予以训诫或者责令其接受家庭教育指导。经教育仍不改正, 情节严重的, 应当依法依规予以惩处。

公安机关、妇联、居民委员会、村民委员会、救助管理机构、未成年人救助保护机构发现未成年人遭受家庭暴力或面临家庭暴力的现实危险, 可以依法向人民法院代为申请人身安全保护令。

第三十一条 **学校对有不良行为的未成年学生要加强管教**

学校对有不良行为的未成年学生, 应当加强管理教育, 不得歧视; 对拒不改正或者情节严重的, 学校可以根据情况予以处分或者采取以下管理教育措施:

(一) 予以训导;

(二) 要求遵守特定的行为规范;

（三）要求参加特定的专题教育；

（四）要求参加校内服务活动；

（五）要求接受社会工作者或者其他专业人员的心理辅导和行为干预；

（六）其他适当的管理教育措施。

● 部门规章及文件

1. 《未成年人学校保护规定》（2021 年 6 月 1 日）

第 44 条　学校可以根据实际组成由学校相关负责人、教师、法治副校长（辅导员）、司法和心理等方面专业人员参加的专业辅导工作机制，对有不良行为的学生进行矫治和帮扶；对有严重不良行为的学生，学校应当配合有关部门进行管教，无力管教或者管教无效的，可以依法向教育行政部门提出申请送专门学校接受专门教育。

2. 《中小学教育惩戒规则（试行）》（2020 年 12 月 23 日）

第 7 条　学生有下列情形之一，学校及其教师应当予以制止并进行批评教育，确有必要的，可以实施教育惩戒：

（一）故意不完成教学任务要求或者不服从教育、管理的；

（二）扰乱课堂秩序、学校教育教学秩序的；

（三）吸烟、饮酒，或者言行失范违反学生守则的；

（四）实施有害自己或者他人身心健康的危险行为的；

（五）打骂同学、老师，欺凌同学或者侵害他人合法权益的；

（六）其他违反校规校纪的行为。

学生实施属于预防未成年人犯罪法规定的不良行为或者严重不良行为的，学校、教师应当予以制止并实施教育惩戒，加强管教；构成违法犯罪的，依法移送公安机关处理。

## 第三十二条  家校合作机制

学校和家庭应当加强沟通，建立家校合作机制。学校决定对未成年学生采取管理教育措施的，应当及时告知其父母或者其他监护人；未成年学生的父母或者其他监护人应当支持、配合学校进行管理教育。

● **法　律**

《**教育法**》（2021 年 4 月 29 日）

第 50 条　未成年人的父母或者其他监护人应当为其未成年子女或者其他被监护人受教育提供必要条件。

未成年人的父母或者其他监护人应当配合学校及其他教育机构，对其未成年子女或者其他被监护人进行教育。

学校、教师可以对学生家长提供家庭教育指导。

## 第三十三条  对轻微不良行为学校要采取管教措施

未成年学生偷窃少量财物，或者有殴打、辱骂、恐吓、强行索要财物等学生欺凌行为，情节轻微的，可以由学校依照本法第三十一条规定采取相应的管理教育措施。

● **法　律**

1.《**未成年人保护法**》（2024 年 4 月 26 日）

第 39 条　学校应当建立学生欺凌防控工作制度，对教职员工、学生等开展防治学生欺凌的教育和培训。

学校对学生欺凌行为应当立即制止，通知实施欺凌和被欺凌未成年学生的父母或者其他监护人参与欺凌行为的认定和处理；对相关未成年学生及时给予心理辅导、教育和引导；对相关未成年学生的父母或者其他监护人给予必要的家庭教育指导。

对实施欺凌的未成年学生，学校应当根据欺凌行为的性质和程度，依法加强管教。对严重的欺凌行为，学校不得隐瞒，应当及时向公安机关、教育行政部门报告，并配合相关部门依法处理。

● 部门规章及文件

2.《未成年人学校保护规定》（2021年6月1日）

第21条　教职工发现学生实施下列行为的，应当及时制止：

（一）殴打、脚踢、掌掴、抓咬、推撞、拉扯等侵犯他人身体或者恐吓威胁他人；

（二）以辱骂、讥讽、嘲弄、挖苦、起侮辱性绰号等方式侵犯他人人格尊严；

（三）抢夺、强拿硬要或者故意毁坏他人财物；

（四）恶意排斥、孤立他人，影响他人参加学校活动或者社会交往；

（五）通过网络或者其他信息传播方式捏造事实诽谤他人、散布谣言或者错误信息诋毁他人、恶意传播他人隐私。

学生之间，在年龄、身体或者人数等方面占优势的一方蓄意或者恶意对另一方实施前款行为，或者以其他方式欺压、侮辱另一方，造成人身伤害、财产损失或者精神损害的，可以认定为构成欺凌。

**第三十四条　对旷课、逃学的处理**

未成年学生旷课、逃学的，学校应当及时联系其父母或者其他监护人，了解有关情况；无正当理由的，学校和未成年学生的父母或者其他监护人应当督促其返校学习。

**第三十五条　对夜不归宿、离家出走的处理**

未成年人无故夜不归宿、离家出走的，父母或者其他监护人、所在的寄宿制学校应当及时查找，必要时向公安机关报告。

收留夜不归宿、离家出走未成年人的，应当及时联系其父母或者其他监护人、所在学校；无法取得联系的，应当及时向公安机关报告。

● 法　律

《未成年人保护法》（2024 年 4 月 26 日）

第 57 条　旅馆、宾馆、酒店等住宿经营者接待未成年人入住，或者接待未成年人和成年人共同入住时，应当询问父母或者其他监护人的联系方式、入住人员的身份关系等有关情况；发现有违法犯罪嫌疑的，应当立即向公安机关报告，并及时联系未成年人的父母或者其他监护人。

**第三十六条**　**对夜不归宿、离家出走未成年人的救助**

对夜不归宿、离家出走或者流落街头的未成年人，公安机关、公共场所管理机构等发现或者接到报告后，应当及时采取有效保护措施，并通知其父母或者其他监护人、所在的寄宿制学校，必要时应当护送其返回住所、学校；无法与其父母或者其他监护人、学校取得联系的，应当护送未成年人到救助保护机构接受救助。

**第三十七条**　**对参加不良行为团伙的处理**

未成年人的父母或者其他监护人、学校发现未成年人组织或者参加实施不良行为的团伙，应当及时制止；发现该团伙有违法犯罪嫌疑的，应当立即向公安机关报告。

● 法　律

《未成年人保护法》（2024 年 4 月 26 日）

第 20 条　未成年人的父母或者其他监护人发现未成年人身

322

心健康受到侵害、疑似受到侵害或者其他合法权益受到侵犯的，应当及时了解情况并采取保护措施；情况严重的，应当立即向公安、民政、教育等部门报告。

# 第四章　对严重不良行为的矫治

## 第三十八条　严重不良行为的界定

本法所称严重不良行为，是指未成年人实施的有刑法规定、因不满法定刑事责任年龄不予刑事处罚的行为，以及严重危害社会的下列行为：

（一）结伙斗殴，追逐、拦截他人，强拿硬要或者任意损毁、占用公私财物等寻衅滋事行为；

（二）非法携带枪支、弹药或者弩、匕首等国家规定的管制器具；

（三）殴打、辱骂、恐吓，或者故意伤害他人身体；

（四）盗窃、哄抢、抢夺或者故意损毁公私财物；

（五）传播淫秽的读物、音像制品或者信息等；

（六）卖淫、嫖娼，或者进行淫秽表演；

（七）吸食、注射毒品，或者向他人提供毒品；

（八）参与赌博赌资较大；

（九）其他严重危害社会的行为。

● 部门规章及文件

《中小学教育惩戒规则（试行）》（2020年12月23日）

第10条　小学高年级、初中和高中阶段的学生违规违纪情节严重或者影响恶劣的，学校可以实施以下教育惩戒，并应当事先告知家长：

（一）给予不超过一周的停课或者停学，要求家长在家进行教育、管教；

（二）由法治副校长或者法治辅导员予以训诫；

（三）安排专门的课程或者教育场所，由社会工作者或者其他专业人员进行心理辅导、行为干预。

对违规违纪情节严重，或者经多次教育惩戒仍不改正的学生，学校可以给予警告、严重警告、记过或者留校察看的纪律处分。对高中阶段学生，还可以给予开除学籍的纪律处分。

对有严重不良行为的学生，学校可以按照法定程序，配合家长、有关部门将其转入专门学校教育矫治。

● 案例指引

**1. 古某引诱、教唆他人吸毒、容留他人吸毒案**（《最高人民法院发布 2022 年十大毒品（涉毒）犯罪典型案例》）①

**典型意义**：毒品具有较强的致瘾癖性，一旦沾染，极易造成身体和心理的双重依赖。未成年人好奇心强，心智发育尚不成熟，欠缺自我保护能力，更易遭受毒品危害。人民法院始终坚持将犯罪对象为未成年人以及组织、利用未成年人实施的毒品犯罪作为打击重点。本案是一起典型的引诱、教唆、容留未成年人吸毒案件。被告人古某在未成年人面前实施言语诱导、传授吸毒方法、宣扬吸毒感受的行为，造成两名本无吸毒意愿的未成年人吸食毒品的后果，且其多次提供场所容留未成年人吸毒，社会危害大。古某曾因引诱、教唆他人吸毒犯罪情节严重被判处有期徒刑四年，仍不思悔改，刑满释放不足一年又再次实施同类犯罪，系累犯，主观恶性深，人身危险性大。人民法院根据其犯罪事实、性质、情节和危害后果，依法对其从重处罚，贯彻了加大对末端毒品犯罪惩处力度的刑事政策，

---

① 收录的案例为《最高人民法院发布 2022 年十大毒品（涉毒）犯罪典型案例》，详见最高人民法院网站，https://www.court.gov.cn/zixun/xiangqing/363401.html，最后访问时间：2024 年 11 月 3 日。

体现了对侵害未成年人毒品犯罪予以严惩的坚定立场。在通过刑罚手段阻断毒品危害殃及未成年人的同时，人民法院也呼吁广大青少年深刻认识毒品危害，守住心理防线，慎重交友，远离易染毒环境和人群。

**2. 谢某某组织、领导黑社会性质组织、寻衅滋事、聚众斗殴、敲诈勒索、开设赌场、故意伤害案**（最高人民检察院发布《依法严惩利用未成年人实施黑恶势力犯罪典型案例》）①

**典型意义**：成年人利用未成年人实施黑恶势力违法犯罪活动，导致未成年人涉黑恶势力犯罪问题逐渐凸显，严重损害未成年人健康成长，严重危害社会和谐稳定，应引起社会高度重视。突出打击重点，依法严惩利用未成年人实施黑恶势力犯罪的涉黑恶成年犯罪人。拉拢、招募、吸收未成年人参加黑社会性质组织，实施黑恶势力违法犯罪活动，是利用未成年人实施黑恶势力犯罪的典型行为。利用未达到刑事责任年龄的未成年人实施黑恶势力犯罪的，是利用未成年人实施黑恶势力犯罪应当从重处罚的情形之一，应当对黑社会性质组织、恶势力犯罪集团、恶势力的首要分子、骨干成员、纠集者、主犯和直接利用的成员从重处罚。切实贯彻宽严相济刑事政策，最大限度保护涉案未成年人合法权益。坚持打击与保护并重、帮教矫正和警示教育并行、犯罪预防和综合治理并举，对涉黑恶未成年人积极开展帮教矫正和犯罪预防工作。积极参与社会综合治理，加强各职能部门协调联动。开展法治宣传教育，为严惩利用未成年人实施黑恶势力犯罪营造良好社会氛围。

---

① 收录的案例为最高人民检察院发布的《依法严惩利用未成年人实施黑恶势力犯罪典型案例》，详见最高人民检察院网站，https：//www.spp.gov.cn/xwfbh/wsfbh/202004/t20200423_ 459435.shtml，最后访问时间：2024 年 11 月 3 日，下文同一出处案例不再特别提示。

**3. 黎某甲寻衅滋事、妨害作证、故意伤害、非法采矿案**（最高人民检察院发布《依法严惩利用未成年人实施黑恶势力犯罪典型案例》）

    **典型意义**：黑恶势力犯罪分子利用未成年人自我保护能力弱、辨别能力弱、易于控制指挥的特点，常常有意拉拢、引诱、欺骗未成年人加入黑恶势力，实施黑恶势力违法犯罪活动。未成年人被利用参与黑恶势力犯罪的，应当重在切断"毒源"，防止低龄未成年人"积小恶成大患"。一些黑社会性质组织和恶势力犯罪集团、恶势力，利用刑法第十七条关于刑事责任年龄的规定，有意将未成年人作为黑恶势力的发展对象，以此规避刑事处罚。成年犯罪人利用未成年人心智尚未成熟的特点，伙同未成年人实施黑恶势力犯罪，并在犯罪后为逃避法律责任，指使未成年人作伪证、顶罪，包庇其他成年人的犯罪事实，行为恶劣，应当予以严惩。

**4. 靳某某妨害信用卡管理、非法拘禁、寻衅滋事案**（最高人民检察院发布《依法严惩利用未成年人实施黑恶势力犯罪典型案例》）

    **典型意义**：黑恶势力利用未成年人急于赚钱、自我控制能力不强的心理特点，常常以从事兼职的名义雇佣未成年人参与违法犯罪活动，为谋取非法利益提供便利。黑恶势力将黑手伸向未成年人和大中专院校，利用在校学生，针对未成年人实施违法犯罪，应当予以从重处罚。检察机关坚决遏制黑恶势力拉拢侵蚀未成年人，对黑恶势力利用未成年人实施违法犯罪活动严厉打击，依法坚决起诉，从重提出量刑建议。对被利用的未成年人，要综合其犯罪性质、罪行轻重等因素，实行分级保护处遇。对行为性质较为恶劣、危害后果较大的涉罪未成年人，要全面了解其生理、心理状态及违法犯罪原因，通过亲情会见，教育、感化未成年人，积极促成和解，引导其认罪认罚获得从宽处理；对罪行轻微，属于初犯、偶犯的未成年人，要充分发挥不捕、不诉、刑事和解等制度机制作用，积极适用附条件不起诉；对未达到刑事责任年龄的未成年人，要与公安机关沟通，由其训诫，责令监护人严加管教，同时联合相关帮教主体，开展重点观护和帮教，预防再犯。

## 第三十九条　对严重不良行为的强制报告义务

> 未成年人的父母或者其他监护人、学校、居民委员会、村民委员会发现有人教唆、胁迫、引诱未成年人实施严重不良行为的，应当立即向公安机关报告。公安机关接到报告或者发现有上述情形的，应当及时依法查处；对人身安全受到威胁的未成年人，应当立即采取有效保护措施。

● 法　律

1.《未成年人保护法》（2024 年 4 月 26 日）

第 11 条　任何组织或者个人发现不利于未成年人身心健康或者侵犯未成年人合法权益的情形，都有权劝阻、制止或者向公安、民政、教育等有关部门提出检举、控告。

国家机关、居民委员会、村民委员会、密切接触未成年人的单位及其工作人员，在工作中发现未成年人身心健康受到侵害、疑似受到侵害或者面临其他危险情形的，应当立即向公安、民政、教育等有关部门报告。

有关部门接到涉及未成年人的检举、控告或者报告，应当依法及时受理、处置，并以适当方式将处理结果告知相关单位和人员。

第 20 条　未成年人的父母或者其他监护人发现未成年人身心健康受到侵害、疑似受到侵害或者其他合法权益受到侵犯的，应当及时了解情况并采取保护措施；情况严重的，应当立即向公安、民政、教育等部门报告。

第 118 条　未成年人的父母或者其他监护人不依法履行监护职责或者侵犯未成年人合法权益的，由其居住地的居民委员会、村民委员会予以劝诫、制止；情节严重的，居民委员会、村民委员会应当及时向公安机关报告。

公安机关接到报告或者公安机关、人民检察院、人民法院在办理案件过程中发现未成年人的父母或者其他监护人存在上述情形的，应当予以训诫，并可以责令其接受家庭教育指导。

● 司法解释及文件

2.《关于建立侵害未成年人案件强制报告制度的意见（试行）》
（2020 年 5 月 7 日）

第12条　公安机关、人民检察院发现未成年人需要保护救助的，应当委托或者联合民政部门或共青团、妇联等群团组织，对未成年人及其家庭实施必要的经济救助、医疗救治、心理干预、调查评估等保护措施。未成年被害人生活特别困难的，司法机关应当及时启动司法救助。

公安机关、人民检察院发现未成年人父母或者其他监护人不依法履行监护职责，或者侵害未成年人合法权益的，应当予以训诫或者责令其接受家庭教育指导。经教育仍不改正，情节严重的，应当依法依规予以惩处。

公安机关、妇联、居民委员会、村民委员会、救助管理机构、未成年人救助保护机构发现未成年人遭受家庭暴力或面临家庭暴力的现实危险，可以依法向人民法院代为申请人身安全保护令。

3.《关于依法处理监护人侵害未成年人权益行为若干问题的意见》（2014 年 12 月 18 日　法发〔2014〕24 号）

11. 公安机关在出警过程中，发现未成年人身体受到严重伤害、面临严重人身安全威胁或者处于无人照料等危险状态的，应当将其带离实施监护侵害行为的监护人，就近护送至其他监护人、亲属、村（居）民委员会或者未成年人救助保护机构，并办理书面交接手续。未成年人有表达能力的，应当就护送地点征求未成年人意见。

负责接收未成年人的单位和人员（以下简称临时照料人）应当对未成年人予以临时紧急庇护和短期生活照料，保护未成年人的人身安全，不得侵害未成年人合法权益。

公安机关应当书面告知临时照料人有权依法向人民法院申请人身安全保护裁定和撤销监护人资格。

## 第四十条　公安机关接到举报后的处理

公安机关接到举报或者发现未成年人有严重不良行为的，应当及时制止，依法调查处理，并可以责令其父母或者其他监护人消除或者减轻违法后果，采取措施严加管教。

### ● 法　律

1.《未成年人保护法》（2024 年 4 月 26 日）

第 39 条　学校应当建立学生欺凌防控工作制度，对教职员工、学生等开展防治学生欺凌的教育和培训。

学校对学生欺凌行为应当立即制止，通知实施欺凌和被欺凌未成年学生的父母或者其他监护人参与欺凌行为的认定和处理；对相关未成年学生及时给予心理辅导、教育和引导；对相关未成年学生的父母或者其他监护人给予必要的家庭教育指导。

对实施欺凌的未成年学生，学校应当根据欺凌行为的性质和程度，依法加强管教。对严重的欺凌行为，学校不得隐瞒，应当及时向公安机关、教育行政部门报告，并配合相关部门依法处理。

第 118 条　未成年人的父母或者其他监护人不依法履行监护职责或者侵犯未成年人合法权益的，由其居住地的居民委员会、村民委员会予以劝诫、制止；情节严重的，居民委员会、村民委员会应当及时向公安机关报告。

公安机关接到报告或者公安机关、人民检察院、人民法院在办理案件过程中发现未成年人的父母或者其他监护人存在上述情形的，应当予以训诫，并可以责令其接受家庭教育指导。

● 司法解释及文件

2.《关于依法处理监护人侵害未成年人权益行为若干问题的意见》（2014 年 12 月 18 日　法发〔2014〕24 号）

3. 对于监护侵害行为，任何组织和个人都有权劝阻、制止或者举报。

公安机关应当采取措施，及时制止在工作中发现以及单位、个人举报的监护侵害行为，情况紧急时将未成年人带离监护人。

民政部门应当设立未成年人救助保护机构（包括救助管理站、未成年人救助保护中心），对因受到监护侵害进入机构的未成年人承担临时监护责任，必要时向人民法院申请撤销监护人资格。

人民法院应当依法受理人身安全保护裁定申请和撤销监护人资格案件并作出裁判。

人民检察院对公安机关、人民法院处理监护侵害行为的工作依法实行法律监督。

人民法院、人民检察院、公安机关设有办理未成年人案件专门工作机构的，应当优先由专门工作机构办理监护侵害案件。

**第四十一条**　**对严重不良行为的未成年人的矫治教育措施**

对有严重不良行为的未成年人，公安机关可以根据具体情况，采取以下矫治教育措施：

（一）予以训诫；

（二）责令赔礼道歉、赔偿损失；

（三）责令具结悔过；

（四）责令定期报告活动情况；

（五）责令遵守特定的行为规范，不得实施特定行为、接触特定人员或者进入特定场所；

（六）责令接受心理辅导、行为矫治；

（七）责令参加社会服务活动；

（八）责令接受社会观护，由社会组织、有关机构在适当场所对未成年人进行教育、监督和管束；

（九）其他适当的矫治教育措施。

## 司法解释及文件

1. 《人民检察院刑事诉讼规则》（2019 年 12 月 30 日　高检发释字〔2019〕4 号）

第 476 条　人民检察院可以要求被附条件不起诉的未成年犯罪嫌疑人接受下列矫治和教育：

（一）完成戒瘾治疗、心理辅导或者其他适当的处遇措施；

（二）向社区或者公益团体提供公益劳动；

（三）不得进入特定场所，与特定的人员会见或者通信，从事特定的活动；

（四）向被害人赔偿损失、赔礼道歉等；

（五）接受相关教育；

（六）遵守其他保护被害人安全以及预防再犯的禁止性规定。

2. 《人民检察院办理未成年人刑事案件的规定》（2013 年 12 月 19 日　高检发研字〔2013〕7 号）

第 42 条　人民检察院可以要求被附条件不起诉的未成年犯罪嫌疑人接受下列矫治和教育：

（一）完成戒瘾治疗、心理辅导或者其他适当的处遇措施；

（二）向社区或者公益团体提供公益劳动；

（三）不得进入特定场所，与特定的人员会见或者通信，从事特定的活动；

（四）向被害人赔偿损失、赔礼道歉等；

（五）接受相关教育；

（六）遵守其他保护被害人安全以及预防再犯的禁止性规定。

**第四十二条** 社会组织及监护人参与配合矫治教育

公安机关在对未成年人进行矫治教育时，可以根据需要邀请学校、居民委员会、村民委员会以及社会工作服务机构等社会组织参与。

未成年人的父母或者其他监护人应当积极配合矫治教育措施的实施，不得妨碍阻挠或者放任不管。

**第四十三条** 监护人或者学校无力管教的可以申请接受专门教育

对有严重不良行为的未成年人，未成年人的父母或者其他监护人、所在学校无力管教或者管教无效的，可以向教育行政部门提出申请，经专门教育指导委员会评估同意后，由教育行政部门决定送入专门学校接受专门教育。

● 法　律

1.《预防未成年人犯罪法》（2020年12月26日）

第6条　国家加强专门学校建设，对有严重不良行为的未成年人进行专门教育。专门教育是国民教育体系的组成部分，是对有严重不良行为的未成年人进行教育和矫治的重要保护处分措施。

省级人民政府应当将专门教育发展和专门学校建设纳入经济社会发展规划。县级以上地方人民政府成立专门教育指导委员会，根据需要合理设置专门学校。

专门教育指导委员会由教育、民政、财政、人力资源社会保障、公安、司法行政、人民检察院、人民法院、共产主义青年团、妇女联合会、关心下一代工作委员会、专门学校等单位，以及律师、社会工作者等人员组成，研究确定专门学校教学、管理等相关工作。

　　专门学校建设和专门教育具体办法，由国务院规定。

### ● 行政法规及文件

**2.《国务院办公厅关于加强和改进流浪未成年人救助保护工作的意见》**（2011 年 8 月 15 日　国办发〔2011〕39 号）

　　（四）做好流浪未成年人的教育矫治。救助保护机构要依法承担流浪未成年人的临时监护责任，为其提供文化和法制教育、心理辅导、行为矫治、技能培训等救助保护服务，对合法权益受到侵害的，要协助司法部门依法为其提供法律援助或司法救助。救助保护机构要在教育行政部门指导下帮助流浪未成年人接受义务教育或替代教育，对沾染不良习气的，要通过思想、道德和法制教育，矫治不良习惯，纠正行为偏差；对有严重不良行为的，按照有关规定送专门学校进行矫治和接受教育。对流浪残疾未成年人，卫生、残联等部门要指导救助保护机构对其进行心理疏导、康复训练等。

### ● 部门规章及文件

**3.《未成年人学校保护规定》**（2021 年 6 月 1 日）

　　第 44 条　学校可以根据实际组成由学校相关负责人、教师、法治副校长（辅导员）、司法和心理等方面专业人员参加的专业辅导工作机制，对有不良行为的学生进行矫治和帮扶；对有严重不良行为的学生，学校应当配合有关部门进行管教，无力管教或者管教无效的，可以依法向教育行政部门提出申请送专门学校接受专门教育。

## 第四十四条　送入专门学校接受专门教育的情形

未成年人有下列情形之一的，经专门教育指导委员会评估同意，教育行政部门会同公安机关可以决定将其送入专门学校接受专门教育：

（一）实施严重危害社会的行为，情节恶劣或者造成严重后果；

（二）多次实施严重危害社会的行为；

（三）拒不接受或者配合本法第四十一条规定的矫治教育措施；

（四）法律、行政法规规定的其他情形。

● 部门规章及文件

《中小学教育惩戒规则（试行）》（2020 年 12 月 23 日）

第 10 条　小学高年级、初中和高中阶段的学生违规违纪情节严重或者影响恶劣的，学校可以实施以下教育惩戒，并应当事先告知家长：

（一）给予不超过一周的停课或者停学，要求家长在家进行教育、管教；

（二）由法治副校长或者法治辅导员予以训诫；

（三）安排专门的课程或者教育场所，由社会工作者或者其他专业人员进行心理辅导、行为干预。

对违规违纪情节严重，或者经多次教育惩戒仍不改正的学生，学校可以给予警告、严重警告、记过或者留校察看的纪律处分。对高中阶段学生，还可以给予开除学籍的纪律处分。

对有严重不良行为的学生，学校可以按照法定程序，配合家长、有关部门将其转入专门学校教育矫治。

## 第四十五条　对构成违法犯罪行为的专门矫治教育

未成年人实施刑法规定的行为、因不满法定刑事责任年龄不予刑事处罚的，经专门教育指导委员会评估同意，教育行政部门会同公安机关可以决定对其进行专门矫治教育。

省级人民政府应当结合本地的实际情况，至少确定一所专门学校按照分校区、分班级等方式设置专门场所，对前款规定的未成年人进行专门矫治教育。

前款规定的专门场所实行闭环管理，公安机关、司法行政部门负责未成年人的矫治工作，教育行政部门承担未成年人的教育工作。

### ⬤ 法　律

1.《刑法》（2023 年 12 月 29 日）

第 17 条　已满十六周岁的人犯罪，应当负刑事责任。

已满十四周岁不满十六周岁的人，犯故意杀人、故意伤害致人重伤或者死亡、强奸、抢劫、贩卖毒品、放火、爆炸、投放危险物质罪的，应当负刑事责任。

已满十二周岁不满十四周岁的人，犯故意杀人、故意伤害罪，致人死亡或者以特别残忍手段致人重伤造成严重残疾，情节恶劣，经最高人民检察院核准追诉的，应当负刑事责任。

对依照前三款规定追究刑事责任的不满十八周岁的人，应当从轻或者减轻处罚。

因不满十六周岁不予刑事处罚的，责令其父母或者其他监护人加以管教；在必要的时候，依法进行专门矫治教育。

2.《刑事诉讼法》（2018 年 10 月 26 日）

第 283 条　在附条件不起诉的考验期内，由人民检察院对被附条件不起诉的未成年犯罪嫌疑人进行监督考察。未成年犯罪嫌疑人的监护人，应当对未成年犯罪嫌疑人加强管教，配合人民检察院做好监督考察工作。

附条件不起诉的考验期为六个月以上一年以下，从人民检察院作出附条件不起诉的决定之日起计算。

被附条件不起诉的未成年犯罪嫌疑人，应当遵守下列规定：

（一）遵守法律法规，服从监督；

（二）按照考察机关的规定报告自己的活动情况；

（三）离开所居住的市、县或者迁居，应当报经考察机关批准；

（四）按照考察机关的要求接受矫治和教育。

## 第四十六条　专门学校的学期评估

专门学校应当在每个学期适时提请专门教育指导委员会对接受专门教育的未成年学生的情况进行评估。对经评估适合转回普通学校就读的，专门教育指导委员会应当向原决定机关提出书面建议，由原决定机关决定是否将未成年学生转回普通学校就读。

原决定机关决定将未成年学生转回普通学校的，其原所在学校不得拒绝接收；因特殊情况，不适宜转回原所在学校的，由教育行政部门安排转学。

## 第四十七条　分级分类教育矫治

专门学校应当对接受专门教育的未成年人分级分类进行教育和矫治，有针对性地开展道德教育、法治教育、心理健康教育，并根据实际情况进行职业教育；对没有完成义务教育的未成年人，应当保证其继续接受义务教育。

专门学校的未成年学生的学籍保留在原学校，符合毕业条件的，原学校应当颁发毕业证书。

**第四十八条** 专门学校与监护人的联系沟通

专门学校应当与接受专门教育的未成年人的父母或者其他监护人加强联系，定期向其反馈未成年人的矫治和教育情况，为父母或者其他监护人、亲属等看望未成年人提供便利。

### 法　律

《未成年人保护法》（2024 年 4 月 26 日）

第 23 条　未成年人的父母或者其他监护人应当及时将委托照护情况书面告知未成年人所在学校、幼儿园和实际居住地的居民委员会、村民委员会，加强和未成年人所在学校、幼儿园的沟通；与未成年人、被委托人至少每周联系和交流一次，了解未成年人的生活、学习、心理等情况，并给予未成年人亲情关爱。

未成年人的父母或者其他监护人接到被委托人、居民委员会、村民委员会、学校、幼儿园等关于未成年人心理、行为异常的通知后，应当及时采取干预措施。

**第四十九条** 父母等监护人的行政复议和行政诉讼权利

未成年人及其父母或者其他监护人对本章规定的行政决定不服的，可以依法提起行政复议或者行政诉讼。

### 法　律

《行政诉讼法》（2017 年 6 月 27 日）

第 44 条　对属于人民法院受案范围的行政案件，公民、法人或者其他组织可以先向行政机关申请复议，对复议决定不服的，再向人民法院提起诉讼；也可以直接向人民法院提起诉讼。

法律、法规规定应当先向行政机关申请复议，对复议决定不服再向人民法院提起诉讼的，依照法律、法规的规定。

第45条　公民、法人或者其他组织不服复议决定的，可以在收到复议决定书之日起十五日内向人民法院提起诉讼。复议机关逾期不作决定的，申请人可以在复议期满之日起十五日内向人民法院提起诉讼。法律另有规定的除外。

# 第五章　对重新犯罪的预防

### 第五十条　公检法机关对未成年人的法治教育

公安机关、人民检察院、人民法院办理未成年人刑事案件，应当根据未成年人的生理、心理特点和犯罪的情况，有针对性地进行法治教育。

对涉及刑事案件的未成年人进行教育，其法定代理人以外的成年亲属或者教师、辅导员等参与有利于感化、挽救未成年人的，公安机关、人民检察院、人民法院应当邀请其参加有关活动。

● 法　律

1.《刑事诉讼法》（2018年10月26日）

第277条　对犯罪的未成年人实行教育、感化、挽救的方针，坚持教育为主、惩罚为辅的原则。

人民法院、人民检察院和公安机关办理未成年人刑事案件，应当保障未成年人行使其诉讼权利，保障未成年人得到法律帮助，并由熟悉未成年人身心特点的审判人员、检察人员、侦查人员承办。

2.《未成年人保护法》（2024年4月26日）

第115条　公安机关、人民检察院、人民法院和司法行政部门应当结合实际，根据涉及未成年人案件的特点，开展未成年人法治宣传教育工作。

### 司法解释及文件

3.《最高人民法院关于适用〈中华人民共和国刑事诉讼法〉的解释》（2021年1月26日 法释〔2021〕1号）

第561条 人民法院应当结合实际，根据涉及未成年人刑事案件的特点，开展未成年人法治宣传教育工作。

### 案例指引

**1. 未成年被告人贾某某诈骗案**（最高人民法院发布《未成年人权益司法保护典型案例》）

**典型意义：** 本案是一起对犯罪的未成年人坚持"教育、感化、挽救"方针和"教育为主，惩罚为辅"原则，帮助其重回人生正轨的典型案例。在审理过程中，人民法院采用了圆桌审判、社会调查、法庭教育、"政法一条龙"和"社会一条龙"等多项未成年人审判特色工作机制，平等保护非本地籍未成年被告人的合法权益，充分发挥法律的警醒、教育和亲情的感化作用，将审判变成失足少年的人生转折点。案件审结后，法官持续跟踪帮教，被告人贾某某深刻认识到自身的错误，积极反省，在法官的积极协调下，目前贾某某已回到高中学习，正在备战高考。

**2. 庄某等人敲诈勒索案**（最高人民检察院《第二十七批指导性案例》，检例第104号）

**典型意义：** 检察机关开展补充社会调查和心理测评，找出每名未成年人需要矫正的"矫治点"，设置个性化附带条件。该案公安机关未提请批准逮捕，直接移送起诉。检察机关经审查认为，庄某等五人已涉嫌敲诈勒索罪，可能判处一年以下有期徒刑，均有悔罪表现，符合附条件不起诉条件，但前期所作社会调查不足以全面反映犯罪原因和需要矫正的关键点，故委托司法社工补充社会调查，并在征得各未成年犯罪嫌疑人及法定代理人同意后进行心理测评。经分析，五人具有法治观念淡薄、交友不当、家长失管失教等共性犯罪原因，同时各有特点：庄某因被父亲强行留在家庭小厂帮工而存在不满和抵触情绪；顾某因被过分宠溺而缺乏责任感，且沉迷网络游戏；汪某身陷网瘾；常某与单亲母亲长期关系紧张；章某因经常被父亲打骂心理创伤严重。据此，检察官和司法社工研究确定了五名未成年人具有共性特点的"矫治点"，包括认知偏差、行为偏差、不良"朋友"等，和每名未成年人个性化的"矫治点"，如庄某的不良情绪、章某的心理创伤等，据此对五人均设置共性化的附带条件：参加线上、线下法治教育以及行为认知矫正活动，记录学习感受；在司法社工指导下筛选出不良"朋友"并制定远离行动方案；参加每周一次的团体心理辅导。同时，设置个性化附带条件：庄某学习管理情绪的方法，定期参加专题心理辅导；顾某、汪某主动承担家务，定期参加公益劳动，逐渐递减网络游戏时间；常某在司法社工指导下逐步修复亲子关系；章某接受心理咨询师的创伤处理。检察机关综合考虑五名未成年人共同犯罪的事实、情节及需要矫正的问题，对五名未成年人均设置了六个月考验期，并在听取每名未成年人及法定代理人对附条件不起诉的意见时，就所附条件、考验期限等进行充分沟通、解释，要求法定代理人依法配合监督考察工作。在听取公安机关、被害人意见后，检察机关于 2019 年 10 月 9 日对五人作出附条件不起诉决定。

### 3. 黄某某未成年人治安管理处罚案（《2022 年湖北省高级人民法院少年审判工作新闻发布会典型案例》）

**典型意义：**《中华人民共和国治安管理处罚法》第十二条规定，已满十四周岁不满十八周岁的人违反治安管理的，从轻或者减轻处罚；不满十四周岁的人违反治安管理的，不予处罚，但是应当责令其监护人严加管教。第二十一条第一款第（一）项规定，对已满十四周岁不满十六周岁的违法行为人，应当给予行政拘留处罚的，不执行处罚。第八十四条第三款规定，询问不满十六周岁的违反治安管理行为人，应当通知其父母或者其他监护人到场。以上均系《中华人民共和国治安管理处罚法》为保障未成年人合法权益而作出的特别规定。本案中，违法行为人黄某某未满十六周岁，公安机关在作出行政处罚决定时，严格执行上述法律规定，一是行政拘留期限在法定处罚幅度以下，即减轻了处罚，二是明确了不执行行政拘留，三是公安机关在进行询问时通知其父亲到场。通过规范执法行为，公安机关保障了黄某某作为未成年人的各项权利，也较好地体现了教育与处罚相结合的办案原则。人民法院在审理本案时，不仅对公安机关的上述做法予以认可，还对执法程序进行全面审查，指出了其在询问时仅有一名民警的程序瑕疵，并据此确认行政处罚决定违法。本案对于充分保障未成年人在治安管理处罚中的程序及实体权利具有较强指导意义。

**4. 刘某治安处罚案**（山西省高级人民法院发布《10起典型案例！司法保护未成年人健康成长》）

**典型意义：** 本案系发生在校园内的未成年人治安案件，保护未成年人身心健康，保障未成年人合法权益，是包括学校、家长、司法机关在内全社会的共同责任。《公安机关执行〈中华人民共和国治安管理处罚法〉有关问题的解释（二）》规定：为了免受正在进行的违反治安管理行为的侵害而采取的制止违法侵害行为，不属于违反治安管理行为。该规定应视为正当防卫制度在治安管理处罚中的运用。本案中，刘某事先挑拨闫某，进而对闫某实施殴打，闫某为了自身的合法利益，制止正在进行的不法侵害，虽造成不法侵害人刘某的损害，但该损害在必要限度内，闫某的行为合法合理，不应受到治安管理处罚。公安机关经调查后认为刘某的行为违反了《治安管理处罚法》的相关规定，对其作出行政拘留及罚款的行政处罚，并无不妥。同时，公安机关认定闫某的行为属于正当防卫，不应当受到行政处罚符合上述规定。该案的审理和裁判对于树立良好校园风气、增强学生法治观念具有重要的意义。

公安机关、人民检察院、人民法院办理未成年人刑事案件，可以自行或者委托有关社会组织、机构对未成年犯罪嫌疑人或者被告人的成长经历、犯罪原因、监护、教育等情况进行社会调查；根据实际需要并经未成年犯罪嫌疑人、被告人及其法定代理人同意，可以对未成年犯罪嫌疑人、被告人进行心理测评。

社会调查和心理测评的报告可以作为办理案件和教育未成年人的参考。

## ◎ 法　律

1. 《刑事诉讼法》（2018 年 10 月 26 日）

第 279 条　公安机关、人民检察院、人民法院办理未成年人刑事案件，根据情况可以对未成年犯罪嫌疑人、被告人的成长经历、犯罪原因、监护教育等情况进行调查。

## ◎ 部门规章及文件

2. 《公安机关办理刑事案件程序规定》（2020 年 7 月 20 日）

第 322 条　公安机关办理未成年人刑事案件，根据情况可以对未成年犯罪嫌疑人的成长经历、犯罪原因、监护教育等情况进行调查并制作调查报告。

作出调查报告的，在提请批准逮捕、移送审查起诉时，应当结合案情综合考虑，并将调查报告与案卷材料一并移送人民检察院。

## ◎ 司法解释及文件

3. 《最高人民法院关于适用〈中华人民共和国刑事诉讼法〉的解释》（2021 年 1 月 26 日　法释〔2021〕1 号）

第 569 条　人民法院根据情况，可以对未成年被告人、被害人、证人进行心理疏导；根据实际需要并经未成年被告人及其法定代理人同意，可以对未成年被告人进行心理测评。

心理疏导、心理测评可以委托专门机构、专业人员进行。

心理测评报告可以作为办理案件和教育未成年人的参考。

**4.《人民检察院办理未成年人刑事案件的规定》**（2013 年 12 月 19 日　高检发研字〔2013〕7 号）

第 9 条　人民检察院根据情况可以对未成年犯罪嫌疑人的成长经历、犯罪原因、监护教育等情况进行调查，并制作社会调查报告，作为办案和教育的参考。

人民检察院开展社会调查，可以委托有关组织和机构进行。开展社会调查应当尊重和保护未成年人名誉，避免向不知情人员泄露未成年犯罪嫌疑人的涉罪信息。

人民检察院应当对公安机关移送的社会调查报告进行审查，必要时可以进行补充调查。

提起公诉的案件，社会调查报告应当随案移送人民法院。

第 12 条　人民检察院办理未成年人刑事案件，应当注重矛盾化解，认真听取被害人的意见，做好释法说理工作。对于符合和解条件的，要发挥检调对接平台作用，积极促使双方当事人达成和解。

人民检察院应当充分维护未成年被害人的合法权益。对于符合条件的被害人，应当及时启动刑事被害人救助程序，对其进行救助。对于未成年被害人，可以适当放宽救助条件、扩大救助的案件范围。

人民检察院根据需要，可以对未成年犯罪嫌疑人、未成年被害人进行心理疏导。必要时，经未成年犯罪嫌疑人及其法定代理人同意，可以对未成年犯罪嫌疑人进行心理测评。

在办理未成年人刑事案件时，人民检察院应当加强办案风险评估预警工作，主动采取适当措施，积极回应和引导社会舆论，有效防范执法办案风险。

5. 《人民检察院刑事诉讼规则》（2019 年 12 月 30 日　高检发释
字〔2019〕4 号）

第 461 条　人民检察院根据情况可以对未成年犯罪嫌疑人的
成长经历、犯罪原因、监护教育等情况进行调查，并制作社会调
查报告，作为办案和教育的参考。

人民检察院开展社会调查，可以委托有关组织和机构进行。
开展社会调查应当尊重和保护未成年人隐私，不得向不知情人员
泄露未成年犯罪嫌疑人的涉案信息。

人民检察院应当对公安机关移送的社会调查报告进行审查。
必要时，可以进行补充调查。

人民检察院制作的社会调查报告应当随案移送人民法院。

第五十二条　未成年人的取保候审

公安机关、人民检察院、人民法院对于无固定住所、无
法提供保证人的未成年人适用取保候审的，应当指定合适成
年人作为保证人，必要时可以安排取保候审的未成年人接受
社会观护。

● 司法解释及文件

1. 《最高人民法院关于适用〈中华人民共和国刑事诉讼法〉的解
释》（2021 年 1 月 26 日　法释〔2021〕1 号）

第 554 条　人民法院对无固定住所、无法提供保证人的未成
年被告人适用取保候审的，应当指定合适成年人作为保证人，必
要时可以安排取保候审的被告人接受社会观护。

2. 《人民检察院刑事诉讼规则》（2019 年 12 月 30 日　高检发释
字〔2019〕4 号）

第 463 条　对于罪行较轻，具备有效监护条件或者社会帮教
措施，没有社会危险性或者社会危险性较小的未成年犯罪嫌疑

人，应当不批准逮捕。

对于罪行比较严重，但主观恶性不大，有悔罪表现，具备有效监护条件或者社会帮教措施，具有下列情形之一，不逮捕不致发生社会危险性的未成年犯罪嫌疑人，可以不批准逮捕：

（一）初次犯罪、过失犯罪的；

（二）犯罪预备、中止、未遂的；

（三）防卫过当、避险过当的；

（四）有自首或者立功表现的；

（五）犯罪后认罪认罚，或者积极退赃，尽力减少和赔偿损失，被害人谅解的；

（六）不属于共同犯罪的主犯或者集团犯罪中的首要分子的；

（七）属于已满十四周岁不满十六周岁的未成年人或者系在校学生的；

（八）其他可以不批准逮捕的情形。

对于没有固定住所、无法提供保证人的未成年犯罪嫌疑人适用取保候审的，可以指定合适的成年人作为保证人。

## 第五十三条　未成年人在关押、管理、教育和社区矫正方面的区别对待

对被拘留、逮捕以及在未成年犯管教所执行刑罚的未成年人，应当与成年人分别关押、管理和教育。对未成年人的社区矫正，应当与成年人分别进行。

对有上述情形且没有完成义务教育的未成年人，公安机关、人民检察院、人民法院、司法行政部门应当与教育行政部门相互配合，保证其继续接受义务教育。

1. 《刑事诉讼法》（2018 年 10 月 26 日）

第 280 条 对未成年犯罪嫌疑人、被告人应当严格限制适用逮捕措施。人民检察院审查批准逮捕和人民法院决定逮捕，应当讯问未成年犯罪嫌疑人、被告人，听取辩护律师的意见。

对被拘留、逮捕和执行刑罚的未成年人与成年人应当分别关押、分别管理、分别教育。

● 司法解释及文件

2. 《人民检察院刑事诉讼规则》（2019 年 12 月 30 日 高检发释字〔2019〕4 号）

第 488 条 负责未成年人检察的部门应当依法对看守所、未成年犯管教所监管未成年人的活动实行监督，配合做好对未成年人的教育。发现没有对未成年犯罪嫌疑人、被告人与成年犯罪嫌疑人、被告人分别关押、管理或者违反规定对未成年犯留所执行刑罚的，应当依法提出纠正意见。

负责未成年人检察的部门发现社区矫正机构违反未成年人社区矫正相关规定的，应当依法提出纠正意见。

3. 《人民检察院办理未成年人刑事案件的规定》（2013 年 12 月 19 日 高检发研字〔2013〕7 号）

第 73 条 人民检察院依法对未成年人的社区矫正进行监督，发现有下列情形之一的，应当依法向公安机关、人民法院、监狱、社区矫正机构等有关部门提出纠正意见：

（一）没有将未成年人的社区矫正与成年人分开进行的；

（二）对实行社区矫正的未成年人脱管、漏管或者没有落实帮教措施的；

（三）没有对未成年社区矫正人员给予身份保护，其矫正宣告公开进行，矫正档案未进行保密，公开或者传播其姓名、住所、照片等可能推断出该未成年人的其他资料以及矫正资料等情形的；

（四）未成年社区矫正人员的矫正小组没有熟悉青少年成长特点的人员参加的；

（五）没有针对未成年人的年龄、心理特点和身心发育需要等特殊情况采取相应的监督管理和教育矫正措施的；

（六）其他违法情形。

**第五十四条** 未成年犯的法治教育与职业教育

> 未成年犯管教所、社区矫正机构应当对未成年犯、未成年社区矫正对象加强法治教育，并根据实际情况对其进行职业教育。

● 法　律

1.《社区矫正法》（2019 年 12 月 28 日）

第 36 条　社区矫正机构根据需要，对社区矫正对象进行法治、道德等教育，增强其法治观念，提高其道德素质和悔罪意识。

对社区矫正对象的教育应当根据其个体特征、日常表现等实际情况，充分考虑其工作和生活情况，因人施教。

第 52 条　社区矫正机构应当根据未成年社区矫正对象的年龄、心理特点、发育需要、成长经历、犯罪原因、家庭监护教育条件等情况，采取针对性的矫正措施。

社区矫正机构为未成年社区矫正对象确定矫正小组，应当吸收熟悉未成年人身心特点的人员参加。

对未成年人的社区矫正，应当与成年人分别进行。

● 司法解释及文件

2.《人民检察院刑事诉讼规则》（2019 年 12 月 30 日　高检发释字〔2019〕4 号）

第 488 条　负责未成年人检察的部门应当依法对看守所、未成年犯管教所监管未成年人的活动实行监督，配合做好对未成年人的教育。发现没有对未成年犯罪嫌疑人、被告人与成年犯罪嫌疑人、被告人分别关押、管理或者违反规定对未成年犯留所执行刑罚的，应当依法提出纠正意见。

负责未成年人检察的部门发现社区矫正机构违反未成年人社区矫正相关规定的，应当依法提出纠正意见。

### 第五十五条　未成年社区矫正对象的安置帮教

社区矫正机构应当告知未成年社区矫正对象安置帮教的有关规定，并配合安置帮教工作部门落实或者解决未成年社区矫正对象的就学、就业等问题。

● 法　律

1.《社区矫正法》（2019 年 12 月 28 日）

第55条　对未完成义务教育的未成年社区矫正对象，社区矫正机构应当通知并配合教育部门为其完成义务教育提供条件。未成年社区矫正对象的监护人应当依法保证其按时入学接受并完成义务教育。

年满十六周岁的社区矫正对象有就业意愿的，社区矫正机构可以协调有关部门和单位为其提供职业技能培训，给予就业指导和帮助。

● 司法解释及文件

2.《人民检察院刑事诉讼规则》（2019 年 12 月 30 日　高检发释字〔2019〕4 号）

第488条　负责未成年人检察的部门应当依法对看守所、未成年犯管教所监管未成年人的活动实行监督，配合做好对未成年人的教育。发现没有对未成年犯罪嫌疑人、被告人与成年犯罪嫌疑人、被告人分别关押、管理或者违反规定对未成年犯留所执行刑罚的,应当依法提出纠正意见。

负责未成年人检察的部门发现社区矫正机构违反未成年人社区矫正相关规定的,应当依法提出纠正意见。

第643条 人民检察院发现社区矫正执法活动具有下列情形之一的,应当依法提出纠正意见:

(一)社区矫正对象报到后,社区矫正机构未履行法定告知义务,致使其未按照有关规定接受监督管理的;

(二)违反法律规定批准社区矫正对象离开所居住的市、县,或者违反人民法院禁止令的内容批准社区矫正对象进入特定区域或者场所的;

(三)没有依法监督管理而导致社区矫正对象脱管的;

(四)社区矫正对象违反监督管理规定或者人民法院的禁止令,未依法予以警告、未提请公安机关给予治安管理处罚的;

(五)对社区矫正对象有殴打、体罚、虐待、侮辱人格、强迫其参加超时间或者超体力社区服务等侵犯其合法权利行为的;

(六)未依法办理解除、终止社区矫正的;

(七)其他违法情形。

**第五十六条** 对刑满释放未成年犯的安置帮教措施

对刑满释放的未成年人,未成年犯管教所应当提前通知其父母或者其他监护人按时接回,并协助落实安置帮教措施。没有父母或者其他监护人、无法查明其父母或者其他监护人的,未成年犯管教所应当提前通知未成年人原户籍所在地或者居住地的司法行政部门安排人员按时接回,由民政部门或者居民委员会、村民委员会依法对其进行监护。

《未成年人保护法》（2024 年 4 月 26 日）

第43条　居民委员会、村民委员会应当设置专人专岗负责未成年人保护工作，协助政府有关部门宣传未成年人保护方面的法律法规，指导、帮助和监督未成年人的父母或者其他监护人依法履行监护职责，建立留守未成年人、困境未成年人的信息档案并给予关爱帮扶。

居民委员会、村民委员会应当协助政府有关部门监督未成年人委托照护情况，发现被委托人缺乏照护能力、怠于履行照护职责等情况，应当及时向政府有关部门报告，并告知未成年人的父母或者其他监护人，帮助、督促被委托人履行照护职责。

### 第五十七条　父母等监护人和学校、居（村）委会的协助安置帮教义务

未成年人的父母或者其他监护人和学校、居民委员会、村民委员会对接受社区矫正、刑满释放的未成年人，应当采取有效的帮教措施，协助司法机关以及有关部门做好安置帮教工作。

居民委员会、村民委员会可以聘请思想品德优秀，作风正派，热心未成年人工作的离退休人员、志愿者或其他人员协助做好前款规定的安置帮教工作。

● 法　律

1.《社区矫正法》（2019 年 12 月 28 日）

第12条　居民委员会、村民委员会依法协助社区矫正机构做好社区矫正工作。

社区矫正对象的监护人、家庭成员，所在单位或者就读学校应当协助社区矫正机构做好社区矫正工作。

**2.《未成年人保护法》（2024 年 4 月 26 日）**

第 43 条　居民委员会、村民委员会应当设置专人专岗负责未成年人保护工作，协助政府有关部门宣传未成年人保护方面的法律法规，指导、帮助和监督未成年人的父母或者其他监护人依法履行监护职责，建立留守未成年人、困境未成年人的信息档案并给予关爱帮扶。

居民委员会、村民委员会应当协助政府有关部门监督未成年人委托照护情况，发现被委托人缺乏照护能力、怠于履行照护职责等情况，应当及时向政府有关部门报告，并告知未成年人的父母或者其他监护人，帮助、督促被委托人履行照护职责。

## 第五十八条　不得歧视刑满释放和接受社区矫正的未成年人

刑满释放和接受社区矫正的未成年人，在复学、升学、就业等方面依法享有与其他未成年人同等的权利，任何单位和个人不得歧视。

◎ 法　律

**1.《社区矫正法》（2019 年 12 月 28 日）**

第 4 条　社区矫正对象应当依法接受社区矫正，服从监督管理。

社区矫正工作应当依法进行，尊重和保障人权。社区矫正对象依法享有的人身权利、财产权利和其他权利不受侵犯，在就业、就学和享受社会保障等方面不受歧视。

第 54 条　社区矫正机构工作人员和其他依法参与社区矫正工作的人员对履行职责过程中获得的未成年人身份信息应当予以保密。

除司法机关办案需要或者有关单位根据国家规定查询外，未成年社区矫正对象的档案信息不得提供给任何单位或者个人。依法进行查询的单位，应当对获得的信息予以保密。

第57条　未成年社区矫正对象在复学、升学、就业等方面依法享有与其他未成年人同等的权利，任何单位和个人不得歧视。有歧视行为的，应当由教育、人力资源和社会保障等部门依法作出处理。

2.《未成年人保护法》（2024年4月26日）

第113条　对违法犯罪的未成年人，实行教育、感化、挽救的方针，坚持教育为主、惩罚为辅的原则。

对违法犯罪的未成年人依法处罚后，在升学、就业等方面不得歧视。

3.《教育法》（2021年4月29日）

第37条　受教育者在入学、升学、就业等方面依法享有平等权利。

学校和有关行政部门应当按照国家有关规定，保障女子在入学、升学、就业、授予学位、派出留学等方面享有同男子平等的权利。

---

### 第五十九条　未成年人犯罪记录等的封存制度

未成年人的犯罪记录依法被封存的，公安机关、人民检察院、人民法院和司法行政部门不得向任何单位或者个人提供，但司法机关因办案需要或者有关单位根据国家有关规定进行查询的除外。依法进行查询的单位和个人应当对相关记录信息予以保密。

未成年人接受专门矫治教育、专门教育的记录，以及被行政处罚、采取刑事强制措施和不起诉的记录，适用前款规定。

● 法　律

1.《刑事诉讼法》（2018年10月26日）

第286条　犯罪的时候不满十八周岁，被判处五年有期徒刑以下刑罚的，应当对相关犯罪记录予以封存。

犯罪记录被封存的，不得向任何单位和个人提供，但司法机关为办案需要或者有关单位根据国家规定进行查询的除外。依法进行查询的单位，应当对被封存的犯罪记录的情况予以保密。

2. 《社区矫正法》（2019 年 12 月 28 日）

第 54 条　社区矫正机构工作人员和其他依法参与社区矫正工作的人员对履行职责过程中获得的未成年人身份信息应当予以保密。

除司法机关办案需要或者有关单位根据国家规定查询外，未成年社区矫正对象的档案信息不得提供给任何单位或者个人。依法进行查询的单位，应当对获得的信息予以保密。

● 部门规章及文件

3. **《公安机关办理刑事案件程序规定》**（2020 年 7 月 20 日）

第 331 条　未成年人犯罪的时候不满十八周岁，被判处五年有期徒刑以下刑罚的，公安机关应当依据人民法院已经生效的判决书，将该未成年人的犯罪记录予以封存。

犯罪记录被封存的，除司法机关为办案需要或者有关单位根据国家规定进行查询外，公安机关不得向其他任何单位和个人提供。

被封存犯罪记录的未成年人，如果发现漏罪，合并被判处五年有期徒刑以上刑罚的，应当对其犯罪记录解除封存。

● 司法解释及文件

4. **《关于未成年人犯罪记录封存的实施办法》**（2022 年 5 月 24 日）

第 1 条　为了贯彻对违法犯罪未成年人教育、感化、挽救的方针，加强对未成年人的特殊、优先保护，坚持最有利于未成年人原则，根据刑法、刑事诉讼法、未成年人保护法、预防未成年人犯罪法等有关法律规定，结合司法工作实际，制定本办法。

第 2 条　本办法所称未成年人犯罪记录，是指国家专门机关对未成年犯罪人员情况的客观记载。应当封存的未成年人犯罪记录，包括侦查、起诉、审判及刑事执行过程中形成的有关未成年人犯罪或者涉嫌犯罪的全部案卷材料与电子档案信息。

第3条　不予刑事处罚、不追究刑事责任、不起诉、采取刑事强制措施的记录，以及对涉罪未成年人进行社会调查、帮教考察、心理疏导、司法救助等工作的记录，按照本办法规定的内容和程序进行封存。

第4条　犯罪的时候不满十八周岁，被判处五年有期徒刑以下刑罚以及免予刑事处罚的未成年人犯罪记录，应当依法予以封存。

对在年满十八周岁前后实施数个行为，构成一罪或者一并处理的数罪，主要犯罪行为是在年满十八岁周岁前实施的，被判处或者决定执行五年有期徒刑以下刑罚以及免予刑事处罚的未成年人犯罪记录，应当对全案依法予以封存。

第5条　对于分案办理的未成年人与成年人共同犯罪案件，在封存未成年人案卷材料和信息的同时，应当在未封存的成年人卷宗封面标注"含犯罪记录封存信息"等明显标识，并对相关信息采取必要保密措施。对于未分案办理的未成年人与成年人共同犯罪案件，应当在全案卷宗封面标注"含犯罪记录封存信息"等明显标识，并对相关信息采取必要保密措施。

第6条　其他刑事、民事、行政及公益诉讼案件，因办案需要使用了被封存的未成年人犯罪记录信息的，应当在相关卷宗封面标明"含犯罪记录封存信息"，并对相关信息采取必要保密措施。

第7条　未成年人因事实不清、证据不足被宣告无罪的案件，应当对涉罪记录予以封存；但未成年被告人及其法定代理人申请不予封存或者解除封存的，经人民法院同意，可以不予封存或者解除封存。

第8条　犯罪记录封存决定机关在作出案件处理决定时，应当同时向案件被告人或犯罪嫌疑人及其法定代理人或近亲属释明未成年人犯罪记录封存制度，并告知其相关权利义务。

第9条　未成年人犯罪记录封存应当贯彻及时、有效的原则。对于犯罪记录被封存的未成年人，在入伍、就业时免除犯罪记录的报告义务。

被封存犯罪记录的未成年人因涉嫌再次犯罪接受司法机关调查时，应当主动、如实地供述其犯罪记录情况，不得回避、隐瞒。

第10条　对于需要封存的未成年人犯罪记录，应当遵循《中华人民共和国个人信息保护法》不予公开，并建立专门的未成年人犯罪档案库，执行严格的保管制度。

对于电子信息系统中需要封存的未成年人犯罪记录数据，应当加设封存标记，未经法定查询程序，不得进行信息查询、共享及复用。

封存的未成年人犯罪记录数据不得向外部平台提供或对接。

第11条　人民法院依法对犯罪时不满十八周岁的被告人判处五年有期徒刑以下刑罚以及免予刑事处罚的，判决生效后，应当将刑事裁判文书、《犯罪记录封存通知书》及时送达被告人，并同时送达同级人民检察院、公安机关，同级人民检察院、公安机关在收到上述文书后应当在三日内统筹相关各级检察机关、公安机关将涉案未成年人的犯罪记录整体封存。

第12条　人民检察院依法对犯罪时不满十八周岁的犯罪嫌疑人决定不起诉后，应当将《不起诉决定书》、《犯罪记录封存通知书》及时送达被不起诉人，并同时送达同级公安机关，同级公安机关收到上述文书后应当在三日内将涉案未成年人的犯罪记录封存。

第13条　对于被判处管制、宣告缓刑、假释或者暂予监外执行的未成年罪犯，依法实行社区矫正，执行地社区矫正机构应当在刑事执行完毕后三日内将涉案未成年人的犯罪记录封存。

第14条　公安机关、人民检察院、人民法院和司法行政机关分别负责受理、审核和处理各自职权范围内有关犯罪记录的封存、查询工作。

第 15 条　被封存犯罪记录的未成年人本人或者其法定代理人申请为其出具无犯罪记录证明的，受理单位应当在三个工作日内出具无犯罪记录的证明。

第 16 条　司法机关为办案需要或者有关单位根据国家规定查询犯罪记录的，应当向封存犯罪记录的司法机关提出书面申请，列明查询理由、依据和使用范围等，查询人员应当出示单位公函和身份证明等材料。

经审核符合查询条件的，受理单位应当在三个工作日内开具有／无犯罪记录证明。许可查询的，查询后，档案管理部门应当登记相关查询情况，并按照档案管理规定将有关申请、审批材料、保密承诺书等一同存入卷宗归档保存。依法不许可查询的，应当在三个工作日内向查询单位出具不许可查询决定书，并说明理由。

对司法机关为办理案件、开展重新犯罪预防工作需要申请查询的，封存机关可以依法允许其查阅、摘抄、复制相关案卷材料和电子信息。对司法机关以外的单位根据国家规定申请查询的，可以根据查询的用途、目的与实际需要告知被查询对象是否受过刑事处罚、被判处的罪名、刑期等信息，必要时，可以提供相关法律文书复印件。

第 17 条　对于许可查询被封存的未成年人犯罪记录的，应当告知查询犯罪记录的单位及相关人员严格按照查询目的和使用范围使用有关信息，严格遵守保密义务，并要求其签署保密承诺书。不按规定使用所查询的犯罪记录或者违反规定泄露相关信息，情节严重或者造成严重后果的，应当依法追究相关人员的责任。

因工作原因获知未成年人封存信息的司法机关、教育行政部门、未成年人所在学校、社区等单位组织及其工作人员、诉讼参与人、社会调查员、合适成年人等，应当做好保密工作，不得泄露被封存的犯罪记录，不得向外界披露该未成年人的姓名、住所、照片，以及可能推断出该未成年人身份的其他资料。违反法律规定披露被封存信息的单位或个人，应当依法追究其法律责任。

第 18 条　对被封存犯罪记录的未成年人，符合下列条件之一的，封存机关应当对其犯罪记录解除封存：

（一）在未成年时实施新的犯罪，且新罪与封存记录之罪数罪并罚后被决定执行刑罚超过五年有期徒刑的；

（二）发现未成年时实施的漏罪，且漏罪与封存记录之罪数罪并罚后被决定执行刑罚超过五年有期徒刑的；

（三）经审判监督程序改判五年有期徒刑以上刑罚的；

被封存犯罪记录的未成年人，成年后又故意犯罪的，人民法院应当在裁判文书中载明其之前的犯罪记录。

第 19 条　符合解除封存条件的案件，自解除封存条件成立之日起，不再受未成年人犯罪记录封存相关规定的限制。

第 20 条　承担犯罪记录封存以及保护未成年人隐私、信息工作的公职人员，不当泄露未成年人犯罪记录或者隐私、信息的，应当予以处分；造成严重后果，给国家、个人造成重大损失或者恶劣影响的，依法追究刑事责任。

第 21 条　涉案未成年人应当封存的信息被不当公开，造成未成年人在就学、就业、生活保障等方面未受到同等待遇的，未成年人及其法定代理人可以向相关机关、单位提出封存申请，或者向人民检察院申请监督。

第 22 条　人民检察院对犯罪记录封存工作进行法律监督。对犯罪记录应当封存而未封存，或者封存不当，或者未成年人及其法定代理人提出异议的，人民检察院应当进行审查，对确实存在错误的，应当及时通知有关单位予以纠正。

有关单位应当自收到人民检察院的纠正意见后及时审查处理。经审查无误的，应当向人民检察院说明理由；经审查确实有误的，应当及时纠正，并将纠正措施与结果告知人民检察院。

第 23 条　对于 2012 年 12 月 31 日以前办结的案件符合犯罪记录封存条件的，应当按照本办法的规定予以封存。

第 24 条　本办法所称"五年有期徒刑以下"含本数。

第 25 条　本办法由最高人民法院、最高人民检察院、公安部、司法部共同负责解释。

第 26 条　本办法自 2022 年 5 月 30 日起施行。

**5.《关于建立犯罪人员犯罪记录制度的意见》（2012 年 5 月 10 日法发〔2012〕10 号）**

（四）建立未成年人犯罪记录封存制度

为深入贯彻落实党和国家对违法犯罪未成年人的"教育、感化、挽救"方针和"教育为主、惩罚为辅"原则，切实帮助失足青少年回归社会，根据刑事诉讼法的有关规定，结合我国未成年人保护工作的实际，建立未成年人轻罪犯罪记录封存制度，对于犯罪时不满十八周岁，被判处五年有期徒刑以下刑罚的未成年人的犯罪记录，应当予以封存。犯罪记录被封存后，不得向任何单位和个人提供，但司法机关为办案需要或者有关单位根据国家规定进行查询的除外。依法进行查询的单位，应当对被封存的犯罪记录的情况予以保密。

执法机关对未成年人的犯罪记录可以作为工作记录予以保存。

**6.《人民检察院刑事诉讼规则》（2019 年 12 月 30 日　高检发释字〔2019〕4 号）**

第 484 条　除司法机关为办案需要或者有关单位根据国家规定进行查询的以外，人民检察院不得向任何单位和个人提供封存的犯罪记录，并不得提供未成年人有犯罪记录的证明。

司法机关或者有关单位需要查询犯罪记录的，应当向封存犯罪记录的人民检察院提出书面申请。人民检察院应当在七日以内作出是否许可的决定。

第 486 条　人民检察院对未成年犯罪嫌疑人作出不起诉决定后，应当对相关记录予以封存。除司法机关为办案需要进行查询外，不得向任何单位和个人提供。封存的具体程序参照本规则第四百八十三条至第四百八十五条的规定。

● 答记者问

## 7.《"两高两部"相关部门负责人就〈关于未成年人犯罪记录封存的实施办法〉答记者问》（2022 年 5 月 30 日）①

日前，最高人民法院、最高人民检察院、公安部、司法部联合发布《关于未成年人犯罪记录封存的实施办法》（下称《实施办法》），自 2022 年 5 月 30 日起施行。为更好地理解和适用《实施办法》，最高人民法院研究室负责人、最高人民检察院第九检察厅负责人、公安部刑侦局负责人、司法部相关部门负责人接受了记者采访。

问：请问为保障法院环节对涉案未成年人信息的封存效果，《实施办法》做了哪些完善性规定？

答：犯罪记录封存制度是教育挽救犯有较轻罪行的失足未成年人的一项重要法律制度，其功能和意义在于，尽可能降低轻罪前科对未成年人回归社会的影响，促使其悔过自新、重回正轨。一直以来，人民法院高度重视未成年人司法保护工作，认真贯彻落实犯罪记录封存制度。但是，由于刑事诉讼法的规定相对较为原则，对犯罪记录封存制度的一些具体操作问题在实践中尚存在不同认识。经过深入调研论证，《实施办法》对有关问题作出了统一、明确的规定。一是明确了 18 周岁前后实施数个犯罪的犯罪记录封存问题。即在年满十八周岁前后实施数个行为，构成一罪或者一并处理的数罪，主要犯罪行为是在年满十八岁周岁前实施的，被判处或者决定执行五年有期徒刑以下刑罚以及免予刑事处罚的未成年人犯罪记录，应当对全案依法予以封存。二是明确了未成年人与成年人共同犯罪的犯罪记录封存问题。根据是否分案办理分别作出了明确具体规定：

---

① 来源：参见最高人民检察院网站，https：//www.spp.gov.cn/xwfbh/wsfbt/202205/t20220530_ 558343.shtml#3，最后访问时间：2024 年 11 月 3 日。

如果分案处理，在封存未成年人案卷材料和信息的同时，应当在未封存的成年人卷宗封面标注"含犯罪记录封存信息"等明显标识，并对相关信息采取必要保密措施；如果未分案处理，应当在全案卷宗封面标注"含犯罪记录封存信息"等明显标识，并对相关信息采取必要保密措施。三是对成年后又实施故意犯罪应当如何处理封存的犯罪记录问题做出明确规定。对于被封存犯罪记录的未成年人，成年后再故意犯罪，综合考虑犯罪记录封存制度设立的目的、被告人前罪的改造情况、后罪的主观恶性等因素，《实施办法》明确规定，人民法院应当在裁判文书中载明其之前的犯罪记录。

《实施办法》的出台，必将有助于犯罪记录封存制度更加全面、准确的贯彻实施，有助于该项制度重要功能的充分发挥。

问：我们看到，刑事诉讼法仅规定"犯罪的时候不满十八周岁，被判处五年有期徒刑以下刑罚的，应当对相关犯罪记录予以封存"，而《实施办法》在封存范围方面列举了很多，这样规定是否突破了法律？检察机关在牵头起草《实施办法》过程中是如何考虑的？

答：刑事诉讼法设立犯罪记录封存制度，有利于涉轻罪的失足未成年人消除因犯罪记录产生的标签效应、重新回归社会，也有利于推动社会善治。检察机关一直非常重视未成年人犯罪记录封存工作。早在 2017 年，《未成年人刑事检察工作指引（试行）》就对此项工作作出专章规定，在顶层设计层面对刑事诉讼法相关内容进行了细化，各地检察机关也会同相关部门制定实施细则，进一步规范了工作程序。2021 年，最高检专门制发了犯罪记录封存样章，会同档案部门对未成年人案卷的归档、存放、封存加以进一步规范。上述各项措施保障了检察环节的封存效果。

但同时我们也看到，虽然各部门内部均制定了较为完善的制度，但相互之间衔接不畅，个别规定甚至存在冲突，亟需在国家层面统一标准，因此，我们在专项调研基础上着手起草《实施办法》。起草过程中，我们确实发现很多问题，例如，刑事诉讼法规定"犯罪的时候不满十八周岁，被判处五年有期徒刑以下刑罚的，应当对相关犯罪记录予以封存"，但对于何种材料属于"相关犯罪记录"并未明确。这导致司法实践中有些地方认为未成年人违法记录，如绝对不起诉、附条件不起诉、相对不起诉、宣告无罪、社区矫正、接受专门教育、行政处罚等不属于"犯罪记录"，因此不在封存范围，致使涉案未成年人前科劣迹材料泄露；有些地方认为犯罪记录仅限于判决、不起诉等终局处理结果，而强制措施记录、立案文书、侦查文书、刑罚执行文书等过程文书均不包含在封存范围内，导致有的案件在侦查、起诉环节各种信息资料已经不当泄露，判决作出后再进行封存为时已晚。

未成年人保护法第 103 条规定："公安机关、人民检察院、人民法院、司法行政部门以及其他组织和个人不得披露有关案件中未成年人的姓名、影像、住所、就读学校以及其他可能识别出其身份的信息，但查找失踪、被拐卖未成年人等情形除外。"预防未成年人犯罪法第 59 条规定："未成年人的犯罪记录依法被封存的，公安机关、人民检察院、人民法院和司法行政部门不得向任何单位或者个人提供，但司法机关因办案需要或者有关单位根据国家有关规定进行查询的除外。依法进行查询的单位和个人应当对相关记录信息予以保密。未成年人接受专门矫治教育、专门教育的记录，以及被行政处罚、采取刑事强制措施和不起诉的记录，适用前款规定。"因此，针对前述问题，《实施办法》第 2 条明确规定"应当封存的未成年人犯罪记录，包括侦查、起诉、审判及刑事执行过程中形成的有关未成年人犯罪或者涉嫌犯罪的全部案卷材料与电子档案信息"，第 3 条进一步规定"不予刑事处罚、不追究刑事责任、不起诉、采取刑事强制措施的记录，以及对涉罪未成年人进行社会调查、帮教考察、心理疏导、司法救助等工作的记录，按照本办法规定的内容和程序进行封存"。对封存范围作出这样的细化，既是考虑到此类可能影响、降低对涉案未成年人社会评价的相关记录被查询、泄露问题，在实践中确实存在并造成了严重不利影响，也是落实未成年人保护法、预防未成年人犯罪法的具体举措。特别需要强调的是，鉴于线上系统缺乏对未成年人犯罪案件单独录入、管理及加密的设置，《实施办法》特别规定电子档案信息也应当封存，即第 10 条规定"对于电子信息系统中需要封存的未成年人犯罪记录数据，应当加设封存标记，未经法定查询程序，不得进行信息查询、共享及复用。封存的未成年人犯罪记录数据不得向外部平台提供或对接"。确保了对全部案卷材料封存到位。下一步，检察机关要认真履行好对犯罪记录封存工作的检察监督权，确保《实施办法》落地见效。

需要强调的是，未成年人身心未完全成熟，依法应当予以特殊优先保护，但实践中也要坚持宽严相济，对罪行较轻的，着力教育感化挽救；对涉嫌严重犯罪的，依法批捕起诉，刑期超过五年的，依法不予封存犯罪记录。

问：司法实践中，公安机关办理犯罪记录查询的事项较多。请问，公安机关对下一步落实《实施办法》有什么考虑？

答：公安部历来高度重视犯罪记录查询工作。2021 年 12 月，在充分调研论证基础上，通过接入最高人民法院刑事判决数据，建成了"全国犯罪记录信息系统"，印发了《公安机关办理犯罪记录查询工作规定》（以下简称《规定》），明确犯罪记录以人民法院裁判文书为准，群众开具《无犯罪记录证明》实现"跨省通办"，在户籍地和居住地均可办理，切实为群众提供了便利。

在未成年人犯罪记录封存方面，《规定》第 10 条作出了专门规定，"对于个人查询，申请人有犯罪记录，但犯罪的时候不满十八周岁，被判处五年有期徒刑以下刑罚的，受理单位应当出具《无犯罪记录证明》。对于单位查询，被查询对象有犯罪记录，但犯罪的时候不满十八周岁，被判处五年有期徒刑以下刑罚的，受理单位应当出具《查询告知函》，并载明查询对象无犯罪记录。法律另有规定的，从其规定。"《实施办法》对犯罪记录的封存作出了进一步明确，并特别强调既要封存办案过程中形成的纸质材料，也要封存相关电子数据。各地公安机关将按照《实施办法》的要求，严格做到"应封尽封"。同时，《实施办法》还对涉案未成年人查询犯罪记录作出进一步细化，这是对《规定》的重要补充和完善，各地公安机关也将严格落实，切实帮助罪错未成年人顺利入学、就业、重新回归社会。

问：刑事执行环节是未成年人犯罪记录封存的重要环节，请问，司法部对在刑事执行环节贯彻落实《实施办法》有什么考虑？

答：未成年人犯罪记录封存制度是刑事司法保护未成年人合法权益的一项重要制度。一直以来，司法部高度重视对犯罪未成年人隐私和信息保护工作，严格执行刑事诉讼法、社区矫正法等相关法律法规，认真做好未成年人犯罪记录封存相关工作，为守护未成年人健康成长创造了良好法治环境。

为进一步规范刑事执行中未成年人犯罪记录封存工作，下一步，司法部将指导各地司法行政机关认真学习贯彻落实"两高两部"《关于未成年人犯罪记录封存的实施办法》，组织开展相关宣传和培训，加强与公、检、法等部门之间衔接配合，规范工作程序，确保未成年罪犯的合法权益得到切实保障。主要做好以下三方面工作：一是及时全面做好犯罪记录封存。《实施办法》第 13 条对刑事执行中犯罪记录封存内容和封存时限等作出明确规定，即"对于被判处管制、宣告缓刑、假释或者暂予监外执行的未成年罪犯，依法实行社区矫正，执行地社区矫正机构应当在刑事执行完毕后三日内将涉案未成年人的犯罪记录封存"。司法部将指导各地司法行政机关贯彻及时、有效原则，将刑事执行过程中形成的有关未成年人犯罪的全部卷宗材料与电子档案信息依法及时封存，建立健全严格的保管制度，确保封存效果到位。二是严格依法办理封存犯罪记录查询。《实施办法》对封存犯罪记录查询主体、程序及出具证明的形式等作出详细规定，司法部将指导各地司法行政机关严格审核查询理由、依据和使用范围的合法性，严格按照法定程序办理相关查询工作，严格要求保密承诺书签订，依法在法定时限内出具犯罪记录证明，确保未成年人权益保护到位。三是强化保密措施和保密责任的落实。《实施办法》对犯罪记录封存的保密措施和保密责任作出明确规定，司法部将指导各地司法行政机关依法落实犯罪记录封存相关卷宗材料的保密管理、电子档案信息的加密保存，严格落实相关工作人员的保密要求，建立健全责任体系，对不当泄露未成年人犯罪记录或者隐私、信息的，依法严肃追究相关人员责任，确保保密责任到位。

### ● 案例指引

**刘某故意伤害案**（最高人民法院发布《保护未成年人权益十大优秀案例》）

**典型意义**：1997年刑法第一百条设立了前科报告义务，规定："依法受过刑事处罚的人，在入伍、就业的时候，应当如实向有关单位报告自己曾受过刑事处罚，不得隐瞒。"就未成年犯罪人而言，前科报告义务及其所带来的"犯罪标签化"是其重返社会的障碍和阻力之一。本案是山东法院实施的第一例前科封存案件，是对未成年犯罪人开展有效判后帮教，帮助其顺利回归社会进行的有益探索。根据当地市中院牵头，公安、民政等11部门联合出台的《失足未成年人前科封存实施意见》，刘某在缓刑考验期结束后向由该 11 个部门组成的前科封存领导小组提交了相关材料，领导小组考察审批后同意向刘某颁发了《前科封存证明书》，并对其犯罪档案进行封存。学校也保留他的学籍并对其犯罪信息予以保密，保证他的正常学习生活。因为这份证明书，刘某慢慢卸下了心理包袱，并心怀感恩，初中毕业后去天津打工，顺利回归融入社会。该案取得了良好的社会效果，经各大媒体报道及转载后，在社会引起巨大反响，也引起国内专家学者的关注。山东高院因势利导，在总结部分地市经验、组织专家论证的基础上，在全省全面推开"前科封存"制度。该项制度的开展不仅是在少年司法领域的改革创新，更是为相关刑事立法的修改提供了实践基础。此后，2011 年刑法修正案（八）增加规定了未成年犯罪人的前科封存制度，2012 年刑事诉讼法修改又对未成年犯罪人前科封存作了程序衔接规定。

## 第六十条　人民检察院对未成年人重新犯罪的预防监督权

人民检察院通过依法行使检察权，对未成年人重新犯罪预防工作等进行监督。

### ● 法　律

1. 《未成年人保护法》（2024 年 4 月 26 日）

第 105 条　人民检察院通过行使检察权，对涉及未成年人的诉讼活动等依法进行监督。

### ● 司法解释及文件

2. 《人民检察院办理未成年人刑事案件的规定》（2013 年 12 月 19 日　高检发研字〔2013〕7 号）

第 6 条　人民检察院办理未成年人刑事案件，应当加强与公安机关、人民法院以及司法行政机关的联系，注意工作各环节的衔接和配合，共同做好对涉案未成年人的教育、感化、挽救工作。

人民检察院应当加强同政府有关部门、共青团、妇联、工会等人民团体，学校、基层组织以及未成年人保护组织的联系和配合，加强对违法犯罪的未成年人的教育和挽救，共同做好未成年人犯罪预防工作。

# 第六章　法律责任

### 第六十一条　父母等监护人不履行监护职责的处理

公安机关、人民检察院、人民法院在办理案件过程中发现实施严重不良行为的未成年人的父母或者其他监护人不依法履行监护职责的，应当予以训诫，并可以责令其接受家庭教育指导。

● 法　律

1. 《未成年人保护法》（2024 年 4 月 26 日）

第 108 条　未成年人的父母或者其他监护人不依法履行监护职责或者严重侵犯被监护的未成年人合法权益的，人民法院可以根据有关人员或者单位的申请，依法作出人身安全保护令或者撤销监护人资格。

被撤销监护人资格的父母或者其他监护人应当依法继续负担抚养费用。

第 118 条　未成年人的父母或者其他监护人不依法履行监护职责或者侵犯未成年人合法权益的，由其居住地的居民委员会、村民委员会予以劝诫、制止；情节严重的，居民委员会、村民委员会应当及时向公安机关报告。

公安机关接到报告或者公安机关、人民检察院、人民法院在办理案件过程中发现未成年人的父母或者其他监护人存在上述情形的，应当予以训诫，并可以责令其接受家庭教育指导。

## 2. 《关于建立侵害未成年人案件强制报告制度的意见（试行）》（2020 年 5 月 7 日）

第 12 条　公安机关、人民检察院发现未成年人需要保护救助的，应当委托或者联合民政部门或共青团、妇联等群团组织，对未成年人及其家庭实施必要的经济救助、医疗救治、心理干预、调查评估等保护措施。未成年被害人生活特别困难的，司法机关应当及时启动司法救助。

公安机关、人民检察院发现未成年人父母或者其他监护人不依法履行监护职责，或者侵害未成年人合法权益的，应当予以训诫或者责令其接受家庭教育指导。经教育仍不改正，情节严重的，应当依法依规予以惩处。

公安机关、妇联、居民委员会、村民委员会、救助管理机构、未成年人救助保护机构发现未成年人遭受家庭暴力或面临家庭暴力的现实危险，可以依法向人民法院代为申请人身安全保护令。

## 3. 《关于在办理涉未成年人案件中全面开展家庭教育指导工作的意见》（2021 年 5 月 31 日）

二、主要任务

各地要结合已有经验和本地实际，重点推动开展以下工作：

（一）涉案未成年人家庭教育指导。对于未成年人出现下列情形之一的，应当对其家庭教育情况进行评估，根据评估结果对未成年人的父母或其他监护人提出改进家庭教育意见，必要时可责令其接受家庭教育指导：1. 因犯罪情节轻微被人民检察院作出不起诉决定，或者被人民检察院依法作出附条件不起诉决定的；2. 被依法追究刑事责任或者因未达到刑事责任年龄不予刑事处罚的；3. 遭受父母或其他监护人侵害的；4. 其他应当接受家庭教育指导的。

（二）失管未成年人家庭教育指导。对办案中发现未成年人父母或者其他监护人存在监护教育不当或失管失教问题，尚未导致未成年人行为偏差或遭受侵害后果的，应当提供必要的家庭教育指导和帮助。特别是对于有特殊需求的家庭，如离异和重组家庭、父母长期分离家庭、收养家庭、农村留守未成年人家庭、强制戒毒人员家庭、服刑人员家庭、残疾人家庭、曾遭受违法犯罪侵害未成年人的家庭等，更要加强家庭教育指导帮助。未成年人父母或者其他监护人主动提出指导需求的，应予支持。人员力量不能满足需要的，可以帮助链接专业资源提供个性化家庭教育指导服务。

（三）预防性家庭教育指导。未成年人违法犯罪多发地区、城市流动人口集中、城乡接合部、农村留守儿童集中等重点地区要结合办案广泛开展预防性家庭教育指导工作。通过家庭教育知识进社区、进家庭等活动，深入开展法治宣传和家庭教育宣传，提高父母及其他监护人的监护意识、监护能力和法治观念，营造民主、和谐、温暖的家庭氛围，预防未成年人违法犯罪和遭受侵害问题发生。各地可灵活运用线上直播、新媒体短视频等多种形式，以案释法，扩大家庭教育宣传的覆盖面。

**4.《关于依法处理监护人侵害未成年人权益行为若干问题的意见》**（2014 年 12 月 18 日　法发〔2014〕24 号）

3. 对于监护侵害行为，任何组织和个人都有权劝阻、制止或者举报。

公安机关应当采取措施，及时制止在工作中发现以及单位、个人举报的监护侵害行为，情况紧急时将未成年人带离监护人。

民政部门应当设立未成年人救助保护机构（包括救助管理站、未成年人救助保护中心），对因受到监护侵害进入机构的未成年人承担临时监护责任，必要时向人民法院申请撤销监护人资格。

人民法院应当依法受理人身安全保护裁定申请和撤销监护人资格案件并作出裁判。

人民检察院对公安机关、人民法院处理监护侵害行为的工作依法实行法律监督。

人民法院、人民检察院、公安机关设有办理未成年人案件专门工作机构的，应当优先由专门工作机构办理监护侵害案件。

## 第六十二条　学校及教职员工违法行为的法律责任

学校及其教职员工违反本法规定，不履行预防未成年人犯罪工作职责，或者虐待、歧视相关未成年人的，由教育行政等部门责令改正，通报批评；情节严重的，对直接负责的主管人员和其他直接责任人员依法给予处分。构成违反治安管理行为的，由公安机关依法予以治安管理处罚。

教职员工教唆、胁迫、引诱未成年人实施不良行为或者严重不良行为，以及品行不良、影响恶劣的，教育行政部门、学校应当依法予以解聘或者辞退。

## 第六十三条　歧视未成年人的法律责任

违反本法规定，在复学、升学、就业等方面歧视相关未成年人的，由所在单位或者教育、人力资源社会保障等部门责令改正；拒不改正的，对直接负责的主管人员或者其他直接责任人员依法给予处分。

## 第六十四条　社会组织、机构及工作人员违法行为的法律责任

有关社会组织、机构及其工作人员虐待、歧视接受社会观护的未成年人，或者出具虚假社会调查、心理测评报告的，由民政、司法行政等部门对直接负责的主管人员或者其他直接责任人员依法给予处分，构成违反治安管理行为的，由公安机关予以治安管理处罚。

## 第六十五条　教唆未成年人实施不良行为的法律责任

教唆、胁迫、引诱未成年人实施不良行为或者严重不良行为，构成违反治安管理行为的，由公安机关依法予以治安管理处罚。

### ● 法　律

**1.《未成年人保护法》**（2024 年 4 月 26 日）

第 54 条　禁止拐卖、绑架、虐待、非法收养未成年人，禁止对未成年人实施性侵害、性骚扰。

禁止胁迫、引诱、教唆未成年人参加黑社会性质组织或者从事违法犯罪活动。

禁止胁迫、诱骗、利用未成年人乞讨。

**2.《刑法》**（2023 年 12 月 29 日）

第 29 条　教唆他人犯罪的，应当按照他在共同犯罪中所起的作用处罚。教唆不满十八周岁的人犯罪的，应当从重处罚。

如果被教唆的人没有犯被教唆的罪，对于教唆犯，可以从轻或者减轻处罚。

**3.《治安管理处罚法》**（2012 年 10 月 26 日）

第 17 条　共同违反治安管理的，根据违反治安管理行为人在违反治安管理行为中所起的作用，分别处罚。

教唆、胁迫、诱骗他人违反治安管理的，按照其教唆、胁迫、诱骗的行为处罚。

### ● 部门规章及文件

**4.《公安机关办理刑事案件程序规定》**（2020 年 7 月 20 日）

第 160 条　犯罪嫌疑人及其法定代理人、近亲属或者辩护人有权申请变更强制措施。公安机关应当在收到申请后三日以内作出决定；不同意变更强制措施的，应当告知申请人，并说明理由。

## 第六十六条　国家机关及工作人员的法律责任

国家机关及其工作人员在预防未成年人犯罪工作中滥用职权、玩忽职守、徇私舞弊的，对直接负责的主管人员和其他直接责任人员，依法给予处分。

## 第六十七条　刑事责任的追究

违反本法规定，构成犯罪的，依法追究刑事责任。

# 第七章　附　　则

## 第六十八条　施行日期

本法自 2021 年 6 月 1 日起施行。

# 附录一

# 未成年人网络保护条例

（2023 年 9 月 20 日国务院第 15 次常务会议通过　2023 年 10 月 16 日中华人民共和国国务院令第 766 号公布　自 2024 年 1 月 1 日起施行）

## 第一章　总　　则

**第一条**　为了营造有利于未成年人身心健康的网络环境，保障未成年人合法权益，根据《中华人民共和国未成年人保护法》、《中华人民共和国网络安全法》、《中华人民共和国个人信息保护法》等法律，制定本条例。

**第二条**　未成年人网络保护工作应当坚持中国共产党的领导，坚持以社会主义核心价值观为引领，坚持最有利于未成年人的原则，适应未成年人身心健康发展和网络空间的规律和特点，实行社会共治。

**第三条**　国家网信部门负责统筹协调未成年人网络保护工作，并依据职责做好未成年人网络保护工作。

国家新闻出版、电影部门和国务院教育、电信、公安、民政、文化和旅游、卫生健康、市场监督管理、广播电视等有关部门依据各自职责做好未成年人网络保护工作。

县级以上地方人民政府及其有关部门依据各自职责做好未成年人网络保护工作。

**第四条**　共产主义青年团、妇女联合会、工会、残疾人联合会、关心下一代工作委员会、青年联合会、学生联合会、少年先锋队以及其他人民团体、有关社会组织、基层群众性自治组织，协助有关部门做好未成年人网络保护工作，维护未成年人合法权益。

第五条　学校、家庭应当教育引导未成年人参加有益身心健康的活动，科学、文明、安全、合理使用网络，预防和干预未成年人沉迷网络。

第六条　网络产品和服务提供者、个人信息处理者、智能终端产品制造者和销售者应当遵守法律、行政法规和国家有关规定，尊重社会公德，遵守商业道德，诚实信用，履行未成年人网络保护义务，承担社会责任。

第七条　网络产品和服务提供者、个人信息处理者、智能终端产品制造者和销售者应当接受政府和社会的监督，配合有关部门依法实施涉及未成年人网络保护工作的监督检查，建立便捷、合理、有效的投诉、举报渠道，通过显著方式公布投诉、举报途径和方法，及时受理并处理公众投诉、举报。

第八条　任何组织和个人发现违反本条例规定的，可以向网信、新闻出版、电影、教育、电信、公安、民政、文化和旅游、卫生健康、市场监督管理、广播电视等有关部门投诉、举报。收到投诉、举报的部门应当及时依法作出处理；不属于本部门职责的，应当及时移送有权处理的部门。

第九条　网络相关行业组织应当加强行业自律，制定未成年人网络保护相关行业规范，指导会员履行未成年人网络保护义务，加强对未成年人的网络保护。

第十条　新闻媒体应当通过新闻报道、专题栏目（节目）、公益广告等方式，开展未成年人网络保护法律法规、政策措施、典型案例和有关知识的宣传，对侵犯未成年人合法权益的行为进行舆论监督，引导全社会共同参与未成年人网络保护。

第十一条　国家鼓励和支持在未成年人网络保护领域加强科学研究和人才培养，开展国际交流与合作。

第十二条　对在未成年人网络保护工作中作出突出贡献的组织和个人，按照国家有关规定给予表彰和奖励。

## 第二章　网络素养促进

**第十三条**　国务院教育部门应当将网络素养教育纳入学校素质教育内容，并会同国家网信部门制定未成年人网络素养测评指标。

教育部门应当指导、支持学校开展未成年人网络素养教育，围绕网络道德意识形成、网络法治观念培养、网络使用能力建设、人身财产安全保护等，培育未成年人网络安全意识、文明素养、行为习惯和防护技能。

**第十四条**　县级以上人民政府应当科学规划、合理布局，促进公益性上网服务均衡协调发展，加强提供公益性上网服务的公共文化设施建设，改善未成年人上网条件。

县级以上地方人民政府应当通过为中小学校配备具有相应专业能力的指导教师、政府购买服务或者鼓励中小学校自行采购相关服务等方式，为学生提供优质的网络素养教育课程。

**第十五条**　学校、社区、图书馆、文化馆、青少年宫等场所为未成年人提供互联网上网服务设施的，应当通过安排专业人员、招募志愿者等方式，以及安装未成年人网络保护软件或者采取其他安全保护技术措施，为未成年人提供上网指导和安全、健康的上网环境。

**第十六条**　学校应当将提高学生网络素养等内容纳入教育教学活动，并合理使用网络开展教学活动，建立健全学生在校期间上网的管理制度，依法规范管理未成年学生带入学校的智能终端产品，帮助学生养成良好上网习惯，培养学生网络安全和网络法治意识，增强学生对网络信息的获取和分析判断能力。

**第十七条**　未成年人的监护人应当加强家庭家教家风建设，提高自身网络素养，规范自身使用网络的行为，加强对未成年人使用网络行为的教育、示范、引导和监督。

**第十八条**　国家鼓励和支持研发、生产和使用专门以未成年人为服务对象、适应未成年人身心健康发展规律和特点的网络保护软件、智能终端产品和未成年人模式、未成年人专区等网络技术、产品、服务，加强网络无障碍环境建设和改造，促进未成年人开阔眼界、陶冶情操、提高素质。

第十九条　未成年人网络保护软件、专门供未成年人使用的智能终端产品应当具有有效识别违法信息和可能影响未成年人身心健康的信息、保护未成年人个人信息权益、预防未成年人沉迷网络、便于监护人履行监护职责等功能。

国家网信部门会同国务院有关部门根据未成年人网络保护工作的需要，明确未成年人网络保护软件、专门供未成年人使用的智能终端产品的相关技术标准或者要求，指导监督网络相关行业组织按照有关技术标准和要求对未成年人网络保护软件、专门供未成年人使用的智能终端产品的使用效果进行评估。

智能终端产品制造者应当在产品出厂前安装未成年人网络保护软件，或者采用显著方式告知用户安装渠道和方法。智能终端产品销售者在产品销售前应当采用显著方式告知用户安装未成年人网络保护软件的情况以及安装渠道和方法。

未成年人的监护人应当合理使用并指导未成年人使用网络保护软件、智能终端产品等，创造良好的网络使用家庭环境。

第二十条　未成年人用户数量巨大或者对未成年人群体具有显著影响的网络平台服务提供者，应当履行下列义务：

（一）在网络平台服务的设计、研发、运营等阶段，充分考虑未成年人身心健康发展特点，定期开展未成年人网络保护影响评估；

（二）提供未成年人模式或者未成年人专区等，便利未成年人获取有益身心健康的平台内产品或者服务；

（三）按照国家规定建立健全未成年人网络保护合规制度体系，成立主要由外部成员组成的独立机构，对未成年人网络保护情况进行监督；

（四）遵循公开、公平、公正的原则，制定专门的平台规则，明确平台内产品或者服务提供者的未成年人网络保护义务，并以显著方式提示未成年人用户依法享有的网络保护权利和遭受网络侵害的救济途径；

（五）对违反法律、行政法规严重侵害未成年人身心健康或者侵犯未成年人其他合法权益的平台内产品或者服务提供者，停止提供服务；

（六）每年发布专门的未成年人网络保护社会责任报告，并接受社会监督。

前款所称的未成年人用户数量巨大或者对未成年人群体具有显著影响的网络平台服务提供者的具体认定办法，由国家网信部门会同有关部门另行制定。

## 第三章　网络信息内容规范

**第二十一条**　国家鼓励和支持制作、复制、发布、传播弘扬社会主义核心价值观和社会主义先进文化、革命文化、中华优秀传统文化，铸牢中华民族共同体意识，培养未成年人家国情怀和良好品德，引导未成年人养成良好生活习惯和行为习惯等的网络信息，营造有利于未成年人健康成长的清朗网络空间和良好网络生态。

**第二十二条**　任何组织和个人不得制作、复制、发布、传播含有宣扬淫秽、色情、暴力、邪教、迷信、赌博、引诱自残自杀、恐怖主义、分裂主义、极端主义等危害未成年人身心健康内容的网络信息。

任何组织和个人不得制作、复制、发布、传播或者持有有关未成年人的淫秽色情网络信息。

**第二十三条**　网络产品和服务中含有可能引发或者诱导未成年人模仿不安全行为、实施违反社会公德行为、产生极端情绪、养成不良嗜好等可能影响未成年人身心健康的信息的，制作、复制、发布、传播该信息的组织和个人应当在信息展示前予以显著提示。

国家网信部门会同国家新闻出版、电影部门和国务院教育、电信、公安、文化和旅游、广播电视等部门，在前款规定基础上确定可能影响未成年人身心健康的信息的具体种类、范围、判断标准和提示办法。

第二十四条　任何组织和个人不得在专门以未成年人为服务对象的网络产品和服务中制作、复制、发布、传播本条例第二十三条第一款规定的可能影响未成年人身心健康的信息。

网络产品和服务提供者不得在首页首屏、弹窗、热搜等处于产品或者服务醒目位置、易引起用户关注的重点环节呈现本条例第二十三条第一款规定的可能影响未成年人身心健康的信息。

网络产品和服务提供者不得通过自动化决策方式向未成年人进行商业营销。

第二十五条　任何组织和个人不得向未成年人发送、推送或者诱骗、强迫未成年人接触含有危害或者可能影响未成年人身心健康内容的网络信息。

第二十六条　任何组织和个人不得通过网络以文字、图片、音视频等形式，对未成年人实施侮辱、诽谤、威胁或者恶意损害形象等网络欺凌行为。

网络产品和服务提供者应当建立健全网络欺凌行为的预警预防、识别监测和处置机制，设置便利未成年人及其监护人保存遭受网络欺凌记录、行使通知权利的功能、渠道，提供便利未成年人设置屏蔽陌生用户、本人发布信息可见范围、禁止转载或者评论本人发布信息、禁止向本人发送信息等网络欺凌信息防护选项。

网络产品和服务提供者应当建立健全网络欺凌信息特征库，优化相关算法模型，采用人工智能、大数据等技术手段和人工审核相结合的方式加强对网络欺凌信息的识别监测。

第二十七条　任何组织和个人不得通过网络以文字、图片、音视频等形式，组织、教唆、胁迫、引诱、欺骗、帮助未成年人实施违法犯罪行为。

第二十八条　以未成年人为服务对象的在线教育网络产品和服务提供者，应当按照法律、行政法规和国家有关规定，根据不同年龄阶段未成年人身心发展特点和认知能力提供相应的产品和服务。

第二十九条　网络产品和服务提供者应当加强对用户发布信息

的管理，采取有效措施防止制作、复制、发布、传播违反本条例第二十二条、第二十四条、第二十五条、第二十六条第一款、第二十七条规定的信息，发现违反上述条款规定的信息的，应当立即停止传输相关信息，采取删除、屏蔽、断开链接等处置措施，防止信息扩散，保存有关记录，向网信、公安等部门报告，并对制作、复制、发布、传播上述信息的用户采取警示、限制功能、暂停服务、关闭账号等处置措施。

网络产品和服务提供者发现用户发布、传播本条例第二十三条第一款规定的信息未予显著提示的，应当作出提示或者通知用户予以提示；未作出提示的，不得传输该信息。

**第三十条** 国家网信、新闻出版、电影部门和国务院教育、电信、公安、文化和旅游、广播电视等部门发现违反本条例第二十二条、第二十四条、第二十五条、第二十六条第一款、第二十七条规定的信息的，或者发现本条例第二十三条第一款规定的信息未予显著提示的，应当要求网络产品和服务提供者按照本条例第二十九条的规定予以处理；对来源于境外的上述信息，应当依法通知有关机构采取技术措施和其他必要措施阻断传播。

## 第四章　个人信息网络保护

**第三十一条** 网络服务提供者为未成年人提供信息发布、即时通讯等服务的，应当依法要求未成年人或者其监护人提供未成年人真实身份信息。未成年人或者其监护人不提供未成年人真实身份信息的，网络服务提供者不得为未成年人提供相关服务。

网络直播服务提供者应当建立网络直播发布者真实身份信息动态核验机制，不得向不符合法律规定情形的未成年人用户提供网络直播发布服务。

**第三十二条** 个人信息处理者应当严格遵守国家网信部门和有关部门关于网络产品和服务必要个人信息范围的规定，不得强制要求未成年人或者其监护人同意非必要的个人信息处理行为，不得因为未成年人或者其监护人不同意处理未成年人非必要个人信息或者撤回同意，拒绝未成年人使用其基本功能服务。

第三十三条　未成年人的监护人应当教育引导未成年人增强个人信息保护意识和能力、掌握个人信息范围、了解个人信息安全风险，指导未成年人行使其在个人信息处理活动中的查阅、复制、更正、补充、删除等权利，保护未成年人个人信息权益。

第三十四条　未成年人或者其监护人依法请求查阅、复制、更正、补充、删除未成年人个人信息的，个人信息处理者应当遵守以下规定：

（一）提供便捷的支持未成年人或者其监护人查阅未成年人个人信息种类、数量等的方法和途径，不得对未成年人或者其监护人的合理请求进行限制；

（二）提供便捷的支持未成年人或者其监护人复制、更正、补充、删除未成年人个人信息的功能，不得设置不合理条件；

（三）及时受理并处理未成年人或者其监护人查阅、复制、更正、补充、删除未成年人个人信息的申请，拒绝未成年人或者其监护人行使权利的请求的，应当书面告知申请人并说明理由。

对未成年人或者其监护人依法提出的转移未成年人个人信息的请求，符合国家网信部门规定条件的，个人信息处理者应当提供转移的途径。

第三十五条　发生或者可能发生未成年人个人信息泄露、篡改、丢失的，个人信息处理者应当立即启动个人信息安全事件应急预案，采取补救措施，及时向网信等部门报告，并按照国家有关规定将事件情况以邮件、信函、电话、信息推送等方式告知受影响的未成年人及其监护人。

个人信息处理者难以逐一告知的，应当采取合理、有效的方式及时发布相关警示信息，法律、行政法规另有规定的除外。

第三十六条　个人信息处理者对其工作人员应当以最小授权为原则，严格设定信息访问权限，控制未成年人个人信息知悉范围。

工作人员访问未成年人个人信息的，应当经过相关负责人或者其授权的管理人员审批，记录访问情况，并采取技术措施，避免违法处理未成年人个人信息。

第三十七条　个人信息处理者应当自行或者委托专业机构每年对其处理未成年人个人信息遵守法律、行政法规的情况进行合规审计，并将审计情况及时报告网信等部门。

第三十八条　网络服务提供者发现未成年人私密信息或者未成年人通过网络发布的个人信息中涉及私密信息的，应当及时提示，并采取停止传输等必要保护措施，防止信息扩散。

网络服务提供者通过未成年人私密信息发现未成年人可能遭受侵害的，应当立即采取必要措施保存有关记录，并向公安机关报告。

## 第五章　网络沉迷防治

第三十九条　对未成年人沉迷网络进行预防和干预，应当遵守法律、行政法规和国家有关规定。

教育、卫生健康、市场监督管理等部门依据各自职责对从事未成年人沉迷网络预防和干预活动的机构实施监督管理。

第四十条　学校应当加强对教师的指导和培训，提高教师对未成年学生沉迷网络的早期识别和干预能力。对于有沉迷网络倾向的未成年学生，学校应当及时告知其监护人，共同对未成年学生进行教育和引导，帮助其恢复正常的学习生活。

第四十一条　未成年人的监护人应当指导未成年人安全合理使用网络，关注未成年人上网情况以及相关生理状况、心理状况、行为习惯，防范未成年人接触危害或者可能影响其身心健康的网络信息，合理安排未成年人使用网络的时间，预防和干预未成年人沉迷网络。

第四十二条　网络产品和服务提供者应当建立健全防沉迷制度，不得向未成年人提供诱导其沉迷的产品和服务，及时修改可能造成未成年人沉迷的内容、功能和规则，并每年向社会公布防沉迷工作情况，接受社会监督。

第四十三条　网络游戏、网络直播、网络音视频、网络社交等网络服务提供者应当针对不同年龄阶段未成年人使用其服务的特点，坚持融合、友好、实用、有效的原则，设置未成年人模式，在使用时段、时长、功能和内容等方面按照国家有关规定和标准提供相应的服务，并以醒目便捷的方式为监护人履行监护职责提供时间管理、权限管理、消费管理等功能。

第四十四条　网络游戏、网络直播、网络音视频、网络社交等网络服务提供者应当采取措施，合理限制不同年龄阶段未成年人在使用其服务中的单次消费数额和单日累计消费数额，不得向未成年人提供与其民事行为能力不符的付费服务。

第四十五条　网络游戏、网络直播、网络音视频、网络社交等网络服务提供者应当采取措施，防范和抵制流量至上等不良价值倾向，不得设置以应援集资、投票打榜、刷量控评等为主题的网络社区、群组、话题，不得诱导未成年人参与应援集资、投票打榜、刷量控评等网络活动，并预防和制止其用户诱导未成年人实施上述行为。

第四十六条　网络游戏服务提供者应当通过统一的未成年人网络游戏电子身份认证系统等必要手段验证未成年人用户真实身份信息。

网络产品和服务提供者不得为未成年人提供游戏账号租售服务。

第四十七条　网络游戏服务提供者应当建立、完善预防未成年人沉迷网络的游戏规则，避免未成年人接触可能影响其身心健康的游戏内容或者游戏功能。

网络游戏服务提供者应当落实适龄提示要求，根据不同年龄阶段未成年人身心发展特点和认知能力，通过评估游戏产品的类型、内容与功能等要素，对游戏产品进行分类，明确游戏产品适合的未成年人用户年龄阶段，并在用户下载、注册、登录界面等位置予以显著提示。

第四十八条　新闻出版、教育、卫生健康、文化和旅游、广播电视、网信等部门应当定期开展预防未成年人沉迷网络的宣传教育，监督检查网络产品和服务提供者履行预防未成年人沉迷网络义务的情况，指导家庭、学校、社会组织互相配合，采取科学、合理的方式对未成年人沉迷网络进行预防和干预。

国家新闻出版部门牵头组织开展未成年人沉迷网络游戏防治工作，会同有关部门制定关于向未成年人提供网络游戏服务的时段、时长、消费上限等管理规定。

卫生健康、教育等部门依据各自职责指导有关医疗卫生机构、高等学校等，开展未成年人沉迷网络所致精神障碍和心理行为问题的基础研究和筛查评估、诊断、预防、干预等应用研究。

**第四十九条**　严禁任何组织和个人以虐待、胁迫等侵害未成年人身心健康的方式干预未成年人沉迷网络、侵犯未成年人合法权益。

# 第六章　法律责任

**第五十条**　地方各级人民政府和县级以上有关部门违反本条例规定，不履行未成年人网络保护职责的，由其上级机关责令改正；拒不改正或者情节严重的，对负有责任的领导人员和直接责任人员依法给予处分。

**第五十一条**　学校、社区、图书馆、文化馆、青少年宫等违反本条例规定，不履行未成年人网络保护职责的，由教育、文化和旅游等部门依据各自职责责令改正；拒不改正或者情节严重的，对负有责任的领导人员和直接责任人员依法给予处分。

**第五十二条**　未成年人的监护人不履行本条例规定的监护职责或者侵犯未成年人合法权益的，由未成年人居住地的居民委员会、村民委员会、妇女联合会，监护人所在单位，中小学校、幼儿园等有关密切接触未成年人的单位依法予以批评教育、劝诫制止、督促其接受家庭教育指导等。

**第五十三条**　违反本条例第七条、第十九条第三款、第三十八条第二款规定的，由网信、新闻出版、电影、教育、电信、公安、民政、文化和旅游、市场监督管理、广播电视等部门依据各自职责责令改正；拒不改正或者情节严重的，处 5 万元以上 50 万元以下罚款，对直接负责的主管人员和其他直接责任人员处 1 万元以上 10 万元以下罚款。

第五十四条 违反本条例第二十条第一款规定的，由网信、新闻出版、电信、公安、文化和旅游、广播电视等部门依据各自职责责令改正，给予警告，没收违法所得；拒不改正的，并处 100 万元以下罚款，对直接负责的主管人员和其他直接责任人员处 1 万元以上 10 万元以下罚款。

违反本条例第二十条第一款第一项和第五项规定，情节严重的，由省级以上网信、新闻出版、电信、公安、文化和旅游、广播电视等部门依据各自职责责令改正，没收违法所得，并处 5000 万元以下或者上一年度营业额百分之五以下罚款，并可以责令暂停相关业务或者停业整顿、通报有关部门依法吊销相关业务许可证或者吊销营业执照；对直接负责的主管人员和其他直接责任人员处 10 万元以上 100 万元以下罚款，并可以决定禁止其在一定期限内担任相关企业的董事、监事、高级管理人员和未成年人保护负责人。

第五十五条 违反本条例第二十四条、第二十五条规定的，由网信、新闻出版、电影、电信、公安、文化和旅游、市场监督管理、广播电视等部门依据各自职责责令限期改正，给予警告，没收违法所得，可以并处 10 万元以下罚款；拒不改正或者情节严重的，责令暂停相关业务、停产停业或者吊销相关业务许可证、吊销营业执照，违法所得 100 万元以上的，并处违法所得 1 倍以上 10 倍以下罚款，没有违法所得或者违法所得不足 100 万元的，并处 10 万元以上 100 万元以下罚款。

第五十六条 违反本条例第二十六条第二款和第三款、第二十八条、第二十九条第一款、第三十一条第二款、第三十六条、第三十八条第一款、第四十二条至第四十五条、第四十六条第二款、第四十七条规定的，由网信、新闻出版、电影、教育、电信、公安、文化和旅游、广播电视等部门依据各自职责责令改正，给予警告，没收违法所得，违法所得 100 万元以上的，并处违法所得 1 倍以上 10 倍以下罚款，没有违法所得或者违法所得不足 100 万元的，并处 10 万元以上 100 万元以下罚款，对直接负责的主管人员和其他直接责任人员处 1 万元以上 10 万元以下罚款；拒不改正或者情节严重的，并可以责令暂停相关业务、停业整顿、关闭网站、吊销相关业务许可证或者吊销营业执照。

第五十七条　网络产品和服务提供者违反本条例规定，受到关闭网站、吊销相关业务许可证或者吊销营业执照处罚的，5 年内不得重新申请相关许可，其直接负责的主管人员和其他直接责任人员 5 年内不得从事同类网络产品和服务业务。

第五十八条　违反本条例规定，侵犯未成年人合法权益，给未成年人造成损害的，依法承担民事责任；构成违反治安管理行为的，依法给予治安管理处罚；构成犯罪的，依法追究刑事责任。

## 第七章　附　　则

第五十九条　本条例所称智能终端产品，是指可以接入网络、具有操作系统、能够由用户自行安装应用软件的手机、计算机等网络终端产品。

第六十条　本条例自 2024 年 1 月 1 日起施行。


# 最高人民法院、最高人民检察院、公安部、司法部关于办理性侵害未成年人刑事案件的意见

（2023 年 5 月 24 日）


为深入贯彻习近平法治思想，依法惩治性侵害未成年人犯罪，规范办理性侵害未成年人刑事案件，加强未成年人司法保护，根据

《中华人民共和国刑法》《中华人民共和国刑事诉讼法》《中华人民共和国未成年人保护法》等相关法律规定，结合司法实际，制定本意见。

## 一、总　则

**第一条**　本意见所称性侵害未成年人犯罪，包括《中华人民共和国刑法》第二百三十六条、第二百三十六条之一、第二百三十七条、第三百五十八条、第三百五十九条规定的针对未成年人实施的强奸罪，负有照护职责人员性侵罪，强制猥亵、侮辱罪，猥亵儿童罪，组织卖淫罪，强迫卖淫罪，协助组织卖淫罪，引诱、容留、介绍卖淫罪，引诱幼女卖淫罪等。

**第二条**　办理性侵害未成年人刑事案件，应当坚持以下原则：

（一）依法从严惩处性侵害未成年人犯罪；

（二）坚持最有利于未成年人原则，充分考虑未成年人身心发育尚未成熟、易受伤害等特点，切实保障未成年人的合法权益；

（三）坚持双向保护原则，对于未成年人实施性侵害未成年人犯罪的，在依法保护未成年被害人的合法权益时，也要依法保护未成年犯罪嫌疑人、未成年被告人的合法权益。

**第三条**　人民法院、人民检察院、公安机关应当确定专门机构或者指定熟悉未成年人身心特点的专门人员，负责办理性侵害未成年人刑事案件。未成年被害人系女性的，应当有女性工作人员参与。

法律援助机构应当指派熟悉未成年人身心特点的律师为未成年人提供法律援助。

**第四条**　人民法院、人民检察院在办理性侵害未成年人刑事案件中发现社会治理漏洞的，依法提出司法建议、检察建议。

人民检察院依法对涉及性侵害未成年人的诉讼活动等进行监督，发现违法情形的，应当及时提出监督意见。发现未成年人合法权益受到侵犯，涉及公共利益的，应当依法提起公益诉讼。

## 二、案件办理

**第五条** 公安机关接到未成年人被性侵害的报案、控告、举报，应当及时受理，迅速审查。符合刑事立案条件的，应当立即立案侦查，重大、疑难、复杂案件立案审查期限原则上不超过七日。具有下列情形之一，公安机关应当在受理后直接立案侦查：

（一）精神发育明显迟滞的未成年人或者不满十四周岁的未成年人怀孕、妊娠终止或者分娩的；

（二）未成年人的生殖器官或者隐私部位遭受明显非正常损伤的；

（三）未成年人被组织、强迫、引诱、容留、介绍卖淫的；

（四）其他有证据证明性侵害未成年人犯罪发生的。

**第六条** 公安机关发现可能有未成年人被性侵害或者接报相关线索的，无论案件是否属于本单位管辖，都应当及时采取制止侵害行为、保护被害人、保护现场等紧急措施。必要时，应当通报有关部门对被害人予以临时安置、救助。

**第七条** 公安机关受理案件后，经过审查，认为有犯罪事实需要追究刑事责任，但因犯罪地、犯罪嫌疑人无法确定，管辖权不明的，受理案件的公安机关应当先立案侦查，经过侦查明确管辖后，及时将案件及证据材料移送有管辖权的公安机关。

**第八条** 人民检察院、公安机关办理性侵害未成年人刑事案件，应当坚持分工负责、互相配合、互相制约，加强侦查监督与协作配合，健全完善信息双向共享机制，形成合力。在侦查过程中，公安机关可以商请人民检察院就案件定性、证据收集、法律适用、未成年人保护要求等提出意见建议。

**第九条** 人民检察院认为公安机关应当立案侦查而不立案侦查的，或者被害人及其法定代理人、对未成年人负有特殊职责的人员据此向人民检察院提出异议，经审查其诉求合理的，人民检察院应当要求公安机关说明不立案的理由。人民检察院认为不立案理由不成立的，应当通知公安机关立案，公安机关接到通知后应当立案。

第十条　对性侵害未成年人的成年犯罪嫌疑人、被告人，应当依法从严把握适用非羁押强制措施，依法追诉，从严惩处。

第十一条　公安机关办理性侵害未成年人刑事案件，在提请批准逮捕、移送起诉时，案卷材料中应当包含证明案件来源与案发过程的有关材料和犯罪嫌疑人归案（抓获）情况的说明等。

第十二条　人民法院、人民检察院办理性侵害未成年人案件，应当及时告知未成年被害人及其法定代理人或者近亲属有权委托诉讼代理人，并告知其有权依法申请法律援助。

第十三条　人民法院、人民检察院、公安机关办理性侵害未成年人刑事案件，除有碍案件办理的情形外，应当将案件进展情况、案件处理结果及时告知未成年被害人及其法定代理人，并对有关情况予以说明。

第十四条　人民法院确定性侵害未成年人刑事案件开庭日期后，应当将开庭的时间、地点通知未成年被害人及其法定代理人。

第十五条　人民法院开庭审理性侵害未成年人刑事案件，未成年被害人、证人一般不出庭作证。确有必要出庭的，应当根据案件情况采取不暴露外貌、真实声音等保护措施，或者采取视频等方式播放询问未成年人的录音录像，播放视频亦应当采取技术处理等保护措施。

被告人及其辩护人当庭发问的方式或者内容不当，可能对未成年被害人、证人造成身心伤害的，审判长应当及时制止。未成年被害人、证人在庭审中出现恐慌、紧张、激动、抗拒等影响庭审正常进行的情形的，审判长应当宣布休庭，并采取相应的情绪安抚疏导措施，评估未成年被害人、证人继续出庭作证的必要性。

第十六条　办理性侵害未成年人刑事案件，对于涉及未成年人的身份信息及可能推断出身份信息的资料和涉及性侵害的细节等内容，审判人员、检察人员、侦查人员、律师及参与诉讼、知晓案情的相关人员应当保密。

对外公开的诉讼文书，不得披露未成年人身份信息及可能推断出身份信息的其他资料，对性侵害的事实必须以适当方式叙述。

办案人员到未成年人及其亲属所在学校、单位、住所调查取证的，应当避免驾驶警车、穿着制服或者采取其他可能暴露未成年人身份、影响未成年人名誉、隐私的方式。

第十七条　知道或者应当知道对方是不满十四周岁的幼女，而实施奸淫等性侵害行为的，应当认定行为人"明知"对方是幼女。

对不满十二周岁的被害人实施奸淫等性侵害行为的，应当认定行为人"明知"对方是幼女。

对已满十二周岁不满十四周岁的被害人，从其身体发育状况、言谈举止、衣着特征、生活作息规律等观察可能是幼女，而实施奸淫等性侵害行为的，应当认定行为人"明知"对方是幼女。

第十八条　在校园、游泳馆、儿童游乐场、学生集体宿舍等公共场所对未成年人实施强奸、猥亵犯罪，只要有其他多人在场，不论在场人员是否实际看到，均可以依照刑法第二百三十六条第三款、第二百三十七条的规定，认定为在公共场所"当众"强奸、猥亵。

第十九条　外国人在中华人民共和国领域内实施强奸、猥亵未成年人等犯罪的，在依法判处刑罚时，可以附加适用驱逐出境。对于尚不构成犯罪但构成违反治安管理行为的，或者有性侵害未成年人犯罪记录不适宜在境内继续停留居留的，公安机关可以依法适用限期出境或者驱逐出境。

第二十条　对性侵害未成年人的成年犯罪分子严格把握减刑、假释、暂予监外执行的适用条件。纳入社区矫正的，应当严管严控。

## 三、证据收集与审查判断

第二十一条　公安机关办理性侵害未成年人刑事案件，应当依照法定程序，及时、全面收集固定证据。对与犯罪有关的场所、物品、人身等及时进行勘验、检查，提取与案件有关的痕迹、物证、生物样本；及时调取与案件有关的住宿、通行、银行交易记录等书证、现场监控录像等视听资料、手机短信、即时通讯记录、社交软件记录、手机支付记录、音视频、网盘资料等电子数据。视听资料、电子数据等证据因保管不善灭失的，应当向原始数据存储单位重新调取，或者提交专业机构进行技术性恢复、修复。

第二十二条　未成年被害人陈述、未成年证人证言中提到其他犯罪线索，属于公安机关管辖的，公安机关应当及时调查核实；属于其他机关管辖的，应当移送有管辖权的机关。

具有密切接触未成年人便利条件的人员涉嫌性侵害未成年人犯罪的，公安机关应当注意摸排犯罪嫌疑人可能接触到的其他未成年人，以便全面查清犯罪事实。

对于发生在犯罪嫌疑人住所周边或者相同、类似场所且犯罪手法雷同的性侵害案件，符合并案条件的，应当及时并案侦查，防止遗漏犯罪事实。

第二十三条　询问未成年被害人，应当选择"一站式"取证场所、未成年人住所或者其他让未成年人心理上感到安全的场所进行，并通知法定代理人到场。法定代理人不能到场或者不宜到场的，应当通知其他合适成年人到场，并将相关情况记录在案。

询问未成年被害人，应当采取和缓的方式，以未成年人能够理解和接受的语言进行。坚持一次询问原则，尽可能避免多次反复询问，造成次生伤害。确有必要再次询问的，应当针对确有疑问需要核实的内容进行。

询问女性未成年被害人应当由女性工作人员进行。

第二十四条　询问未成年被害人应当进行同步录音录像。录音录像应当全程不间断进行，不得选择性录制，不得剪接、删改。录音录像声音、图像应当清晰稳定，被询问人面部应当清楚可辨，能够真实反映未成年被害人回答询问的状态。录音录像应当随案移送。

第二十五条　询问未成年被害人应当问明与性侵害犯罪有关的事实及情节，包括被害人的年龄等身份信息、与犯罪嫌疑人、被告人交往情况、侵害方式、时间、地点、次数、后果等。

询问尽量让被害人自由陈述，不得诱导，并将提问和未成年被害人的回答记录清楚。记录应当保持未成年人的语言特点，不得随意加工或者归纳。

第二十六条　未成年被害人陈述和犯罪嫌疑人、被告人供述中具有特殊性、非亲历不可知的细节，包括身体特征、行为特征和环境特征等，办案机关应当及时通过人身检查、现场勘查等调查取证方法固定证据。

第二十七条　能够证实未成年被害人和犯罪嫌疑人、被告人相识交往、矛盾纠纷及其异常表现、特殊癖好等情况，对完善证据链条、查清全部案情具有证明作用的证据，应当全面收集。

第二十八条　能够证实未成年人被性侵害后心理状况或者行为表现的证据，应当全面收集。未成年被害人出现心理创伤、精神抑郁或者自杀、自残等伤害后果的，应当及时检查、鉴定。

第二十九条　认定性侵害未成年人犯罪，应当坚持事实清楚、证据确实、充分，排除合理怀疑的证明标准。对案件事实的认定要立足证据，结合经验常识，考虑性侵害案件的特殊性和未成年人的身心特点，准确理解和把握证明标准。

第三十条　对未成年被害人陈述，应当着重审查陈述形成的时间、背景，被害人年龄、认知、记忆和表达能力，生理和精神状态是否影响陈述的自愿性、完整性，陈述与其他证据之间能否相互印证，有无矛盾。

低龄未成年人对被侵害细节前后陈述存在不一致的，应当考虑其身心特点，综合判断其陈述的主要事实是否客观、真实。

未成年被害人陈述了与犯罪嫌疑人、被告人或者性侵害事实相关的非亲历不可知的细节，并且可以排除指证、诱证、诬告、陷害可能的，一般应当采信。

未成年被害人询问笔录记载的内容与询问同步录音录像记载的内容不一致的，应当结合同步录音录像记载准确客观认定。

对未成年证人证言的审查判断，依照本条前四款规定进行。

第三十一条　对十四周岁以上未成年被害人真实意志的判断，不以其明确表示反对或者同意为唯一证据，应当结合未成年被害人的年龄、身体状况、被侵害前后表现以及双方关系、案发环境、案发过程等进行综合判断。

## 四、未成年被害人保护与救助

第三十二条　人民法院、人民检察院、公安机关办理性侵害未成年人刑事案件，应当根据未成年被害人的实际需要及当地情况，协调有关部门为未成年被害人提供心理疏导、临时照料、医疗救治、转学安置、经济帮扶等救助保护措施。

第三十三条　犯罪嫌疑人到案后，办案人员应当第一时间了解其有无艾滋病，发现犯罪嫌疑人患有艾滋病的，在征得未成年被害人监护人同意后，应当及时配合或者会同有关部门对未成年被害人采取阻断治疗等保护措施。

第三十四条　人民法院、人民检察院、公安机关办理性侵害未成年人刑事案件，发现未成年人的父母或者其他监护人不依法履行监护职责或者侵犯未成年人合法权益的，应当予以训诫，并书面督促其依法履行监护职责。必要时，可以责令未成年人父母或者其他监护人接受家庭教育指导。

第三十五条　未成年人受到监护人性侵害，其他具有监护资格的人员、民政部门等有关单位和组织向人民法院提出申请，要求撤销监护人资格，另行指定监护人的，人民法院依法予以支持。

有关个人和组织未及时向人民法院申请撤销监护人资格的，人民检察院可以依法督促、支持其提起诉讼。

第三十六条　对未成年人因被性侵害而造成人身损害，不能及时获得有效赔偿，生活困难的，人民法院、人民检察院、公安机关可会同有关部门，优先考虑予以救助。

## 五、其　他

第三十七条　人民法院、人民检察院、公安机关、司法行政机

391

关应当积极推动侵害未成年人案件强制报告制度落实。未履行报告义务造成严重后果的，应当依照《中华人民共和国未成年人保护法》等法律法规追究责任。

第三十八条　人民法院、人民检察院、公安机关、司法行政机关应当推动密切接触未成年人相关行业依法建立完善准入查询性侵害违法犯罪信息制度，建立性侵害违法犯罪人员信息库，协助密切接触未成年人单位开展信息查询工作。

第三十九条　办案机关应当建立完善性侵害未成年人案件"一站式"办案救助机制，通过设立专门场所、配置专用设备、完善工作流程和引入专业社会力量等方式，尽可能一次性完成询问、人身检查、生物样本采集、侦查辨认等取证工作，同步开展救助保护工作。

## 六、附　则

第四十条　本意见自 2023 年 6 月 1 日起施行。本意见施行后，《最高人民法院 最高人民检察院 公安部 司法部关于依法惩治性侵害未成年人犯罪的意见》（法发〔2013〕12 号）同时废止。

# 最高人民法院、最高人民检察院
# 关于办理强奸、猥亵未成年人刑事案件
# 适用法律若干问题的解释

（2023 年 1 月 3 日最高人民法院审判委员会第 1878 次会议、2023 年 3 月 2 日最高人民检察院第十三届检察委员会第 114 次会议通过　2023 年 5 月 24 日最高人民法院、最高人民检察院公告公布　自 2023 年 6 月 1 日起施行　法释〔2023〕3 号）

为依法惩处强奸、猥亵未成年人犯罪，保护未成年人合法权益，根据《中华人民共和国刑法》等法律规定，现就办理此类刑事案件适用法律的若干问题解释如下：

**第一条** 奸淫幼女的，依照刑法第二百三十六条第二款的规定从重处罚。具有下列情形之一的，应当适用较重的从重处罚幅度：

（一）负有特殊职责的人员实施奸淫的；

（二）采用暴力、胁迫等手段实施奸淫的；

（三）侵入住宅或者学生集体宿舍实施奸淫的；

（四）对农村留守女童、严重残疾或者精神发育迟滞的被害人实施奸淫的；

（五）利用其他未成年人诱骗、介绍、胁迫被害人的；

（六）曾因强奸、猥亵犯罪被判处刑罚的。

强奸已满十四周岁的未成年女性，具有前款第一项、第三项至第六项规定的情形之一，或者致使被害人轻伤、患梅毒、淋病等严重性病的，依照刑法第二百三十六条第一款的规定定罪，从重处罚。

**第二条** 强奸已满十四周岁的未成年女性或者奸淫幼女，具有下列情形之一的，应当认定为刑法第二百三十六条第三款第一项规定的"强奸妇女、奸淫幼女情节恶劣"：

（一）负有特殊职责的人员多次实施强奸、奸淫的；

（二）有严重摧残、凌辱行为的；

（三）非法拘禁或者利用毒品诱骗、控制被害人的；

（四）多次利用其他未成年人诱骗、介绍、胁迫被害人的；

（五）长期实施强奸、奸淫的；

（六）奸淫精神发育迟滞的被害人致使怀孕的；

（七）对强奸、奸淫过程或者被害人身体隐私部位制作视频、照片等影像资料，以此胁迫对被害人实施强奸、奸淫，或者致使影像资料向多人传播，暴露被害人身份的；

（八）其他情节恶劣的情形。

**第三条** 奸淫幼女，具有下列情形之一的，应当认定为刑法第二百三十六条第三款第五项规定的"造成幼女伤害"：

（一）致使幼女轻伤的；

（二）致使幼女患梅毒、淋病等严重性病的；

（三）对幼女身心健康造成其他伤害的情形。

**第四条** 强奸已满十四周岁的未成年女性或者奸淫幼女，致使其感染艾滋病病毒的，应当认定为刑法第二百三十六第三款第六项规定的"致使被害人重伤"。

**第五条** 对已满十四周岁不满十六周岁的未成年女性负有特殊职责的人员，与该未成年女性发生性关系，具有下列情形之一的，应当认定为刑法第二百三十六条之一规定的"情节恶劣"：

（一）长期发生性关系的；

（二）与多名被害人发生性关系的；

（三）致使被害人感染艾滋病病毒或者患梅毒、淋病等严重性病的；

（四）对发生性关系的过程或者被害人身体隐私部位制作视频、照片等影像资料，致使影像资料向多人传播，暴露被害人身份的；

（五）其他情节恶劣的情形。

**第六条** 对已满十四周岁的未成年女性负有特殊职责的人员，利用优势地位或者被害人孤立无援的境地，迫使被害人与其发生性关系的，依照刑法第二百三十六条的规定，以强奸罪定罪处罚。

**第七条** 猥亵儿童，具有下列情形之一的，应当认定为刑法第二百三十七条第三款第三项规定的"造成儿童伤害或者其他严重后果"：

（一）致使儿童轻伤以上的；

（二）致使儿童自残、自杀的；

（三）对儿童身心健康造成其他伤害或者严重后果的情形。

**第八条** 猥亵儿童，具有下列情形之一的，应当认定为刑法第二百三十七条第三款第四项规定的"猥亵手段恶劣或者有其他恶劣情节"：

（一）以生殖器侵入肛门、口腔或者以生殖器以外的身体部位、物品侵入被害人生殖器、肛门等方式实施猥亵的；

（二）有严重摧残、凌辱行为的；

（三）对猥亵过程或者被害人身体隐私部位制作视频、照片等影像资料，以此胁迫对被害人实施猥亵，或者致使影像资料向多人传播，暴露被害人身份的；

（四）采取其他恶劣手段实施猥亵或者有其他恶劣情节的情形。

第九条　胁迫、诱骗未成年人通过网络视频聊天或者发送视频、照片等方式，暴露身体隐私部位或者实施淫秽行为，符合刑法第二百三十七条规定的，以强制猥亵罪或者猥亵儿童罪定罪处罚。

胁迫、诱骗未成年人通过网络直播方式实施前款行为，同时符合刑法第二百三十七条、第三百六十五条的规定，构成强制猥亵罪、猥亵儿童罪、组织淫秽表演罪的，依照处罚较重的规定定罪处罚。

第十条　实施猥亵未成年人犯罪，造成被害人轻伤以上后果，同时符合刑法第二百三十四条或者第二百三十二条的规定，构成故意伤害罪、故意杀人罪的，依照处罚较重的规定定罪处罚。

第十一条　强奸、猥亵未成年人的成年被告人认罪认罚的，是否从宽处罚及从宽幅度应当从严把握。

第十二条　对强奸未成年人的成年被告人判处刑罚时，一般不适用缓刑。

对于判处刑罚同时宣告缓刑的，可以根据犯罪情况，同时宣告禁止令，禁止犯罪分子在缓刑考验期限内从事与未成年人有关的工作、活动，禁止其进入中小学校、幼儿园及其他未成年人集中的场所。确因本人就学、居住等原因，经执行机关批准的除外。

第十三条　对于利用职业便利实施强奸、猥亵未成年人等犯罪的，人民法院应当依法适用从业禁止。

第十四条　对未成年人实施强奸、猥亵等犯罪造成人身损害的，应当赔偿医疗费、护理费、交通费、营养费、住院伙食补助费等为治疗和康复支付的合理费用，以及因误工减少的收入。

根据鉴定意见、医疗诊断书等证明需要对未成年人进行精神心理治疗和康复，所需的相关费用，应当认定为前款规定的合理费用。

第十五条　本解释规定的"负有特殊职责的人员"，是指对未成年人负有监护、收养、看护、教育、医疗等职责的人员，包括与未成年人具有共同生活关系且事实上负有照顾、保护等职责的人员。

第十六条　本解释自 2023 年 6 月 1 日起施行。

# 在办理涉未成年人案件中全面开展
# 家庭教育指导工作典型案例（第二批）①

（2023 年 5 月 24 日）

## 案例一　左某盗窃案
——重塑家庭支持体系　父母转变推动孩子改变

**一、基本案情**

2020 年 8 月 7 日凌晨，犯罪嫌疑人左某（作案时 16 周岁）在浙江省义乌市福田街道以"拉车门"方式实施盗窃。同年 10 月 21 日左某被公安机关抓获归案。经查，2020 年 7 月以来，左某以"拉车门"方式盗窃三次，窃得财物共计价值人民币 500 元。2021 年 5 月 19 日，义乌市公安局将该案移送检察机关审查起诉。同年 8 月 16 日，浙江省义乌市人民检察院对左某作出相对不起诉决定。

**二、家庭教育指导做法与成效**

（一）深入分析犯罪原因，及时发现家庭教育问题。受理案件后，检察机关对左某情况进行了全面调查，详细了解左某的成长经历、生活轨迹、家庭状况。经查，左某幼年系留守儿童，由祖父母隔代抚养，父母长期在外务工并在其 7 岁时离婚。母亲改嫁外省后再未与其联系。左某 15 岁辍学后跟随父亲、祖父到浙江务工。左某祖父酗酒、赌博，父亲经常对其辱骂、指责。因父子关系紧张，左某长期不回家，以打零工为生，结识不良朋友后学会"拉车门"盗

---

① 载最高人民检察院网站，https：//www. spp. gov. cn/xwfbh/dxal/2023 05/t20230524_ 614776. shtml，最后访问时间：2024 年 11 月 8 日。

窃。2019年至2020年，左某先后多次实施盗窃，因未满16周岁受到公安机关行政处罚。综合分析，家庭因素是导致左某犯罪的深层次原因。通过改善家庭教育环境和针对性的教育矫治，左某有望回归正途。检察机关遂决定启动对左某家庭成员的家庭教育指导工作。

（二）突出个性指导，跟进强制督促，系统重塑家庭支持体系。义乌市检察院依托与妇联、关工委、团委共建的未成年人检察社会支持中心，对左某及其家庭进行了历时10个月的帮教、指导。在对左某有针对性地开展心理疏导、行为矫治的同时，从家庭结构、亲子互动、教育方式、支持系统、外部力量五个维度对其家庭成员进行了系统的帮助指导。一是唤醒责任意识。针对左某父亲对孩子关爱不够、监护不力的问题，检察机关向左某父亲送达《督促监护令》，责令其依法履行监护职责。帮助其认识到亲子关系对未成年人成长的重要影响。从重塑亲子关系、扭转暴力沟通、转换思维方式、加强情绪疏导四个方面，指导其改变辱骂、否定的教育方式。二是弥补角色缺位。针对左某长期缺乏母爱的问题，检察官辗转找到其母亲，进行释理训诫、释法说案，促使左某母亲以"一周一通话"等方式加强与左某联系，主动修复断裂的母子关系。指导团队还发动左某祖母、堂姐作为"重要他人力量"参与其中，共同构建和谐家庭氛围。三是纠正不当行为。针对左某祖父不良生活习惯和不当行为方式给左某带来的负面示范影响，指导团队从关工委组建的"五老"志愿者队伍中选派经验丰富的志愿者与左某祖父结对，以"一周一走访"方式督促左某祖父改变不良生活习惯。经过50余次心理疏导、30余次教育指导和持续不断的跟踪监督，左某家庭环境明显改善。

（三）建立家庭教育指导基地，提升涉案未成年人家庭教育指导专业性与长效性。义乌市检察院在对涉案未成年人全面落实家庭教育指导工作过程中，充分认识到多部门协作与专业力量的重要性，遂以该案办理为契机，报经金华市人民检察院审查研究，继而由市级检察院联合妇联、关工委等部门，升级"金华家长大学平台"，共建"一心守护"家庭教育指导基地，形成"训诫+督促监护令+家庭教育指导"融合机制。自 2022 年 6 月 1 日成立以来，已指派家庭教育指导专家参与个案会商、督导 22 件，针对疑难个案提供家庭教育指导方案 8 件，开展家庭教育志愿者、社工培训会 6 场，受教育人数 180 余人，建立联席会议机制、互动交流机制，极大提升了未成年人检察工作环节家庭教育指导工作的专业性与长效性。

**三、典型意义**

家庭环境对未成年人成长影响深远。对于未成年人因家庭教育和监护不当导致认识和行为偏差，最终走上违法犯罪道路的案件，改变家庭环境是帮助未成年人回归正途的重要条件，以父母转变推动孩子改变。在办理家庭因素影响的未成年人涉罪案件中，办案部门应高度重视家庭教育指导工作，通过系统性、针对性的措施和手段，改变监护人教育方式，改善家庭关系，解决未成年人家庭成员角色缺位缺失问题，重塑家庭支持体系，为未成年人健康成长提供有力支撑。此外，检察机关、妇联组织、关工委在充分积累个案经验的基础上，应积极推动构建长效工作机制，培养稳定、专业的家庭教育指导人才队伍，使涉案未成年人家庭教育指导工作规范、高质量发展。

## 案例二　胡某某故意伤害案
——坚持最有利于未成年人原则　用心做好监护监督工作

**一、基本案情**

胡某某系被害人杨某某（案发时 10 周岁）亲生母亲。2019 年底至 2021 年 11 月，胡某某多次因学习、日常管教等问题，对杨某某实施抓头往墙上撞、热水冲烫身体、掐脖子、咬手，用衣架、溜冰鞋、数据线殴打等伤害行为，致使杨某某身体损伤，经鉴定，损伤程度轻伤一级。2022 年 10 月 9 日，广东省深圳市光明区人民检察院以胡某某涉嫌故意伤害罪提起公诉。同年 11 月 10 日，光明区人民法院以故意伤害罪，判处胡某某有期徒刑一年六个月，缓刑三年。

## 二、家庭教育指导做法与成效

（一）通过家庭教育指导解决监护侵害根源问题，坚持最有利于未成年人原则开展监护监督工作。本案是一起监护侵害案件，经社区网格员报告发现。公安机关受理案件后，第一时间告知检察院相关情况，并商请就被害人安置等问题提出意见。检察机关介入后与妇联等部门进行了会商，对杨某某监护情况进行了全面调查评估。经调查了解，杨某某所处家庭为重组家庭，母亲胡某某与丈夫关系不佳。胡某某曾遭遇前夫家庭暴力，情绪控制能力弱，有暴力教养习惯。胡某某的暴力教育方式与其养育压力大、教育能力不足、个人生活经历等密切相关。评估认为，本案具备通过家庭教育指导改变监护人错误认知和行为方式的可能性。从未成年人长远成长需要考虑，建议对胡某某开展强制家庭教育指导，并进行监护能力动态评估，尽力修复杨某某原生家庭环境。经检察机关、公安机关、民政部门等协商一致，先由民政部门对杨某某进行临时监护，同时，对胡某某启动家庭教育指导工作。

（二）各环节接续发力，将家庭教育指导有机融入司法办案全过程。转变监护人教养习惯需要长时间持续帮助、督促。为保证家庭教育指导工作在各诉讼环节不脱节，检察机关充分发挥前承公安、后启审判的职能优势，努力推动该项工作贯穿司法办案全过程。案件侦查阶段，在与检察机关的协商沟通下，公安机关向胡某某发出了《责令接受家庭教育指导令》，对胡某某夫妇进行训诫。同时，检察机关、妇联、关工委与司法社工、社区社工等共同组成家庭教育指导专家组，启动对胡某某的家庭教育指导工作。审查起诉阶段，在继续对胡某某开展家庭教育指导的同时，专家组对胡某某监护能力进行了定期评估。审查起诉时，检察机关将胡某某悔罪表现、家庭教育能力提升情况随案移送法庭，并建议法庭将上述情况作为判处刑罚的参考。在案件审理和执行阶段，法庭参考检察机关提供的情况，宣布对胡某某适用缓刑，并将家庭教育后续跟踪纳入三年缓刑考验期管理。2022年12月8日，检察机关与民政、妇联等部门共同组织召开了不公开听证会，结合家庭教育指导效果和杨某某本人意愿，经会商决定对杨某某恢复家庭监护，并继续跟踪杨某某监护状况。

（三）精准、全面帮助支持，保证家庭教育指导整体效果。本案中，对胡某某进行家庭教育指导的切入点在于观念态度的转变和家庭教育能力的提升。为此专家组围绕减压、情绪管理、教养技巧、法治教育等制定了详细的指导计划。经过四周的教育指导，胡某某认识明显改变，表示"感到后悔，也庆幸自己没有失手将孩子伤害得更重"。此后，指导团队开展了每两周一次的会谈，对胡某某开展创伤辅导、心理教育等，提高其情绪觉察及管理能力、家庭教养能力。经过七个月的指导帮助，胡某某的不合理认知、与孩子的沟通方式、沟通频率和亲子关系均明显改善。在对胡某某开展家庭教育指导的同时，检察机关委托专业力量对被害人杨某某开展了针对性的心理疏导和救助保护。杨某某心理创伤已经修复，与胡某某关系融洽。

### 三、典型意义

监护人侵害被监护未成年人合法权益构成犯罪的，不仅要依法对监护人作出刑事处罚，还应对涉案家庭进行监护干预。如何干预、采取何种方式干预是关系被侵害未成年人未来成长的重要问题。检察机关在办理监护侵害案件、对待"问题父母"时，不能简单地"一诉了之"，更不能将监护人监护资格"一撤了之"。应该全面调查未成年人家庭情况，系统评估监护问题，坚持最有利于未成年人原则，监督家庭保护责任落实。能通过家庭教育指导、督促监护等方式改变监护人监护方式，有效保护未成年人的，要充分扎实做好指导帮助工作，为未成年人创造和睦、安全的原生家庭环境。监护人严重侵害未成年人，不宜继续担任监护人的，及时支持相关主体提起撤销监护权诉讼。在开展家庭教育指导工作中，应注意精准评估需求、找准工作切入点，科学合理施策，持续跟踪巩固。将家庭教育指导与司法办案有机融合，切实保证指导效果。

## 案例三 朱某、印某抢劫案

——帮教与督促监护相结合 帮助罪错未成年人回归正途

### 一、基本案情

朱某（作案时15周岁）与印某（作案时16周岁）合谋抢劫他人手机。2021年7月10日凌晨3时许，二人来到网吧寻找作案对象。朱某见杨某有部红色小米手机，便将杨某带至网吧旁的巷子里，通过拳打脚踢方式逼迫杨某交出手机。返回网吧后，朱某又见陈某有部手机，以借用为名索要遭拒。后印某强行将陈某带至网吧旁的巷子里欲逼迫其交出手机，因网管发现未得逞。2021年10月5日，江苏省淮安市公安局清江浦分局以朱某、印某涉嫌抢劫罪将该案移送江苏省淮安市清江浦区人民检察院审查起诉。同年10月29日，根据朱某、印某的犯罪情节和认罪悔罪态度，检察机关以朱某涉嫌抢劫罪向法院提起公诉，对印某作出附条件不起诉决定。同年12月29日，法院以抢劫罪判处朱某有期徒刑一年五个月，缓刑二年，并处罚金两千元。2022年6月30日，检察机关对印某作出不起诉决定。

### 二、家庭教育指导做法与成效

（一）全面调查评估涉罪未成年人监护状况，及时开展督促监护和家庭教育指导工作。调查发现，印某父母平常忙于生计，对印某疏于关心教育。因教育管束不够，印某缺乏辨别是非的能力，在不良朋友的影响下出现认知偏差。2020年7月22日，印某伙同丁某（丁某因犯盗窃罪被法院判处有期徒刑六个月）实施盗窃行为，因其未达刑事责任年龄未予追究刑事责任。发现印某实施严重不良行为后，其父母仍未对其进行有效管教，导致其行为偏差一步步加剧，最终参与了更为严重的抢劫犯罪。针对上述情况，检察机关认为，挽救印某回归正途，避免印某再次犯罪，不仅需要对其本人进行有针对性的教育矫治，也需要对其父母进行有效的督促监护和家庭教育指导。检察机关遂联合妇联、关工委启动对印某父母的家庭教育指导工作，让"不合格"家长及时"补课"。

（二）依托附条件不起诉制度，着力提升家庭教育指导强制力。针对印某个人及其家庭情况，检察机关将家庭教育指导作为附带条件，"嵌入"附条件不起诉程序中。在宣告附条件不起诉决定时告知父母接受家庭教育指导。决定作出后，印某父母积极配合司法机关的安排，严格按照指导组要求，按时完成了八个月的家庭教育指导课程，并与印某共同参加公益活动。课程结束后，经过评估，二人监护意识和监护能力明显提升，与印某的亲子关系明显改善。本案中，未成年人朱某也存在父母外出务工、祖父母隔代抚养、有效监护缺位的情况。为此，检察机关联合法院向朱某家长制发家庭教育指导令，强制督促其"依法带娃"，推动司法局将朱某家长接受家庭教育指导作为社区矫正的一项重点内容，确保家庭教育指导落到实处。

（三）强化部门协作，不断推动家庭教育指导工作规范化建设。检察机关与妇联、关工委建立家庭教育指导配合协作机制，对家庭教育指导工作进行细化规范，将家庭教育指导必要性作为社会调查内容，明确家庭教育评估、方案制定、实施及跟踪回访等各个环节的具体要求。检察机关、妇联、社区共同设立家庭教育指导基地，联合开发《家庭教育与预防未成年人犯罪》《未成年人心理健康之亲子沟通有秘诀》等课程。基地自建成以来，已对40余名未成年人及其家长开展为期3-6个月的家庭教育指导，均取得很好效果。

三、典型意义

未成年人行为偏差往往与成长环境和家庭教育方式密切相关。将涉罪未成年人帮教与监护人家庭教育指导相结合，有利于提高罪错未成年人矫治成效，也有利于预防未成年人再次犯罪。检察机关在办理未成年人犯罪案件时，应注意发现罪错未成年人家庭教育中存在的问题，引导监护人正确管教子女，发挥教育、引导未成年人的积极作用。对于怠于履行教育职责的监护人，要注意运用法律手段提升家庭教育指导的强制性，以强制力保证执行力，督促"甩手家长"依法、用心带娃。

## 案例四　张某某探望权执行监督案
### ——家庭教育指导助力破解探望难题　多方合力护佑离婚家庭子女健康成长

**一、基本案情**

2016 年 3 月，王某某、张某某经上海市宝山区人民法院调解离婚，二人所育儿子王某星（2014 年生）由父亲王某某抚养，母亲张某某具有探望权。民事调解书生效后，王某某长期不积极履行协助探望义务，以各种理由阻碍张某某探望儿子。张某某为此多次向法院申请强制执行，均未取得根本性改善。

**二、家庭教育指导做法与成效**

（一）通过家庭教育指导促使监护人转变认识，从根本上解决探望权落实难题。由于探望权长期不能得以实现，2022 年 1 月，张某某向宝山区检察院求助。检察机关调查发现，2016 年以来，张某某就探望权问题先后 8 次向法院申请强制执行。每次执行过程中，王某某均向法官承诺会履行协助探望义务，但实际上却以各种理由阻碍张某某看望儿子，甚至引导儿子远离母亲，不仅侵犯了王某某的探望权，也对王某星的成长造成非常不利的影响。王某星一方面想迎合父亲，另一方面又很思念母亲，在两难之中煎熬，性格变得胆小内向。为有力保护未成年人，宝山区检察院依法启动民事执行监督程序。针对探望权人身属性强，需要长期履行，如果被执行人不主动配合，仅依靠传统强制执行手段难以实现良好效果的情况，2022 年 2 月，宝山区检察院向宝山区法院制发《家庭教育指导建议书》，建议法院在强制执行过程中对被执行人开展家庭教育指导，引导其树立正确的子女抚养理念，从根本上解决探望权"执行难"问题。法院采纳检察机关建议，在向王某某送达《案件执行通知书》

的同时送达《家庭教育令》，责令其依法履行协助探望义务，并在指定时间地点接受家庭教育指导。

（二）充分运用心理学理论、手段，有针对性地开展家庭教育指导工作。为有针对性地做好家庭教育指导工作，宝山区检察院委托青少年事务社工和心理咨询专家通过社会调查和心理访谈等方式，进行了深入的调查评估。调查发现，王某某与张某某双方家庭一直存在矛盾，王某某因顾虑老人的态度而阻碍探望。要让王某某从内心上接受并愿意协助离异妻子与儿子联系、交流，必须打开其"心结"。针对这一情况，心理咨询专家制定针对性的工作方案，通过心理照护、情绪疏导和认知改变的方式对王某某进行教育指导，帮助其充分认识自己的行为动机以及父母关系对孩子心理的影响，以及一旦出现"家庭关系三角化"后其将面临的不良后果。通过心理咨询专家分阶段、分层次的介入，王某某最终打开"心结"，放下成见，愿意与前妻共同做好儿子的教育保护工作。

（三）监督与帮助双管齐下，保障家庭保护责任落实。在对王某某开展家庭教育指导的同时，检察机关会同人民法院组织双方召开面谈会，进行释法说理，向王某某阐明不履行探望义务的法律后果。同时，宝山区检察院联合宝山区法院探索建立"探望监督人制度"，委托青少年事务社工作为探望监督人，协调、督促王某某如约安排母子会见，并由女性社工全程陪伴、引导，保障每次探望时间不少于4小时。经过多方引导、帮助和监督，最终王某某与张某某就探望权具体执行方式达成共识。王某某如期协助张某某探望儿子，并在六年来首次邀请张某某陪同儿子过生日，亲子关系逐渐融洽。该案也顺利"案结事了"，张某某未再申请强制执行。

三、典型意义

夫妻双方离婚后，一方拒绝、妨碍、阻挠另一方行使探望权的情况时有发生。父母双方的对立冲突和一方关爱保护的缺失，会对未成年人身心健康造成严重不利影响。孩子在矛盾复杂的父母关系中成为"夹心人"，情感失衡，甚至抑郁焦虑，久而久之，认知和行为会形成偏差。保障探望权稳定、有效行使是保护离婚家庭未成年子女健康成长的重要内容，是司法机关的重要职责。然而，探望权人身属性强，仅靠强制执行难以保障长期效果。因此，有必要通过家庭教育指导帮助未成年人父母转变家庭教育理念，从根本上解决被执行人"不想执行""不愿执行"的问题。检察机关可将家庭教育指导融入涉未成年人民事执行监督工作中，通过监督与帮助同步实施，推动家庭保护责任落实，为未成年人提供更加全面的司法保护。

## 案例五　徐某某、武某某介绍卖淫、强迫卖淫案
——推动社会支持力量欠缺地区家庭教育指导队伍建设

### 一、基本案情

2021 年 7 月，徐某某伙同武某某（作案时 16 周岁）先后两次介绍陈某某到山东青州从事卖淫活动。同年 7 月下旬，在陈某某非自愿的情况下，徐某某、武某某强迫陈某某继续卖淫。2021 年 12 月 17 日、2022 年 3 月 25 日，山东省青州市人民检察院以介绍卖淫罪、强迫卖淫罪对徐某某、武某某分案提起公诉。经法院审理，徐某某因犯介绍卖淫罪、强迫卖淫罪被判处有期徒刑六年六个月，并处罚金。武某某因犯罪时为未成年人，在犯罪中所起作用较小，具有自首情节，且自愿认罪认罚，数罪并罚被判处有期徒刑一年三个月，并处罚金。

### 二、家庭教育指导做法与成效

（一）开展涉案未成年人家庭情况"五查"，能动做好家庭教育指导工作。青州市检察院在办理涉未成年人案件时均进行涉案未成年人家庭情况"五查"。一查未成年人监护情况；二查未成年人与监护人关系状况；三查未成年人实施犯罪或受到侵害是否与家庭教育有关；四查未成年人家庭成员关系情况；五查未成年人是否失学、辍学。经"五查"发现，本案被告人武某某跟父母一起生活，有一

个弟弟。在弟弟出生前，武某某与家人关系融洽，尤其与父亲关系亲近。弟弟出生后，武某某父母忙于生计和照顾幼子，忽略了对武某某的教育和陪伴。武某某心理落差大，结交社会朋友，案发前一年开始辍学在家，并多次去酒吧、KTV消费，夜不归宿。父母为此多次彻夜寻找，甚至报警寻人。知道武某某涉案情况后，武某某父亲对其非常失望，"吼叫式"沟通方式让两人关系更加紧张，在家中基本无话语权的母亲也无能为力，放弃了对武某某的管教。情绪郁结却无处排解的武某某一度产生轻生念头。针对武某某家庭存在的父母教育能力不足、教育方法不当甚至失管失教的问题，青州市检察院对其父母进行训诫并发出《督促监护令》，同时与市妇联共同制定了针对性的家庭教育指导方案。

（二）动态调整指导方案，科学评估家庭教育指导效果。经过一段时间的家庭教育指导，武某某父母逐步转变了理念，改变了亲子沟通的方式方法，与武某某的关系明显改善，武某某重燃生活希望，开始尝试做美甲学徒。但一段时间后，禁不住诱惑的武某某又开始前往KTV，甚至夜不归宿。武某某父亲怒其不争，再次甩手不管，武某某对父亲的做法极度不满，与父亲发生激烈冲突并搬出家中。出现这一情况后，检察机关一方面及时调整对武某某的帮教方式，另一方面联合妇联对前阶段家庭教育指导情况进行评估和反思，针对出现的问题，及时调整家庭教育指导方案，将改变武某某父亲家庭教育认知作为工作重点。同时，检察机关向武某某父亲发出《接受家庭教育指导令》，并聘请武某某所在村儿童主任作为武某某家庭的家庭教育联络员，便于动态了解武某某家庭教育情况。经过持续不断的指导帮助，武某某父母充分认识到了家庭关系对孩子发展的影响，深度反思了其教育方式的不当之处，与母亲一起积极接受指导，亲子关系日趋融洽。后在帮助教育和父母的引导下，武某某态度彻底转变，充分认识到自己行为的危害性，认罪悔罪并向被害人真诚道歉。

（三）构建"一专三员"制度，夯实家庭教育指导基础。针对办案中发现的农村偏远地区家庭存在的教育方面的问题，青州市检察院撰写了《农村偏远地区涉案未成年人家庭教育状况调查报告》，呈报市未成年人保护工作领导小组。市未成年人保护工作领导小组高度重视，要求各未成年人保护工作成员单位通力协作，夯实农村偏远地区的家庭教育指导基础。青州市检察院经与相关成员单位沟通协商，探索构建了自上而下的"一专三员"多层级家庭教育指导制度，即由市妇联选派专门的家庭教育指导者，具体负责涉案未成年人家庭教育指导工作；由市检察院聘任当地人大代表、政协委员兼任家庭教育督导员，对家庭教育指导工作开展情况进行监督；由市民政局指派村儿童主任兼任家庭教育联络员，定期通报涉案未成年人家庭教育情况；由市关工委组织五老志愿者兼任家庭教育助理员，协助开展家庭教育指导工作。通过广泛借助社会力量，建立了农村偏远地区涉案未成年人家庭教育指导社会支持体系，推动农村偏远地区家庭教育指导队伍建设。同时，青州市检察院与市法院、公安局、司法局会签《关于在办理涉未成年人案件中建立观护帮教和家庭教育指导同步介入机制的规定（试行）》，将家庭教育指导工作贯穿办案全过程，努力改善未成年人家庭环境。同时，与市妇联、教体局和关工委会签《关于在办理涉未成年人案件中建立家庭教育指导工作联动机制的实施细则》，建立"小风筝"家庭教育指导服务站，为涉案未成年人提供一站式家庭教育指导和服务，同时为司法机关涉案未成年人家庭教育指导提供支持。

### 三、典型意义

家庭教育促进法将传统"家事"上升为重要的"国事"，对包括检察机关在内的司法机关的职责作用作出了明确规定。在办案中，检察机关应主动评估涉案未成年人家庭教育状况，联合相关部门针对性开展家庭教育指导。开展家庭教育指导工作过程中，要动态评估家庭教育指导效果，根据出现的新问题新情况动态调整家庭教育指导方案，确保实效。针对类案背后反映出的农村地区家庭教育指导力量薄弱的问题，要立足职能，联合妇联、共青团、关工委等专业力量，夯实农村偏远地区的家庭教育指导基础，建立更加完善的未成年人家庭教育社会支持体系。

## 案例六　王某乙、王某丙救助保护案
—— 异地协作配合　共同保护陷入困境的犯罪嫌疑人未成年子女

**一、基本案情**

被告人王某甲于2013年、2015年与他人先后未婚生育女儿王某乙、儿子王某丙，后在原籍江苏省南京市秦淮区独自抚养两名子女。2021年10月，王某甲因涉嫌诈骗罪被上海市公安局长宁分局羁押于长宁区看守所。负责照顾王某乙、王某丙的保姆得知王某甲被抓获后于同年12月5日将两名未成年人从南京带至上海长宁区华阳路派出所后失联，华阳路派出所立即联系街道未保站，华阳路街道未保站通过检察社会服务中心云平台，向长宁区检察院移送该困境儿童保护线索。

**二、家庭教育指导做法与成效**

（一）协作落实临时监护。长宁区检察院接到该线索后，立即启动羁押必要性审查，发现王某甲涉嫌严重犯罪且拒不认罪，不符合取保候审条件，立即会同公安、民政、街道对两名未成年人落实临时照护，并启动近亲属调查工作。王某甲称孩子生父不在内地生活，无法提供联系方式，仅能提供孩子外祖父母王某丁、祝某某的联系方式。经与王某丁、祝某某联系，二人以家庭经济困难、无力解决孩子户口、就学问题等理由拒绝承担临时监护责任。对此，长宁区检察院向二人释法说理，引导其充分考虑家庭亲情和未成年人健康成长需要，承担起临时监护责任。同时，依托长三角未成年人检察工作协作机制对接秦淮区检察院，为其解决心中顾虑。两地检察机关联合向秦淮区民政局制发检察建议，督促为两名未成年人落实困境儿童生活补贴，帮助解决经济困难；在王某甲拒绝提供子女出生日期、医院的情况下，根据细节排查出王某乙、王某丙的出生记录。

后秦淮区检察院协调当地公安、教育等部门，为二人办理了户口登记并联系学校入学。在两地检察机关的共同努力和引导下，王某丁、祝某某同意对王某乙、王某丙临时监护。2022 年元宵节前，两地检察机关共同将王某乙、王某丙护送至外祖父母处。

（二）联动开展撤销监护权支持起诉。因王某乙、王某丙入校就学、申领补贴手续均须监护人办理，2022 年 8 月 9 日，王某丁、祝某某向秦淮区法院申请撤销王某甲监护人资格，指定其二人为监护人，并于次日向秦淮区检察院申请支持起诉，同时请求长宁区检察院配合调取证据。两地检察联动调查评估后认为：王某甲长期不为子女办理户口、不安排子女就学，被羁押后既不妥善安排子女临时照护事宜，也不主动向司法机关报告相关情况、刻意隐瞒子女出生信息，致使子女陷入危困状态，严重侵害了被监护人的合法权益。同时，其被法院判处有期徒刑十一年，在较长时期内不具备履行监护职责的条件。王某丁、祝某某经有关部门救助帮扶后，已具备抚养照护能力，且两名未成年人均表示愿意与外祖父母共同生活，王某丁、祝某某的申请符合法律规定。审查期间，两地检察机关就是否支持起诉联合召开远程视频听证会，充分听取当事人、人民监督员及民法专家的意见后作出支持决定。2022 年 11 月 17 日，秦淮人民法院判决撤销王某甲监护权，指定王某丁、祝某某担任两名儿童的监护人。

（三）协同开展支持型家庭教育指导。考虑到王某丁、祝某某与两名未成年人从未共同生活，开展生活照顾和家庭教育都面临困难，上海、江苏检察机关启动跨省支持型家庭教育指导工作。长宁区检察院对王某甲进行入所谈话，深入了解两名未成年人的病史、爱好、特长、成长经历、教育程度等情况，制作《家庭教育指导重点提示清单》移送秦淮区检察院，并与秦淮区检察院联合为王某丁、祝某某靶向定制"3+6+长期"支持型家庭教育指导方案，即 3 个月线上随时沟通线下随时回访、6 个月定期回访、长期关注的全程跟踪模式。检察机关联合家庭教育指导师、心理咨询师，为老人定制科学育儿方法、亲子沟通技巧等辅助课程，对两名未成年人定期开展谈心谈话、心理疏导，引导祖孙建立双向亲情链接、帮助孩子养成良好的行为习惯、修复母亲犯罪带来的心理创伤；联合社区卫生所，帮助两位老人科学处理孩子过敏严重的身体健康问题；聘请儿童督导员定期上门，协助老人开展课业辅导，并邀请祖孙共同参加社区亲子活动。长宁区检察院定期线上回访，秦淮区检察院随时上门回访，及时处理祖孙相处中的问题。经回访了解，现王某乙、王某丙与王某丁夫妇相处融洽、情绪稳定，在校表现突出，已获近十项荣誉奖状。

### 三、典型意义

检察机关办理非本地户籍困境儿童监护监督案件时，应当加强办案地与户籍地检察机关的联动履职，通过异地协作为未成年人落实临时照护、指定新监护人，并联合对新监护人开展支持型家庭教育指导，制定针对性的教育指导方案，委托专业组织、人员协助落实，帮助、督促其更高质量履行抚养教育职责，为未成年人健康成长创造良好条件。

# 在办理涉未成年人案件中全面开展
# 家庭教育指导工作典型案例（第三批）①

## （2024 年 8 月 13 日）

### 案例一　郭某某遗弃案
——部门联动解决监护困境，助推家庭教育责任落实

### 一、基本案情

2017 年 9 月，郭某某、田某某结婚并育有一女郭某彤，因田某

---

① 载最高人民检察院网站，https：//www.spp.gov.cn/spp/xwfbh/wsf-bt/202408/t20240813_ 662996.shtml#2，最后访问时间：2024 年 11 月 8 日。

某长期在外务工，郭某彤自出生后随父亲郭某某生活。2021 年 8 月，郭某某、田某某因感情破裂协议离婚，并约定郭某彤归郭某某抚养。同年 10 月 22 日，郭某某因生活拮据一时冲动将郭某彤（3 周岁）遗弃至某村委会，直接赴外地务工后无法联系。2022 年 8 月 23 日，郭某某因涉嫌遗弃罪被河南省洛阳市偃师区人民检察院提起公诉，后被判处有期徒刑十个月，缓刑一年。

**二、做法与成效**

（一）联合开展走访评估，找出监护问题症结。为了解郭某某犯罪成因，偃师区检察院到郭某某居住地进行调查，并对监护情况进行评估。经了解，郭某某无稳定职业，投资失败欠下债务，因离婚致心情抑郁，加之长期独自抚养郭某彤，在生活、心理的双重压力下产生逃避抚养义务，遗弃郭某彤，外出务工挣钱的想法。调查发现，案发前郭某彤与母亲感情疏离，与父亲有较好的亲子关系基础，案发后郭某某认罪悔罪，有继续抚养郭某彤的意愿。经与妇联、团委会商评估，该案具备通过家庭教育指导改变郭某某监护行为的可能，决定对郭某某启动家庭教育指导工作。

（二）协同发力接续帮助，督促监护责任落实。偃师区检察院与妇联、教体局、人社局等部门组建监护帮教小组，共同督促、帮助郭某某履行监护责任。一是矫正监护观念。偃师区检察院与公安机关对郭某某开展联合训诫，向其阐明监护方面存在的问题、应当履行的监护职责。邀请心理咨询师对其进行心理测评，了解其心理现状，制定情绪管理方案，提高情绪管理能力。通过训诫和疏导，郭某某认识到自身的问题，承诺将认真履行监护责任。二是提升监护能力。偃师区检察院针对因抚养郭某彤无法就业的问题。一方面，联系教体局将郭某彤送至离家较近的中心幼儿园就读；另一方面，协调人社局和行业协会对郭某某进行针织加工培训，帮其购置两台针织机器，建立家庭作坊，由行业协会定期提供订单、回购产品，保障郭某某及郭某彤生活来源。三是督促责任落实。偃师区检察院为郭某某制发《责令接受家庭教育指导令》，责令郭某某多关注孩子身心状况和情感需求，接受"幼儿期的心理发展""加强亲子沟通"等家庭教育课程指导。同时，向郭某某居住地村委会发出《督促家庭教育指导函》，委托村妇联主席对郭某某监护履职情况开展日常监督，双管齐下确保郭某某依法履行监护责任。

（三）持续进行跟踪回访，落实教育指导效果。偃师区检察院建立"二查二评一跟进"家庭教育指导回访机制。"二查"即查郭某某家庭生活状况，通过上门谈话、走访邻里等方式，了解家庭收支、监护表现等情况；查郭某彤身体精神状态，聘请儿童督导员到郭某某家中，检查亲子互动课程完成进度，到郭某彤所在幼儿园查看其行为表现、情绪状况。"二评"即评估郭某某监护观念是否转变，监护能力是否提升；评估郭某彤心理阴影是否消除、身心状况是否改善。"一跟进"即跟进了解家庭教育指导效果。通过跟进回访郭某某已切实履行监护责任，亲子关系融洽，家庭教育指导质效明显提升。

（四）机制阵地双向发力，规范家庭教育指导工作。偃师区检察院立足司法办案，深入落实家庭教育促进法，推动建立常态化工作机制。一是联合妇联、关工委、教体局等7家单位会签《关于在办理涉未成年人案件中开展家庭教育指导工作的实施意见》，建立"事前调查评估、事中全面指导、事后跟踪回访"工作制度。二是联合妇联、关工委、教体局等部门成立家庭教育指导中心，并依托该中心，在13个街道、乡镇设立家庭教育指导站，形成了多部门参与、全线贯通的涉案未成年人家庭教育指导工作模式。目前，已对78名监护人开展家庭教育指导，亲子关系全部得到改善。三是以案件办理为契机，洛阳市检察院联合市妇联、关工委会签《洛阳市涉案未成年人家庭教育指导全覆盖联动协作机制》，推动全市15个县区建立家庭教育指导中心，组建洛阳市家庭教育指导人才库，助力家庭教育指导工作向更深层次发展。

**三、典型意义**

家庭是人生的第一所学校，父母是人生的第一任老师。遗弃未成年人使其脱离家庭，会对未成年人身心造成伤害。检察机关办理该类案件时，不仅要依法对监护人作出刑事处罚，还要注重发掘案件背后反映出的家庭问题，因案施策予以帮助指导，推动监护责任落实。通过专业化、精细化、个性化的措施，重塑监护人监护理念，提升监护能力。同时，动态评估指导效果，协同相关部门建立"检察推动、部门联动、社会参与"的涉案未成年人家庭教育保护格局，确保家庭教育指导工作见成效、显实效。

### 案例二　马某某、丁某某盗窃案
——构建全链条、跨部门工作机制，实现家庭教育指导最优化

**一、基本案情**

2022 年 11 月，马某某（女，16 周岁）伙同丁某某（女，16 周岁）在某酒店公寓房间内，盗走张某 iPhone14Pro 手机一部（价值人民币 8722 元）。后二人通过事先获知的密码，将张某手机支付宝内的 1300 元转至丁某某支付宝，并将手机销赃得款 6750 元。2023 年 2 月，马某某在取保候审期间再次伙同他人以"拉车门"方式盗窃现金 640 元及鞋子一双。2023 年 2 月 23 日，浙江省宁波市海曙区公安局将该案移送海曙区人民检察院审查起诉。鉴于犯罪嫌疑人丁某某犯罪情节轻微，到案后积极赔偿被害人损失，自愿认罪认罚，且系初犯偶犯，检察机关对其作出不起诉决定；对犯罪嫌疑人马某某以犯盗窃罪向法院提起公诉。同年 3 月 20 日，海曙区法院以盗窃罪判处马某某拘役四个月，缓刑六个月，并处罚金一千元。

**二、做法与成效**

（一）依托"中心+指导站"模式，全面调查监护状况。2022 年 3 月，海曙区检察院在区委政法委领导支持下，联合 11 家单位印发了《关于共同构建海曙区涉案未成年人家庭教育指导中心的意见》，规定"中心"设置在海曙区检察院，公安各派出所均设置家庭教育指导站，实行"中心+指导站"的工作模式，检察机关统筹、协调、指导"中心"工作，各公安派出所"站点"具体负责开展家庭教育

指导工作。该案经派出所"站点"反馈，由"中心"指派司法社工及时介入开展涉罪未成年人监护状况评估。调查发现，马某某和丁某某的父亲均存在家暴行为，马某某因害怕父亲打骂抗拒回家也无心上学，后经常与不良朋辈在外打架、盗窃。丁某某父母离异，由父亲抚养，其自幼性格倔强，与老师争吵退学后离家跟随母亲和继父生活。马某某和丁某某结识后，因相似的家庭经历形影不离。司法社工将该调查结果反馈给"中心"，检察机关据此认为，挽救马某某和丁某某，不仅需要对本人进行有针对性的教育矫治，也需要对其父母进行有效的督促监护和家庭教育指导，同时"中心"将相关情况告知派出所"站点"。

（二）构建"全链条"贯通、跨部门协作工作机制，保障家庭教育指导效果。公检法司在侦查、审查起诉、审判和社区矫正等各阶段接续发力，将家庭教育指导有机融入司法办案全过程。第一阶段，公安机关针对马某某和丁某某父母监护缺位和管教方式不当等问题，下发《未成年人家庭监护告诫书》，并进行子女再犯罪预防教育以及监护职责教育；第二阶段，检察机关针对公安阶段开展的家庭教育指导成效进行评估，并结合马某某和丁某某不同的家庭监护能力，由"办案人员+司法社工+妇联主席"开展家庭教育帮扶，通过为期三个月的跟踪指导，提升亲子沟通技巧和情绪管理能力、修复受损亲子关系。第三阶段，法院和司法局持续进行家庭功能测验，组建由关工委和司法干警组成的"未成年人观护团"，定期开展家访观察、心理疏导。通过三个阶段持续跟进的家庭教育指导，马某某和丁某某两个家庭亲子关系有了很大改善，父母情绪稳定，亲子沟通交流顺畅。目前，马某某和丁某某均已找到工作，生活步入正轨。

（三）及时总结经验，推动完善家庭教育工作体系。检察机关在个案办理过程中，及时总结工作经验，形成可复制、可推广的工作机制。在办理案件基础上，制定出台《海曙区涉案未成年人家庭教育指导工作指引》，将全区 17 个公安派出所办理的未成年人各类案件全部纳入家庭教育指导工作范围，不断细化工作流程和事项，形成完整工作体系。同时，以政府购买心理咨询等社会服务，吸纳大学生志愿者、女律师妈妈志愿者、银发护苗工作室团队等形成治理合力。当前，相关社会组织正在有重点地强化城乡结合部小学高段家庭父母的监护意识和监护能力，截至目前，已开展相关活动 60 余次。

### 三、典型意义

未成年人家庭问题的显现和改善需要一个过程，司法机关应当联合相关社会组织在案件办理的各个阶段接续开展涉案未成年人家庭教育指导，构建"全链条"分类分层干预体系，提升指导帮助工作质效。通过司法机关和社会力量横向联动，集合专业优势，实现未成年人教育矫治与家庭环境改善相互促进，并通过个案的不断积累探索培育专业人才队伍，健全未成年人监护监督体系。

## 案例三　隋某某故意伤害案

### ——人大代表跟进督促监护，助力涉罪未成年人回归社会

### 一、基本案情

2020 年 4 月 29 日，隋某某（男，17 周岁，系高一学生）陪同父亲隋某甲就诊时因排队问题与两名被害人发生争执，殴打该二人致轻伤，后双方当事人和解。鉴于隋某某系未成年在校学生，具有自首、赔偿损失并取得被害人谅解等情节，2022 年 6 月 24 日，山东省东营市东营区人民检察院对隋某某作出附条件不起诉决定，考验期六个月。因隋某某在考验期内认真接受帮教，积极悔改向好，遵守法律法规，2022 年 12 月 24 日，检察机关对隋某某作出不起诉处理。人大代表积极链接各类社会资源，持续跟进对隋某某的精准帮教，深入参与对其父母的家庭教育指导工作。2023 年 9 月，隋某某顺利考入大学。

### 二、做法与成效

（一）人大代表参与监督办案，促推案件当事人矛盾化解。本案系隋某甲与他人言语不和冲动所致，隋某某为帮助父亲与对方发生

厮打。在侦查阶段，隋某甲因鉴定程序等问题对被害人伤情多次提出异议申请重新鉴定，并因此拒绝赔偿被害人的医疗费用。检察机关受案后，邀请"春雨联盟"人大代表联络站的全国人大代表参与案件调解和释法说理工作。人大代表多次与隋某某及其父母谈心交流，隋某某和隋某甲真诚认罪悔罪，取得了被害人谅解。

（二）精准帮教+动态督促监护，助力涉罪未成年人顺利升学。因隋某某面临高考，检察机关制定精准帮教方案，通过每周线上联络、每月家访、心理疏导等方式，对隋某某学习情况和思想动态跟进指导。针对其家庭教育中存在的父亲独断、漠视亲子关系、母亲缺乏话语权、唯成绩论等问题，检察机关向隋某某父母制发"督促监护令"，委托家庭教育指导专家进行针对性指导，为隋某某营造和睦、温暖的家庭氛围。六个月考验期满，检察机关依法对隋某某宣告不起诉。隋某某当年高考失利后，检察机关联合人大代表、心理咨询师等组成帮教团队对其持续提供心理疏导、监护支持，隋某某于次年顺利考入大学。

（三）代表履职与未检工作良性互动，共筑未成年人家庭教育保护防线。在人大代表的积极推动下，检察机关、妇联会签《关于联合开展家庭教育指导工作的实施细则》，依托未检社会支持体系协同办公室，积极引入家庭教育指导师、心理咨询师等专业力量，为涉案未成年人提供心理疏导、家庭教育指导等服务。同时建立"1+3"枢纽型家校社共育"家庭学堂"，以四级人大代表为纽带，将未成年人保护覆盖到社区、学校、家庭。

三、典型意义

针对未成年人犯罪暴露出的家庭教育问题，检察机关要制定有针对性的督促监护和家庭教育指导方案，并不断进行动态调整，有效提升督促帮教的实效。检察机关在履职过程中，可以充分发挥人大代表、政协委员的桥梁和纽带作用，牵动社会各方力量，促进多方联动，为督促监护工作提供专业帮助，助力涉罪未成年人回归社会。

## 案例四 文某甲抚养费纠纷支持起诉案

### ——守护未成年人民事权益，让离婚家庭监护不缺位

### 一、基本案情

2020年2月，文某与周某离婚，约定由父亲文某抚养女儿文某甲（6周岁）并承担全部抚养费。2022年初，文某因失业致经济窘迫，多次和周某协商变更抚养费承担方式未果。同年6月，文某甲向法院提起诉讼追索抚养费，经法院多次调解，周某以离婚协议已有约定为由拒绝承担。经文某甲申请，四川省金堂县人民检察院决定支持起诉。为督促周某主动承担抚养义务，检察机关开展督促监护过程中多次释法说理，会同相关部门进行家庭教育指导，引导周某转变思想，促成双方自愿达成调解协议。周某自2022年7月每月向文某甲支付生活费，负担相应比例的教育、医疗费用并主动进行探视、陪伴。

### 二、做法与成效

（一）开展监护状况调查，为依法支持起诉提供帮助。为了解文某甲监护状况，检察机关围绕其生活环境、家庭情况等走访调查，协助收集文某甲抚养费追索理由是否具有正当性，周某是否具有负担能力等证据。经调查发现，文某因经济收入减少致使独立抚养女儿较为困难，且其忙于生计，对女儿关注较少，周某离婚后有稳定收入，但很少探视女儿。心理评估显示，文某甲自卑敏感、撒谎易怒、亲情淡漠，与其缺乏母亲关爱和教育、父母存在积怨矛盾等高度关联。检察机关审查认为，离婚协议的约定不妨碍文某甲在必要时向周某提出支付部分抚养费的合理要求。周某有能力却拒不履行抚养义务，文某甲诉求合理，遂依法支持起诉。

（二）督促监护促推和解，化解矛盾减少亲子隔阂。针对周某拒绝履行抚养义务、监护履职不到位的问题，检察机关依据《中华人民共和国未成年人保护法》《中华人民共和国预防未成年人犯罪法》

有关规定向其制发"督促监护令",告诫其仍负有对文某甲的抚养、教育、保护义务,阐明监护缺位对未成年人身心健康发展带来的影响和危害,责令其反思自身问题,对文某甲多加关爱、教导,依法履行抚养义务,按期支付抚养费。通过检察机关的释法说理和引导督促,周某逐渐转变态度并认识到其作为母亲的责任,自愿签署积极履行监护职责承诺书,并与文某甲就抚养费事项达成调解协议,承担抚养费并负担相应比例的教育、医疗费用。

(三)社会支持凝聚合力,家庭教育助力修复关系。办案中,检察机关联合妇联、社工组织等力量,从调整沟通方式、改善家庭氛围等方面为周某、文某制定家庭教育指导课程。针对周某与其女儿沟通欠缺等情况,指导其增强沟通意识、培养沟通技巧,拉近母女距离。针对文某陪伴不足等问题,指导其重视女儿需求,增加亲子互动,向女儿传达亲情温暖。在后续回访中,周某已按时给付抚养费并定期探视,文某多有陪伴,目前家庭氛围、亲子关系良好。案后,四川省金堂县人民检察院积极落实省检察院、省妇联会签的《关于加强妇女儿童权益保护协作的十项举措》,牵头与当地妇联、民政等部门建立《未成年人权益保护家庭教育指导协作机制》,推动整合各方资源力量,从家庭教育层面做实儿童权益保障。

三、典型意义

检察机关在办理未成年子女追索抚养费案件中,应当充分重视改善未成年人成长环境、修复亲子关系、化解矛盾纠纷。检察机关通过调查评估找准监护存在的问题,个性化开展督促监护和家庭教育指导,帮助父母改变"不想管""不愿管"的失职态度,既依法维护未成年人民事合法权益,又避免父母子女因"对簿公堂"增加隔阂、激化矛盾。

## 案例五  侯某被故意伤害案
——凝聚多方合力督促监护，避免未成年被害人"恶逆变"

### 一、基本案情

侯某（男，17 周岁）系中专学校在读学生。2023 年 1 月 7 日凌晨，侯某在 KTV 内喝酒娱乐过程中，因醉酒走错包间，与郝某某发生争执，郝某某使用包间内的干果盘将侯某面部砸致轻伤。2023 年 6 月 14 日，天津市东丽区人民检察院依法对郝某某以涉嫌故意伤害罪提起公诉。同年 3 月 20 日，法院以故意伤害罪判处郝某某有期徒刑八个月。

### 二、做法与成效

（一）依法履职，深挖案件背后的家庭原因。针对本案中反映出的部分 KTV 违规接纳未成年人进入问题，检察机关向主管部门依法制发检察建议，督促强化监督管理，并对侯某的家庭情况展开调查。经调查发现，侯某自幼父母离异，在侯某初中毕业未考上高中后，其母亲十分失望，动辄对侯某打骂，侯某感到家庭环境窒息，遂沉迷网络，结识社会不良人员，有时夜不归宿并出入酒吧、KTV 等娱乐场所。如不及时修复监护关系，侯某容易遭受侵害甚至走上违法犯罪道路。

（二）督促监护，"检察家庭教育课堂"助力修复亲子关系。针对案件背后映射出的家庭问题，检察机关向侯某母亲制发"督促监护令"，督促其依法履行监护职责，充分考虑未成年人的心理状态、情感需求，学习家庭教育知识，为未成年人营造和谐、健康的家庭环境。检察机关将侯某家庭纳入"检察家庭教育课堂"，定制心理辅导、线上帮助、亲子活动等多样化督促监护工作方案。经过为期三个月的跟踪督促，侯某母亲转变家庭教育观念，认真履行监护职责，亲子关系得到极大修复。侯某逐步摒弃不良行为、自觉净化社交圈，顺利完成中专学业并进入企业工作。

（三）多方合力，深度联动助推督促监护取得实效。为了帮助涉案未成年人的家长依法履行监护职责，提升家庭教育能力，检察机关会同妇联、教育等部门联合签署《关于建立东丽区涉"未"家庭教育指导工作站实施意见》，建立集心理疏导、跟踪矫治、家庭教育指导、控辍保学、就业扶助、亲子活动、社会公益活动等功能于一体的涉"未"家庭教育指导工作站，通过全流程"陪伴式"的教育指导，帮助多名涉案未成年人修复亲子关系，重建健康和谐的家庭环境。

### 三、典型意义

检察机关在办理侵害未成年人案件时要深度剖析未成年人遭受侵害与家庭监护问题的关联性，以"督促监护令"为抓手，依法履职，帮助父母或其他监护人认识到未依法履行监护职责给未成年人造成的严重不良影响。检察机关可以凝聚政府、学校、社会等多方力量，全流程帮助家庭提升监护能力，重建亲子关系，避免未成年被害人"恶逆变"。

### 案例六　李某贩卖毒品案

——全面调查评估+家庭教育指导，破解"共同事实抚养家庭"监护难题

### 一、基本案情

2020年9月25日，李某（女，17周岁）听从男友邢某安排，以中间人角色向栾某交易冰毒1克。因涉嫌贩卖毒品罪于2022年9月10日被河南省鹿邑县公安局刑事拘留；因李某犯罪情节较轻，可能判处一年有期徒刑以下刑罚，具有悔罪表现，同年12月30日，鹿邑县人民检察院对其作出附条件不起诉决定，考验期为十个月。因李某的户籍地与实际居住地均位于郑州市中原区，为确保监督考察和帮教效果，鹿邑县人民检察院遂委托郑州市中原区人民检察院开展异地协作帮教。考验期满后，鹿邑县人民检察院于2023年11月10日依法对李某作出不起诉决定。

## 二、做法与成效

（一）发挥"三测一谈"工作法，聚焦"多人管"变"无人管"，问题症结明晰化。中原区院针对涉案家庭情况评估探索"三测一谈"工作法：即测监护情况、测亲子关系、测家庭教育，明确监护干预重点，进行靶向发力。本案中，李某同时被5个家庭共同抚养。为查明李某的监护教育情况，检察官借助"三测一谈"工作法，组织李某及其5家共同抚养人开展家庭会谈。了解到李某父母早逝，且祖父母不能履行监护职责，遂由李家另外5兄弟共同照看。后李某得知自己身世，安全感和归属感严重缺失，结交身世经历类似的邢某并恋爱，同时产生逃课、文身、吸毒等不良行为。李某虽由多人抚养照看，但监管教育主体缺失，"养父母们"同时介入对李某的监督管理，相互之间边界感不明，李某时常处于混乱的监督教育环境中，看似"多人管"、实则"无人管"。

（二）全面调查落实监护主体，实现"无人管"到"有人管"，责任主体具体化。为解决李某面临的"无人管"难题，中原区院确立"三步走"工作思路：第一，实地走访，划定合适人选范围。中原区院联合区民政局、区妇联、李某居住地居民委员会成立工作专班，通过实地查看、走访邻居等方式，对李家五兄弟逐户进行了解，发现李某平时与老二和老四两家关系更为亲密。因此，将老二和老四初步确定为适当人选范围。第二，全面评估，谨慎确立最优人选。工作专班从家庭环境、情感连接、经济条件等多个维度开展全面评估。经评估，李家老二是医院退休药剂师，妻子系公司会计，夫妻双方综合素质较高，家中经济条件较好，二人育有一女与李某姐妹情深，更适宜作为监护教育主体。第三，征求意愿，充分贯彻落实"最有利于未成年人原则"。检察官通过"走进秘密花园"的方式与李某进行谈心沟通，发现李某本人更想与"二爸爸二妈妈"生活在一起。工作专班在充分考虑李某实际情况和尊重个人意愿的基础上，通过组织召开家庭会议，指定由"李家老二"担任李某监护人，并向其送达《家庭教育指导令》，要求其接受为期三个月的家庭教育指导。

（三）精准指导助力家庭教育，力求"管得了"到"管得好"，帮扶成效可视化。中原区院针对李某与"二爸爸二妈妈"存在的相互误解、归属感缺失、家庭教育方式不当等问题，从三点发力解决：一是消除双方误解，增进彼此互信。李某性格内向自卑，"二妈妈"无心的话语刺激到了李某，导致其出现愤怒情绪。对此，检察官与司法社工向"二爸爸二妈妈"释明被事实抚养子女的心理特点及情感需求，引导其多给予正向关心。通过心理干预，向李某讲明"二爸爸二妈妈"真实初衷和苦心，引导其正确看待。二是开展精准指导，助力科学教育。"二爸爸二妈妈"对李某看管较为严格，李某逆反心理严重，"二爸爸"遂对其进行打骂教育。对此，通过亲子教育和家庭教育指导课程帮助"二爸爸"学习亲子沟通技巧，掌握科学教养方式。同时，依托妇联举办的亲子活动和家庭公益慈善活动，重建和谐亲子关系。三是及时跟进评估，动态调整指导周期。检察官联合司法社工进行家庭教育指导效果评估，发现李某存在进出酒吧、麻将室等不良场所行为，"二爸爸二妈妈"难以进行有效管教，中原区院立即调整家庭教育指导周期，由原办案检察官对李某进行严肃训诫教育，李某此后未再出现类似情况。在经过近30次的个案辅导和心理干预以及10余次的家庭教育指导后，李某的家庭环境和亲子关系明显改善，李某顺利从中专学校毕业，获得实习机会，并继续进行大专学习。

（四）联动协作完善机制，提升家庭教育指导实效。中原区院结合办案经验，探索形成了"1+2+1家庭教育指导工作体系"，即"1个工作站""2个机制""1个矩阵"。"1个工作站"即依托"耘心"未成年人综合保护中心，联合妇联、关工委挂牌成立"家庭教育指导站"，吸纳心理咨询师、家庭教育指导师、社区儿童主任、司法社工、学校老师等社会力量组建"家庭教育指导专家小组"，为家庭教育指导工作提供专业支持。"2个机制"其一是"检察官+司法社工+N"家庭教育指导多方协作机制。中原区院联合妇联、关工委会签

《关于协作开展涉案未成年人家庭教育指导工作的实施方案》，对家庭教育指导工作进行规范。二是效果动态评估机制。由司法社工按照每月"一次亲子活动、一次课堂学习、一份监护报告"进行效果评估，根据评估效果适时调整家庭教育指导周期，确保指导精准性。"1个矩阵"即立体式宣讲矩阵。线下依托"耘心"未成年人综合保护中心，结合"牵手计划"，开展主题宣讲；线上针对不同家庭教育问题，利用"中原区未检关爱在线"公众号，推送《教子有法》系列公开课，通过青少年维权岗热线电话、微信公众号留言版块等，提供家庭教育咨询服务。

三、典型意义

每个涉罪未成年人背后都有不可忽视的家庭原因，检察机关在办理案件中，对家庭监护及家庭教育状况应精准发现问题、详尽调查、全面评估，并提供"个性化"指导。对于类似本案的特殊和复杂家庭，要坚持最有利于未成年人原则，聚焦问题症结，明确监护主体，"刚柔并济"督促履行职责。同时充分争取社会支持，善于链接专业力量，积极探索建立"本土化"工作机制，以司法保护引导社会各方助力家庭保护。

# 附录三

# 本书所涉文件目录

## 一、宪法

2018 年 3 月 11 日　　中华人民共和国宪法

## 二、法律

2007 年 12 月 29 日　中华人民共和国禁毒法

2009 年 8 月 27 日　　中华人民共和国教师法

2012 年 10 月 26 日　中华人民共和国治安管理处罚法

2013 年 10 月 25 日　中华人民共和国消费者权益保护法

2015 年 4 月 24 日　　中华人民共和国烟草专卖法

2015 年 12 月 27 日　中华人民共和国反家庭暴力法

2016 年 11 月 7 日　　中华人民共和国电影产业促进法

2016 年 11 月 7 日　　中华人民共和国网络安全法

2016 年 12 月 25 日　中华人民共和国公共文化服务保障法

2017 年 6 月 27 日　　中华人民共和国行政诉讼法

2017 年 11 月 4 日　　中华人民共和国母婴保健法

2018 年 4 月 27 日　　中华人民共和国精神卫生法

2018 年 10 月 26 日　中华人民共和国旅游法

2018 年 10 月 26 日　中华人民共和国残疾人保障法

2018 年 10 月 26 日　中华人民共和国刑事诉讼法

2018 年 10 月 26 日　中华人民共和国人民检察院组织法

2018 年 12 月 29 日　中华人民共和国义务教育法

2018 年 12 月 29 日　中华人民共和国劳动法

2018 年 12 月 29 日　中华人民共和国民办教育促进法

2019 年 12 月 28 日　中华人民共和国基本医疗卫生与健康促进法

| 2019 年 12 月 28 日 | 中华人民共和国社区矫正法 |
|---|---|
| 2020 年 5 月 28 日 | 中华人民共和国民法典 |
| 2020 年 12 月 26 日 | 中华人民共和国预防未成年人犯罪法 |
| 2021 年 4 月 29 日 | 中华人民共和国教育法 |
| 2021 年 4 月 29 日 | 中华人民共和国广告法 |
| 2021 年 8 月 20 日 | 中华人民共和国法律援助法 |
| 2021 年 10 月 23 日 | 中华人民共和国家庭教育促进法 |
| 2022 年 10 月 30 日 | 中华人民共和国妇女权益保障法 |
| 2023 年 12 月 29 日 | 中华人民共和国刑法 |
| 2024 年 4 月 26 日 | 中华人民共和国未成年人保护法 |

## 三、行政法规及文件

| 1989 年 9 月 11 日 | 幼儿园管理条例 |
|---|---|
| 2002 年 10 月 1 日 | 禁止使用童工规定 |
| 2003 年 6 月 20 日 | 城市生活无着的流浪乞讨人员救助管理办法 |
| 2003 年 6 月 26 日 | 公共文化体育设施条例 |
| 2003 年 7 月 21 日 | 法律援助条例 |
| 2009 年 5 月 4 日 | 彩票管理条例 |
| 2011 年 8 月 15 日 | 国务院办公厅关于加强和改进流浪未成年人救助保护工作的意见 |
| 2012 年 4 月 5 日 | 校车安全管理条例 |
| 2015 年 2 月 9 日 | 博物馆条例 |
| 2016 年 2 月 4 日 | 国务院关于加强农村留守儿童关爱保护工作的意见 |
| 2016 年 6 月 13 日 | 国务院关于加强困境儿童保障工作的意见 |
| 2017 年 4 月 25 日 | 国务院办公厅关于加强中小学幼儿园安全风险防控体系建设的意见 |
| 2019 年 3 月 2 日 | 社会救助暂行办法 |
| 2019 年 4 月 17 日 | 国务院办公厅关于促进 3 岁以下婴幼儿照护服务发展的指导意见 |

2020 年 11 月 29 日　　娱乐场所管理条例

2023 年 10 月 16 日　　未成年人网络保护条例

2024 年 12 月 6 日　　互联网信息服务管理办法

2024 年 12 月 6 日　　出版管理条例

2024 年 12 月 6 日　　音像制品管理条例

## 四、部门规章及文件

2006 年 6 月 30 日　　中小学幼儿园安全管理办法

2010 年 9 月 6 日　　托儿所幼儿园卫生保健管理办法

2010 年 12 月 13 日　　学生伤害事故处理办法

2012 年 2 月 6 日　　国家发展改革委关于进一步落实青少年门票价格优惠政策的通知

2013 年 2 月 4 日　　关于刑事诉讼法律援助工作的规定

2014 年 9 月 24 日　　家庭寄养管理办法

2015 年 6 月 29 日　　严禁中小学校和在职中小学教师有偿补课的规定

2015 年 6 月 30 日　　关于进一步加强对网上未成年人犯罪和欺凌事件报道管理的通知

2015 年 10 月 11 日　　教育部关于加强家庭教育工作的指导意见

2016 年 1 月 5 日　　幼儿园工作规程

2016 年 2 月 4 日　　网络出版服务管理规定

2016 年 11 月 1 日　　教育部等九部门关于防治中小学生欺凌和暴力的指导意见

2016 年 11 月 4 日　　互联网直播服务管理规定

2016 年 11 月 8 日　　关于在全国开展农村留守儿童"合力监护、相伴成长"关爱保护专项行动的通知

2017 年 2 月 4 日　　普通高等学校学生管理规定

2017 年 11 月 22 日　　加强中小学生欺凌综合治理方案

| 2018 年 4 月 20 日 | 教育部办公厅关于做好预防中小学生沉迷网络教育引导工作的紧急通知 |
| 2018 年 10 月 30 日 | 儿童福利机构管理办法 |
| 2018 年 12 月 12 日 | 教育部办公厅关于进一步加强中小学（幼儿园）预防性侵害学生工作的通知 |
| 2019 年 6 月 18 日 | 关于进一步加强事实无人抚养儿童保障工作的意见 |
| 2019 年 10 月 25 日 | 国家新闻出版署关于防止未成年人沉迷网络游戏的通知 |
| 2019 年 11 月 18 日 | 网络音视频信息服务管理规定 |
| 2019 年 12 月 15 日 | 网络信息内容生态治理规定 |
| 2020 年 7 月 20 日 | 公安机关办理刑事案件程序规定 |
| 2020 年 9 月 16 日 | 未成年人法律援助服务指引（试行） |
| 2020 年 12 月 23 日 | 中小学教育惩戒规则（试行） |
| 2021 年 6 月 1 日 | 未成年人学校保护规定 |
| 2021 年 10 月 8 日 | 未成年人节目管理规定 |
| 2022 年 1 月 7 日 | 就业服务与就业管理规定 |
| 2022 年 5 月 13 日 | 娱乐场所管理办法 |
| 2023 年 8 月 3 日 | 文化和旅游部、公安部关于加强电竞酒店管理中未成年人保护工作的通知 |

## 五、司法解释及文件

| 2010 年 2 月 2 日 | 最高人民法院、最高人民检察院关于办理利用互联网、移动通讯终端、声讯台制作、复制、出版、贩卖、传播淫秽电子信息刑事案件具体应用法律若干问题的解释（二） |
| 2012 年 5 月 10 日 | 关于建立犯罪人员犯罪记录制度的意见 |
| 2013 年 12 月 19 日 | 人民检察院办理未成年人刑事案件的规定 |
| 2014 年 12 月 18 日 | 关于依法处理监护人侵害未成年人权益行为若干问题的意见 |

| | |
|---|---|
| 2017 年 7 月 19 日 | 最高法等 15 部门关于建立家事审判方式和工作机制改革联席会议制度的意见 |
| 2019 年 12 月 30 日 | 人民检察院刑事诉讼规则 |
| 2020 年 5 月 7 日 | 关于建立侵害未成年人案件强制报告制度的意见（试行） |
| 2020 年 8 月 20 日 | 关于建立教职员工准入查询性侵违法犯罪信息制度的意见 |
| 2020 年 12 月 29 日 | 最高人民法院关于适用《中华人民共和国民法典》婚姻家庭编的解释（一） |
| 2021 年 1 月 26 日 | 最高人民法院关于适用《中华人民共和国刑事诉讼法》的解释 |
| 2021 年 5 月 31 日 | 关于在办理涉未成年人案件中全面开展家庭教育指导工作的意见 |
| 2021 年 10 月 25 日 | 在办理涉未成年人案件中全面开展家庭教育指导工作典型案例 |
| 2022 年 3 月 3 日 | 最高人民法院、全国妇联、教育部、公安部、民政部、司法部、卫生健康委关于加强人身安全保护令制度贯彻实施的意见 |
| 2022 年 5 月 24 日 | 关于未成年人犯罪记录封存的实施办法 |
| 2023 年 5 月 24 日 | 关于办理性侵害未成年人刑事案件的意见 |
| 2023 年 5 月 24 日 | 最高人民法院、最高人民检察院关于办理强奸、猥亵未成年人刑事案件适用法律若干问题的解释 |
| 2024 年 4 月 10 日 | 最高人民法院关于在涉及未成年子女的离婚案件中开展"关爱未成年人提示"工作的意见 |

2024 年 5 月 28 日　　最高人民法院关于全面加强未成年人司法保护及犯罪防治工作的意见

## 六、答记者问

2022 年 5 月 30 日　　"两高两部"相关部门负责人就《关于未成年人犯罪记录封存的实施办法》答记者问

图书在版编目（CIP）数据

家庭教育促进法、未成年人保护法、预防未成年人犯罪法一本通 / 法规应用研究中心编. -- 2 版. -- 北京 : 中国法治出版社, 2025. 1. --（法律一本通）. -- ISBN 978-7-5216-4927-7

Ⅰ. D922.16；D922.7

中国国家版本馆 CIP 数据核字第 202417VM99 号

责任编辑：谢雯　　　　　　　　　　　　　　　封面设计：杨泽江

**家庭教育促进法、未成年人保护法、预防未成年人犯罪法一本通**
JIATING JIAOYU CUJINFA、 WEICHENGNIANREN BAOHUFA、
YUFANG WEICHENGNIANREN FANZUIFA YIBENTONG

编者/法规应用研究中心
经销/新华书店
印刷/保定市中画美凯印刷有限公司
开本/880 毫米×1230 毫米　32 开　　　　印张/ 14.25　字数/ 371 千
版次/2025 年 1 月第 2 版　　　　　　　　　2025 年 1 月第 1 次印刷

中国法治出版社出版
书号 ISBN 978-7-5216-4927-7　　　　　　　　定价：49.00 元

北京市西城区西便门西里甲 16 号西便门办公区
邮政编码：100053　　　　　　　　　　传真：010-63141600
网址：http：//www. zgfzs. com　　　　编辑部电话：010-63141784
市场营销部电话：010-63141612　　　　印务部电话：010-63141606

（如有印装质量问题，请与本社印务部联系。）

# 法律一本通丛书·第十版